# Rheinland-Pfalz / Saarland


Dieter Deiseroth

Marc A. Gallon

Heinz-Ulrich Wolf



**Schroedel**

**Demokratie heute**
Sozialkunde
Rheinland-Pfalz / Saarland

bearbeitet von
Dieter Deiseroth
Marc A. Gollon
Heinz-Ulrich Wolf
in Zusammenarbeit mit der Verlagsredaktion

mit Beiträgen von
Alfons Brockhausen, Dr. Jelko Peters,
Dr. Hans-Jürgen Smula, Dr. Hermann Tallen

Zu diesem Schülerband gibt es Lehrer-handreichungen mit Kopiervorlagen, Bestell-Nr. 978-3-507-10399-3

Schroedel @ktuell

Unterrichtsmaterialien zu aktuellen Themen aus den Bereichen Politik und Wirtschaft finden Sie unter: ***www.schroedel.de/schroedel-aktuell***



Druck A [1]/ Jahr 2009
Alle Drucke der Serie A sind im Unterricht parallel verwendbar.

Redaktion: Dieter Deiseroth, Niederaula
Herstellung: Corinna Herrmann, Frankfurt a. M.
Umschlaggestaltung: Jürgen Kochinke, Holle
Layout: Andrea Heissenberg
Grafiken: Langner & Partner, Hemmingen
Illustrationen: H.-J. Feldhaus, Münster;
D. Griese, Hannover
Satz: O & S Satz GmbH, Hildesheim
Druck und Bindung: westermann druck GmbH, Braunschweig

ISBN 978-3-507-**10398**-6

Liebe Schülerinnen, liebe Schüler,

mit „Demokratie heute" haltet ihr ein modern gestaltetes Buch für den Unterricht im Fach Sozialkunde in den Händen. Das Buch enthält zehn Hauptkapitel, in denen ihr wichtige Sachverhalte zu Politik und Wirtschaft erfahren und erarbeiten könnt. Ein Hauptkapitel beschäftigt sich zudem mit dem Thema Berufswahl und gibt Hinweise, die euch bei eurem Entscheidungsprozess hilfreich sein können.

Die Hauptkapitel sind in jeweils zwei oder drei Kapitel gegliedert. So beinhaltet „Jugendliche in sozialen Gruppen" zum Beispiel die beiden Kapitel „Bedeutung der Gruppe" und „Zusammenleben in der Schule". Die Kapitel sind in Teilkapitel unterteilt, die aus einer Buchseite oder zwei Buchseiten bestehen. Die einzelnen Sachverhalte werden somit in überschaubaren Einheiten vermittelt.

Jedes Kapitel endet mit der zusammenfassenden Seite „Das Wichtige in Kürze". Dort steht kurz und einprägsam, was ihr auf jeden Fall wissen solltet. Die Seite „Das Wichtige in Kürze" kann euch auch bei der Bearbeitung vieler Aufgaben helfen und später zur Wiederholung dienen.

Die Seiten „Weißt du Bescheid?" am Schluss der Hauptkapitel bieten zudem die Möglichkeit, den eigenen Wissensstand zu überprüfen. Verschiedene Formen von Rätseln, Fragenkataloge, die Aufforderung zu Partnerarbeit und die Auswertung von Karikaturen bieten dabei Abwechselung.

Besonderes Augenmerk legt „Demokratie heute" auf methodenorientiertes Lernen. Auf blau unterlegten Seiten wird zu Rollenspielen, Erkundungen, Umfragen, Expertenbefragungen, Interneterkundungen, Karikaturenrallyes, Planspielen, Pro-Kontra-Diskussionen und anderen interessanten Unterrichtsmethoden angeregt.

Das Internet bietet für die Arbeit im Fach Sozialkunde unendlich viele Informationen. Zur schnelleren Orientierung findet ihr auf der folgenden Seite eine Auswahl an wichtigen Internetadressen.

Am Ende des Buches ist ein detailliertes Stichwortverzeichnis mit Seitenverweisen und Begriffserklärungen abgedruckt. Greift auf diese Seiten zurück, wann immer es euch hilfreich erscheint.

Wo dieses Zeichen steht, sind Aufgaben in einer bestimmten Form schriftlich zu beantworten. In das Buch dürft ihr auf keinen Fall schreiben! Deshalb müsst ihr die vorgegebenen Tabellen, Übersichten oder Rätsel auf ein Blatt übertragen oder das Arbeitsblatt benutzen, das euch eure Lehrerin oder euer Lehrer aushändigt.

Das Autorenteam

| | |
|---|---|
| **Jugendliche in sozialen Gruppen** | |
| Jugendarbeit in Rheinland-Pfalz | www.jugend.rlp.de |
| Shell Jugendstudie | www.shell-jugendstudie.de |
| **Erziehung und soziales Lernen in der Familie** | |
| Landesschülervertretung Rheinland-Pfalz | www.lsvrlp.de |
| Webportal Schülermobbing | www.schueler-mobbing.de |
| Bundesministerium für Familie, Senioren, Frauen und Jugend | www.bmfsfj.de |
| **Politische Beteiligung in der Gemeinde und im Bundesland** | |
| Landtag von Rheinland-Pfalz | www.landtag.rlp.de |
| Verwaltungsportal für Rheinland-Pfalz | www.verwaltung.rlp.de |
| Landeszentrale für politische Bildung Rheinland-Pfalz | www.politische-bildung-rlp.de |
| **Umgang mit Massenmedien** | |
| Deutscher Presserat | www.presserat.de |
| Bundesverband deutscher Zeitungsverleger e.V. | www.bdzv.de |
| Fernsehen | www.daserste.de / www.zdf.de |
| **Recht und Rechtsprechung** | |
| Ministerium für Justiz Rheinland-Pfalz | www.justiz.rlp.de |
| Bundesministerium der Justiz | www.bmj.de |
| **Berufswahlunterricht** | |
| Informationsportal zur Berufsorientierung | www.jugend-und-ausbildung.de |
| Berufswahlmagazin | www.machs-richtig.de |
| Bundesagentur für Arbeit | www.arbeitsagentur.de |
| **Wirtschaft und Umwelt** | |
| Bundesministerium für Wirtschaft und Technologie | www.bmwi.de |
| Bundesministerium für Arbeit und Soziales – Seite für Schüler | www.sozialpolitik.com |
| Bundesverband der Verbraucherzentralen | www.verbraucherzentrale.de |
| Bundesministerium für Umwelt, Naturschutz und Reaktorsicherheit | www.bmu.de |
| Umweltbundesamt | www.uba.de |
| **Die politische Ordnung der Bundesrepublik Deutschland** | |
| Bundesregierung | www.bundesregierung.de |
| Bundestag | www.bundestag.de |
| Jugendportal des Deutschen Bundestages | www.mitmischen.de |
| Bundesrat | www.bundesrat.de |
| Bundespräsident | www.bundespraesident.de |
| Bundeszentrale für politische Bildung | www.bpb.de |
| **Der Prozess der europäischen Einigung** | |
| Informative Europa-Website | www.europa-digital.de |
| Europäische Union | www.europa.eu |
| Europäisches Parlament – Informationsbüro für Deutschland | www.europarl.de |
| Europarat | www.coe.int |
| **Friedenssicherung als Aufgabe internationaler Politik** | |
| Informationen zum Stichwort Globalisierung | www.globalisierung-online.de |
| Vereinte Nationen: Informationszentrum für Westeuropa | www.unric.org |
| Bundesministerium für wirtschaftliche Zusammenarbeit und Entw. | www.bmz.de |
| Bundesministerium der Verteidigung | www.bmvg.de |
| Bundeswehr | www.bundeswehr.de |
| Bundesamt für den Zivildienst | www.zivildienst.de |
| Auswärtiges Amt | www.auswaertiges-amt.de |
| NATO (Nordatlantikpakt) | www.nato.int |
| Organisation für Sicherheit und Zusammenarbeit in Europa | www.osce.org |

# Jugendliche in sozialen Gruppen

Kinder und Jugendliche leben in Gemeinschaft mit anderen. Sie wachsen in der Familie auf, lernen mit ihren Mitschülern und Mitschülerinnen in der Schule und verbringen ihre Freizeit im Freundeskreis. In solchen Gemeinschaften entwickeln Kinder und Jugendliche vielfältige Beziehungen zu anderen Menschen. Sie lernen dabei, sich mit den Ansprüchen anderer auseinanderzusetzen und sich in die Gesellschaft einzufügen. Sie erfahren, dass sie Rechte, aber auch Pflichten haben und üben sich darin, Konflikte zu lösen. Sie lernen so gesellschaftliche Werte und Normen kennen.

Im folgenden Kapitel geht es um Fragen wie:

- Was ist eine Clique? Was versteht man unter einer Gruppe? Welche Erwartungen stellen Gruppen an ihre Mitglieder?
- Welche Bedeutung hat die Gruppe der Gleichaltrigen für Jugendliche in Schule und Freizeit?
- Fremdbestimmung oder Selbstbestimmung – wie verhält es sich damit?
- Welche Konflikte können in der Gruppe entstehen? Wie kann man sie lösen?
- Was ist für das Zusammenleben in der Schule, insbesondere in der Klasse, wichtig? Wie können Konflikte in der Klasse vermieden werden? Welche Aufgabe haben Streitschlichter und Streitschlichterinnen?
- Welche Möglichkeiten haben Schülerinnen und Schüler, ihre Interessen zu vertreten? Welche Rolle spielt dabei die Schülervertretung?

## Die Clique – Jugendliche unter sich

Die folgenden Antworten gaben Jugendliche im Alter zwischen 13 und 15 Jahren auf die Frage „Welche Gedanken kommen dir im Zusammenhang mit eurer Clique?“

1. *In unsere Clique kommen keine Fremden mehr rein.*
2. *Ich bin mit Jenny befreundet – die neben mir.*
3. *Ohne die Clique kann ich mir mein Leben gar nicht mehr vorstellen. Das Gemeinschaftsgefühl ist toll.*
4. *In der Clique ist man unter seinesgleichen. Hier wird man für voll genommen. Und wenn man einmal auf dem Holzweg ist, dann weisen einen die anderen darauf hin.*
5. *Bei uns ist immer was los! Da kommt keine Langeweile auf.*
6. *Ich habe manchmal richtig Angst, dass die Clique zerfällt, wenn wir aus der Schule entlassen werden.*
7. *Ich mag alle in der Clique. Da ist keiner dabei, mit dem ich nicht gern zusammen bin.*
8. *Mit den anderen in der Clique kann ich jederzeit über meine Probleme und Sorgen reden. Die verstehen mich.*
9. *Was zu regeln ist, das machen wir unter uns aus.*
10. *Wir haben die gleichen Interessen und meistens auch die gleichen Ansichten.*
11. *Im letzten Sommer waren wir mit der gesamten Clique zum Kanufahren auf der Mosel. Das war klasse!*
12. *Wir treffen uns stets am Samstag und oft auch noch ein- oder zweimal in der Woche – immer die gleichen Leute. Das ist einfach super, weil wir uns alle gut kennen.*
13. *Die Clique ist für mich so etwas wie meine Familie. Ich habe ja nur meine Mutter, und die ist voll berufstätig.*
14. *Die Clique fängt mich auf, wenn ich einen Durchhänger habe. Ohne die Hilfe und den Zuspruch meiner Freunde käme ich in der Schule gar nicht mehr zurecht.*
15. *In der Clique kann nur mitmachen, wer sich den Regeln anpasst. Dazu gehört auch, dass man nicht so wie von vorgestern rumläuft. Das passt einfach nicht zu uns.*

**1** *Für viele Jugendliche ist die Clique eine besonders wichtige Gruppe. Welche Aussagen geben dazu Hinweise?*

**2** *Auch diese Clique hat Erwartungen an ihre Mitglieder. Welche könnten das sein?*

## Gruppen

Jeder Mensch gehört in seinem Leben verschiedenen Gruppen an. Eine Gruppe unterscheidet sich von einer zufälligen Anzahl von Menschen dadurch, dass ihre Mitglieder sich miteinander verbunden und zusammengehörig fühlen. Deshalb spricht man von einem „Wir-Gefühl" bei Gruppen. In einer Gruppe sind bestimmte Verhaltensweisen und Einstellungen erwünscht, andere unerwünscht. An das einzelne Gruppenmitglied richtet sich die Erwartung, dass es sich entsprechend verhält.

Man kann verschiedene Arten von Gruppen unterscheiden, z. B. Kleingruppe und Großgruppe. Die Kleingruppe ist durch die geringe Anzahl ihrer Mitglieder überschaubar für den Einzelnen. Jeder kennt jeden gut, man vertraut einander und kann mit jedem Gruppenmitglied meist unmittelbar in Kontakt treten. Anders bei der Großgruppe. Hier ist die Anzahl der Mitglieder so groß, dass man nicht mehr alle persönlich kennt. Deshalb ist es oft auch schwierig, Kontakt miteinander aufzunehmen.

1

2

3

4

5

6

1 *Jedes Foto zeigt eine bestimmte Gruppe. Welche verschiedenen Gruppen kannst du erkennen?*

2 *Beschreibe, welche Erwartungen die jeweilige Gruppe an das einzelne Gruppenmitglied wohl hat.*

3 *Finde Beispiele für Kleingruppen und für Großgruppen.*

## Gruppenerwartungen

Karla besucht die Klasse 8a der Realschule. Ihre Lieblingsfächer sind Biologie, Englisch und Sport. Seit Beginn des neuen Schuljahres sitzt Karla mit Mona, ihrer besten Freundin, und Mike und Christian in einer Tischgruppe zusammen. Die vier verstehen sich gut und unternehmen gelegentlich auch außerhalb der Schule mal etwas gemeinsam.

Karlas Mutter arbeitet als Bauingenieurin in einem großen Konstruktionsbüro. Ihr Vater ist als Koch halbtags in einer Kantine tätig. Karla hat noch einen zehnjährigen Bruder. Die Familie bewohnt ein Reihenhaus am Stadtrand. Mit im Haus wohnt noch Karlas 69-jährige Großmutter Katharina, die Mutter ihres Vaters. Mit ihr versteht sich Karla gut.

Treffpunkt für einige Mädchen und Jungen aus Karlas Schule ist die Würstchenbude am Park. Seit einiger Zeit gehört Karla zu dieser Freundesgruppe – oder wie sie sagt „zur Clique". Öfter gehen sie gemeinsam in die Eisdiele um die Ecke, hin und wieder auch ins Kino. Und manchmal fahren sie auch einfach nur so mit ihren Fahrrädern herum.

Seit einigen Monaten macht Karla beim Jugendrotkreuz mit. Für das bevorstehende Sommerfest will das Jugendrotkreuz eine Spielstraße für Kinder organisieren. Zusammen mit Andreas, Frank und Sabine hat Karla Spielideen zusammengestellt. Beim nächsten Gruppennachmittag soll über die Vorschläge des Ideen-Teams beraten werden.

Acidheads – Alternative – Antifas – Atomkraftgegner – Autonome – Auto-Surfer – Barbies – Base-Jumper – Basketballer – B-Boys – Beachvolleyballer – Beatniks – Biker – Bitches – Black Metaller – Blueser – Bohemiens – Boneheads – Breakdancer – Computer-Kids – Cracker – Cyberpunks – Dark Waver – Disco-Fans – Freaks – Freeclimber – Fußballfans – Gammler – Gewerkschaftsjugend – Girlies – Gothics – Greaser – Greenteams – Groupies – Grufties – Grunger – Hacker – Halbstarke – Hardcores – Hausbesetzer – Headbanger – Heavy Metals – Hippies – Hipster – Homeboys – Hooligans – Housefrauen – Houserunner – Inline-Skater – Jesus Freaks – Jungdemokraten – Junge Liberale – Junge Linke – Junge Union – Jungsozialisten – Kiffer – Kutten – Linke – Mods – Mountainbiker – Mountainboarder – Neo folks – Neonazis – Netsurfer – New Romantics – New Waver – Ökos – Okkultisten – Peacer – Pfadfinder – Popper – Poser – Provos – Psychobillies – Punks – Raggamuffins – Rainbow People – Rapper – Raver – Rechte – Redskins – Renees – Riot-Girls – Rocker – Rock'n'Roller – Rollenspieler – Rude Boys – Satanisten – S-Bahn-Surfer – Schickies – Science-Fiction-Fans – Scooter – Scratcher – Skatbeboarder – Stammer – Snowboarder – Spiral Tribes – Splatter Fans – Spontis – Sprayer – Stadtindianer – Stage diver – Straight-Edger – Streetballer – Streetboarder – Streetgangs – Streetlugger – Surfer – Tagger – Teddyboys – Teenager – Tierrechtler – Trainsurfer – Trekkies – Veganer – Volleyballer – Wakeboarder – Wandervögel – Waver – Wilde Cliquen – Writer – Yippies – Yuppies **Die Jugend?**

Von **der** Jugend an sich kann man heute nicht mehr sprechen. Es wird vermutet, dass es ungefähr 300 verschiedene Jugendkulturen in Deutschland gibt. Die Jugendlichen treffen sich in Cliquen oder Gruppen, die durch gewisse Gemeinsamkeiten vereint werden. Dies kann die Vorliebe für die gleiche Musik oder die gleiche Sportart, den gleichen Lebensstil oder Ähnliches sein.

*(aus: Klaus Farin: generation kick.de, Verlag C. H. Beck, München 2001, S. 72)*

1. *Welchen verschiedenen Gruppen gehört Karla an?*
2. *Notiere für jede dieser Gruppen das gemeinsame Ziel. Schreibe dann zwei, drei Erwartungen auf, welche die jeweilige Gruppe vermutlich an Karla stellt.*
3. *Aus den Erwartungen unterschiedlicher Gruppen an eine Person können Konflikte entstehen. Finde ein Beispiel, das für Karla gelten könnte.*
4. *Suche aus der Auflistung drei, vier Gruppen aus: Welche besonderen Erwartungen haben diese Gruppen wohl an ihre Mitglieder?*

## Freundschaft

*„Ich habe viele Freunde, auf die ich mich verlassen kann. Wirkliche Freunde sind da, wenn man sie braucht, wenn es einmal Probleme gibt, um über alles zu reden, um zusammen durch dick und dünn zu gehen."*

*„Die Voraussetzung für eine Freundschaft ist eine gemeinsame Interessenlage. Freundschaft gestalten heißt für mich, ohne Verpflichtung und ohne Zwang zusammen sein zu können."*

### Freundschaften

„Könntest du notfalls das letzte
Hemd vom Leib weggeben?
Dich eher in Stücke reißen lassen,
als ein Geheimnis verraten?
Lieber schwarz werden,
als jemanden im Stich lassen?
Pferde stehlen oder durchs
Feuer gehen?"
„Ja."
„Auch für mich?"
„Ja."
„Dann bist du mein Freund."

„Und du? Könntest du notfalls
verzeihen?"
„Es kommt drauf an, was."
„Dass ich vielleicht einmal nicht
das letzte Hemd hergeben,
mich nicht in Stücke reißen lasse,
ausnahmsweise nicht schwarz
werden will, nicht in jedem Fall
Pferde stehle oder durchs Feuer
gehe?"
„Ja."
„Dann bist auch du mein Freund."

Hans Manz

*(aus: Hans Manz: Kopfstehen macht stark. Weinheim/Basel: Beltz & Gelberg 1978)*

Von einem Freund/einer Freundin erwarte ich, dass …

Freundschaft bedeutet für mich, dass …

Lieber keinen Freund, keine Freundin als …

Echte Freunde sind für mich …

Für meinen Freund oder meine Freundin würde ich …

Zusammen mit einem Freund oder einer Freundin macht es besonders Spaß …

Keine Freunde sind für mich Menschen, die …

Freundschaft kann nicht so weit gehen, dass …

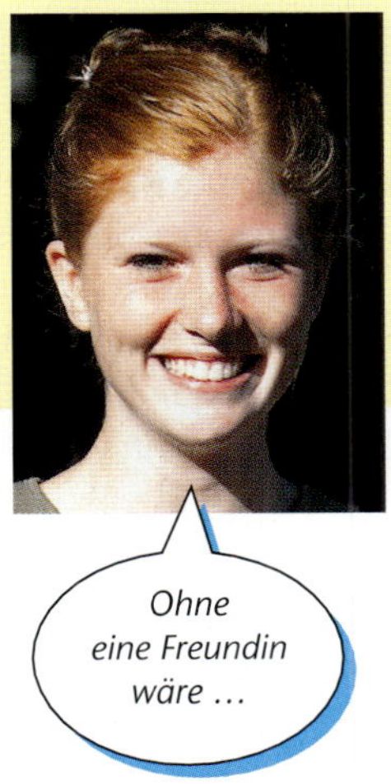


**1** *Vergleiche die beiden oben abgedruckten Aussagen zur Freundschaft. Was fällt dabei auf?*

**2** *Der Text „Freundschaften" zeigt zwei unterschiedliche Auffassungen. Welche ist deiner Meinung nach die bessere?*

**3** *Ergänze die Satzanfänge.*

## Fremdbestimmung – Selbstbestimmung

Mit **Fremdbestimmung** ist gemeint, dass man das tut, was andere von einem wollen. Das kann durch Zwang oder Verbote geschehen, aber auch durch Überredung oder Beeinflussung, die man kaum merkt.

Mit **Selbstbestimmung** ist gemeint, dass der Einzelne das tut, was er will, was er für richtig hält. Selbstbestimmung ist nur möglich, wenn man die Freiheit hat, über sein Handeln selbst zu entscheiden.

**Kara:** Das mit der Fremd- und Selbstbestimmung ist eigentlich sehr einfach.

**Nina:** Wie meinst du das?

**Kara:** Na ja! Alles, was ich tun muss oder was mir verboten wird, ist Fremdbestimmung.

**Nina:** Zum Beispiel?

**Kara:** Zum Beispiel die Hausaufgaben. Die in Mathematik muss ich bis morgen erledigen. Also ist das Machen von Hausaufgaben Fremdbestimmung.

**Nina:** Und wann wirst du sie machen?

**Kara:** Wahrscheinlich erst nach 17 Uhr. Vorher kommt im Fernsehen eine Tiersendung, die ich anschauen möchte.

**Nina:** Wenn du entscheidest, wann du die Hausaufgaben machst, dann ist das doch Selbstbestimmung.

**Kara:** Ja schon, aber nur der Zeitpunkt. Eigentlich ist es eine Mischung: Hausaufgaben machen – das ist Fremdbestimmung. Wann ich sie mache – das ist Selbstbestimmung.

**Nina:** Und ob du sie gut erledigst oder nur flüchtig – was ist das?

**Kara:** Eigentlich Selbstbestimmung, denn das ist ja meine Entscheidung. Aber ich will eine gute Note in Mathematik, weil das für später wichtig ist. Ist das Fremdbestimmung?

**Nina:** Du siehst, so einfach ist das nicht mit der Fremd- oder Selbstbestimmung. Nehmen wir mal deine neue Frisur …

**Kara:** Also, das habe ich selbst bestimmt!

**Nina:** Wirklich? Warum hast du sie geändert?

**Kara:** Alle haben jetzt so farbige Strähnen. Da kann ich doch nicht ohne kommen …

(Erich Rauschenbach / CCC, www.c5.net)

(Walter Kurowski)

1 Was verdeutlicht das Gespräch über Selbstbestimmung und Fremdbestimmung?

2 Was erlebst du als Fremdbestimmung, was als Selbstbestimmung? Notiere einige Situationen aus deinem Alltag.

3 Die Karikaturen haben mit Selbstbestimmung und Fremdbestimmung zu tun. Wie zeigt sich das?

## Konflikte in der Gruppe

Mit der Pubertät treten die Jugendlichen allmählich aus der Familie heraus, ohne freilich gleich am „anderen Ufer" anzukommen. Die Jugendzeit ist dadurch gekennzeichnet, dass einerseits die engen Bindungen und Kontrollen der Kindheit gelockert werden, andererseits aber der Erwachsenenstatus (...) noch nicht erreicht ist. (...)

In dieser Übergangszeit ohne eindeutigen sozialen Charakter bilden sich verstärkt Altersgruppen Gleichaltriger. (...) Es entstehen jugendliche *Cliquen* als eine „äußerst intime kleine Gruppe von Individuen, die gemeinsame Geheimnisse (sexueller und anderer Art), gemeinsame Wünsche, gemeinsame Probleme und gemeinsame Interessen haben, die z. B. auf familiärer Herkunft, Schulunternehmungen und dergleichen beruhen können."

*(aus: Dieter Baacke: Die 13–18-Jährigen: Einführung in Probleme des Jugendalters. Weinheim: Beltz Verlag, 7. Auflage. 1994, S. 242)*

**Malte**

„Ich bin der Einzige in der Clique, der sich das neue Handy nicht leisten kann. Jetzt lachen mich die anderen aus. Klar, ich hätte auch gern solch ein neues Superteil, aber dafür habe ich einfach kein Geld."

„Ich will mal einen guten Schulabschluss machen, deshalb lerne ich nachmittags lieber, als mich jeden Tag mit Freunden zu treffen. Um in allen Fächern mit vorn dabei zu sein, muss ich einfach eine Menge tun."

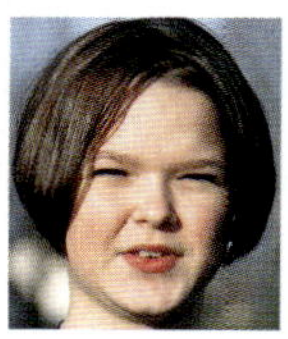

**Petra**

**Mehmet**

„Alle aus meiner Gruppe rauchen heimlich, aber mir ist das zu ungesund und teuer. Wenn ich die angebotene Zigarette ablehne, werde ich gleich als altmodisch tituliert. Was soll denn am Rauchen cool sein?"

**Michael**

„Immer wollen alle meine neuesten Computer-Spiele ausleihen und dann bekomme ich sie ewig nicht zurück. Das nervt mich. Wenn ich aber mit ihnen ins Schwimmbad will, nehmen sie mich meist nicht mit. So ein Computer-Freak habe da nichts zu suchen. Kaum habe ich ein neues Spiel, sind alle wieder nett zu mir."

„In unsere Clique kommt kein Fremder rein. Wir sind eine eingeschworene Gemeinschaft. Das finde ich momentan doof, denn Andreas würde gerne bei uns dabei sein, aber die anderen wollen ihn nicht."

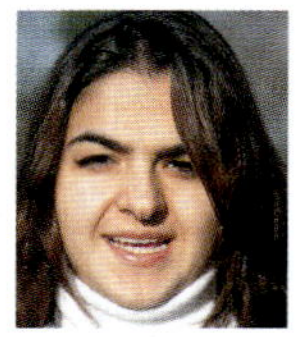

**Claudia**

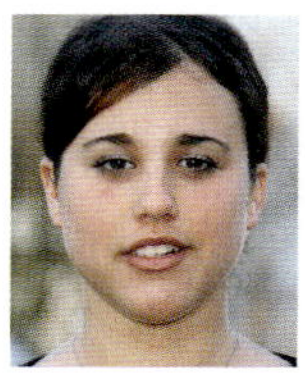

**Maria**

„Ich habe einen tollen Nagellack in der Parfümerie gesehen, aber der kostet 15 €. So viel Geld habe ich nicht. Tanja meint, dass wir ihn einfach klauen sollten, das würde eh keiner merken. Aber ich traue mich nicht. Wobei – gefallen würde er mir schon ..."

„Die Jungs aus der 10b sind echt klasse. Sie malen heimlich tolle Graffitis an die S-Bahnen und Hauswände. Einer sagte, dass es ein totaler Kick sei, ob man erwischt wird oder nicht. Ich finde das cool – was aber, wenn man von der Polizei wirklich erwischt wird?"

**Martin**

„Annette meinte neulich, dass ich blöd sei, immer so viel Fahrgeld für die Monatskarte auszugeben. ‚Schwarzfahren – Geld sparen', das sei ihr Motto. Sie nimmt das Fahrgeld von ihrer Mutter, kauft sich dann aber Klamotten davon. Hm, ich weiß nicht ..."

**Johanna**

1 *Lies den Text „Mit der Pubertät ..." und formuliere mit eigenen Worten, was eine Clique ausmacht.*

2 *Jeder der Jugendlichen hat einen bestimmten Konflikt. Um welchen Konflikt geht es jeweils?*

# Methode: Rollenspiel

## Thema: Konflikte

Beim Rollenspiel übernimmt man eine Rolle und spielt das Verhalten eines anderen in einer vorgegebenen Situation. Ein Rollenspieler versetzt sich also in die Lage eines anderen und versucht, dessen Interessen und Ansichten im Spiel zu verdeutlichen. Durch Rollenspiele können im Unterricht menschliche Verhaltensweisen dargestellt, beobachtet und besprochen werden.

### Vorbereitung

Die Ausgangslage wird gemeinsam erörtert und dabei auch besprochen, welche Ansichten, Wünsche usw. zu den Rollen gehören, die dann gespielt werden. Dann werden die Rollen verteilt, am besten auf Gruppen in der Klasse. Jede Gruppe überlegt sich für ihre Rolle Argumente, Verhaltensweisen usw. Die Gruppe wählt dann eine Spielerin oder einen Spieler. Manchmal gibt es auch Rollenkarten mit genaueren Hinweisen, wie die jeweilige Rolle zu spielen ist. Die nicht am Rollenspiel beteiligten Schüler und Schülerinnen erhalten Beobachtungsaufträge.

### Durchführung

Die Szene wird möglichst ohne Unterbrechung gespielt. Die anderen beobachten das Spiel und machen sich Notizen.

### Auswertung

Zunächst äußern Spieler und Beobachter das zum Spielablauf, was ihnen besonders aufgefallen ist. Dann werden die Ergebnisse der Beobachtungen ausgetauscht. Aufgrund der Besprechung kann es sinnvoll sein, das Rollenspiel zu wiederholen, zum Beispiel auch mit anderen Spielern.

**Fall 1**

Mustafa, Henrik und Sabine aus der 9b haben heute eine Stunde früher aus. Jetzt stehen sie vor der Schule zusammen.

**S:** Ich habe noch keine Lust nach Hause zu gehen – da bin ich doch nur allein.
**M:** Meine Mutter kommt auch erst um 13 Uhr. Aber was könnten wir denn tun?
**H:** Wir könnten doch ins „Kauf-Center" gehen.
**M:** Was soll ich denn im „Kauf-Center"? Ich habe kein Geld.
**H:** Na und? Du kommst auch ohne Geld an der Kasse vorbei.
**S:** Verstehe ich nicht.
**H:** Ach – tut doch nicht so blöd. Wir haben halt „aus Versehen" etwas eingesteckt.
**M:** Moment – sollen wir vielleicht im „Kauf-Center" klauen gehen?
**H:** Mann, reg' dich ab. Tommy aus der 9c hat gesagt, das würde richtig Spaß machen. Und außerdem zahlt alles die Versicherung!
**S:** Und wenn sie uns erwischen?
**H:** Den Tommy haben sie noch nie erwischt.
**S:** So eine Sonnenbrille wie Petra hätte ich auch gerne. Aber 33,95 € …
**H:** Na, dann lass sie eben mitgehen. Die schreiben ja immer: „Greifen Sie zu …"
**M:** Aber das ist doch Diebstahl!
**H:** Ach, du bist ja nur zu feige!
**M:** Diebstahl hat mit Mut überhaupt nichts zu tun. Und jetzt will ich dir mal etwas sagen …

**Fall 2**

Frau Schulte und ihre Töchter Caro, 15 Jahre, und Silke, 13 Jahre, bewohnen eine Drei-Zimmer-Wohnung. Die Mutter hat sich das kleinste Zimmer als Schlafzimmer genommen, im größten Zimmer sind die beiden Mädchen untergebracht, das dritte Zimmer wird als Wohnzimmer genutzt. Im „Kinderzimmer" gibt es dauernd Streit, denn Silke ist sehr ordentlich, Caro dagegen lässt alles herumliegen, auf dem Tisch, auf dem Boden … Der tägliche Streit soll nun ein Ende haben.

**1** *In den beiden Fällen geht es um Konflikte. Worin besteht der Konflikt jeweils?*
**2** *Führt zu einem der Fälle ein Rollenspiel durch.*

# Das Wichtige in Kürze

**Clique**

Gleichaltrige schließen sich in „Cliquen" zusammen. Eine solche Gruppe wird meist zusammengehalten durch gleiche Vorlieben, gleiche Abneigungen und gleiches Verhalten. Für Jugendliche ist die Clique wichtig, weil sie eine gewisse Geborgenheit vermittelt. Außerdem bietet sie die Möglichkeit, die Freizeit mit Gleichaltrigen zu verbringen.

**Gruppe**

Aus drei oder mehr Personen wird dann eine Gruppe, wenn die Mitglieder ein gemeinsames Ziel verfolgen und daraus ein Zusammengehörigkeitsgefühl („Wir-Gefühl") entwickeln. In eine Gruppe kann man fest eingebunden sein, weil man entweder in sie hineingeboren wurde (Familie) oder dazu verpflichtet ist (z. B. Schulklasse). Eine Gruppe kann sich aber auch nur aufgrund gemeinsamer Neigungen bilden. Hier gehört man der Gruppe freiwillig an (z. B. Verein, Clique).

**Erwartungen**

Eine Gruppe hat Vorstellungen darüber, wie sich ein Gruppenmitglied zu verhalten hat. Solche Erwartungen beeinflussen das Verhalten des Gruppenmitglieds. Die Gruppe belohnt oder bestraft das Verhalten des einzelnen Gruppenmitglieds. Verhalten, das den Erwartungen entspricht, trifft auf Lob, Anerkennung, Beachtung. Bei unerwünschtem Verhalten kann sich die Kritik und die Missachtung der Gruppe bis zum Gruppendruck steigern: „Wenn du nicht mitmachst, dann hau ab!"

**Freundschaft**

Menschen schließen Freundschaften, haben also ein engeres, von Vertrauen geprägtes Verhältnis zu einer anderen Person. Gerade in der Jugend sind Freundschaften wichtig. Mit Freunden kann man persönliche Dinge besprechen.

**Selbstbestimmung – Fremdbestimmung**

Mit Selbstbestimmung ist gemeint, dass der Einzelne das tut, was er will. Die Freiheit des Einzelnen, über sein Handeln selbst zu bestimmen, hat allerdings Grenzen: Jeder muss die Gesetze und die Rechte der anderen beachten. Mit Fremdbestimmung ist gemeint, dass man tut, was andere sagen und wollen. Das kann durch Zwang oder Verbote geschehen, aber auch durch Überredung und Beeinflussung, die man oft kaum merkt.

**Konflikte in der Gruppe**

Innerhalb von Gruppen treten auch Spannungen und Konflikte auf. Diese können z. B. dadurch ausgelöst werden, dass Gruppenmitglieder die Erwartungen der Gruppe nicht erfüllen. Kompromissbereitschaft und Toleranz sind wichtige Voraussetzungen für die Lösung von Konflikten in der Gruppe.

*Jugendliche verbringen ihre Freizeit gern in der Clique*

## Gemeinsames Lernen

Stellt euch vor, ihr treibt mit einer Jacht auf hoher See. Ein großer Teil der Jacht und ihres Inhalts ist durch ein Feuer zerstört worden. Jetzt droht die Jacht zu sinken. Ihre geografische Lage ist unklar, weil die Navigationsinstrumente, also die Instrumente zur Orts- und Kursbestimmung, gestört sind

und weil ihr durch den Versuch, das Feuer unter Kontrolle zu bringen, abgelenkt wurdet. Eure genaueste Schätzung ist, dass ihr euch ungefähr 1500 Kilometer süd-südwestlich der nächstgelegenen Insel befindet.

Unten findet ihr eine Liste mit 14 unbeschädigten Gegenständen. Zusätzlich zu diesen Sachen verfügt ihr über ein Schlauchboot mit Rudern. Es ist nicht sicher, ob das Schlauchboot ausreicht, außer euch auch sämtliche aufgeführten Gegenstände fortzubewegen. Der Inhalt eurer Hosentaschen besteht aus mehreren Schachteln Streichhölzern und fünf Geldscheinen.

Die Aufgabe besteht darin, die 14 Gegenstände in eine Rangfolge nach ihrer Wichtigkeit für euer Überleben zu bringen. Der wichtigste Gegenstand bekommt die Ziffer 1 usw.

| Gegenstand | Rangziffer |
|---|---|
| 20-Liter-Behälter mit Wasser | |
| Moskitonetz | |
| Rasierspiegel | |
| 1 Kiste Essensrationen | |
| Seekarte | |
| Sitzkissen, als Schwimmhilfe geeignet |  |
| 10-Liter-Behälter mit Öl-Benzin-Gemisch | |
| Transistorradio | |
| Abwehrmittel gegen Haie | |
| 2 Quadratmeter undurchsichtige Plastikfolie | |
| 1 Liter 80%iger Rum | |
| 5 m Nylonseil | |
| 2 Tafeln Schokolade | |
| Angelgerät | |

**Tipp**

**Verlosen mit Spielkarten**

Wer Asse, Könige, Damen, Buben zieht, gehört in Vierergruppen zusammen. Wer 7er, 8er, 9er, 10er zieht, löst die Aufgabe in Einzelarbeit.

**1** *Mit der Aufgabe (siehe letzter Textabschnitt) könnt ihr erproben, welches Vorgehen zur Lösung solcher Aufgaben besser ist: Einzelarbeit oder Gruppenarbeit. Deshalb sollt ihr durch Verlosen (z. B. mithilfe von Spielkarten) regeln, wer die Aufgabe in Gruppenarbeit und wer sie in Einzelarbeit löst.*

**2** *Löst dann die Aufgabe.*

**3** *Jeder Einzelne bzw. jede Gruppe, die fertig ist, notiert in der restlichen Zeit, worin er bzw. sie die Vorteile und Schwierigkeiten der Einzelarbeit bzw. der Gruppenarbeit sieht.*

## Die Klassengemeinschaft

*Susanne:* Herr Baumann hat einfach gesagt, ich wäre ab jetzt die Verantwortliche für das Klassenbuch. Warum muss gerade ich mich darum kümmern? Die anderen tun gar nichts!

*Timo:* Eigentlich finde ich die Klasse okay. Mir gefällt aber nicht, dass ich neben Alan sitzen muss. Ich würde lieber neben Patrick sitzen. Mit dem verstehe ich mich viel besser als mit Alan.

*Michael:* Gruppenarbeit finde ich blöd. Immer, wenn wir als Gruppe etwas machen sollen, geht der Streit los. Franco tut gar nichts und Dominik spielt sich als der große King auf, der alles besser weiß.

*Claudia:* Melanie, Yvonne und Daniela – die drei denken wohl, sie sind die Tollsten. Ständig hängen sie in den Pausen zusammen, tuscheln über die anderen und giften sie an.

*Mirko:* In unserer Klasse gibt es oft Streit. Ich wäre lieber in der 7c, die haben schon eine mehrtägige Wanderung gemacht. Wir seien viel zu undiszipliniert für so etwas, sagt Frau Rath, unsere Lehrerin.

*Mona:* Ich bin froh, dass ich neben Claudia sitze, wir sind richtig gute Freundinnen. Einige Mädchen in der Klasse schneiden mich, die sind neidisch, dass ich bessere Noten als sie habe.

### Unser Klassenporträt

Jede Schülerin und jeder Schüler eurer Klasse bringt zunächst ein Porträtfoto mit in den Unterricht.

Dann klebt jede Schülerin und jeder Schüler sein Foto in die Mitte eines größeren Blattes und zeichnet um das Foto herum Sprechblasen. In diese Sprechblasen schreibt jeder hinein, was er den anderen über sich selbst mitteilen möchte, zum Beispiel:

- Hobby
- Lieblingsbücher
- Lieblingsfilme
- Erwartungen an die Klasse
- …

Zum Schluss werden alle Blätter unter der Überschrift „Unsere Klasse" auf einem langen Streifen Packpapier aufgeklebt und im Klassenzimmer ausgehängt. So habt ihr ein Klassenporträt, auf dem sich jede Schülerin und jeder Schüler vorstellt.

*1* In jeder Klasse kann es Probleme geben. Welche werden in den Äußerungen deutlich?
*2* Macht Vorschläge, wie man diese Probleme lösen könnte.
*3* Erstellt in eurer Klasse ein „Klassenporträt".

## Konflikte – und wie man sie lösen kann

### Konflikt

In der Klasse 8 a ist die Mathe-Klassenarbeit voll im Gange. Niklas, in der Klasse bekannt als guter Mathematiker, merkt, wie sein Nachbar Florian ständig zu ihm herüberschielt und bei ihm abschreibt.

Niklas mag das eigentlich nicht. Denn er meint: Abschreiben ist nicht ehrlich. Er sieht auch nicht ein, dass Abschreiber fast gleich gute Noten haben wie diejenigen, die es wirklich können und für die Klassenarbeit viel lernen.

Außerdem: Florian hat in Sport immer ein „sehr gut", Niklas selbst immer nur „ausreichend" oder „mangelhaft". Da kann Florian ihm auch nicht helfen. Aber dann möchte Niklas seinen Vorsprung in Mathematik behalten, auch um die schlechte Sport-Note ausgleichen zu können.

Wenn Partnerarbeit angesagt ist, arbeiten sie schon gut zusammen. Aber Klassenarbeiten sind etwas anderes, auch wenn viele in der Klasse der Meinung sind, man soll abschreiben lassen.

Nach der Klassenarbeit will Niklas mit Florian darüber reden, dass Abschreiben bei der Klassenarbeit nicht in Ordnung ist.

### Gespräch

**1. Anfang**

**Niklas:** Hallo, Florian. Ich habe vorhin bemerkt, wie du die ganze Zeit bei mir abgeschrieben hast.

**Florian:** Ist das schlimm? Das machen doch viele.

**Niklas:** Ich finde das nicht fair. Im Sport kann ich nämlich bei dir auch nicht abschreiben.

**Florian:** Im Sport geht's halt nicht.

**Niklas:** Ja, da hast du schon Recht. Aber deshalb muss ich in Fächern wie Mathe ausgleichen, sonst geht's ungerecht zu.

**Florian:** Ach, so siehst du das?

**Niklas:** …

**2. Anfang**

**Niklas:** Glaubst du, ich würde in Mathe so viel lernen, damit du dann bei mir abschreiben kannst?

**Florian:** Blödes Geschwätz. Man wird wohl noch abschreiben dürfen, wenn der Lehrer nichts merkt.

**Niklas:** Du bist ein richtiger Schmarotzer: Nichts lernen, und dann abschreiben!

**Florian:** So kann nur ein Streber wie du daherreden.

**Niklas:** …

### 10 Regeln zur Vermeidung oder Lösung von Konflikten

1. Nimm den andern ernst und höre ihm wirklich zu!
2. Sage, was du empfindest und was du für eine Meinung hast! Tue nicht so, als ob nur du Recht haben kannst!
3. Begründe deine Meinung, mache dabei nicht den anderen persönlich schlecht!
4. Stelle den andern nicht als den Dummen oder Bösen hin! Gehe davon aus oder hoffe, dass auch er den Konflikt vermeiden oder eine Lösung finden will!
5. Beschreibe auch das Verbindende, nicht nur das Trennende! So kannst du am besten überzeugen.
6. Wende dich gegen Unrecht! Nimm aber auch einmal einen „Gegenstoß" hin, ohne gleich gekränkt zu sein!
7. Scheue die Auseinandersetzung nicht, bleibe aber ruhig und sachlich!
8. Wenn der andere unfair wird, ist Humor oft die beste Entgegnung.
9. Wenn du einen eigenen Irrtum einsiehst, dann scheue dich nicht, ihn zuzugeben!
10. Unterlasse auch persönliche Angriffe gegen Dritte, die sich nicht wehren können. Mache sie nicht lächerlich! Setze sie nicht herab, um selbst als der Größte erscheinen zu können!

*Bei welchem der beiden Gesprächsanfänge wurden die „10 Regeln zur Vermeidung oder Lösung von Konflikten" beachtet, bei welchem nicht? Schreibe zu dem Anfang, bei dem die Regeln beachtet wurden, eine Fortsetzung.*

## Streitschlichtung durch Schüler

**Auszüge aus einem Gespräch mit einem Streitschlichter und einer Streitschlichterin**

*Ruben und Ann-Sophie*

***Ann-Sophie und Ruben – ihr beide seid Streitschlichter. Wie wird man das denn?***

*Wir sind von unserer Beratungslehrerin angesprochen worden. Sie hat erklärt, worum es bei der Streitschlichtung geht. Dann hat sie gefragt, wer dabei mitmachen will. Da haben wir uns gemeldet.*

*Wir haben dann mit der Sozialarbeiterin eine Schulung gemacht. Da haben wir erfahren, wie man ein Schlichtungsgespräch führt und eine Lösung finden kann.*

***Wie läuft eine Streitschlichtung ab?***

*Eine Streitschlichtung läuft ungefähr so ab: Aus irgendeinem Grund bekommen zwei Schüler Streit miteinander. Sie wenden sich dann an uns Streitschlichter und wir machen mit ihnen einen Termin für ein Treffen aus.*

*Wenn wir uns dann mit den beiden Streithähnen treffen, erklären wir zuerst die Regeln. Und dass es das Ziel der Schlichtung ist, dass beide mit dem Ausgang zufrieden sind. Es gibt also weder Gewinner noch Verlierer.*

*Dann kann jeder der Streitenden erzählen, wie er den Fall sieht. Wichtig ist, dass dabei keiner den anderen unterbrechen darf. Wir Streitschlichter stellen nur Fragen, wenn wir etwas nicht verstanden haben.*

*Danach fordern wir beide auf, Vorschläge zur Lösung des Konflikts aufzuschreiben. Dabei soll jeder auch notieren, was er selbst zu tun bereit ist.*

***Und wie kommt man dann zu einer Lösung?***

*Das ist das Schwierigste. Wir vergleichen die Lösungsvorschläge und versuchen dabei, das Gespräch so zu führen, dass beide Seiten sich am Ende auf eine gemeinsame Lösung einigen.*

***Gibt es auch eine Kontrolle, ob die Schlichtung erfolgreich war?***

*Ja. Wir machen einen Termin aus – vielleicht eine oder zwei Wochen später – und dann fragen wir, ob sich beide an die Vereinbarung gehalten haben.*

*Ruben*

***Welche Arten von Streitereien können denn von euch geschlichtet werden?***

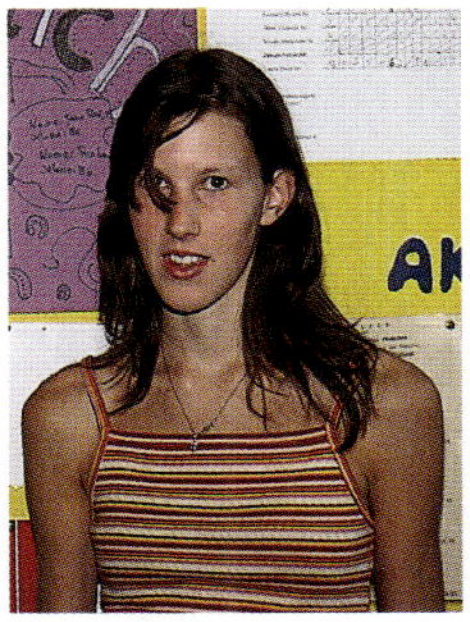

*Ann-Sophie*

*Wir können uns nur mit kleineren Streitereien des Schulalltags befassen. Größere Streitereien, Gewalt, kriminelle Sachen oder Ähnliches gehören nicht in die Schülerschlichtung.*

**1** Marcel regt sich auf, weil Adina in sein Deutschheft gezeichnet hat.

**2** Nicole ist wütend auf Herrn Rückert. Sie findet, dessen Note im Englisch-Test sei ungerecht.

**3** Andreas fordert von Jan zwei Euro. Sonst bekomme er von ihm nach dem Unterricht Prügel.

**4** Marc versteckt in den Pausen immer wieder Dinge von Anette, zum Beispiel ihr Stifteetui. Darüber regt sich Anette ziemlich auf.

**5** Katharina streitet sich mit Sonja. Sie glaubt, Sonja habe den Brief, den sie von Benjamin erhalten hat, laut vor allen in der Klasse vorgelesen.

**6** Zwischen deutschen und ausländischen Schülern gibt es Ärger. Vor dem Unterricht kam es zu einer Schlägerei. Dabei wurde Eldin das Nasenbein gebrochen.

*Streitschlichtung: Streitschlichter und Streithähne an einem Tisch*

**1** *Gibt es an eurer Schule Streitschlichter? Was wisst ihr über deren Arbeit?*

**2** *Welche der sechs Fälle sind für eine Streitschlichtung durch Schüler geeignet? Welche nicht? Begründe.*

**3** *Streitschlichtung durch Schüler? – Wie ist deine Meinung dazu?*

## Die SV – das sind wir!

Die Schüler und Schülerinnen sollen sich an der Gestaltung des Schullebens beteiligen. Sie sollen ihre Interessen vertreten und Aufgaben übernehmen. Kurz: Sie sollen für ihre Schule Mitverantwortung tragen. Dies ist der Grundgedanke der SV, der Schülervertretung.
Wie sich die Schülerinnen und Schüler mitbeteiligen können, muss für alle Schulen im Land gleich geregelt sein. Im Schulgesetz von Rheinland-Pfalz sind die entsprechenden Bestimmungen in verschiedenen Abschnitten festgelegt. Einen solchen Abschnitt in einem Gesetz nennt man Paragraf. Man verwendet dafür das Zeichen „§".

**Schulgesetz Rheinland-Pfalz**

**§ 31 Vertretungen für Schülerinnen und Schüler**

(1) Bei der Verwirklichung des Bildungs- und Erziehungsauftrags der Schule wirken die Schülerinnen und Schüler durch ihre Vertretungen eigenverantwortlich mit.

(2) Die Vertretungen nehmen die Interessen der Schülerinnen und Schüler in der Schule, gegenüber den Schulbehörden und in der Öffentlichkeit wahr und üben die Beteiligungsrechte der Schülerinnen und Schüler aus. Sie können im Rahmen des Bildungsauftrags der Schule selbstgestellte Aufgaben in eigener Verantwortung durchführen.

Im Schulgesetz sind unter anderem die folgenden Punkte zur Schülervertretung geregelt:

Alle Schülerinnen und Schüler einer Klasse bilden die Klassenversammlung. Diese wählt eine Klassensprecherin oder einen Klassensprecher.
Die Gewählten aus allen Klassen bilden zusammen die Versammlung der Klassensprecherinnen und Klassensprecher. Hier wird alles besprochen, was mit der Schülervertretung zu tun hat. Deshalb informiert die Schulleiterin oder der Schulleiter die Versammlung über alle Angelegenheiten, die für die Schule von allgemeiner Bedeutung sind.
Die Versammlung der Klassensprecherinnen und Klassensprecher wählt aus der Schülerschaft die Schülersprecherin oder den Schülersprecher. Sie oder er vertritt allein die Versammlung der Klassensprecherinnen und Klassensprecher. Außerdem wird eine Stellvertreterin oder ein Stellvertreter gewählt.
Die Versammlung der Klassensprecherinnen und Klassensprecher kann aber auch beschließen, einen Vorstand zu wählen. Dieser besteht dann aus der Schülersprecherin oder dem Schülersprecher und in der Regel bis zu zwei stellvertretenden Mitgliedern. Der Vorstand vertritt dann gemeinsam die Versammlung. Die Versammlung der Klassensprecherinnen und Klassensprecher wählt mindestens eine Lehrkraft als Verbindungslehrkraft. Sie berät und unterstützt die Schülervertretung.
Die Versammlung der Klassensprecherinnen und Klassensprecher kann beschließen, ihre Wahlrechte auf die Vollversammlung der Schülerinnen und Schüler zu übertragen. Dann werden Schülersprecher oder Vorstand und die Verbindungslehrkraft direkt von allen Schülerinnen und Schülern der Schule gewählt.

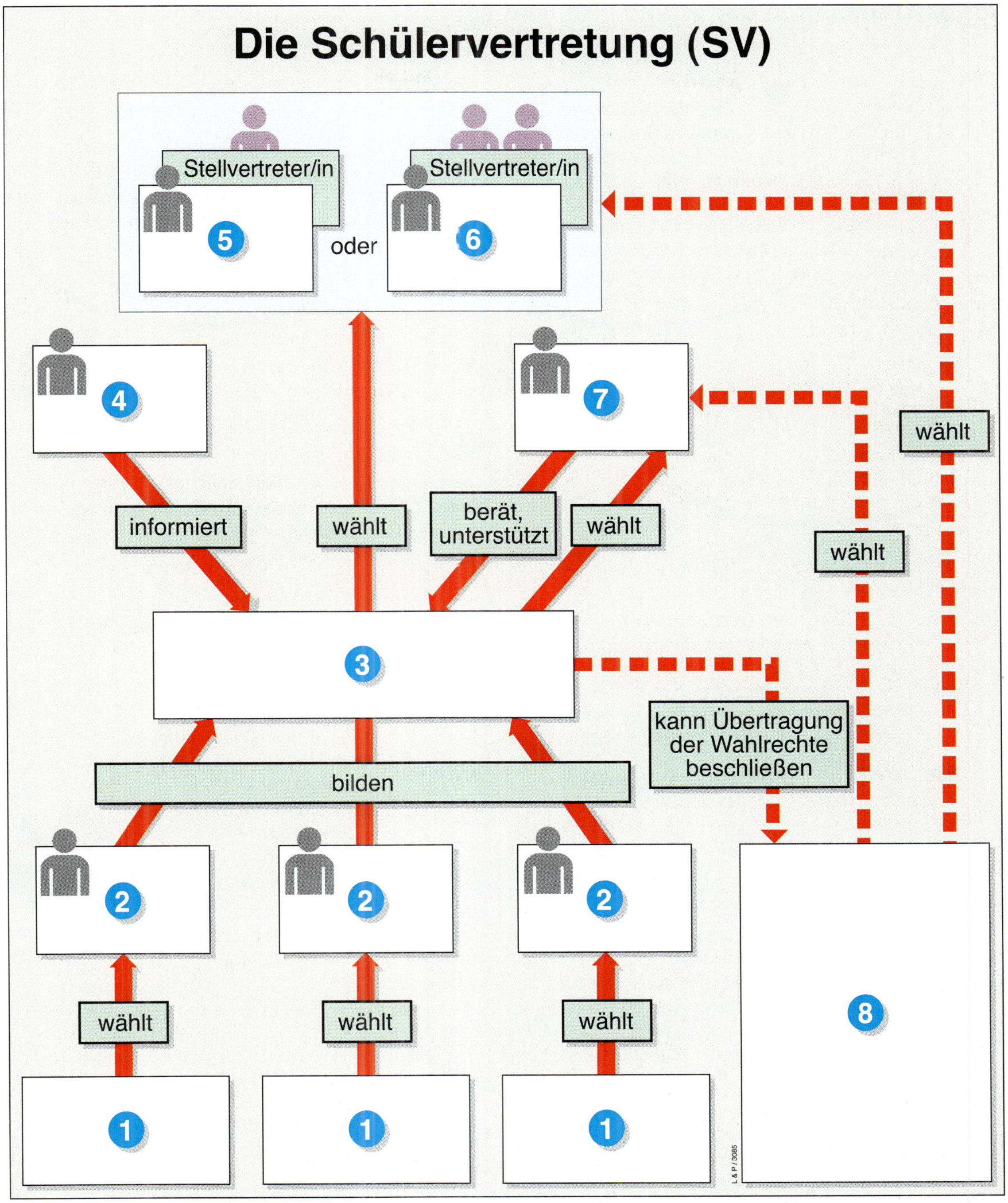

1 *In der Übersicht „Die Schülervertretung" fehlen die Begriffe, die in dem Text auf Seite 24 blau unterlegt sind. Trage die Begriffe auf deinem Arbeitsblatt ein oder notiere sie mit der zugehörigen Nummer in deinem Heft.*

2 *Sammelt Vorschläge für SV-Aktivitäten an eurer Schule. Arbeitet dann einen Vorschlag genauer aus und gebt ihn über eure Klassensprecher an die SV.*

3 *Ladet eure Schülersprecherin oder euren Schülersprecher zu einem Gespräch über die SV an eurer Schule in den Unterricht ein.*

## Mitbestimmung in der Schule – so oder so?

**1** *Die Schülervertretung kannst du doch vergessen! Da sitzen die von der SV vorn und wissen nicht, was sie sagen sollen. Und weil man die Versammlung auf die letzte Stunde gelegt hat, sind viele erst gar nicht gekommen, sondern schon vorher nach Hause gegangen.*

**Tobias**

**2** *Mitbestimmung der Schülerinnen und Schüler? Na, ich weiß nicht. Die steht zwar auf dem Papier, aber wenn es um etwas Wichtiges geht, „beraten" uns die Lehrer so, dass die Entscheidung so ausfällt, wie sie es gerne hätten.*

**Giovanni**

**3** *Am Freitag vergangener Woche hat unsere Schülervertretung eine Disko im Aufenthaltsraum organisiert. Ich fand das klasse – gerade für uns jüngere Schülerinnen und Schüler.*

**Angela**

**4** *Ich war ein Jahr lang Klassensprecherin, fand mich aber total überflüssig! Von meinen Klassenkameraden kam kein Einziger mit einem Problem auf mich zu. Nur das Geld für die Ausflugsfahrt musste ich einsammeln, als mich unser Lehrer damit beauftragte.*

**Silvia**

**5** *Letztens gab es Ärger mit unserm Mathe-Lehrer: Viel zu viele Hausaufgaben und die Klassenarbeiten waren der Hammer. Erst nachdem sich unsere Klassensprecherin beschwert hatte, wurde es besser.*

**Sina**

**6** *Unsere Schülervertretung finde ich super, weil sie gut vorbereitet ist und nicht nur dumm rum gelabert wird. Bei der letzten Sitzung konnten wir zum Beispiel unsere Vorschläge für die Projektwoche einbringen.*

**Jan**

**7** *Wenn wir unsere Schülersprecher wählen, findet immer fast so etwas wie Wahlkampf statt. Am SV-Brett hängen von den Kandidaten „Steckbriefe" – jeder mit Foto und Aussagen, wofür sich der Kandidat einsetzen will. Und dann stellen sich die Bewerber und Bewerberinnen einzeln in den Klassen vor. Ich finde das gut, denn so kann man sich ein gutes Bild machen.*

**Jonas**

**8** *Über das Engagement unserer Schülervertreter bin ich immer wieder begeistert. Während der Versammlungen beteiligen sie sich an den Diskussionen. Sie setzen sich richtig für die Schule ein.*

**Frau Sauer, Lehrerin**

**9** *Die Schüler und Schülerinnen meckern viel, tun selbst jedoch nur wenig. Als Verbindungslehrer muss ich fast alles selbst organisieren. So ist das nicht gedacht.*

**Herr Wörner, Lehrer**

*1* Welche Aussagen zeigen, was eine SV bewirken kann?
*2* Einige Aussagen enthalten Kritikpunkte an Schülervertretungen. Welche?
*3* Wie siehst du die Arbeit der SV an eurer Schule? Notiere (falls notwendig) Verbesserungsvorschläge.

# Das Wichtige in Kürze

**Zusammenleben in der Schule**

In der Familie ist heute ein Kind oft ein Einzelkind oder hat nur ein Geschwisterteil. Anders in der Schule: Hier muss man lernen, mit vielen anderen Kindern auszukommen. In eine Klasse gehen Schülerinnen und Schüler mit unterschiedlichen Erwartungen, Fähigkeiten und Voraussetzungen. Trotz der Unterschiede sollen alle miteinander auskommen und eine Gemeinschaft bilden.

**Lösung von Konflikten**

Trotzdem kann es zu Konflikten kommen: zwischen einzelnen Schülerinnen und Schülern oder zwischen verschiedenen Gruppen von Schülern. Wichtig ist, dass solche Konflikte nicht mit Gewalt ausgetragen werden, sondern dass man darüber spricht. Damit Konflikte durch Gespräche gelöst werden können, sind Kompromissbereitschaft und Toleranz wichtig. Beides kann man leichter zeigen, wenn man bestimmte Regeln zur Lösung von Konflikten kennt.

**Streitschlichter**

In vielen Schulen gibt es Streitschlichter. Ältere Schülerinnen und Schüler helfen jüngeren Schülerinnen und Schülern, ihre Konflikte durch Gespräche und Vorschläge zur Verständigung zu lösen.

*Matthias (15) und Sandra (16) engagieren sich freiwillig als Streitschlichter. „Gedankenstützen" an der Wand erinnern die beiden daran, wie ein stockendes Gespräch wieder in Schwung gebracht werden kann.*

**Schülervertretung**

Durch die Schülervertretung sollen die Schülerinnen und Schüler an der Verwirklichung der Bildungs- und Erziehungsziele mitwirken. Die Schülervertreterinnen und Schülervertreter setzen sich für die Interessen der Schüler ein und können selbstgestellte Aufgaben in eigener Verantwortung durchführen. Die Klassenversammlung wählt die Klassensprecherin oder den Klassensprecher. Die Versammlung aller Klassensprecherinnen und Klassensprecher wählt die Schülersprecherin oder den Schülersprecher und die Verbindungslehrkraft. Es kann auch ein Vorstand gewählt oder die Wahlen können der Vollversammlung aller Schülerinnen und Schüler übertragen werden.

**Verbindungslehrkraft**

Die Versammlung der Klassensprecherinnen und Klassensprecher wählt mindestens eine Verbindungslehrkraft. Die Verbindungslehrkraft berät und unterstützt die Schülervertretung bei ihrer Arbeit.

# Weißt du Bescheid?

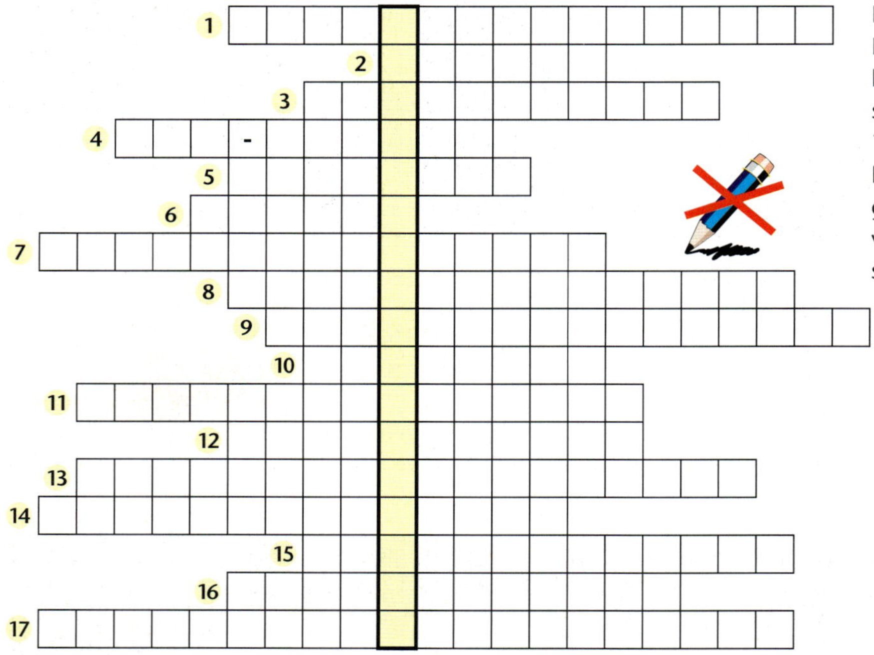

**Löse das Rätsel.**
Benutze dazu das Arbeitsblatt oder notiere die gesuchten Begriffe von 1 bis 17 auf einem Blatt. Die Buchstaben in der hervorgehobenen Spalte ergeben von oben nach unten gelesen das Lösungswort.

1 Mit ... ist gemeint, dass der Einzelne das tut, was er möchte, was er für richtig hält.
2 Der Freundeskreis von Jugendlichen wird auch ... genannt.
3 Die Mitwirkungsmöglichkeiten der Schülerinnen und Schüler sind im ... festgelegt.
4 Die Zusammengehörigkeit in einer Gruppe wird mit ... umschrieben.
5 Eine Auseinandersetzung oder einen Streit bezeichnet man mit einem Fremdwort als ... .
6 Eine Clique ist eine ... von Jugendlichen.
7 Ein ... wird von den Schülerinnen und Schülern einer Klasse gewählt und vertritt deren Interessen.
8 Bei einer ... kommen alle Schülerinnen und Schüler einer Schule zusammen.
9 An vielen Schulen gibt es ... , die bei Streitigkeiten zwischen Schülern vermitteln.
10 Anstelle eines Schülersprechers oder einer Schülersprecherin kann auch ein ... gewählt werden.
11 Mit ... ist gemeint, dass man das tut, was andere von einem wollen oder erwarten.
12 Eine Gruppe hat bestimmte ... an ihre Mitglieder.
13 Ein Klassensprecher oder eine Klassensprecherin wird von der ... gewählt.
14 Nicht alle Jugendlichen haben den gleichen Lebensstil; es gibt sehr unterschiedliche ... .
15 Von ... spricht man, wenn mehrere Schülerinnen und Schüler gemeinsam eine Aufgabe erledigen.
16 Eine ... ist ein engeres, vertrauensvolles Verhältnis zwischen zwei Personen.
17 Die Schülervertretung wird von mindestens einer ... beraten und unterstützt.

**Betrachte die Karikatur. Was will der Zeichner damit ausdrücken?**

*(Gerhard Mester / CCC, www.c5.net)*

# Erziehung und soziales Lernen in der Familie

Seit Urzeiten gibt es Familien, Menschen leben in Familien zusammen und sorgen durch ihre Kinder dafür, dass die Gesellschaft weiter besteht. Die Familie ist die Grundlage der menschlichen Gesellschaft. Für Kinder und Jugendliche ist die Familie etwas so Gewohntes, dass sie sich kaum Gedanken darüber machen. Bei genauerem Hinsehen verbinden sich mit der Familie jedoch interessante Fragen, auf die in den folgenden Kapiteln eingegangen wird.

- Welche Bedeutung hat die Familie für Kinder? Wie wichtig ist Erziehung?
- Von welchen Zielen lassen sich Eltern bei der Erziehung leiten? Welche Erziehungsmittel setzen sie ein?
- Dürfen Eltern alle Entscheidungen für ihr Kind treffen? Was sagt das Gesetz dazu?
- Welche Konflikte kann es in Familien geben? Wie können sie gelöst werden?
- Wie hat sich die Familie im Laufe der Zeit verändert? Welche neuen Formen des Zusammenlebens spielen heute eine Rolle?
- Wie fördert und unterstützt der Staat Familien?
- Welche besonderen Probleme können sich für berufstätige Frauen mit Kindern ergeben?
- Hat sich die Aufgabenverteilung innerhalb der Familie im Vergleich zu früher verändert?

## Familie – wozu eigentlich?

### Klassenmeinung: Was ich mir von der Familie wünsche

Die neun Stichwörter werden an die Tafel geschrieben. Jede Schülerin und jeder Schüler notiert dann auf einem Blatt ohne Namen die drei Stichwörter, die ihr bzw. ihm am wichtigsten sind. Danach werden die Blätter eingesammelt und ausgewertet. Dazu führen zwei Schüler an der Tafel eine Strichliste, sodass man übersichtlich erkennen kann, wie oft jedes Stichwort genannt wurde.

Schutz

Sicherheit

Trost

Nähe

Lernen

Vertrauen

Freude

Geborgenheit

Solidarität

*1* *Welche Stichwörter sind nach Meinung der ganzen Klasse die wichtigsten?*

*2* *Bei Befragungen, welche Aufgabe die Familie hat, werden immer diese Stichwörter genannt. Überlege dir zu einem der Stichwörter, wie der Zusammenhang zur Familie sein könnte.*

## Fallbeispiel: Die Conrads

Familie Conrad besteht aus drei Personen:

Der **Vater**, Jürgen Conrad, ist 38 Jahre alt und von Beruf Kraftfahrzeugmechaniker. Die Werkstatt, in der er arbeitet, befindet sich 15 km entfernt in Pirmasens. Herrn Conrads Hobby ist die Taubenzucht. Im Züchterverein ist er Schriftführer.

Die **Mutter,** Claudia Conrad, ist 36 Jahre alt. Als Arzthelferin war sie bis zur Geburt der Tochter Kathrin erwerbstätig. Jetzt überlegt sie sich, vielleicht wieder halbtags zu arbeiten. Claudia Conrad geht gerne tanzen, allerdings kann sie ihren Mann nur selten dazu überreden.

**Kathrin** Conrad, 14 Jahre alt, besucht die 8. Klasse. In Englisch ist sie ziemlich gut, mit Mathematik hat sie Probleme. Kathrin ist Mitglied in der Jugendabteilung eines Rollschuhclubs. Dort verbringt sie gerne die Freizeit mit ihrer Freundin.

Bei einer Umfrage wird Kathrin gefragt, was ihrer Meinung nach für das Zusammenleben in Familien wichtig ist.

**WIR DÜRFEN NICHT MITREDEN**

Familiendemokratie! Wenn ich das schon höre! Wenn meine Eltern so tun, als würden sie irgendetwas mit uns beraten, kommt am Ende immer das heraus, was sie auch ohne uns beschlossen hätten. Das ist mit dem Urlaub so und mit den Wochenendausflügen. Wenn mein Bruder und ich sagen, wir wollen lieber mal zu Hause bleiben, dann heißt es immer: man muss doch mal raus. Aber wir sind auch in der Woche viel draußen, ich mache Leichtathletik und mein Bruder Fußball. Eltern vergessen, wie sie als Kinder waren, glaube ich.

**Svantje, 11 Jahre**

*(aus: Berliner Zeitung, 8./9. 10. 2005, S. 7/Kinderseite)*

**1** *In einer Familie gibt es unterschiedliche Interessen. Wie könnte das bei den Conrads aussehen? Finde für jedes Familienmitglied ein, zwei Beispiele.*

**2** *Was könnte Kathrin bei der Umfrage geantwortet haben? Schreibe mögliche Antworten auf.*

**3** *Was meinst du zu dem Leserbrief von Svantje? Notiere deine Gedanken stichwortartig.*

## Was Kinder brauchen

### Beispiel Marcus

Frau Layer wollte gerade ihre Geschirrspülmaschine ausräumen, als sie den kleinen Marcus im Kinderzimmer schreien hörte. „Warum schreit er denn", dachte sie, „er ist doch gut versorgt. Ich habe doch erst vorhin nach ihm geschaut." Eigentlich wollte Frau Layer gleich in das Kinderzimmer gehen – aber da fiel ihr ein, dass Frau Huber, die Nachbarin, gesagt hatte, man dürfe Babys nicht verwöhnen. Wer immer gleich renne, wenn das Kleine schreie, verhätschele das Kind nur. Außerdem sei Schreien gesund, weil es die Lungen kräftige.

Während Frau Layer die Spülmaschine ausräumte, nahm Marcus Schreien kein Ende, es steigerte sich sogar noch. Immer wieder blieb Frau Layer mit dem Geschirr in den Hand stehen und schüttelte den Kopf: „Was soll ich denn machen? Ich muss den Kleinen doch von Anfang an richtig erziehen. Aber der hört ja gar nicht mehr auf mit seinem Geschrei."

Schließlich ging Frau Layer in das Kinderzimmer. Sie bemerkte, dass Marcus in die Windeln gemacht hatte. Das Baby wurde schon ruhiger, als sie es zum Wickeltisch trug. Sie hatte die besonders teuren neuen Saug-Windelhöschen gekauft, die im Werbefernsehen so empfohlen wurden.

„Für meinen Marcus ist das Beste gerade gut genug", dachte Frau Layer und freute sich darüber, wie gekonnt sie die Windeln wechselte.

Marcus war ruhiger geworden und verfolgte mit seinen Augen die Kopfbewegungen seiner Mutter. Unwillkürlich hatte Frau Layer begonnen, Koseworte zu ihrem Baby zu sprechen. „Er versteht mich ja doch nicht", dachte sie und schwieg dann. Sie trug Marcus zum Kinderbettchen und steckte ihm noch rasch den Schnuller in den Mund, damit er bald einschlafe.

Um 12 Uhr weckte sie Marcus wieder, denn nun war es Zeit, ihn zu stillen. Das Baby schrie zunächst, als sie es aus dem Bettchen holte, wurde dann aber ruhig, als Frau Layer es in den Arm nahm, ihr Kleid aufknöpfte und ihm die Brust gab. Während des Trinkens schmatzte das Baby, seine Augen beobachteten dabei die Mutter, während Frau Layer den Bericht über Kinderpflege in einer Illustrierten las. Nach dem Stillen legte sie Marcus wieder in sein Bettchen. „Jetzt ist er sicher müde", sagte sich Frau Layer und hängte eine Rassel über das Bettchen, damit das Baby etwas zum Spielen habe, wenn es aufwacht.

### Beispiel Bernd

Frau Brandner war gerade beim Bügeln, als sie im Kinderzimmer den kleinen Bernd schreien hörte. „Gerade jetzt", dachte sie, „vielleicht hat er sich nass gemacht!"

Das Baby wurde schon ruhiger, als sie es zum Wickeltisch trug. Während sie die Windeln wechselte, verfolgten Bernds Augen ihre Kopfbewegungen. Frau Brandner sprach beim Wickeln mit freundlicher, sanfter Stimme. „Natürlich versteht er nicht, was ich sage", dachte Frau Brandner, „Hauptsache, er hört meine Stimme". Bernd lachte glucksend, als Frau Brandner ihm einen Kuss auf den Bauch drückte. Auch der Gummibär, der beim Zusammendrücken quietscht, schien dem kleinen Bernd zu gefallen. Er lächelte und versuchte immer wieder, nach ihm zu greifen.

Zwei Stunden später hörte Frau Brandner das Baby erneut schreien. „Jetzt wird er wohl Hunger haben", dachte sie, „eigentlich etwas früh." Im Körbchen lag Bernd mit rotem Gesicht und strampelte mit den Beinen. Frau Brandner nahm das Baby in den Arm, knöpfte ihr Kleid auf und gab ihm die Brust. Während des Trinkens schmatzte das Baby, seine Augen blickten in die Augen der Mutter. Frau Brandner lächelte und sprach mit freundlicher Stimme auf das Baby ein. Nach dem Trinken legte sie das Baby noch nicht in das Körbchen zurück. „Mit der Rassel spielt er doch so gerne", dachte sie und setzte sich mit dem Säugling an den Tisch. Der kleine Bernd lag entspannt in Frau Brandners Arm und beobachtete, wie sie die Rassel klappernd auftauchen und verschwinden ließ.

# Die „Super Nanny“

**Katharina Saalfrank, 33, greift in ihrer Sendung „Super Nanny“ in fremden Familien hart durch**

**JANA SIMON:** Wie hat man Sie denn gefunden?

**Saalfrank:** Früher habe ich in einer Praxis für Kinder- und Jugendpsychotherapie als Familienberaterin gearbeitet. Viele kamen mit den gleichen Problemen: Es fehlte eine Tagesstruktur, es fehlten Regeln. Gleichzeitig ist mir aufgefallen, dass es im Fernsehen überhaupt nichts zum Thema Familie gibt. Da habe ich ein Konzept ausgearbeitet, Bekannte beim Fernsehen angerufen und gefragt, was sie davon hielten. (…) Ich bin zum Casting nach Köln gefahren, und am nächsten Tag war ich die Super Nanny. (…)

**JANA SIMON:** Der Kinderschutzbund kritisiert, Ihre Sendung verstoße gegen die Würde und die Rechte des Kindes.

**Saalfrank:** Der Spagat zwischen Pädagogik und Unterhaltung ist groß. Trotzdem kriegen wir das ganz gut hin. Die Gespräche sind authentisch, und die Familien können sich wiedererkennen. (…)

Man wirft uns vor, dass wir Kinder in entwürdigenden Situationen zeigten, wenn sie zur Strafe auf der „stillen Treppe“ sitzen. Das ist aber nur eine Maßnahme neben vielen Gesprächen, und es geht nicht um Strafe, sondern darum, Grenzen zu ziehen. Sonst würde man die Kinder in ihr Zimmer schicken. Außerdem sehe ich in diesen Familien so viele schreckliche Szenen zwischen Eltern und Kindern. (…)

Gehorsam sein, siezen, schweigend am Tisch sitzen, das sind überhaupt nicht die Methoden, die ich propagiere. (…) Aber es geht nicht ohne Regeln. Ich spucke Ihnen auch nicht einfach ins Gesicht. Es muss einen Mittelweg geben, und wo der liegt, darüber sind die Eltern verunsichert. Sie haben Angst, zu dem zu stehen, was sie sagen. Ich war auch verunsichert, als mir Pädagogen erzählten: Kinder müssen sich auseinandersetzen, sich körperlich spüren. Trotzdem: an den Haaren ziehen, kratzen, beißen, treten – da bin ich ganz eindeutig: Das geht nicht. (…)

*(aus: DIE ZEIT, 31. 12. 2004)*

(Zeichnung: © Marie Marcks, Heidelberg)

**1** *Frau Brandner und Frau Layer verhalten sich unterschiedlich beim Schreien des Babys, beim Füttern, beim Spielen und beim Umgang mit dem Säugling. Beschreibe die Unterschiede.*

**2** *Auf welches Problem weist die Bildergeschichte hin?*

**3** *Welche Erziehungsziele vertritt die „Super Nanny“? Wie stehst du dazu?*

## Erziehungsziele – Erziehungsmittel

### Erziehungsziele

Anpassungsfähigkeit · Ausdauer · Ehrlichkeit · Gutes Benehmen · Höflichkeit · Kreativität · Kritikfähigkeit · Offenheit · Ordentlichkeit · Fleiß · Hilfsbereitschaft · Pünktlichkeit · Zuverlässigkeit · Sauberkeit · Selbstständigkeit · Sparsamkeit · Toleranz · Unterordnung · Verantwortungsbewusstsein

Die 13-jährige Julia lebt mit ihrer Mutter in einer kleinen Wohnung. Da die Mutter seit kurzem eine Vollzeit-Arbeitsstelle annehmen musste, vereinbarte sie mit Julia, dass diese bestimmte kleinere Aufgaben im Haushalt übernimmt. Das funktionierte bisher oft nicht, weil Julia die Aufträge vergaß, keine Lust dazu hatte oder so lange mit Freunden zusammen war, dass keine Zeit blieb, die Arbeit zu erledigen.

Die Mutter kritisiert auch, dass Julia so unordentlich ist. Nicht nur in Julias Zimmer bricht regelmäßig „das Chaos" aus, sondern sie lässt auch im Wohnzimmer, das der Mutter als Schlafzimmer dienen muss, alles liegen. Die Mutter ist sehr „sauer", wenn sie nach der Arbeit erst einmal eine halbe Stunde oder mehr aufräumen muss. Früher machte ihr das nichts aus, aber jetzt…! Als die Mutter ihrer Freundin ihr Leid klagt, hört sie von dieser: „Das ist Erziehungssache!" „Ich möchte aber, dass sich im Zusammenleben mit Julia eine Art Partnerschaft entwickelt", erwidert die Mutter. (…)

### Erziehungsmittel

- ❏ Liebesentzug
- ❏ loben
- ❏ Vorbild sein
- ❏ tadeln
- ❏ drohen
- ❏ überzeugen
- ❏ strafen
- ❏ fördern
- ❏ unterstützen
- ❏ schlagen
- ❏ helfen
- ❏ befehlen

*(aus: Kinder erziehen – aber wie? In: ZEITLUPE 30/Familie, S. 9. Hg.: Bundeszentrale für politische Bildung, Bonn 1994)*

### Rollenbilder

*„Tanja – räume bitte die Geschirrspülmaschine aus! Ich muss noch einkaufen gehen."*
*„Warum denn immer ich? Das kann doch auch Frank machen!"*
*„Aber Tanja – Küchenarbeit ist doch nichts für Jungen. Frank hat gestern Vater geholfen, das Kaminholz in den Schuppen zu tragen. Das ist Männerarbeit!"*
*„Muss ich deswegen immer helfen, die gebügelte Wäsche zusammenzulegen, weil das ‚Frauenarbeit' ist?"*
*„Warum regst du dich denn so auf? Es ist doch gut, wenn du etwas Hausarbeit lernst. Das brauchst du doch später."*
*„Soll Frank doch bügeln lernen – das wird ihm später auch nützlich sein! Aber er guckt abends mit Vater lieber Sportschau…!"*

Dieses Gespräch hat mit Rollenvorstellungen zu tun. Rollen ergeben sich aus den Erwartungen an das Verhalten. Früher erwartete man von Mädchen, dass sie zum Beispiel ruhig, fürsorglich und rücksichtsvoll sind. Jungen dagegen sollten stark, ohne Angst und bestimmend sein. Solche Rollenerwartungen – man spricht auch von „Rollenbildern" – werden in der Erziehung meist unbewusst weitergegeben.

Gefühle zeigen · sich für Technik interessieren · keine Schmerzen zeigen · mit Autos spielen · bei Filmen weinen · cool bleiben · mit Puppen spielen · stark sein · Schmuck tragen · folgsam sein

*Junge oder Mädchen?*

1. *Welche Erziehungsziele hältst du für sehr wichtig, welche für wichtig, welche für nicht so wichtig?*
2. *Wie sollte deiner Meinung nach Julias Mutter in der Erziehung vorgehen? Welche Erziehungsmittel sollte sie also einsetzen?*
3. *Junge oder Mädchen? Sprecht anhand der Stichworte über Rollenbilder in der Erziehung.*

## Fallbeispiel: Erziehung zur Toleranz

Auf dem Spielplatz andere Kinder schubsen, im Kindergarten den starken Mann markieren und die Jüngeren ärgern: „Ist doch ganz normal“, sagen viele Eltern zu solchen Vorkommnissen. Das Kind lerne eben gerade, wie man sich im Leben durchsetzt. Aber nicht immer bleibt es bei diesem sogenannten Durchsetzen lernen. Manchmal entsteht daraus ein systematisches Schikanieren von Schwächeren oder anders Aussehenden – angefangen von Beschimpfungen und Beleidigungen bis hin zu körperlicher Gewalt.

Ein Kind sollte möglichst frühzeitig erfahren, dass es mit seinen Mitmenschen so nicht umgehen darf, rät Monika Keller, Entwicklungspsychologin am Max-Planck-Institut in Berlin. „Toleranz, Mitgefühl und der Mut, sich für andere einzusetzen, müssen in der Familie gelernt werden.“ Je kleiner das Kind sei, desto größer sei der Einfluss der Eltern. Später spielten Gleichaltrige eine immer wichtigere Rolle. (...)

„Es gibt in jeder Art von Situation und in jedem Alter Möglichkeiten, darüber zu reden“, entkräftet Monika Keller das Argument mancher Mütter und Väter, dass Sohn oder Tochter noch zu klein wären, um ihnen zu erklären, dass sie etwas verkehrt gemacht haben. Nur müsse mit Kleinkindern eben anders gesprochen werden als etwa mit Teenagern. Wenn Kinder zum Beispiel im Sandkasten nach den Dingen von jemand anderem greifen oder Spielkameraden an den Haaren ziehen, sollten Eltern ihr Kind fragen, wie es selbst sich dabei fühlen würde.

Einfacher klarzumachen sei Jungen und Mädchen, welche Auswirkungen körperliche Gewalt habe. Schwieriger werde es dagegen, wenn es um verletzte Gefühle gehe – denn die sind nicht an Beulen, Schrammen oder blauen Flecken zu erkennen.

Tolerant zu sein bedeutet aber nicht nur, selbst auf niemanden loszugehen oder jemanden auszuschließen, weil er etwa eine andere Hautfarbe hat oder eine andere Sprache spricht. Zum tolerant sein gehört auch der Mut, gegen den Strom zu schwimmen und denjenigen zu helfen, die von anderen – etwa in der Kindergartengruppe oder auf dem Spielplatz – schlecht behandelt werden.

*Schulkinder nehmen an einer Menschenkette gegen Fremdenhass teil. Stellung beziehen können schon die Jüngsten, und Toleranz zu üben, kann nicht früh genug beginnen.*

„Mischen Sie sich ein, wenn Kinder, die ein bisschen anders sind, gehänselt werden – behinderte Kinder, Kinder, die noch nicht so gut deutsch können, Kinder, die eine andere Hautfarbe haben oder deren Jeans nicht der gerade gefragten Mode genügen“, rät der Autor Hans Grothe in der Zeitschrift „Eltern“. Außerdem sollten Mütter und Väter als Vorbilder auch dann nicht stumm zusehen, wenn „eine gestrige Tante blöde Bemerkungen über den türkischen Müllfahrer macht, wenn an der Kasse im Supermarkt rassistische Bemerkungen fallen“. So beginne die viel geforderte Zivilcourage. (...)

*Es darf nicht als normal gelten, dass …*

*Schon mit kleinen Kindern muss man darüber reden, …*

*Eltern müssen Vorbild sein und sich einmischen, wenn …*

*In der Familie müssen …*

*(Sandra Hoffmann: Mehr Mut zum Mund aufmachen, in: Sächsische Zeitung, 7. 2. 2001, S. 24)*

**1** *Werte auf deinem Arbeitsblatt den Text durch Markieren oder Unterstreichen aus. Konzentriere dich auf wichtige Stellen und Schlüsselwörter.*

**2** *Fasse den Artikel, wie man schon Kleinkinder zur Toleranz erziehen kann, in vier Kernaussagen zusammen. Setze dazu die Satzanfänge in den Sprechblasen entsprechend fort.*

## Elterliches Sorgerecht

### Aus dem Bürgerlichen Gesetzbuch

**§ 1626** **(Elterliche Sorge; Berücksichtigung der wachsenden Selbstständigkeit des Kindes)**

(1) Der Vater und die Mutter haben das Recht und die Pflicht, für das minderjährige Kind zu sorgen (elterliche Sorge). Die elterliche Sorge umfasst die Sorge für die Person des Kindes (Personensorge) und das Vermögen des Kindes (Vermögenssorge).

(2) Bei der Pflege und Erziehung berücksichtigen die Eltern die wachsende Fähigkeit und das wachsende Bedürfnis des Kindes zu selbstständigem verantwortungsbewusstem Handeln. Sie besprechen mit dem Kind, soweit es nach dessen Entwicklungsstand angezeigt ist, Fragen der elterlichen Sorge und streben Einvernehmen an.

**§ 1631** **(Inhalt des Personenrechts, Einschränkung von Erziehungsmaßnahmen)**

(1) Die Personensorge umfasst insbesondere das Recht und die Pflicht, das Kind zu erziehen, zu beaufsichtigen und seinen Aufenthalt zu bestimmen.

(2) Entwürdigende Erziehungsmaßnahmen sind unzulässig.

### Fall Sabrina

Sabrina Bertold ist 16 1/2 Jahre. Sie hat seit einigen Wochen einen 25-jährigen Freund, der einen neuen Wagen fährt und ihr „Klamotten" schenkt. Auf die Fragen ihrer Eltern nach dem Beruf ihres Freundes weiß Sabrina keine Antwort: „Darüber reden wir nicht." Sie kommt in letzter Zeit viel später nach Hause, als ihre Eltern ihr das erlaubt haben, und einige Male hatte sie ziemlich viel Alkohol getrunken. Ein Gespräch mit den Eltern über dieses Verhalten und über den Freund kommt nicht mehr zustande, weil Sabrina bei solchen Gelegenheiten schweigt. Die Eltern wollen den Freund sprechen, doch dieser findet angeblich so eine Vorstellung bei den Eltern altmodisch. Da verbieten ihr die Eltern jeden Umgang mit diesem Mann. Sabrina ist verzweifelt und reagiert wütend: „Ihr könnt nicht entscheiden, mit wem ich mich treffe."
Können dies die Eltern?

*(aus: Elternrecht – Kinderrecht. In: Zeitlupe 30/Familien, S. 18. Hg.: Bundeszentrale für politische Bildung, Bonn 1994)*

*Minderjährig ist man, so lange man das 18. Lebensjahr noch nicht vollendet hat.*

1 *Dürfen die Eltern Sabrina den Umgang mit dem Freund verbieten? Begründe.*
2 *Wie sollten sich Eltern nach dem Willen des Gesetzgebers in Konfliktfällen mit ihren Kindern verhalten?*

## Konfliktbewältigung in der Familie

*(Erich Rauschenbach/CCC, www.c5.net)*

### „Es ist schon ein Kreuz mit unseren Eltern“

(AP/ikw). Streitende Eltern sind oft ein Alptraum für die Kinder. (...)

Grund für Elternzank gibt es reichlich. „Bei uns streiten sich unsere Eltern hauptsächlich um ihre Kinder“ meint ein 16-jähriger Gymnasiast. (...) Sie meinen, es wären die Erbanlagen bei uns, wenn wir Fehler oder Schrott machen. Aber von wem kommen die Erbanlagen? Darüber bekeilen sie sich. Es gibt dann bei uns Wortgefechte, die sind wirklich hörenswert.“ Auch die Eltern eines 12-jährigen Realschülers streiten wegen der Kinder: „Sie werfen sich vor, uns nicht richtig zu erziehen. Aber wenn die Eltern nicht einige Fehler machen würden, könnten wir gleich einpacken. Das wäre kein Leben mehr.“ (...)

Auch Geld ist bei den Großen ein Streitthema, wie eine zwölfjährige Schülerin der Orientierungsstufe feststellt: „Vater ist sparsam. Mutter gibt gern aus. Wenn mein Bruder und ich dann noch mit Taschengeldforderungen kommen, ist es ganz aus. Es ist schon ein Kreuz mit unseren Eltern.“

*(aus: Sächsische Zeitung, 12./13. 04. 1996, S. 7)*

### Drei Methoden zur Konfliktbewältigung

**Methode 1** Kommt es zu einem Konflikt zwischen Eltern und Kind, entscheiden die Eltern, wie die Lösung auszusehen hat. Sie gehen davon aus, dass das Kind ihre Lösung schon hinnehmen wird. Widersetzt es sich, setzen die Eltern ihre Macht und Autorität ein, um das Kind zum Gehorsam zu zwingen.

**Methode 2** Kommt es zu einem Konflikt zwischen Eltern und Kind, machen die Eltern einen Versuch, das Kind zu überreden, die Lösung der Eltern anzunehmen. Widersetzt sich das Kind, geben die Eltern nach und erlauben dem Kind, nach seinem Willen zu verfahren.

**Methode 3** Kommt es zu einem Konflikt zwischen Eltern und Kind, fordern die Eltern das Kind auf, mit ihnen gemeinsam nach einer Lösung zu suchen, die für beide akzeptabel ist. Beide können Lösungen vorschlagen, die dann im Gespräch beurteilt werden. Schließlich entscheidet man, welches die beste Lösung ist. Dann überlegen sie, wie sie umgesetzt werden kann.

*(aus: Thomas Gordon: Familienkonferenz in der Praxis. Wie Konflikte mit Kindern gelöst werden. Reinbek: Rowohlt 1981, S. 164f.)*

1 *Nenne Gründe für Konflikte in der Familie. Die Zeichnung und der Text geben Hinweise.*

2 *Untersuchungen haben ergeben, dass an Sonn- und Feiertagen Konflikte in Familien häufiger auftreten als sonst. Woran könnte das liegen?*

3 *Bewerte die drei Methoden zur Konfliktbewältigung. Was ist das Entscheidende bei der Methode 3?*

4 *In der Pubertät kommt es öfters zu Konflikten zwischen Jugendlichen und ihren Eltern. Notiere einige typische Beispiele und mache Vorschläge, wie jeweils ein Kompromiss gefunden werden kann.*

# Methode: Befragung

## Thema: Mithilfe daheim

Wenn man z. B. auf der Straße Passanten Fragen stellt, spricht man von einer Befragung. Durch eine Befragung kann eine Klasse Interessantes zu vielen Themen erfahren, um die es im Unterricht geht.

**Vorbereitung**
Zunächst muss überlegt werden: Was wollen wir wissen? In welcher Reihenfolge sollen die Fragen gestellt werden? Dann muss geklärt werden, wie die Antworten festgehalten werden sollen, zum Beispiel mit dem Kassettenrekorder.

**Durchführung**
Bei der Durchführung sind die folgende Punkte zu beachten:
- Beim Ansprechen der Personen erklären, wer man ist, und höflich um Erlaubnis zur Befragung bitten.
- Erklären, welchem Zweck die Befragung dient.
- Nur Fragen stellen, die man selbst verstanden hat.
- Nicht mehrere Fragen auf einmal stellen.
- Nachfragen, wenn man etwas nicht verstanden hat oder wenn sich aus einer Antwort ein unerwarteter Gesichtspunkt ergibt.
- Am Ende der Befragung nicht vergessen, sich zu bedanken.

**Auswertung**
Die Antworten der Befragten werden der gesamten Klasse mitgeteilt. Dazu können die aufgenommenen Interviews vorgespielt werden oder die Befragungsteams fassen die Ergebnisse zusammen und tragen diese den Mitschülern vor. Dann kann gemeinsam verglichen werden, ob die Befragten Ähnliches äußerten oder ob sich die Antworten stark voneinander unterscheiden.

**Bürgerliches Gesetzbuch § 1619**

Das Kind ist, so lange es dem elterlichen Hausstand angehört und von den Eltern erzogen oder unterhalten wird, verpflichtet, in einer seinen Kräften und seiner Lebensstellung entsprechenden Weise den Eltern in ihrem Hauswesen und Geschäfte Dienste zu leisten.

*Ich passe ganz gerne auf meine jüngere Schwester auf und spiele mit ihr. Sonst drücke ich mich nach Möglichkeit um Mithilfe zu Hause.*

*Im Haushalt helfen? Ich bin doch keine Putzfrau! Für die Hausarbeit ist allein meine Mutter zuständig, das hat sie sich schließlich so ausgesucht.*

| | |
|---|---|
| **Ergebnisse einer Studie des Bundesministeriums für Familie, Senioren, Frauen und Jugend** | Jugendliche übernehmen die traditionelle Arbeitsteilung ihrer Eltern. Töchter unterstützen die Eltern im Haushalt täglich rund 1 ½ Stunden und damit um 20 Minuten länger als Söhne. An erster Stelle bei den mithelfenden Töchtern steht das Essenkochen und Putzen. Die Söhne sind im Bereich der handwerklichen Tätigkeit der aktivere Teil. Wie bei den Vätern ist auch bei den Söhnen die Wäschepflege verpönt. Nahezu das gleiche Engagement bei der Arbeit im Haushalt zeigen Jugendliche in Haushalten von erwerbstätigen allein Erziehenden. Das betrifft sowohl den Umfang als auch die Arbeitsaufteilung zwischen Töchtern und Söhnen. |

1. *Vergleicht die Aussagen von befragten Jugendlichen mit der Bestimmung im Bürgerlichen Gesetzbuch.*
2. *Welche Fragen ergeben sich aus der Studie des Bundesministeriums für eine Befragung von Gleichaltrigen zum Thema „Mithilfe daheim“?*
3. *Führt die Befragung durch.*

# Das Wichtige in Kürze

**Erziehung**

Die Eltern sind die wichtigsten Erzieher eines Kindes. Sie beeinflussen sein Verhalten und Denken. Dabei spielt ihr Vorbild, das die Kinder nachahmen, eine große Rolle. Durch Lob und Tadel zeigen die Eltern ihrem Kind, welches Verhalten sie für richtig oder für falsch halten. So geben die Eltern ihre Einstellungen und Verhaltensweisen an ihre Kinder weiter und bereiten sie auf ein Leben in der Gemeinschaft vor. Die Vorstellungen, von denen sich Eltern in ihrer Erziehung leiten lassen, sind ihre Erziehungsziele. Sie werden stark von den Normen und Werten beeinflusst, die in einer Gesellschaft gelten. So wie diese sich ändern, ändern sich auch die Erziehungsziele. Früher waren Gehorsam, Ordnungsliebe und Fleiß wichtige Werte in der Erziehung. Heute wollen viele Eltern ihre Kinder zur Selbstständigkeit, Kreativität und zur Entfaltung ihrer Persönlichkeit erziehen. Besonders wichtig ist heute auch eine Erziehung zur Toleranz.

**Familienleben**

Die Mitglieder einer Familie sollen sich mit gegenseitem Verständnis und Vertrauen begegnen. So kann die Familie dem Einzelnen Schutz und Geborgenheit bieten, gerade auch in schwierigen Lebenssituationen.

**Elterliches Sorgerecht**

Bis zur Volljährigkeit müssen die Eltern viele Entscheidungen für ihr Kind treffen und als gesetzliche Vertreter Verträge abschließen. Nach den Bestimmungen des elterlichen Sorgerechts sollen die Eltern die Selbstständigkeit des Kindes fördern und ein partnerschaftliches Verhältnis suchen.

**Mitwirkung der Kinder**

Zur Mitgestaltung des Familienlebens gehört einerseits, dass auch Kinder und Jugendliche im Haushalt mithelfen. Dies gilt besonders dann, wenn beide Eltern erwerbstätig sind. Andererseits sollen Kinder auch die Möglichkeit zur Mitbestimmung haben, vor allem bei Familienangelegenheiten, die auch sie betreffen.

**Konflikte**

In jeder Familie, jeder Gruppe treffen immer wieder unterschiedliche Wünsche, Interessen oder Meinungen aufeinander. Aus solchen Situationen entstehen Konflikte, wenn ein Beteiligter seine Absicht durchsetzen will, ohne auf die anderen Rücksicht zu nehmen. Wenn sich alle bemühen, die Meinung der anderen zu verstehen, können solche Meinungsverschiedenheiten durch Kompromisse gelöst werden. Keinesfalls dürfen Konflikte gewaltsam ausgetragen werden.

*(Erich Rauschenbach / CCC, www.c5.net)*

## Familie – früher und heute

Großfamilie früher

Kleinfamilie heute

### Familie Wagner 1840/Familie Wagner heute

1. *Frau Wagner ist gelernte Bürokauffrau, arbeitet allerdings nur vormittags.*
2. *Wagners haben fünf Kinder – zwei Mädchen und drei Buben.*
3. *Der Großvater und die Großmutter leben in einer kleinen Stube des Bauernhauses.*
4. *Sport ist das Lieblingsfach der Tochter, aber auch Englisch gefällt ihr.*
5. *Wagners sehen abends gerne fern, vor allem Spielfilme und Serien.*
6. *Wagners haben ein Kind, die 12-jährige Yvonne.*
7. *Schule ist meist nur in den Wintermonaten. Die Kinder lernen dann vor allem Religionslehre, Lesen, Schreiben und Rechnen.*
8. *Der unverheiratete Bruder Gottlieb arbeitet und wohnt auf dem Hof.*
9. *Die Bäuerin Karoline Elisabeth Wagner hat von morgens bis abends viel zu tun, z. B. Vieh füttern, Hausarbeiten erledigen, Wolle spinnen.*
10. *Herr Wagner hat eine ältere Schwester, die in Hamburg lebt.*
11. *Gemeinsam planen Wagners ihren Urlaub. Dieses Jahr soll es auf Vorschlag der Mutter nach Italien gehen.*
12. *Der kurze gemeinsame Feierabend wird für handwerkliche Arbeiten genutzt, z. B. Besen binden, Werkzeuge reparieren, stricken.*
13. *Sonntags besuchen Wagners immer wieder die Großmutter, die in einem Altersheim wohnt.*
14. *Die Tochter weiß nicht so recht, was ihr Vater arbeitet – nur dass er bei einer Versicherung ist und es viel mit Zahlen zu tun hat.*
15. *Der lungenkranke Großvater Jeremias wird oft wochenlang von seiner Frau und der Bäuerin im Krankenbett gepflegt.*
16. *Die Buben helfen dem Vater bei der Feldarbeit und lernen so die Arbeit des Bauern.*
17. *In Haus und Hof gilt Herrn Wagners Wort. Er allein entscheidet alle wichtigen Angelegenheiten.*
18. *Herr Wagner hat sich beim Skifahren im Winterurlaub den Fuß gebrochen und muss einige Wochen im Krankenhaus bleiben.*

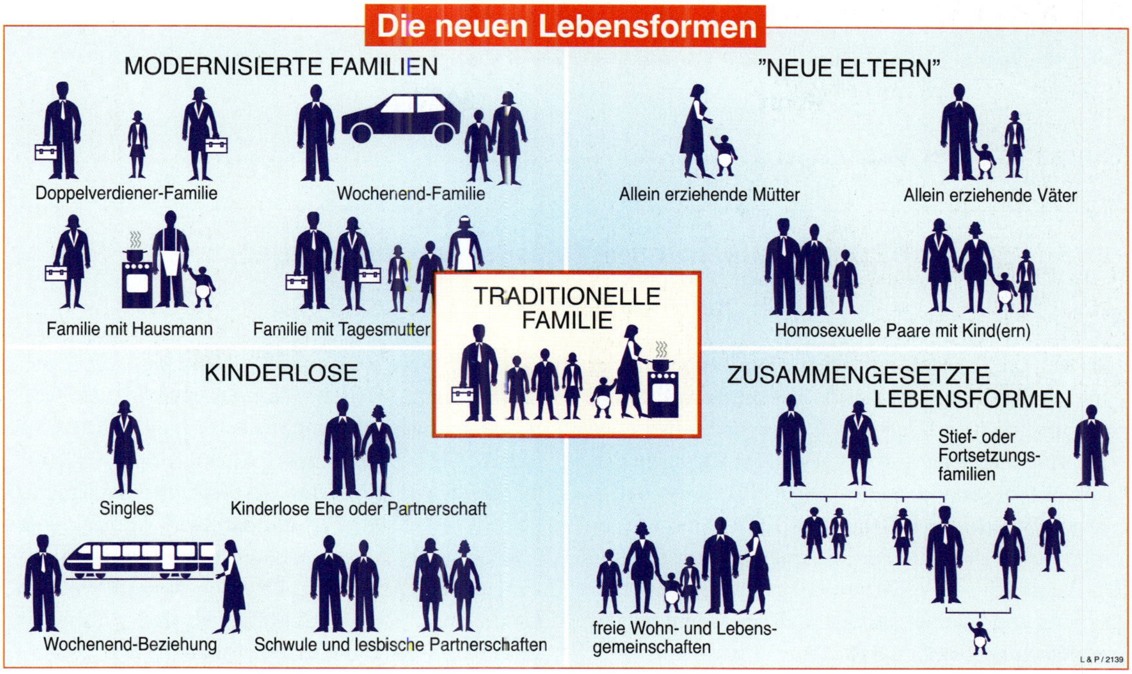


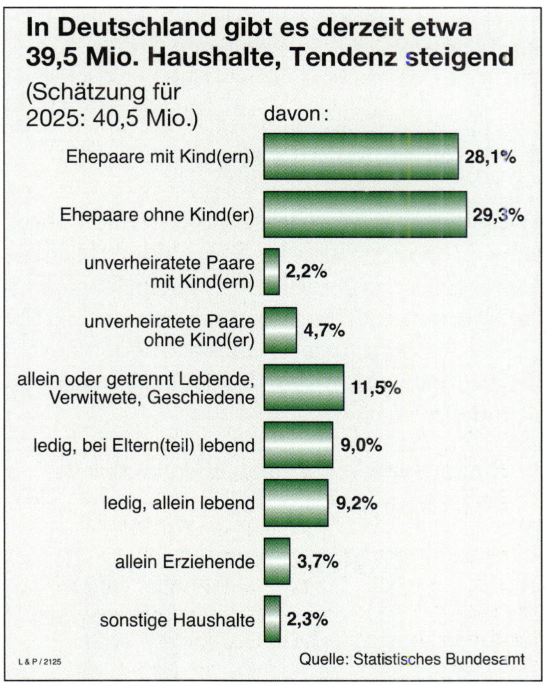


**Veränderungen im Familienbild**

- In unserer Gesellschaft wachsen immer weniger Kinder auf.
- Immer mehr Ehen bleiben kinderlos. Nur in etwa jedem vierten Haushalt leben heute Kinder.
- Die Zahl der Ein-Personen-Haushalte ist stark angestiegen, vor allem, weil immer mehr Menschen freiwillig als Single leben.
- Verglichen mit früher gibt es heute deutlich weniger Kinder aus großen Familien.
- Immer mehr Familien gehen auseinander. Wurde 1960 nicht einmal jede zehnte Ehe geschieden, so ist es heute mehr als jede dritte.
- Der Anteil der allein Erziehenden hat sich in den letzten dreißig Jahren mehr als verdoppelt. Neun von zehn allein Erziehenden sind Frauen.
- Die Zahl unehelicher Geburten nimmt zu. Auch der Anteil nichtehelicher Lebensgemeinschaften steigt seit Jahrzehnten stark an. Nichteheliche Lebensgemeinschaften und allein Erziehende genießen heute ein höheres gesellschaftliches Ansehen als früher.

**1** *Ordne zu: Welche neun Aussagen auf Seite 40 gehören zur Familie Wagner des Jahres 1840, welche neun Aussagen zur Familie Wagner heute?*

**2** *Welche Vorteile oder Probleme können sich aus den verschiedenen Lebensformen ergeben? Nenne einige Beispiele.*

**3** *Welche Form des Zusammenlebens würdest du als Familie bezeichnen?*

# Methode: Grafiken erstellen

## Thema: Kinderwunsch

### Zum Kinderwunsch fehlt meist der Partner

**Von CLAUDIA FREYTAG, 03. 05. 2005**

**Berlin** – Die Zahl der Deutschen, die nur noch ein oder gar kein Kind wollen, ist stark gestiegen. Lag die Zahl der gewünschten Kinder 1992 noch bei statistischen 2,0, so ist sie jetzt auf 1,7 gesunken. Das geht aus einer neuen Studie des Bundesinstitutes für Bevölkerungsforschung (BiB) hervor. [...] Der Studie liegen Interviews mit 4000 Teilnehmern zugrunde.

Im Vergleich zu Zahlen von 1992 ist der Anteil jener Frauen und Männer gestiegen, die gar keine Kinder wollen: von 9,9 auf 14,6 Prozent (Frauen) und sogar von 11,8 auf 26,3 Prozent (Männer, alle Zahlen für West- und Ostdeutschland). Allerdings beschäftigt sich die Studie auch mit den Gründen, von denen die Befragten mehrere Antworten in Stufen von nicht wichtig bis sehr wichtig einordnen konnten. So nannten 83,1 Prozent in der Altersgruppe von 20 bis 39 Jahren als Hauptgrund, dass sie allein lebten und keinen festen Partner hätten. Der Wunsch, den Lebensstandard beizubehalten, war 61,8 Prozent ein bedeutendes Argument. Deutlich weniger galt der Grund, ein Kind nicht mit der Berufstätigkeit vereinbaren zu können (41,6 Prozent).[...]

Die Befürchtung, Freizeitinteressen aufgeben zu müssen, war für 44,5 Prozent von Belang. [...]

*(aus: Kölner Stadt-Anzeiger, http://www.ksta.de/jks/artikel.jsp?id=1114797163494)*

**Tipps zur Erstellung von Grafiken**

Wenn man eine Grafik bzw. ein Diagramm zeichnen will, sollte man die folgenden Tipps beachten:

**1. Was soll dargestellt werden?**

Um eine Grafik erstellen zu können, muss zunächst klar sein, was damit dargestellt werden soll. Dann müssen die Daten gesammelt werden. Wenn man aus dem Artikel oben eine Grafik zum Thema „Kinderwunsch der Deutschen im Wandel" erstellen will, sucht man sich die Daten aus dem Text und erstellt folgende Tabelle:

| Jahr | 1992 | 2005 |
|---|---|---|
| Zahl der gewünschten Kinder | 2,0 | 1,7 |

**2. Wie soll das Ergebnis dargestellt werden?**

Es gibt verschiedene Formen für grafische Darstellungen: Säulen-, Balken-, Kreis- oder Liniendiagramme. Für den Vergleich in unserem Beispiel eignet sich besonders gut ein Säulendiagramm. Erst werden die Werte für die x- und y-Achse aufgezeichnet und dann die beiden Säulen eingetragen. So sieht das Ergebnis aus:

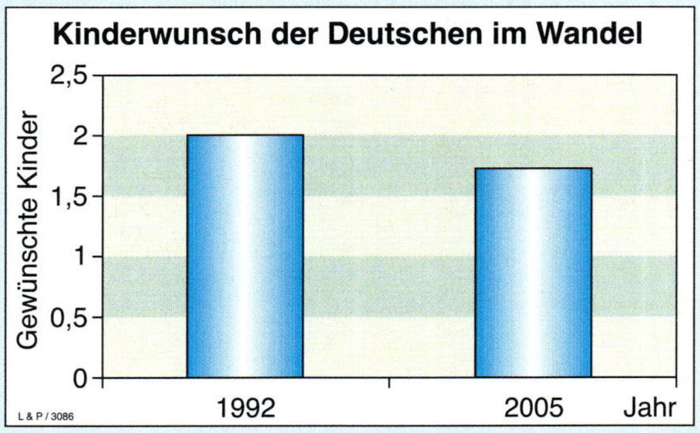


*Erstelle aus dem Zeitungsartikel zwei weitere Grafiken. Die farbigen Markierungen im Text helfen dir. Ein Tipp: Man kann die Diagramme auch mit einem Tabellenkalkulationsprogramm erstellen.*

## Berufstätige Frauen

### Die Situation berufstätiger Frauen mit Kindern

In Deutschland gibt es rund 6 Millionen berufstätige Frauen zwischen 20 und 59 Jahren mit mindestens einem Kind. Viele von ihnen haben Kinder zu versorgen, die noch nicht zur Schule gehen. Auch wenn sie verheiratet sind, müssen diese Frauen sehen, wie sie Beruf und Familie unter einen Hut bringen. Das geht im Betrieb nicht immer ohne Konflikte ab: Die Fehlzeiten nehmen zu, Mitarbeiterinnen kommen öfter zu spät oder lehnen Führungspositionen wegen Familienpflichten ab. Zu Spannungen kommt es im Betrieb besonders dann, wenn Kleinst- und Kleinkinder von Mitarbeiterinnen erkranken und niemand die Betreuung übernehmen kann ...

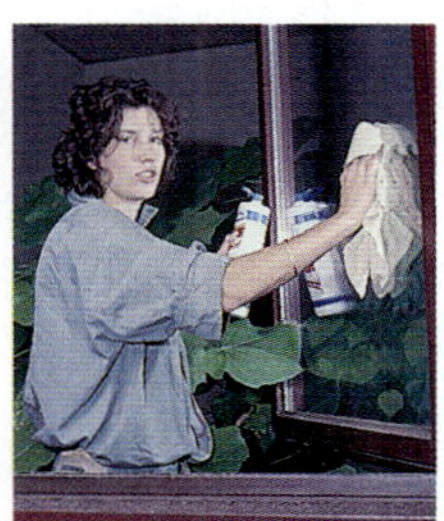

1 *Mich ärgert, dass meine Arbeitszeiten so unflexibel sind.*

2 *Mich ärgert, dass ich weniger Möglichkeiten für Weiterbildung und Qualifizierung in Anspruch nehmen kann als meine männlichen Kollegen.*

3 *Mich ärgert, dass ich weniger verdiene als meine männlichen Kollegen.*

4 *Mich ärgert, dass meine Vorgesetzten immer Männer sind.*

5 *Mich ärgert, dass mir von den Vorgesetzten nicht so viel zugetraut wird wie meinen männlichen Kollegen.*

6 *Mich ärgert, dass ich die weniger qualifizierten Arbeiten zugeschoben bekomme.*

7 *Mich ärgert, dass ich von Kollegen und Vorgesetzten mit zweideutigen Sprüchen und Witzen belästigt werde.*

8 *Mich ärgert, dass die Öffnungszeiten der Kindergärten und die Schulzeiten auf meine Berufstätigkeit keine Rücksicht nehmen.*

9 *Mich ärgert, dass ich auf bessere Positionen verzichten muss, nur weil ich Kinder habe.*

10 *Mich ärgert, dass mein Mann weniger im Haushalt tut als ich.*

1 *Welche der Probleme belasten berufstätige Frauen deiner Meinung nach besonders?*

2 *Finde dazu Lösungsvorschläge.*

## Staatlicher Schutz für Familien

**Grundgesetz Artikel 6**

**[Ehe – Familie – Kinder]**

(1) Ehe und Familie stehen unter dem besonderen Schutze der staatlichen Ordnung.

(2) Pflege und Erziehung der Kinder sind das natürliche Recht der Eltern und die zuvörderst ihnen obliegende Pflicht. Über ihre Betätigung wacht die staatliche Gemeinschaft.

(3) Gegen den Willen der Erziehungsberechtigten dürfen Kinder nur auf Grund eines Gesetzes von der Familie getrennt werden, wenn die Erziehungsberechtigten versagen oder wenn die Kinder aus anderen Gründen zu verwahrlosen drohen.

(4) Jede Mutter hat Anspruch auf den Schutz und die Fürsorge der Gemeinschaft.

(5) Den nichtehelichen Kindern sind durch die Gesetzgebung die gleichen Bedingungen für ihre leibliche und seelische Entwicklung und ihre Stellung in der Gesellschaft zu schaffen wie den ehelichen Kindern.

- Kindergeld
- Elterngeld
- Elternzeit
- Steuererleichterungen
- Mutterschutz
- Ausbildungsförderung

Das ………… 1 ………… wird grundsätzlich bis zur Vollendung des 18. Lebensjahres gezahlt, in bestimmten Fällen, z. B. bei Studium oder Berufsausbildung, auch länger.

Beim ………… 2 ………… ist gesetzlich geregelt, dass jede erwerbstätige Frau sechs Wochen vor der Geburt ihres Kindes und acht Wochen danach nicht beschäftigt werden darf. Von Beginn der Schwangerschaft bis vier Monate nach der Geburt darf ihr grundsätzlich nicht gekündigt werden.

Väter oder Mütter, die ihr neugeborenes Kind selbst betreuen, erhalten ………… 3 ………… .

Ziel des Berufsausbildungsförderungsgesetzes (BAföG) ist es, jungen Menschen, die es sich sonst finanziell nicht leisten könnten, eine ihrer Neigung, Eignung und Leistung entsprechende Ausbildung zu ermöglichen. Die Höhe dieser ………… 4 ………… richtet sich nach der Art der Ausbildungsstätte, der Unterbringung und dem Einkommen der Eltern.

Der Staat will Ehe und Familie durch ………… 5 ………… fördern. Verheiratete, von denen nur einer verdient, zahlen weniger Steuern als Alleinstehende.

Durch die ………… 6 ………… haben Erwerbstätige die Möglichkeit, sich eine längere Zeit ohne Sorgen um den Arbeitsplatz nur ihrem Baby widmen zu können. Es besteht für drei Jahre Kündigungsschutz, d. h. der Arbeitsplatz bleibt garantiert.

1 *Warum wird die Familie durch das Grundgesetz ausdrücklich geschützt?*

2 *Die Begriffe am Rand nennen Beispiele, wie der Staat Familien durch Gesetze schützt und finanziell unterstützt. Welcher Begriff gehört zu welcher Erklärung? Ergänze den Lückentext auf deinem Arbeitsblatt oder notiere in deinem Heft.*

## Familienarbeit: Wer macht was?

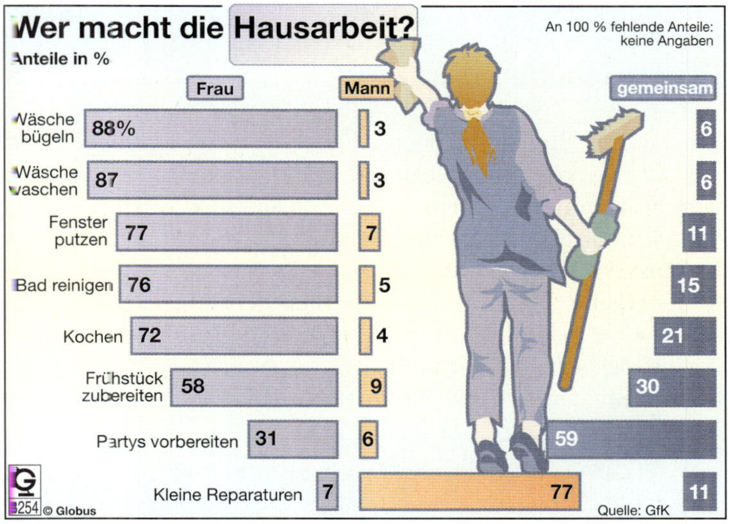


### Meinungen

1 Es ist doch klar, dass Kinder und Jugendliche ihren Eltern im Haushalt helfen müssen.
2 Schülerinnen und Schüler sollten ihr Zimmer aufräumen, mehr brauchen sie aber nicht zu tun.
3 Beim Geschirrspülen, Kochen und Wäschebügeln sollten nur Mädchen helfen. Die können das einfach besser als Jungen.
4 Kinder und Jugendliche sollten zu Hause nicht mithelfen, sonst haben sie ja keine Freizeit.
5 Autowaschen und Rasenmähen – das würde ich erledigen. Aber nur, wenn es dafür ein Extra-Taschengeld gibt.

### Familienrat: Wer soll was machen?

Familie Hansen besteht aus vier Personen: Frau Hansen ist halbtags als Verkäuferin beschäftigt, Herr Hansen arbeitet als Bankkaufmann in der nahen Kreisstadt, die beiden Kinder Sonja (12 Jahre) und Bernd (15 Jahre) gehen noch zur Schule. Weil Frau Hansen künftig wieder ganztags arbeiten möchte, muss die Hausarbeit neu verteilt werden. Dazu haben sich die Hansens zusammengesetzt und zunächst einmal die anfallenden Arbeiten notiert:

*Zimmer aufräumen / Reparaturarbeiten in und am Haus / Schriftverkehr mit Behörden, Banken usw. / Staubsaugen / nass wischen / Abfalleimer leeren / Bad, Küche, Toilette putzen / Blumen gießen / Hof und Gehweg kehren / Wäsche waschen / Wäsche bügeln und zusammenlegen / Fenster putzen / Auto waschen / einkaufen / Geschirrspülmaschine ein- und ausräumen / Gartenarbeiten ...*

1 *Mann oder Frau? Wer wird deiner Meinung nach die Tätigkeiten auf den Fotos in der Regel erledigen?*
2 *Die Grafik gibt Hinweise, wie die Aufgaben in Familien verteilt sind. Notiere einige Feststellungen.*
3 *Jeder notiert zu den fünf Meinungen, ob er zustimmt oder nicht. Vergleicht dann eure Einschätzungen.*
4 *Mache einen Vorschlag, wie bei Familie Hansen die Aufgaben neu verteilt werden sollten.*

# Methode: Karikaturen auswerten

## Thema: Familie

Eine Karikatur ist eine Zeichnung, in der Personen oder Sachverhalte übertrieben, oft auch verzerrt dargestellt werden. Meistens enthält eine Karikatur eine Bildunterschrift oder einen kurzen Text.
Zunächst sieht eine Karikatur durch die übertriebene Darstellung lustig aus. Dem Zeichner geht es jedoch nicht darum, einen Witz zu machen. Er möchte vielmehr den Betrachter auf ein Problem aufmerksam machen und ihn zum Nachdenken anregen. Sein Mittel dazu ist die Übertreibung in der Zeichnung bzw. der Widerspruch zwischen Text und Zeichnung.
Eine Karikatur enthält also stets eine versteckte Botschaft, welche die Meinung des Zeichners zu einem Problem wiedergibt. Der Karikaturist will erreichen, dass wir über seine gezeichnete Meinungsäußerung nachdenken und uns so selbst eine Meinung zum angesprochenen Sachverhalt bilden.

(Gerhard Mester / CCC, www.c5.net)

| | | |
|---|---|---|
| * Konzept | = | Entwurf, Plan |
| ** chaotisch | = | durcheinander, ohne Ordnung |
| *** effektiv | = | wirkungsvoll |

**Tipps zur Auswertung von Karikaturen**
Um eine Karikatur zu verstehen, geht man am besten in drei Schritten vor:

1. **Genau hinsehen:** Was ist gezeichnet? Wer oder was wird angesprochen? Was fällt in der Darstellung besonders auf?
2. **Problem erkennen:** Um welchen Sachverhalt, welches Problem geht es? Gibt der Text dazu Hinweise?
3. **Meinung deuten:** Welche Absicht verfolgt der Zeichner? Welche Meinung bringt er zum Ausdruck?

1 *Werte die Karikatur zunächst allein aus. Gehe dabei nach den beschriebenen Schritten vor.*
2 *Vergleicht eure Auswertungsergebnisse: Wo gibt es Übereinstimmungen, wo Unterschiede in der Deutung?*

# Das Wichtige in Kürze

**Familie**

Die Familie ist die Grundlage der menschlichen Gesellschaft. Nach allgemeinem Verständnis umfasst eine Familie verheiratete Eltern und ein oder mehrere Kinder. Zur Familie im weiteren Sinne gehören auch die Verwandten. Die Vorstellung, was unter einer Familie zu verstehen ist, hat sich in den letzten Jahren mehr und mehr gewandelt.

**Lebensformen im Wandel**

Seit der Industrialisierung haben sich die Formen, wie Familien zusammenleben, stark verändert. Früher gab es vor allem die Großfamilie: Eltern, zahlreiche Kinder, Großeltern und unverheiratete Verwandte lebten und arbeiteten gemeinsam in einem Haushalt. Heute gibt es vor allem die Kleinfamilie (Kernfamilie). Eine Kleinfamilie besteht aus zwei Generationen: Eltern und Kindern. In den letzten Jahrzehnten hat die Zahl der Scheidungen zugenommen: Viele Kernfamilien brechen auseinander und sogenannte Fortsetzungsfamilien entstehen. Zugleich nimmt die Zahl der Alleinerziehenden zu. Darüber hinaus ziehen immer mehr junge Leute zusammen, ohne zu heiraten. Als nichteheliches Kind auf die Welt zu kommen, ist heute Normalität; früher war dies ein Makel. Immer mehr Männer und Frauen entscheiden sich auch bewusst gegen eine partnerschaftliche Lebensform und leben allein.

**Schutz der Familie**

Das Grundgesetz bestimmt, dass die Familie unter dem besonderen Schutz des Staates steht. Dieser Schutz zeigt sich auch darin, dass der Staat Familien mit Kindern finanziell unterstützt. So sollen die Kosten, die Kinder verursachen, zu einem Teil wieder ausgeglichen werden. Solche finanziellen Hilfen sind z. B. das Kindergeld, das Elterngeld, die Ausbildungsförderung und Steuererleichterungen für Familien. Weitere Bestimmungen sind z. B. der Mutterschutz oder die Elternzeit.

**Aufgabenverteilung**

In einem Familienhaushalt sind viele Aufgaben zu erledigen. Nach früheren Vorstellungen hatte sich allein die Frau um die Hausarbeit zu kümmern und die Kinder zu erziehen. Der Mann ging arbeiten und sorgte für das Einkommen der Familie. Solche alten Vorstellungen sind heute von einer partnerschaftlichen Aufgabenverteilung abgelöst worden. Dies ist vor allem für die Frauen wichtig, die durch Erwerbstätigkeit und Hausarbeit doppelt belastet sind.

# Weißt du Bescheid?

**Löse auf dem Arbeitsblatt das Rätsel.**
Die gelb hervorgehobene Spalte nennt den Weg, wie Eltern erreichen wollen, dass ihr Kind bestimmte Verhaltensweisen und Wertvorstellungen übernimmt.

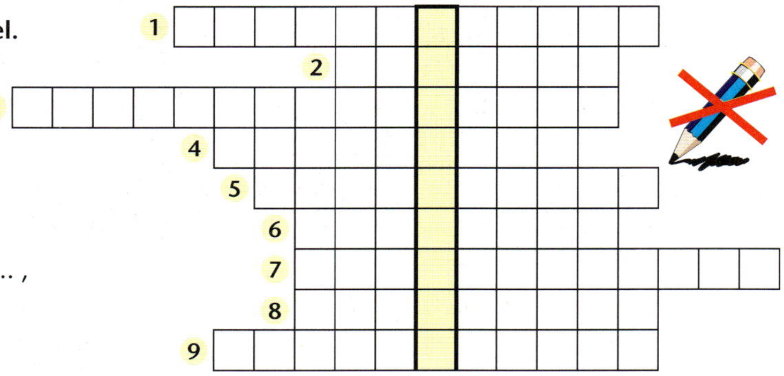


1 Ein Baby braucht das Gefühl der ... , damit es Vertrauen zur Welt entwickeln kann.
2 Durch ihr ... beeinflussen Eltern das Verhalten ihres Kindes.
3 Die ... sind die Vorstellungen, von denen sich Eltern bei ihrer Erziehung leiten lassen.
4 Wenn in einer Familie unterschiedliche Wünsche, Interessen oder Meinungen aufeinandertreffen, können ... entstehen.
5 Bis zur Volljährigkeit ihres Kindes haben die Eltern das ... .
6 Kinder sind nach dem Gesetz zur ... daheim verpflichtet.
7 Der ständige Kontakt mit einer festen ... ist für die Entwicklung eines Kleinkindes wichtig.
8 Manche Aufgaben der früheren Großfamilie, wie zum Beispiel die Fürsorge bei ... , hat heute der Staat übernommen.
9 Der staatliche Schutz der Familie ist im ... und in der Landesverfassung festgelegt.

**Um welches Problem, welchen Sachverhalt geht es? Was bringen die Karikaturen zum Ausdruck?**

*(Detlef Kersten / CCC, www.c5.net)*

„Und welcher Elternteil soll es unterzeichnen? Mein leiblicher Vater, mein Stiefvater, der dritte Mann meiner Mutter, meine wirkliche Mutter oder die vierte Frau meines leiblichen Vaters, die bei uns wohnt?“

*(Jim Unger / Bulls Pressedienst, Frankfurt a. M.)*

# Politische Beteiligung in der Gemeinde und im Bundesland

Das Bundesland Rheinland-Pfalz ist eins von 16 Bundesländern der Bundesrepublik Deutschland. In Rheinland-Pfalz gibt es über 2200 Gemeinden. Jeder von euch lebt in einer solchen Gemeinde, egal, ob es ein Dorf oder eine Stadt ist. Dort habt ihr eure Freunde, fühlt euch zu Hause, geht in die Schule und nutzt die Freizeiteinrichtungen. Die Gemeinde ist somit für die Jugendlichen der Lebensraum, in dem sie aufwachsen und wichtige Erfahrungen machen. Die folgenden Seiten sollen euch dabei helfen, eure Gemeinde und euer Bundesland Rheinland-Pfalz besser kennen zu lernen und Antworten auf diese Fragen geben:

- Welche Aufgaben erfüllt die Gemeinde für ihre Einwohner? Wie werden diese Aufgaben finanziert?
- An welche Ämter der Gemeinde können sich die Einwohner mit ihren Anliegen wenden?
- Welche Funktionen erfüllen Gemeinderat und Bürgermeister oder Bürgermeisterin? Wie werden diese gewählt?
- Wie funktioniert Politik in der Gemeinde? Welche Mitwirkungsmöglichkeiten haben die Bürgerinnen und Bürger? Was sind Bürgerinitiativen?
- Wer bestimmt in der Landespolitik und trifft dort die Entscheidungen?
- Was ist der Landtag? Wie wird er gewählt?
- Wie können die Bürger und Bürgerinnen auf die Landespolitik Einfluss nehmen?
- An wen können sie sich wenden, wenn sie sich von staatlichen Stellen ungerecht behandelt fühlen?

# Methode: Erkundung

## Thema: Wir erkunden unsere Gemeinde ...

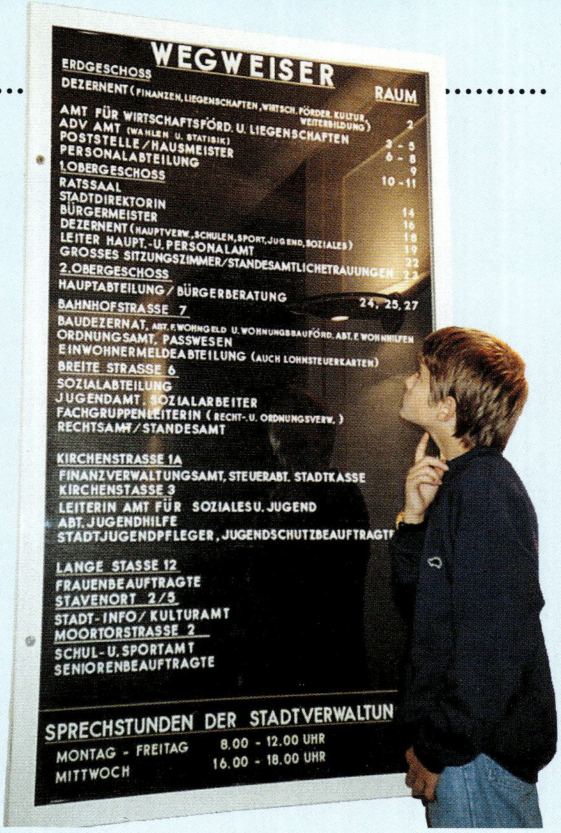


*Wegweiser in einem Rathaus*

Eine Erkundung dient der realen Begegnung mit Experten, Politikern, Einwohnern, mit Institutionen, Behörden, Verkehrseinrichtungen usw. In der Erkundung geht es nicht nur um Wissenserwerb, sondern immer auch um das soziale Klima im Klassenverband und um die Selbsterfahrung im Umgang mit neuen Situationen.
Eine Erkundung ist Unterricht – aber der Klassenraum wird verlassen, um etwas anzuschauen, zu überprüfen oder um mit jemandem ins Gespräch zu kommen.
Erkundungen sollten langfristig geplant, korrekt vorbereitet und dann gemeinsam ausgewertet werden.

### Vorbereitung

Folgende Fragen solltet ihr euch bei der Vorbereitung der Erkundung stellen:
- Welche Ziele werden angestrebt?
- Welcher Exkursionsort eignet sich dafür?
- Welche Teams wollen wir bilden?
- Wie lange soll die Erkundung dauern?
- Wie erreichen wir den Erkundungsort?
- Wie soll die Arbeit vor Ort ablaufen?
- Welche Absprachen sind vorher notwendig?
- Welche Arbeitsmittel sind notwendig?
- Was soll mit nach Hause genommen werden?
- In welcher Form soll die Auswertung der gesammelten Informationen erfolgen?

### Durchführung

Mithilfe von Fragebogen und Beobachtungsbogen führt ihr die Erkundung vor Ort durch.

### Auswertung

Die gewonnenen Erfahrungen werden am nächsten Schultag bzw. in der nächsten Unterrichtsstunde im Gespräch aufgegriffen.
Eine aufwendigere Form der Auswertung stellt z. B. die Erkundungsdokumentation dar, die in Form einer Klassenzeitung, Wandzeitung, Ausstellung, Fotoreportage oder Berichterstattung im Rahmen eines Elternabends angefertigt werden kann.

***Mögliche Erkundungsziele in eurer Gemeinde***

*Museum für Stadtgeschichte (Dorfgeschichte):* Hier werden geschichtlich relevante Fakten in interessanter Form präsentiert.

*Rathaus:* Hier könnt ihr Informationen über die Arbeit des Gemeinderats (Stadtrats) und des Bürgermeisters bzw. der Bürgermeisterin erhalten und erfahren, welche Ämter den Bürgerinnen und Bürgern zur Verfügung stehen. Informationen zur Wahl des Kommunalparlaments gibt es hier ebenfalls.

*Touristenamt:* Welche Veranstaltungen in der Gemeinde stattfinden, lässt sich hier erfragen.

*Kulturelle Einrichtungen und Sportstätten (Theater, Kino, Schwimmhalle usw.)*

*Ihr könnt im Rahmen eurer Erkundung auch Experten befragen. Beachtet in diesem Fall die Hinweise auf* *Seite 64.*

1 *Plant anhand des Ablaufplans eine Erkundung eurer Gemeinde.*
2 *Führt die Erkundung durch und wertet sie aus.*

## Aufgaben der Gemeinde

1

2

3

4

5

6

7

8

9

10

11

12

**Pflichtaufgaben:** Diese Aufgaben muss die Gemeinde erfüllen.

**Freiwillige Aufgaben:** Zu ihrer Erfüllung ist die Gemeinde nicht verpflichtet.

1 *Welche Aufgaben einer Gemeinde kannst du mit den einzelnen Fotos in Verbindung bringen?*

2 *Sieben Fotos weisen auf Pflichtaufgaben und fünf Fotos auf freiwillige Aufgaben hin. Wobei könnte es sich um Pflichtaufgaben handeln und wobei um freiwillige Aufgaben? Begründe deine Antwort.*

## Ämter einer Gemeinde

| | | | | |
|---|---|---|---|---|
| Jugendamt | Feuerwehr | Schulverwaltungsamt | Ordnungsamt | |
| Einwohnermeldeamt | Friedhofsamt | Gewerbeamt | Standesamt | |
| Kulturamt | Ausländeramt | Steueramt | Sozialamt | Bauamt |
| Reinigungsamt | Fundbüro | Sportamt | Haupt- und Personalamt | |

1 *Ich möchte heiraten. Welches Amt ist für die Heirat zuständig?*

2 *Ich möchte bei der freiwilligen Feuerwehr mitarbeiten. Wer kann mir genaue Auskunft geben?*

3 *Die Radwege im Wiesental sind so stark verschmutzt, dass ein hohes Unfallrisiko besteht. Wer ist da zuständig?*

4 *Ich bin umgezogen. Wo muss ich mich jetzt anmelden?*

5 *Ich möchte ein Haus auf meinem Grundstück bauen. Wo kann ich erfahren, wie hoch das Haus sein darf?*

6 *Ich bin Künstler und würde gern in einem öffentlichen Raum ausstellen. Wo kann ich mich informieren, ob es da eine Möglichkeit in unserer Stadt gibt?*

7 *Ich habe meine Kamera in der Fußgängerzone verloren. Vielleicht hat sie jemand bei der Stadtverwaltung abgegeben. Wo kann ich denn da nachfragen?*

8 *Ich bin Ausländer und interessiere mich für die deutsche Staatsangehörigkeit. Wer kann mir da weiterhelfen?*

9 *Ich habe einen Hund und muss für ihn Hundesteuer zahlen. Wo erfahre ich die Höhe der Hundesteuer?*

*Lies die Sprechblasen: An welches Amt muss sich die Bürgerin, der Bürger wohl jeweils wenden?*

## Die Finanzen der Gemeinde

Auf die Dauer kann eine Famile nur so viel Geld ausgeben, wie sie auch einnimmt. Dies gilt auch für eine Gemeinde, die für die Dienstleistungen, die sie für die Bürgerinnen und Bürgern erbringt, ebenfalls Geld aufwenden muss: Beamte, Angestellte und Gemeindearbeiter müssen bezahlt werden, die Ämter und Behörden, in denen sie arbeiten, verursachen Kosten usw.

Für die Bewältigung ihrer Aufgaben kann eine Gemeinde auf Dauer nur so viel ausgegeben, wie sie auf der anderen Seite auch einnimmt. Dabei sollen sich Ausgaben und Einnahmen die Waage halten.

Auskunft über die Einnahmen und Ausgaben einer Gemeinde gibt ihr Haushaltsplan. Er gliedert sich in zwei Teile, den sogenannten Vermögenshaushalt und den Verwaltungshaushalt. In beiden Teilen werden Einnahmen und Ausgaben gegenübergestellt.

Der Vermögenshaushalt führt die Einnahmen und Ausgaben auf, die nicht regelmäßig und dauerhaft veranschlagt werden können. Das können beispielsweise Einnahmen aus dem Verkauf eines gemeindeeigenen Grundstückes sein oder Ausgaben für die Sanierung des Schwimmbads.

Der Verwaltungshaushalt hingegen weist regelmäßige, jedes Jahr wiederkehrende Einnahmen und Ausgaben aus. Beispiele dafür sind auf der einen Seite Erlöse aus dem Verkauf von Energie (Strom und Gas) durch gemeindeeigene Versorgungsunternehmen oder Steuereinnahmen und auf der anderen Seite Ausgaben für das Personal der Gemeindeverwaltung oder die Unterhaltung eines Kindergartens.

1 *Die neun kleinen Zeichnungen benennen Einnahmen und Ausgaben der Gemeinde. Kannst du sie den Begriffen Vermögenshaushalt und Verwaltungshaushalt zuordnen?*

2 *Auf welches Problem will die Karikatur hinweisen?*

3 *Besorgt den aktuellen Haushaltsplan eurer Gemeinde: Welche Ausgaben sind für euch Jugendliche besonders wichtig?*

## Die Gemeindeordnung

In der Gemeinde werden Entscheidungen demokratisch getroffen. Dazu kommen die Bürgerinnen und Bürger jedoch nicht jedes Mal zusammen und entscheiden, sondern sie lassen sich durch gewählte Personen vertreten.

Die Bürgerinnen und Bürger der Gemeinde wählen auf 5 Jahre den Gemeinderat. Dieser vertritt dann die Interessen der Bürger und entscheidet in allen wichtigen Angelegenheiten der Gemeinde.

In Städten führt die Gemeindevertretung die Bezeichnung Stadtrat.

Die gewählten Vertreter sind ehrenamtlich tätig. Sie bekommen für ihre Tätigkeit keine Bezahlung. Die Gemeinderäte, die der gleichen Partei oder freien Wählergruppe angehören, also die gleichen Ansichten vertreten, bilden jeweils eine Fraktion. Im Schaubild auf Seite 55 gibt es drei Fraktionen: Fraktion A, Fraktion B und Fraktion C.

Der Bürgermeister oder die Bürgermeisterin beruft die Sitzungen des Gemeinderats ein und führt dort den Vorsitz. Die Einwohner der Gemeinde können an den Sitzungen teilnehmen, die Diskussionen verfolgen und am Ende auch Fragen stellen. Dies gilt aber nur für den öffentlichen Teil. Im sogenannten nichtöffentlichen Teil beraten die gewählten Gemeindevertreter ohne Zuhörer, z. B. über Personalangelegenheiten.

Der Gemeinderat bildet Ausschüsse, z. B. den Haushaltsausschuss, den Bildungsausschuss oder den Jugendhilfeausschuss. Die Ausschüsse bereiten die Entscheidungen des Gemeinderats vor. In den Ausschüssen beraten die Gemeinderätinnen und Gemeinderäte die anstehenden Probleme. Der Gemeinderat kontrolliert den Bürgermeister bzw. die Bürgermeisterin, außerdem kontrolliert er die Gemeindeverwaltung.

Die Bürgerinnen und Bürger der Gemeinde wählen auf 8 Jahre den hauptamtlichen Bürgermeister oder die hauptamtliche Bürgermeisterin. In kleineren Gemeinden gibt es keinen hauptamtlichen, sondern nur einen ehrenamtlichen Bürgermeister, der für 5 Jahre gewählt wird. In größeren Städten führt der hauptamtliche Bürgermeister die Bezeichnung Oberbürgermeister. Er hat in der Regel zwei Stellvertreter, die ehrenamtlich als Bürgermeister tätig sind.

Der Bürgermeister bzw. die Bürgermeisterin ist im Gemeinderat stimmberechtigt. Der Bürgermeister vertritt die Gemeinde nach außen und leitet die Gemeindeverwaltung. Der Bürgermeister bzw. die Bürgermeisterin führen die Beschlüsse des Gemeinderats aus.

Im Schaubild auf Seite 55 sind diese Zusammenhänge übersichtlich dargestellt.

*Gemeinderat bei einer Sitzung*

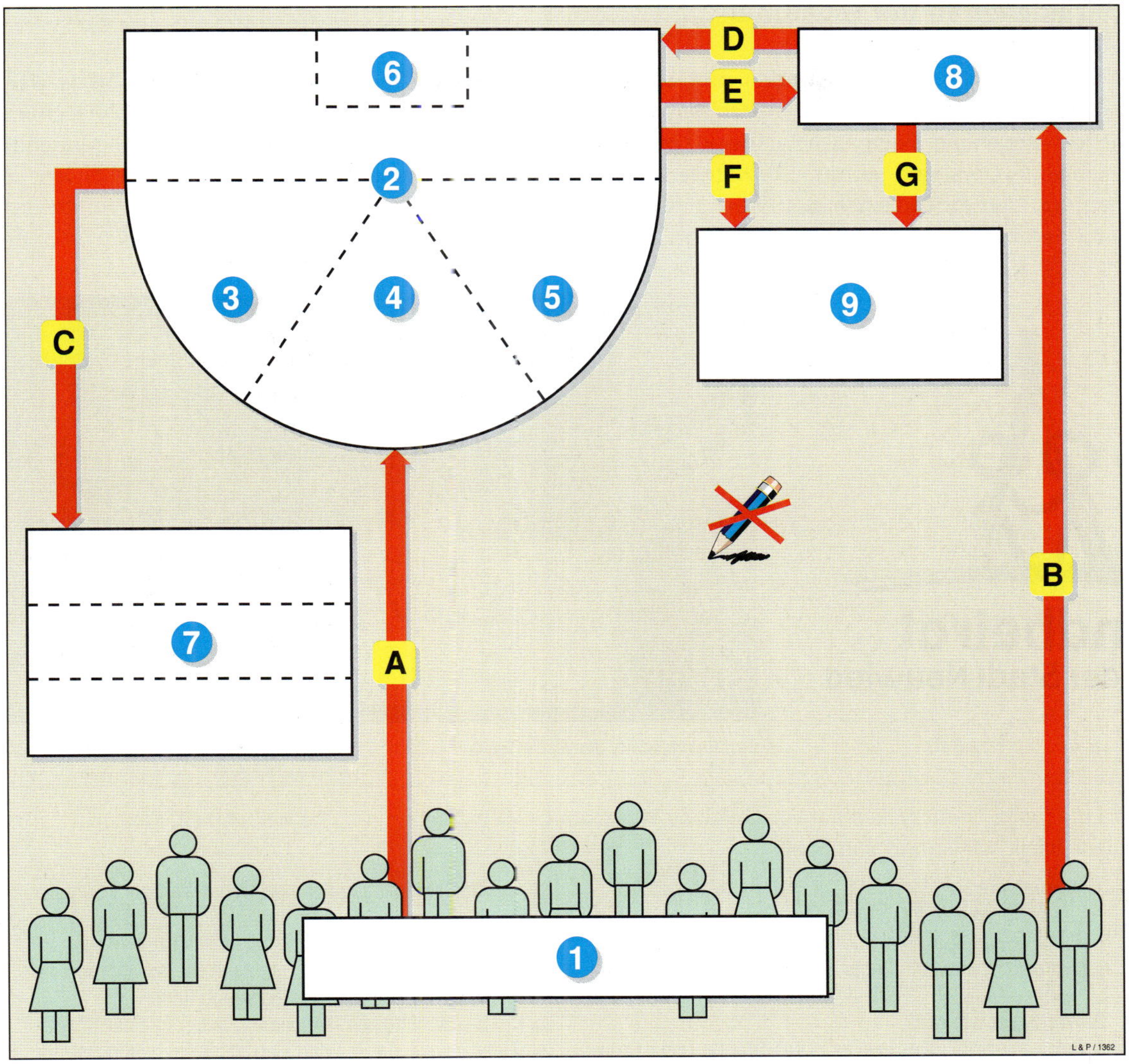


- Wie heißt euer Bürgermeister bzw. eure Bürgermeisterin/Oberbürgermeisterin?
- Welcher Partei gehört er bzw. sie an?
- Welche Parteien und Wählervereinigungen sind in eurem Gemeinderat / Stadtrat vertreten?
- Wie viele Sitze haben sie jeweils inne?
- Wie viele Sitze gibt es insgesamt in eurem Gemeinderat/ Stadtrat?

*1* *Im Schaubild oben fehlen die auf Seite 54 blau und gelb markierten Begriffe und Beschreibungen. Was gehört wohin? Notiere in deinem Heft oder trage auf dem Arbeitsblatt ein.*

*2* *Beantworte die Fragen im Kasten für deine Gemeinde.*

## Mitmachen in der Gemeinde

In vielen Städten und Gemeinden gibt es einen Jugendgemeinderat, der die Interessen der Jugendlichen gegenüber dem Gemeinderat und der Gemeindeverwaltung vertritt. Die Mitglieder werden von den Jugendlichen des Ortes gewählt. In Neuwied zum Beispiel heißt der Jugendgemeinderat Jugendbeirat. Über seine Wahl, seine Arbeitsweise und seine bisherigen Erfolge kann man sich im Internet informieren, denn der Neuwieder Jugendbeirat hat eine eigene Website:

**www.jugendbeirat-neuwied.de**

**Jugendbeirat**
**der Stadt Neuwied**

*Logo des Jugendbeirats*

*Der Jugendbeirat der Stadt Neuwied*

Fünf junge Leute wirken auf verschiedene Weise am Gemeindeleben mit. Sie heißen Lea, Klaus, Michaela, Mirko und Stephanie.

**1. Wer ist wer?**
- Stephanie ist vier Jahre jünger als Mirko.
- Mirko ist jünger als Klaus.
- Michaela ist ein Jahr jünger als Lea.

**2. Wer wirkt wie mit?**
a. Stephanie ist Mitglied in einer BUND-Gruppe. Diese Gruppe übernimmt eine „Bachpatenschaft".
b. Die jüngste Person ist Mitglied im Jugendgemeinderat.
c. Michaela sammelt Unterschriften für Bürgerbegehren.
d. Alle Berechtigen nehmen an dem Bürgerentscheid teil.
e. Alle Wahlberechtigen nehmen an der Wahl zum Gemeinderat teil.
f. Die drei ältesten Personen machen bei der Bürgerversammlung verschiedene Vorschläge zur Erweiterung der Fußgängerzone, die große Beachtung finden.
g. Die beiden jüngsten Personen arbeiten in einer Bürgerinitiative mit, die für den Bau einer Umgehungsstraße kämpft.
h. Klaus ist als Mitglied einer Partei politisch aktiv tätig.
i. Die Mitglieder der Bürgerinitiativen führen ein Gespräch mit dem Bürgermeister.

| Name | | | | | |
|---|---|---|---|---|---|
| Alter | 16 Jahre | 18 Jahre | 19 Jahre | 20 Jahre | 21 Jahre |
| Wie wirken die einzelnen Personen in der Gemeinde mit? | | | | | |

1 *Erkunde im Internet den Jugendbeirat der Stadt Neuwied. Notiere zur Wahl, zur Arbeitsweise und zu den bisherigen Erfolgen stichwortartig Informationen.*

2 *Gibt es in eurem Ort oder in eurer Nähe einen Jugendgemeinderat? Wenn ja: Nehmt Kontakt auf und ladet ein Mitglied zu einem Gespräch in den Unterricht ein. Notiert vorher, was ihr wissen wollt.*

3 *Wie wirken die fünf jungen Leute in ihrer Gemeinde mit? Lege eine Tabelle nach dem vorgegebenen Muster an und notiere.*

4 *Fragt Erwachsene, welche Möglichkeiten sie nutzen, sich am Gemeindeleben zu beteiligen.*

## Wahl des Gemeinderats

Die Mitglieder eines Gemeinderats werden von den Bürgerinnen und Bürgern der Gemeinde direkt gewählt. Die Amtszeit dauert fünf Jahre. Wahlberechtigt ist jeder Deutsche und jeder andere EU-Bürger, der das 18. Lebensjahr vollendet hat und seit mindestens drei Monaten in der Gemeinde wohnt. Wählbar ist jeder Wahlberechtigte.

Die Wählerinnen und Wähler haben so viele Stimmen, wie der zu wählende Gemeinderat Sitze hat. Die Anzahl der Mitglieder eines Gemeinderats richtet sich nach der Einwohnerzahl der Gemeinde und liegt zwischen sechs und 60.

Bei der Wahl erhält der Wähler für jeden Wahlvorschlag einer Partei oder Wählervereinigung einen Stimmzettel. Jeder Stimmzettel enthält die Namen der Bewerber und dahinter drei Kästchen, außerdem oben auf dem Zettel einen Kreis. Will der Wähler jedem Kandidaten einer bestimmten Partei eine Stimme geben, so muss er auf dem Stimmzettel nicht hinter jedem Bewerbernamen ein Kreuz setzen; es genügt in diesem Fall, oben im Kreis neben dem Parteinamen anzukreuzen.

Viele Wählerinnen und Wähler wollen bei der Gemeinderatswahl über Parteigrenzen hinweg die Bewerber auswählen, die sie für am geeignetsten halten. Das können sie durch Kumulieren bzw. Panaschieren erreichen:

- Kumulieren bedeutet das Anhäufen von bis zu drei Stimmen auf einen Bewerber. Der Wähler kann also die Chancen eines bestimmten Kandidaten, in den Rat einzuziehen, dadurch erhöhen, dass er auf dem Stimmzettel hinter dessen Namen zwei oder drei Kästchen ankreuzt.
- Panaschieren bedeutet, seine Stimmen auf mehrere Parteien zu verteilen, also auf verschiedenen Stimmzetteln Kandidaten anzukreuzen. Dabei kann man auch kumulieren, also zum Beispiel einer Bewerberin auf der Liste A drei Stimmen und einem Bewerber auf der Liste C zwei Stimmen geben.

Fall 1

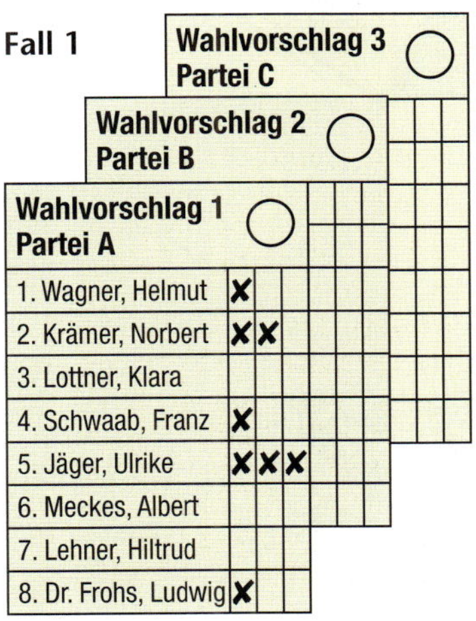


Fall 2

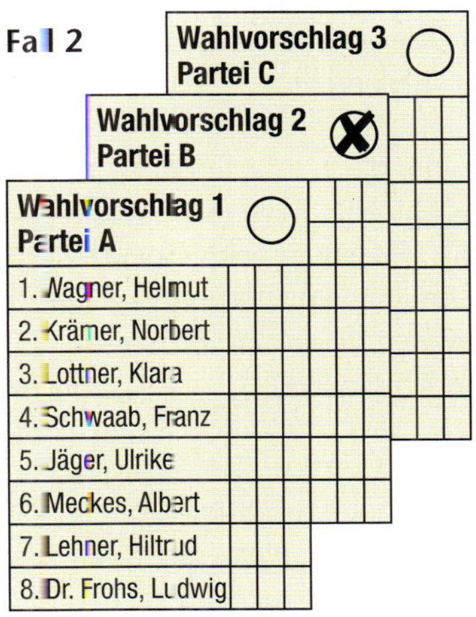


Fall 3

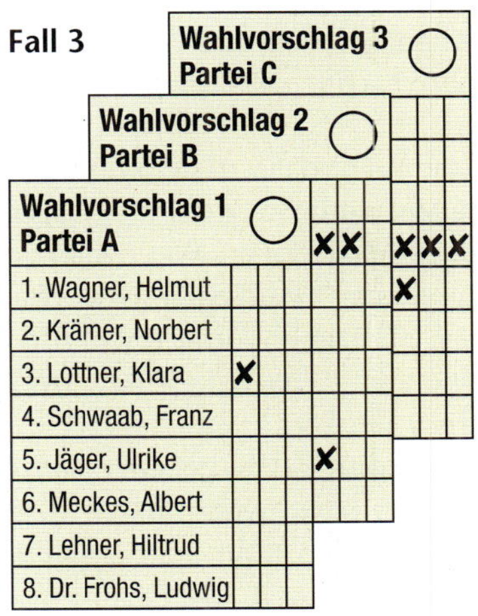


### Wahlrecht zum Gemeinderat schon mit 16?

**A** *Jugendliche sind heute mit 16 Jahren reifer und in der Lage, ihre eigenen politischen Interessen auszusprechen und zu vertreten. Sie sollten eigenständige politische Rechte haben und deshalb wählen dürfen.*

**B** *In den Gemeinden fallen Entscheidungen, die die Jugendlichen betreffen, z. B. im Bereich Freizeit. Wenn sie wählen dürften, würden ihr Gemeinschaftssinn und ihr Gefühl für politische Verantwortung wachsen. Politik würde für sie interessant.*

**C** *Das Recht zu wählen und die Volljährigkeit mit 18 Jahren gehören zusammen. Ab 18 besteht Wehrpflicht, daher sollte auch das Wahlrecht ab 18 gelten.*

**D** *Die Jugendlichen unter 18 Jahren sind doch nur „Stimmvieh". Die Parteien nutzen sie für ihre Interessen aus. Wer Kinder und Jugendliche zu einem größerem politischen Interesse führen will, muss sie in altersgerechter Form in die Politik einbeziehen, z. B. durch einen Jugendgemeinderat.*

1. *Untersuche die drei Fälle: Beschreibe das jeweilige Wahlverhalten, wie es sich aus den Kreuzen auf den Stimmzetteln ablesen lässt.*
2. *Kumulieren und Panaschieren: Warum gibt es diese Möglichkeiten?*
3. *Kommunalwahlrecht schon mit 16 Jahren: Wie ist deine Meinung?*

# Methode: Textauswertung

## Thema: Eine Gemeinderätin berichtet

Einen längeren Text zu verstehen, ist nicht immer leicht. Durchlesen allein reicht meist nicht, um den Inhalt zu erfassen.

Es gibt zwei Methoden, aus einem Text wichtige Informationen herauszuholen. Diese beiden unterscheiden sich danach, ob man in den Text hineinschreiben darf oder nicht. Auf einem kopierten Arbeitsblatt oder in einem Buch, das einem gehört, darf man Vermerke machen, unterstreichen usw. Das darf man jedoch keinesfalls bei Büchern oder Zeitschriften, die man entliehen hat.

Für beide Methoden gilt, dass man zuerst den Text ganz durchliest. Nur so weiß man, worum es in dem Text überhaupt geht und an welchen Stellen Informationen stehen, die man sich merken will.

Wenn man im Text Vermerke machen darf, ist das Markieren oder Unterstreichen sinnvoll. Allerdings unterstreichen oder markieren anfangs die meisten viel zu viel. Wenn man später den Text erneut liest oder überfliegt, dann nützen viele Markierungen wenig. Also: Nicht zu viel unterstreichen oder markieren!

Man sucht dafür die Wörter oder Begriffe, die am besten in Kürze sagen, worum es in dem Textabschnitt geht. Nur diese unterstreicht oder markiert man. Wenn man sie sieht, fällt einem beim erneuten Lesen oder Überfliegen das Wichtigste des ganzen Abschnittes wieder ein. Diese Wörter erschließen gewissermaßen den Abschnitt, sind also „Schlüsselwörter" zum Verstehen des Textes.

Man kann auch Zeichen auf den Rand setzen. Ein Ausrufezeichen passt, wenn man etwas für besonders wichtig hält. Ein Fragezeichen kann man anbringen, wenn man etwas nicht verstanden hat, z. B. weil ein Begriff noch im Lexikon nachgeschlagen werden muss.

Wenn man nicht in den Text schreiben darf, muss man das Wichtigste beim Durchlesen herausschreiben. Man legt ein Blatt neben den Text und notiert sich beim Durchlesen, was man sonst markiert hätte.

Dafür gibt es zwei Möglichkeiten: Man kann die Informationen genau so abschreiben, wie sie im Text stehen. Oft ist es aber besser, man fasst das Wesentliche mit eigenen Worten zusammen. Das Herausschreiben von Informationen erscheint anfangs mühsamer als das Unterstreichen oder Markieren. Der Vorteil liegt jedoch darin, dass man sich in der Regel das Geschriebene besser merken kann.

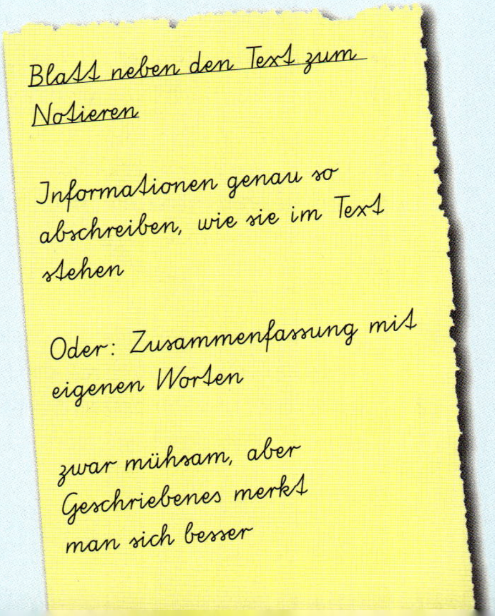

## Interview für die Schülerzeitung

**Frau Jäger, Sie sind seit drei Jahren Mitglied im Gemeinderat. Wie sind Sie dazu gekommen, sich politisch zu engagieren?**

*Andrea Jäger*

**Frau Jäger:** Eigentlich habe ich mich immer schon für Politik interessiert und mich engagiert. In meiner Schulzeit war ich zum Beispiel Klassensprecherin und später sogar Schülersprecherin. Dann, während meiner Ausbildung zur Krankengymnastin, lief bei uns die Diskussion um die Einrichtung des Spiel- und Sportparks für Kinder und Jugendliche. Als begeisterte Skateboardfahrerin war ich Feuer und Flamme für den Park und habe bei der Bürgerinitiative mitgemacht – schließlich sollte ja auch eine Skaterbahn gebaut werden. Wie ihr wisst, hat sich der Einsatz der Bürger gelohnt: Der Freizeitpark ist seit langem einer der beliebtesten Treffpunkte für die Kinder und Jugendlichen in der Gemeinde.

**Ja, der Park ist klasse! Wie sind Sie denn nun aber in den Gemeinderat gekommen?**
Vor knapp vier Jahren hat mich ein Bekannter angesprochen, der Mitglied im Gemeinderat war und nach Bürgerinnen und Bürgern suchte, die in der Gemeindepolitik aktiv werden wollen. Ich habe bei der Gemeinderatswahl kandidiert und bin auf Anhieb gewählt worden.

**Wie schaffen Sie es, die politische Arbeit mit Beruf und Familie zu vereinbaren?**
Ach, eigentlich klappt das ganz gut. Mein Mann und ich haben uns schon immer Haushalt und Kinderbetreuung geteilt. Unsere Tochter geht jetzt das dritte Jahr zur Realschule, unser Sohn das erste. Die Kinder sind schon recht selbstständig und helfen auch mal zuhause mit. Schwieriger ist das schon mit meinen Pflichten im Beruf. Ich arbeite halbtags am Vormittag in der Praxis, muss manchmal aber auch nachmittags einspringen. Viele politische Termine wie Ratssitzungen oder Besichtigungen von Straßen, Plätzen und öffentlichen Gebäuden finden schon frühzeitig ab etwa 17 Uhr statt, und oft wird es abends spät. Das belastet schon sehr.

**Wie viel Zeit wenden Sie jeden Tag für die politische Arbeit auf?**
Das lässt sich so nicht beantworten, die zeitliche Belastung ist ganz unterschiedlich. An Tagen mit Ratssitzungen können das vier bis fünf Stunden sein. Hinzu kommt dann noch die Zeit für die Vorbereitung auf die Sitzung: Sitzungsunterlagen lesen, mich mit meinen Fraktionskollegen und -kolleginnen abstimmen. Nicht selten geht für mein politisches Engagement auch noch ein Teil der Wochenenden drauf.

**Und trotzdem macht Ihnen die Arbeit als Gemeinderätin Spaß?**
Ja, sehr! Der Kontakt zu den Menschen in unserer Gemeinde ist wichtig für mich. Ich komme mit vielen Leuten zusammen, höre mir ihre Sorgen und Wünsche an. Es macht mir Spaß, mich für das Allgemeinwohl einzusetzen. Und besonders schön ist es, wenn man Lob für seinen Einsatz bekommt.

**Gibt es etwas, das Sie bei Ihrer politschen Tätigkeit stört?**
Leider gibt es viel zu wenige Bürgerinnen und Bürger, die sich in der Gemeindepolitik engagieren, sodass die Arbeit nur von wenigen getragen wird. Besonders schwierig ist es, junge Leute für die Politik und die Mitarbeit in einer Partei zu begeistern.

**Was haben Sie in den letzten Jahren politisch in der Gemeinde erreicht?**
Ich bin für meine Partei vor allem in den Bereichen Bildung, Schule und Jugend als Expertin tätig gewesen. Wir haben es geschafft, trotz immer geringerer Steuereinnahmen die Grundschule komplett zu modernisieren. Für unsere Schulen und die Sportvereine im Ort wird demnächst eine neue Turnhalle auf dem Gelände der örtlichen Realschule gebaut. Die kann von den verschiedenen Schulen und Sportvereinen in der Gemeinde genutzt werden. Viele Dinge, die dringend notwendig wären, bleiben aber auch einfach liegen, weil das Geld fehlt. Mir fällt es schwer, das den Bürgerinnen und Bürgern zu erklären.

1 *Werte den Text „Interview für die Schülerzeitung" wie auf der linken Seite beschrieben aus.*

2 *Vergleiche deine Textauswertung mit der einer Mitschülerin oder eines Mitschülers. Gibt es Unterschiede? Wie könnt ihr die Unterschiede begründen?*

## Interview mit einem Bürgermeister

*Formuliere zu jeder der sechs Antworten des Bürgermeisters die Frage, die die Schüler jeweils gestellt haben könnten.*

## Fallbeispiel Jugendzentrum: Von der Idee bis zum Beschluss

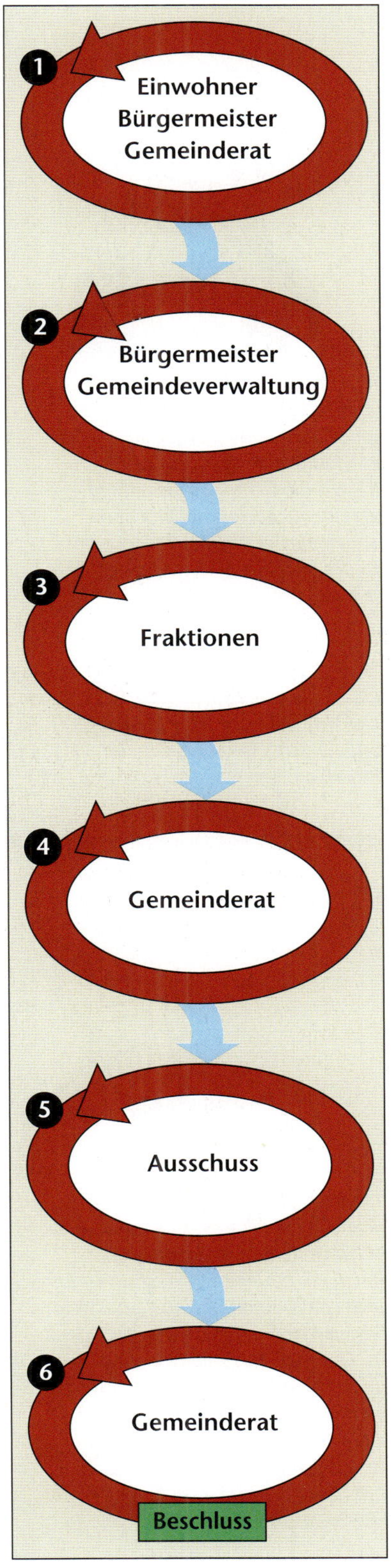


**A** In den Fraktionen beraten die Gemeinderäte über die Vorlage der Gemeindeverwaltung. Sie überlegen sich, welchen Standpunkt sie im Gemeinderat einnehmen wollen.

**B** Im Jugend- und Sportausschuss wird die Vorlage eingehend beraten. Es wir z. B. über folgende Fragen gesprochen: Wie viele Räume sind nötig? Wo soll das Jugendzentrum errichtet werden? Soll es sofort oder erst in zwei Jahren gebaut werden? Welche Kosten entstehen? Nach gründlicher Diskussion kommt der Ausschuss mehrheitlich zu der Ansicht, dass das Jugendzentrum im alten Schulhaus eingerichtet werden sollte. Dazu soll dieses sofort umgebaut werden.

**C** Der Bürgermeister wird von Jugendlichen auf ein Jugendzentrum angesprochen. Er führt daraufhin Gespräche mit Einwohnern der Gemeinde und mit Gemeinderäten über die Errichtung eines Jugendzentrums. Er verspricht, das Problem „Jugendzentrum“ von der Verwaltung prüfen zu lassen.

**D** In der ersten Sitzung des Gemeinderats zum Thema „Jugendzentrum“ stellen die Vorsitzenden der Fraktionen ihre Standpunkte dar. Die Fraktion A vertritt die gleichen Vorstellungen wie die Gemeindeverwaltung. Die Fraktionen B und C wollen nicht so lange warten, sie befürworten den Umbau des alten Schulhauses in ein Jugendzentrum. Es findet eine Aussprache statt. Die Vorlage der Gemeindeverwaltung wird an den Jugend- und Sportausschuss überwiesen.

**E** Bei der nächsten Sitzung des Gemeinderats steht das Thema „Jugendzentrum“ wieder auf der Tagesordnung. Bei dieser Sitzung soll es zu einem Beschluss kommen. Der Bürgermeister eröffnet die Sitzung des Gemeinderats.

**F** Die Fachleute in der Gemeindeverwaltung, z. B. im Jugendamt, erarbeiten für den Bürgermeister eine Vorlage. In dieser Vorlage wird z. B. festgehalten und begründet, warum ein Jugendzentrum benötigt wird, was es kosten wird und wer sich um den Betrieb kümmert. Die Vorlage endet mit dem Beschlussvorschlag: „Die Gemeinde errichtet in zwei Jahren einen Neubau für ein Jugendzentrum.“ Jeder Gemeinderat erhält von der Gemeindeverwaltung die Vorlage.

*Das Ablaufschema zeigt, wie es zu einem Beschluss im Gemeinderat kommt. Ordne jeder Station (1 bis 6) einen Textblock (A bis F) zu.*

## Fallbeispiel Jugendzentrum: Der Gemeinderat beschließt

**Bürgermeister**

*Meine Damen und Herren, ich eröffne die heutige Sitzung des Gemeinderats. Die Einladung für die heutige Sitzung, verschiedene Unterlagen zu den Tagesordnungspunkten und das Protokoll der letzten Sitzung sind Ihnen zugegangen. Ich stelle fest, dass wir beschlussfähig sind. Es fehlen zwei Gemeinderäte wegen Erkrankung. Sie haben sich beide entschuldigt. Haben Sie gegen das Protokoll der letzten Sitzung etwas einzuwenden? – Keine Einwände, dann ist es in der vorliegenden Form genehmigt.*
*Wir kommen nun zu Punkt 1 der Tagesordnung: Errichtung eines Jugendzentrums. Dazu liegt Ihnen eine Vorlage der Gemeindeverwaltung vor. Diese Vorlage sieht vor, in zwei Jahren einen Neubau für ein Jugendzentrum zu errichten. Die Gemeindeverwaltung meint, dass ein Notbehelf, wie es der Umbau des alten Schulgebäudes wäre, auf Dauer niemand dient. Für größere Veranstaltungen für die Jugend würde auch nach dem Umbau kein Saal zur Verfügung stehen. Damit ist der Ärger mit den Anwohnern in der Schlossstraße schon vorprogrammiert. Wir meinen: Lieber noch warten und dann eine optimale Lösung verwirklichen, wie es unser Vorschlag vorsieht. Das wäre auf jeden Fall der bessere Weg.*
*Der Jugend- und Sportausschuss hat diese Vorlage beraten. Frau Korell, als Vorsitzende dieses Ausschusses haben Sie zunächst das Wort.*

**Frau Korell**

*Wir haben uns in unserem Ausschuss sehr eingehend mit der Errichtung des Jugendzentrums befasst. Dabei wurde deutlich, dass alle Ausschussmitglieder grundsätzlich für ein Jugendzentrum eintreten. Eine Fraktion will – wie die Gemeindeverwaltung – erst in zwei Jahren ein Jugendzentrum errichten. Die Mehrheit des Ausschusses empfiehlt jedoch den sofortigen Umbau des alten Schulhauses in der Schlossstraße in ein Jugendzentrum.*

*Vielen Dank, Frau Korell! Ich habe folgende Wortmeldungen notiert: zunächst Herr Joos von der Fraktion B und dann Frau Wolf von der Fraktion A. Herr Joos, bitte.*

**Herr Joos**

*Herr Bürgermeister, meine Damen und Herren! Wir alle betonen immer wieder, dass wir etwas für die Jugendlichen in unserer Gemeinde tun wollen und tun müssen. Jetzt können wir beweisen, wie ernst wir das meinen. Wir können sofort damit beginnen, aus dem alten Schulhaus eine Begegnungsstätte für die Jugendlichen zu machen. Das muss nicht lange dauern – in zwei, drei Monaten kann da viel geschehen. Unsere Jugend braucht jetzt ein Jugendzentrum und nicht erst in zwei bis drei Jahren! Außerdem: Wer weiß, ob wir dann das Geld für den vorgeschlagenen teuren Neubau überhaupt haben. Die Fraktion C sieht das mehrheitlich genauso wie wir.*

Falls ihr gemeinsam eine Sitzung eures Gemeinderats besucht, kann euch diese Doppelseite bei der Erarbeitung der Fragen für euren Beobachtungsbogen helfen: Bildet Gruppen. / Jede Gruppe notiert auf Kärtchen Beobachtungsfragen – je Kärtchen nur eine Frage. / Befestigt die Kärtchen an einer Pinnwand oder an der Tafel. Hängt die Kärtchen in Gruppen zusammen. Gruppen könnten z. B. sein: Entscheidungssache, Standpunkte der Fraktionen, Verhandlungsleitung, Beschluss. / Übernehmt die von den Gruppen erarbeiteten Fragen in einen Beobachtungsbogen, den ihr zur Sitzung mitnehmt.

**Frau Wolf**

*Wir sind auch für die Jugend! Wir sind allerdings wie der Herr Bürgermeister davon überzeugt, dass ein Neubau die bessere Lösung ist, auch wenn sich die Jugendlichen dann noch ein wenig gedulden müssen. Von der vorgeschlagenen kurzfristigen „Flickschusterei“ halten wir nichts. Jetzt das Schulhaus umbauen und dann in einigen Jahren doch ein neues Jugendzentrum errichten, weil der Umbau den Notwendigkeiten vorn und hinten nicht entspricht, das ist ganz sicher die teuerste Lösung. Meine Fraktion unterstützt daher mit Nachdruck die Vorlage der Gemeindeverwaltung.*

**Bürgermeister**

*Noch weitere Wortmeldungen? – Nein. Dann kommen wir zur Abstimmung. Wir stimmen über die Ausschussempfehlung ab. Sie sieht vor, durch den sofortigen Umbau des alten Schulhauses in der Schlossstraße ein Jugendzentrum einzurichten. Ich bitte um Handzeichen: Wer ist dafür? 12 Stimmen! Wer ist dagegen? 7 Stimmen! Enthaltungen? 3 Enthaltungen! Damit ist die Mehrheit für den sofortigen Umbau des alten Schulhauses und die Einrichtung eines Jugendzentrums noch in diesem Jahr. Die Vorlage der Gemeindeverwaltung ist somit abgelehnt. Punkt 1 der Tagesordnung ist damit erledigt, ich rufe Punkt 2 auf …*

**1** *Werte das Fallbeispiel „Jugendzentrum“ mithilfe der folgenden Fragen aus:*
- ***Einwohner/Bürgermeister/Gemeinderäte:*** *Von wem geht die Anregung aus?*
- ***Bürgermeister/Gemeindeverwaltung:*** *Welchen Inhalt hat die Vorlage der Gemeindeverwaltung?*
- ***Erste Sitzung des Gemeinderats:*** *Welche Standpunkte nehmen die Fraktionen A, B und C ein?*
- ***Ausschusssitzung:*** *Wie lautet die Empfehlung des Jugend- und Sportausschusses?*
- ***Abschließende Sitzung des Gemeinderats:*** *Wie lautet der Beschluss des Gemeinderats? Wie ist das Mehrheitsverhältnis bei diesem Beschluss?*

**2** *Die gelb unterlegten Textstellen in den Redebeiträgen des Bürgermeisters sind übliche Formulierungen von Bürgermeistern während Sitzungen des Gemeinderats. Erkläre für einige Textstellen, worin der Sinn der jeweiligen Formulierung wohl liegt.*

*Modernes Jugendzentrum mit einem Innenhof, der sich mit einem Zeltdach überspannen lässt*

# Methode: Expertenbefragung

**Thema: Unsere Gemeinde**

## Expertenbefragung

Viele Themen, die ihr im Unterricht behandelt, betreffen auch Erwachsene. Wenn ihr diese Erwachsenen befragt, könnt ihr viel erfahren. Mit „Expertenbefragung" ist somit gemeint, dass eine fachkundige Person zu ihrer Tätigkeit, ihren Erfahrungen usw. befragt wird. Experten können zur Befragung in den Unterricht eingeladen werden. Ihr könnt die Experten aber auch an den Orten aufsuchen, an denen sie tätig sind, z. B. im Büro oder im Betrieb.

**Vorbereitung**
Ihr müsst frühzeitig bei den Experten anfragen, ob sie zu einer Befragung bereit sind. Dabei besprecht ihr, ob sie zu euch in die Klasse kommen oder ob ihr zu ihnen geht. Ihr müsst auch mitteilen, worum es euch bei dem Gespräch vor allem geht. Dann kann sich der Experte, die Expertin besser auf euch einstellen. Vor der Befragung sammelt ihr Fragen und legt fest, wer sie stellt. Ihr müsst auch vereinbaren, wie die Antworten auf die Fragen festgehalten werden sollen, z. B. mit dem Kassettenrekorder oder durch Notizen.

**Durchführung**
Beginnt eure Befragung mit einer Begrüßung und beendet sie mit einem Dank. Während des Gesprächs ist es wichtig, dass ihr nachfragt, wenn ihr etwas nicht verstanden habt.

**Auswertung**
Tragt die Ergebnisse eurer Befragung zusammen und haltet sie fest. Ihr könnt zu den Ergebnissen eurer Befragung gemeinsam ein Plakat gestalten oder einen Hefteintrag vornehmen.

*Was würdet ihr gern eure Bürgermeisterin oder euren Bürgermeister fragen? Stellt Fragen für eine Expertenbefragung zusammen und führt diese durch.*

# Bürger engagieren sich – drei Beispiele

## Neue Bürgerinitiative gegen Gentechnik

In der Stadt Kaiseresch im Landkreis Cochem-Zell setzt sich eine neue Bürgerinitiative dafür ein, das Stadt- und Landkreisgebiet zur gentechnikfreien Zone zu erklären. Auf Veranstaltungen informieren die Initiatorinnen und Initiatoren über die Gefahren der Gentechik.
Bisher gibt es im Norden von Rheinland-Pfalz nur zwei Regionen, in denen sich Landwirtinnen und Landwirte gegen Gentechnik auf dem Acker zusammengeschlossen haben: die Initiative „Gentechnikfreier Westerwald" und die „Gentechnikfreie Anbauregion Frücht/Nievern". Diesem guten Beispiel möchte die Bürgerinitiative folgen und möglichst viele Bürgerinnen und Bürger überzeugen, sich aktiv für die Gründung einer gentechnikfreien Region stark zu machen. Im gesamten Bundesland Rheinland-Pfalz gibt es bisher acht gentechnikfreie Regionen und Initiativen sowie zwei Kommunen, die per Beschluss gentechnisch veränderte Pflanzen auf ihren Feldern untersagen.

*(http://www.gentechnikfreie-regionen.de des BUND 08. 01. 2008 – geschlechtsneutrale Formulierungen vom Autor angepasst)*

## Bürgerinitiative gegen den Nachtflughafen Hahn

Die Bürgerinitiative gegen den Nachtflughafen Hahn berichtet über die Aktivitäten der BI und informiert als einziges unabhängiges Organ über Ereignisse rund um den Flugplatz Hahn.

Die BI versucht Licht in das Dunkel der Machenschaften zwischen Politik, Firmen und Behörden zu bringen und die hehren Worte über Verantwortung für Arbeitsplätze als profitable Heuchelei zu entlarven.

Sie leistet Hilfestellung bei Fluglärmbeschwerden und unterstützt die betroffenen Anwohner bei ihrem Kampf gegen Fluglärm und ihrem Kamp um die versprochenen Lärmschutzmaßnahmen.

Mit der Hompage unternimmt die Bürgerinitiative gegen den Nachtflughafen den Versuch, die Geschichte um die Durchsetzung des Flughafen Hahn transparent aufzuarbeiten. Sie will einen Beitrag leisten, dass das, was politisch gemacht, gesagt und erzwungen wurde, der Nachwelt erhalten bleibt.

Die BI ist davon überzeugt, dass man die Verantwortlichen in Politik und Wirtschaft an ihr Tun und die im Zusammenhang mit dem Flugplatz Hahn gemachten Aussagen erinnern muss. Mit der Dokumentation der Vorgänge kann zu einem späteren Zeitpunkt eine objektivere Wertung vorgenommen werden. Dann muss man sehen, welcher Verantwortliche dann auch für sein Tun und Reden zur Verantwortung zu ziehen ist. Keiner wird sich herausreden können. Aufklärung, Richtigstellungen, Mahnungen und vor allen Dingen machbare umweltverträgliche Alternativen zur fliegerischen Nutzung gab es genug. Alleine willfährige Beamte und machtbesessene Politiker wollten es anders.

*(http://www.fluglaerm.de/hahn/willkommen.html 08. 01 2008)*

## Bürgerinitiative Queichtal

Liebe Mitbürgerinnen und Mitbürger,

wie sie wissen, gibt es Bestrebungen die **B 10** zwischen Pirmasens und Landau durchgehend zu einer **4-spurigen** autobahnähnlichen Transitstrecke auszubauen. Der geplante 4-spurige Ausbau dient nach unseren Recherchen in erster Linie dem europäischen Transitverkehr und wird vor allem zu einer starken Zunahme des LKW-Verkehrs führen. Die Folgen wären: die Zunahme von Lärm und der starke Anstieg der Luftverschmutzung durch giftige Abgase. Die negativen Auswirkungen für unsere Gesundheit und die Schäden für Natur, Weinbau, Tourismus sowie der Wertverlust für Häuser und Grundstücke wären enorm. **Noch ist es nicht zu spät!** Für den Ausbau der B 10 von Walmersbach/Hinterweidenthal bis nach Landau gibt es noch keine rechtskräftigen Beschlüsse. Der durchgehende 4-spurige Ausbau kann noch verhindert werden.

**Wir von der Bürgerinitiative Queichtal (BIQ):**

- setzen uns für den **Erhalt des Queichtals** als Erholungsregion und für den Erhalt der Lebensqualität und der wirtschaftlichen Grundlagen unserer Heimat ein
- setzen uns für den **Schutz** von Menschen, Umwelt und Natur ein
- wehren uns **gegen den Ausbau der B 10** zu einer **autobahnähnlichen Transitstrecke** für den europäischen LKW-Verkehr
- fordern den **sofortigen Stopp von Gefahrguttransporten** auf der B 10 und durch die Tunnel
- fordern die **Sperrung der B 10 für den LKW-Transitverkehr**. Dies bringt eine schnelle und effektive Entlastung der B 10 und hilft Pendlern aus der Region schneller zur Arbeit und wieder nach Hause zu kommen
- fordern den **Rückbau von Ortsdurchfahrten**, damit diese nicht als Ausweichstrecken von LKWs missbraucht werden
- setzen uns für eine **Vermeidung unnötiger LKW-Transporte** (z. B. Tiertransporte) und für eine Verbesserung alternativer Verkehrskonzepte (z. B. bessere Bahnverbindungen) ein.

*(http://www.bi-queichtal.de, Link: Worum es geht 08. 01. 2008)*

1 *Welche Ziele verfolgen die vorgestellten Bürgerinitiativen jeweils?*
2 *Wie versuchen die Bürgerinitiativen, ihre Ziele umzusetzen?*
3 *Gibt es in eurer Region ebenfalls Bürgerinitiativen? Informiert euch über ihre Anliegen und Argumente, aber auch über die Sichtweise der jeweiligen Gegenseite.*

## Bürgerinitiativen – wie sie vorgehen können

### Ein Politiker:

„Ich bin auch für Bürgerinitiativen. Sie müssen sich aber klarmachen, dass zu demokratischen Rechten auch die Verpflichtung gegenüber dem Gemeinwohl gehört.

Es ist eine schlimme Sache, dass immer mehr Menschen kommen und sagen:

- Natürlich will ich ein Auto fahren, aber die Straße soll gefälligst in einem anderen Stadtteil gebaut werden.
- Natürlich habe ich einen Kühlschrank, einen Geschirrspüler, eine Waschmaschine, einen Wäschetrockner, Fernsehgeräte, einen Videorekorder und eine Hi-Fi-Anlage, brauche also mehr Strom, aber ein Kraftwerk in meiner Nähe – auf gar keinen Fall!
- Natürlich will ich mit dem ICE und der S-Bahn fahren, aber neue Gleisanlagen bitte nicht vor meiner Tür, sonst werde ich meine demokratischen Rechte in Anspruch nehmen und verhindern, dass sie bei mir gebaut werden.
- Natürlich ist der Staat verpflichtet, für Vollbeschäftigung und Arbeitsplätze zu sorgen, aber eine neue Fabrik in unserem Stadtteil kommt nicht in Frage. Ich werde alle Hebel in Bewegung setzen, um den Bau zu verhindern.
- Natürlich besitze ich ein Handy, aber ein Funkmast in der Nähe meiner Wohnung geht nun wirklich zu weit.

Dies alles hat mit Demokratie nur der Form nach etwas zu tun. Hier ist eine Erziehungsaufgabe versäumt worden.

Bürgerinitiativen sind im Grunde etwas Positives. Da regen sich Bürgerinnen und Bürger und setzen sich für etwas ein. Das ist ein Punkt, wo man mit ihnen reden kann. Sie haben ja auch manchmal Recht, amtliche Pläne können verfehlt sein. Bürgerinitiativen von vornherein abzuschmettern, halte ich für falsch. Sie bieten einen guten Ansatzpunkt, um mit den Menschen zu reden: über das Abwägen der Güter, der privaten Interessen auf der einen und der öffentlichen Interessen, des Gemeinwohls auf der anderen Seite."

1. Bürger und Bürgerinnen sind mit den bestehenden Verhältnissen nicht zufrieden (z. B. kein Schwimmbad) oder wollen die Verwirklichung bestimmter Planungen (z. B. Parkhaus) verhindern.
2. Die Bürgerinnen und Bürger versuchen Gleichgesinnte für ihr Anliegen zu gewinnen. Sie machen die anderen Einwohner auf ihr Anliegen aufmerksam, z. B. durch Handzettel, Plakate und Zeitungsanzeigen. Die Interessierten werden zu einem Treffen eingeladen.
3. Es wird eine Bürgerinitiative gegründet – oft als Verein. Die Mitglieder wählen einen Vorsitzenden oder eine Vorsitzende. Er/Sie soll ihr Anliegen gegenüber den Parteien und der Gemeindeverwaltung deutlich machen.
4. Die Bürgerinitiative trägt ihr Anliegen vor. Sie fordert den Bürgermeister oder die Bürgermeisterin und die Gemeindevertretung zu einer Stellungnahme auf. Dadurch wird das Anliegen allgemein bekannt. Es kommt zu einer breiten Diskussion in der Gemeinde.
5. Die Gemeindeverwaltung und die Fraktionen der Gemeindevertretung greifen das Anliegen der Bürgerinitiative auf und suchen nach Lösungsmöglichkeiten.

*1 Worin sieht der Politiker die Vorteile von Bürgerinitiativen, worin ihre Nachteile?*

*2 Was will die Karikatur ausdrücken?*

*3 Die Gemeindeordnung von Rheinland-Pfalz sieht in Paragraf 17a als weitere Möglichkeiten der politischen Einflussnahme das „Bürgerbegehren" und den „Bürgerentscheid" vor. Informiere dich genauer über beides.*

# Das Wichtige in Kürze

### Gemeinde/ Kommune

Das Wort „Gemeinde“ stammt von „gemein“ im Sinne von „gemeinsam“ ab. Die Bezeichnung Gemeinde wird auch für Städte gebraucht. Anstatt von Gemeinde spricht man oft auch von Kommune. Dieses Wort kommt aus dem Lateinischen und bedeutet „allen gemeinsam“. Beide Begriffe bezeichnen den gleichen Sachverhalt.

### Aufgaben der Gemeinde

Die Gemeinde bzw. Kommune erfüllt für ihre Einwohner verschiedene Aufgaben. Es gibt Aufgaben, die jede Gemeinde erfüllen muss. Zu diesen Pflichtaufgaben zählen der Unterhalt von Gemeindestraßen, Feuerwehr und Friedhof sowie die Führung eines Einwohnermelde- und eines Standesamts. Die Gemeinden erfüllen jedoch viele weitere Aufgaben freiwillig. Hierzu gehören z. B. der Unterhalt von Schwimmbädern, Jugendhäusern, Sportplätzen, Büchereien und Theatern.

### Gemeinderat

Der Gemeinderat entscheidet über alle wichtigen Angelegenheiten der Gemeinde. Die Gemeinderäte werden von den Bürgerinnen und Bürgern auf fünf Jahre gewählt. Sie sind ehrenamtlich tätig, erhalten also für ihre Tätigkeit keine Bezahlung. In Städten trägt der Gemeinderat die Bezeichnung Stadtrat und seine Mitglieder heißen Stadträte. Die Gemeinderäte, die derselben Partei oder Wählervereinigung angehören, bilden jeweils eine Fraktion. Der Gemeinderat kontrolliert den Bürgermeister bzw. die Bürgermeisterin und die Gemeindeverwaltung.

### Bürgermeister/ Bürgermeisterin

Der Bürgermeister bzw. die Bürgermeisterin vertritt die Gemeinde, bereitet die Beschlüsse des Gemeinderats vor und führt dort den Vorsitz. In größeren Gemeinden lautet die Amtsbezeichnung Oberbürgermeister bzw. Oberbürgermeisterin. Das Rathaus mit seinen verschiedenen Ämtern ist der Sitz der Gemeindeverwaltung, deren Chef der Bürgermeister ist. Hauptamtliche Bürgermeister werden auf 8 Jahre gewäht, ehrenamtliche Bürgermeister in kleineren Gemeinden auf 5 Jahre.

### Haushaltsplan

Im Haushaltsplan der Gemeinde werden die erwarteten Einnahmen den geplanten Ausgaben gegenübergestellt. Der Haushaltsplan wird von der Gemeindeverwaltung aufgestellt und vom Gemeinderat beraten und beschlossen. Die Gemeinde muss sich bei der Erfüllung ihrer Aufgaben an den Haushaltsplan halten.

### Bürgerbegehren – Bürgerbescheid

Die Bürger einer Gemeinde können über eine wichtige Angelegenheit der Gemeinde auch direkt entscheiden. Dazu müssen sie über ein Bürgerbegehren einen Bürgerentscheid herbeiführen. Das Bürgerbegehren muss schriftlich bei der Gemeindeverwaltung gestellt werden und von einer, in der Gemeindeordnung festgelegten Zahl von wahlberechtigten Einwohnern unterschrieben sein. Die Anzahl der notwendigen Unterschriften ist abhängig von der Einwohnerzahl der jeweiligen Gemeinde. Ein Bürgerentscheid ist erfolgreich, wenn er zwei Bedingungen erfüllt: Die Mehrheit der abgegebenen Stimmen muss dafür sein und diese Mehrheit muss mindestens 30 Prozent der Stimmberechtigten betragen.

### Bürgerinitiative

Oft schließen sich Bürgerinnen und Bürger einer Gemeinde auch in einer Bürgerinitiative zusammen, um gemeinsam ein bestimmtes Anliegen durchzusetzen (z. B. Einrichtung eines Jugendzentrums) oder ein geplantes Vorhaben zu verhindern (z. B. Bau oder Ausbau einer Straße).

## Rheinland-Pfalz – eines von 16 Bundesländern

### Das Land im Bundesstaat

Rheinland-Pfalz ist eines von 16 Bundesländern, die zusammen die Bundesrepublik Deutschland bilden. Wenn sich Länder zu einem gemeinsamen Staat zusammenschließen, spricht man von einem föderalen Staat (lat. foedus: Bündnis, Zusammenschluss). In vielen Bereichen können die Bundesländer selbstständig entscheiden und Landesgesetze erlassen (z. B. Bildung, Kultur, Polizei, Recht der Kommunen). Aufgaben, die einer einheitlichen Regelung bedürfen, nimmt der Bund wahr (z. B. Staatsangehörigkeit im Bund, Passwesen). Wie die Zuständigkeiten im Einzelnen verteilt sind, regelt das Grundgesetz in den Artikeln 70 bis 75. Bei der Erfüllung der Aufgaben arbeiten die Länder untereinander und mit dem Bund partnerschaftlich zusammen. Eine weitere wichtige Aufgabe der Länder ist die Verwaltung. Sie haben dabei nicht nur die Landesgesetze auszuführen, sondern auch die Mehrzahl der Bundesgesetze.

### Die Entstehung des Landes

Das heutige Bundesland Rheinland-Pfalz kam nach dem Zweiten Weltkrieg durch Betreiben der französischen Besatzungsmacht zustande. Gemäß Artikel 5 der Verordnung Nr. 57 wurde eine Landesverfassung ausgearbeitet. Durch einen Volksentscheid nahm die Mehrheit der Bevölkerung die neue Verfassung am 18. Mai 1946 an. In Artikel 74 seiner Verfassung hatte sich das Land festgelegt: „Rheinland-Pfalz ist ein demokratischer und sozialer Gliedstaat Deutschlands".
Als Gliedstaat des Bundesstaates Bundesrepublik Deutschland hat Rheinland-Pfalz ein eigenes Landesparlament (Landtag), eine eigene Landesregierung und einen eigenen Verfassungsgerichtshof. Dieser entscheidet als „Hüter der Landesverfassung" zum Beispiel darüber, ob ein Gesetz verfassungswidrig ist oder ein Verfassungsorgan verfassungswidrig gehandelt hat.

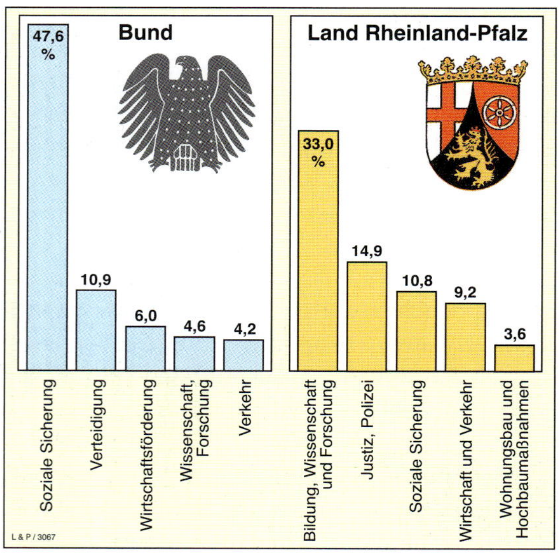


*Aufgaben und Ausgaben von Bund und Land (Quelle: Haushaltspläne 2004)*

**VERORDNUNG NR. 57**

**Artikel 1:** Es wird hiermit ein Land geschaffen, welches die Pfalz und die gegenwärtigen Regierungsbezirke Trier, Koblenz und Montabaur umfasst (...)
**Artikel 3:** Eine beratende Versammlung, die sich aus den erwählten Vertretern der im Artikel 1 bezeichneten Gebiete zusammensetzt, wird alsbald nach den Wahlen am 13. Oktober, gemäß den Bedingungen gebildet, die später bekannt gegeben werden. (...)
**Artikel 5:** Die beratende Versammlung wird im Einvernehmen mit der vorläufigen Regierung einen Verfassungsentwurf ausarbeiten, der insbesondere die Beziehungen zwischen den verschiedenen Teilen des neuen Landes festlegen soll. Über den Verfassungsentwurf wird durch Volksentscheid entschieden werden. (...)

*(Baden-Baden, 30. August 1946. Commandant en Chef Francais en Allemagne P. Koenig)*

Am 27. Mai 1832 kamen in der Pfalz etwa 30 000 demokratische, liberale und republikanische Bürger aus allen Bevölkerungsschichten zu einer Kundgebung zusammen, die als „Hambacher Fest" in die Geschichte einging. Mit Fahnen in den heutigen National-Farben Schwarz-Rot-Gold zogen sie von Neustadt an der Weinstraße zum Hambacher Schloss. Hauptforderungen waren die nationale Einheit sowie grundrechtlich gesicherte Freiheits- und politische Bürgerrechte. Das Hambacher Fest gilt als eine der Geburtsstunden der Demokratie in Deutschland. Zum 175. Jahrestag hat die Deutsche Post eine Sondermarke herausgegeben, um an dieses wichtige Ereignis zu erinnern.

Landwirtschaft: Weinberge an der Mosel bei Cochem

Zeugnis der Geschichte: Feste Ehrenbreitstein

Medienstandort: das ZDF-Sendezentrum in Mainz

**Rheinland-Pfalz: Landkreise und kreisfreie Städte**

Die Stadt der Edelsteine und des Schmucks: Idar-Oberstein

Erfinder der Druckkunst: Gutenberg-Denkmal in Mainz

Zeugnis römischer Vergangenheit: die Porta Nigra in Trier

Industriestandort: BASF in Ludwigshafen

Meisterwerk der Romanik: der Kaiserdom zu Speyer

Wappen Rheinland-Pfalz

Die drei Kurfürsten unter ihren Wappen: Peter von Mainz, Balduin von Trier und Pfalzgraf Rudolf (aus dem Bilderzyklus des Codex Balduini Trevirensis)

1. Erläutere den Begriff „föderaler Staat".
2. Nenne einige Bundes- und einige Landesaufgaben.
3. Wie ist das Wappen von Rheinland-Pfalz entstanden?
4. Verfasse ein Kurzporträt „Bundesland Rheinland-Pfalz". Verwende dazu weiteres Material (Lexikon, Internet, ...).

## Landtagswahl

### Landtagswahl: Das Wahlsystem

Alle fünf Jahre wird der Landtag von Rheinland-Pfalz gewählt. Die Wahl der 101 Abgeordneten ist eine Verbindung von Persönlichkeitswahl und Verhältniswahl.

Jede Wählerin und jeder Wähler hat zwei Stimmen: eine **Direktstimme** für die Wahl einer Wahlkreisabgeordneten oder eines Wahlkreisabgeordneten (Persönlichkeitswahl) und eine **Listenstimme** für die Wahl einer Landesliste einer Partei (Verhältniswahl). Die Wählerin oder der Wähler kann die Direktstimme dem Wahlkreiskandidaten der einen Partei und die Listenstimme einer anderen Partei geben (Stimmensplitting).

Mit der **Direktstimme** (auch Wahlkreisstimme genannt) wird in jedem der 51 Wahlkreise eine Abgeordnete oder ein Abgeordneter gewählt. Gewählt ist, wer die meisten Stimmen erhalten hat (Persönlichkeitswahl). Die so gewonnen Abgeordnetensitze werden Direktmandate genannt.

Mit der **Listenstimme** (auch Landesstimme genannt) wird über die Verteilung der restlichen Abgeordnetensitze entschieden. Für jede Partei werden die Listenstimmen im ganzen Land zusammengezählt. Jede Partei erhält dann so viele Sitze, wie es ihrem Stimmenanteil an der Gesamtstimmenzahl entspricht (Verhältniswahl).

Von der Gesamtzahl der Abgeordneten für jede Partei werden zunächst die Direktmandate abgezogen. Die restlichen Mandate werden nach der Reihenfolge der Kandidaten auf der Landesliste der Partei besetzt. Diese Liste wurde vor der Wahl veröffentlicht. Kandidatinnen und Kandidaten, die an der Spitze der Landesliste stehen, kommen somit eher über die Listenstimme in den Landtag.

Bei der Zuteilung der Mandate werden nur solche Parteien berücksichtigt, die mindestens 5 Prozent der Listenstimmen (5 Prozent-Klausel) erhalten.

Es kann vorkommen, dass eine Partei mehr Direktmandate erringt, als ihr nach der Verteilung der Listenstimmen zustehen würden. In diesem Fall kommen trotzdem alle direkt Gewählten in den Landtag. So entstehen Überhangmandate. Diese werden durch Ausgleichsmandate anderer Parteien ausgeglichen. Der Landtag hat dann mehr als 101 Abgeordnete.

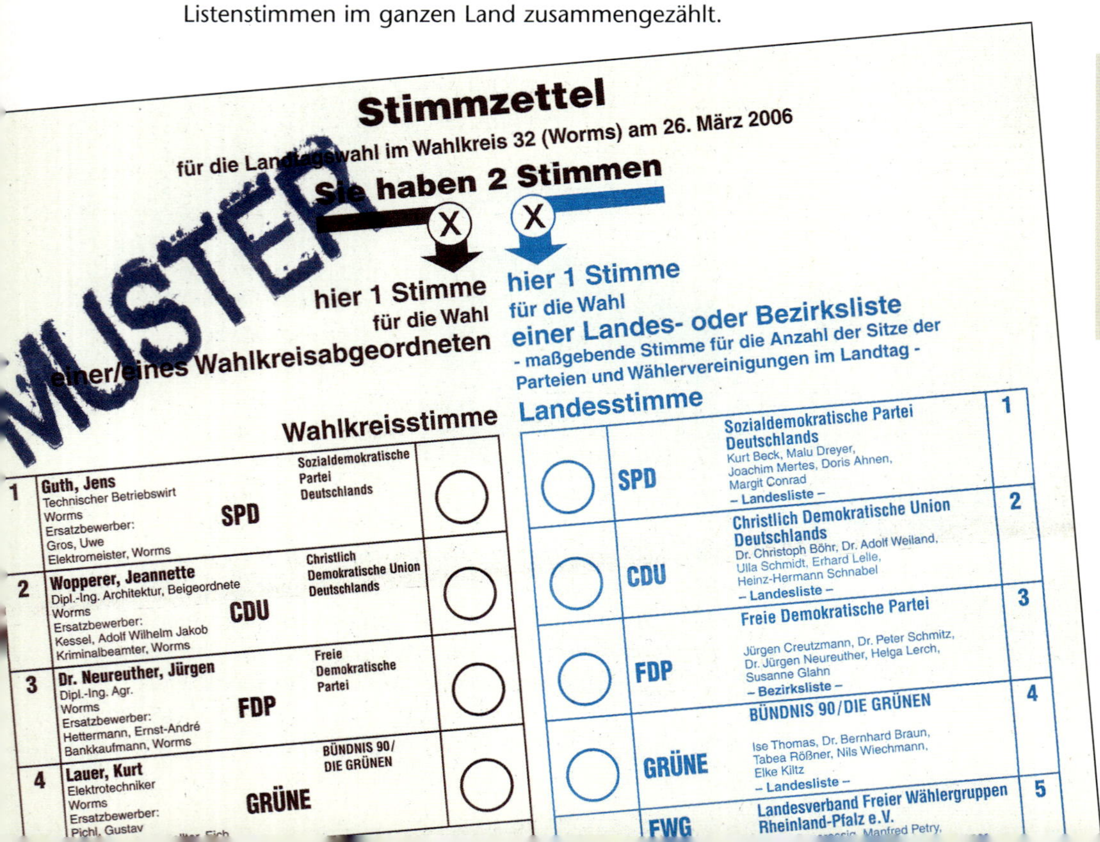


*Stimmzettel für die Landtagswahl 2006 im Wahlkreis 32 (Worms)*

**Sitzverteilung im Landtag (2006)**

| | |
|---|---|
| SPD | 53 |
| CDU | 38 |
| FDP | 10 |

*Wahlplakate zur Landtagswahl 2006: SPD, CDU, FDP. Diese drei Parteien sind im Landtag vertreten.*

| Landtagswahl: 6 x mal richtig, 4 x falsch | richtig | falsch |
|---|---|---|
| 1. Es werden immer genau 101 Abgeordnete in den Landtag gewählt. | x | |
| 2. In den Landtag kommen nur Kandidaten, die in ihrem Wahlkreis die meisten Stimmen erhalten haben. | | x |
| 3. Man kann seine Direktstimme dem Wahlkreiskandidaten der einen Partei, die Listenstimme einer anderen geben. | | x |
| 4. Wegen der Vergabe der Mandate nach der Direktstimme ist die Wahl eine Persönlichkeitswahl. | x | |
| 5. Ein Kandidat, der in seinem Wahlkreis die meisten Stimmen gewinnt, kommt auf jeden Fall in den Landtag. | | x |
| 6. Eine Partei kann auch in den Landtag gelangen, wenn keiner ihrer Wahlkreiskandidaten einen Wahlkreis gewinnt. | x | |
| 7. Wenn ein Kandidat seinen Wahlkreis gewinnen will, muss er mehr als 50 % der Stimmen erhalten. | x | |
| 8. 51 Mandate werden an die Gewinner in den Wahlkreisen vergeben. | | x |
| 9. Wer ein Direktmandat gewinnt, kommt über die Landesliste in den Landtag. | x | |
| 10. Wenige Stimmen können darüber entscheiden, ob eine Partei in den Landtag kommt oder nicht. | x | |

| Landtagswahl 2006: Das Ergebnis | Wahlkreisstimmen | | Landesstimmen | |
|---|---|---|---|---|
| | Anzahl | % | Anzahl | % |
| Wahlberechtigte | 3.075.577 | | 3.075.577 | |
| Wähler | 1.791.072 | 58,2 | 1.791.072 | 58,2 |
| ungültige Stimmen | 58.664 | 3,3 | 37.962 | 2,1 |
| gültige Stimmen | 1.732.408 | 96,7 | 1.753.110 | 97,9 |
| SPD | 750.380 | 43,3 | 799.377 | 45,6 |
| CDU | 668.637 | 38,6 | 574.329 | 32,8 |
| FDP | 134.746 | 7,8 | 140.865 | 8,0 |
| Sonstige | 178.645 | 10,3 | 238.539 | 13,6 |

**1** *Wie hoch war die Wahlbeteiligung bei der Landtagswahl 2006? Was fällt dir in der Tabelle mit den Wahlergebnissen sonst noch auf?*

**2** *Kreuze auf deinem Arbeitsblatt bei jeder Aussage an, ob sie richtig oder falsch ist. Stelle die falschen Aussagen richtig.*

## Landespolitik – wer bestimmt?

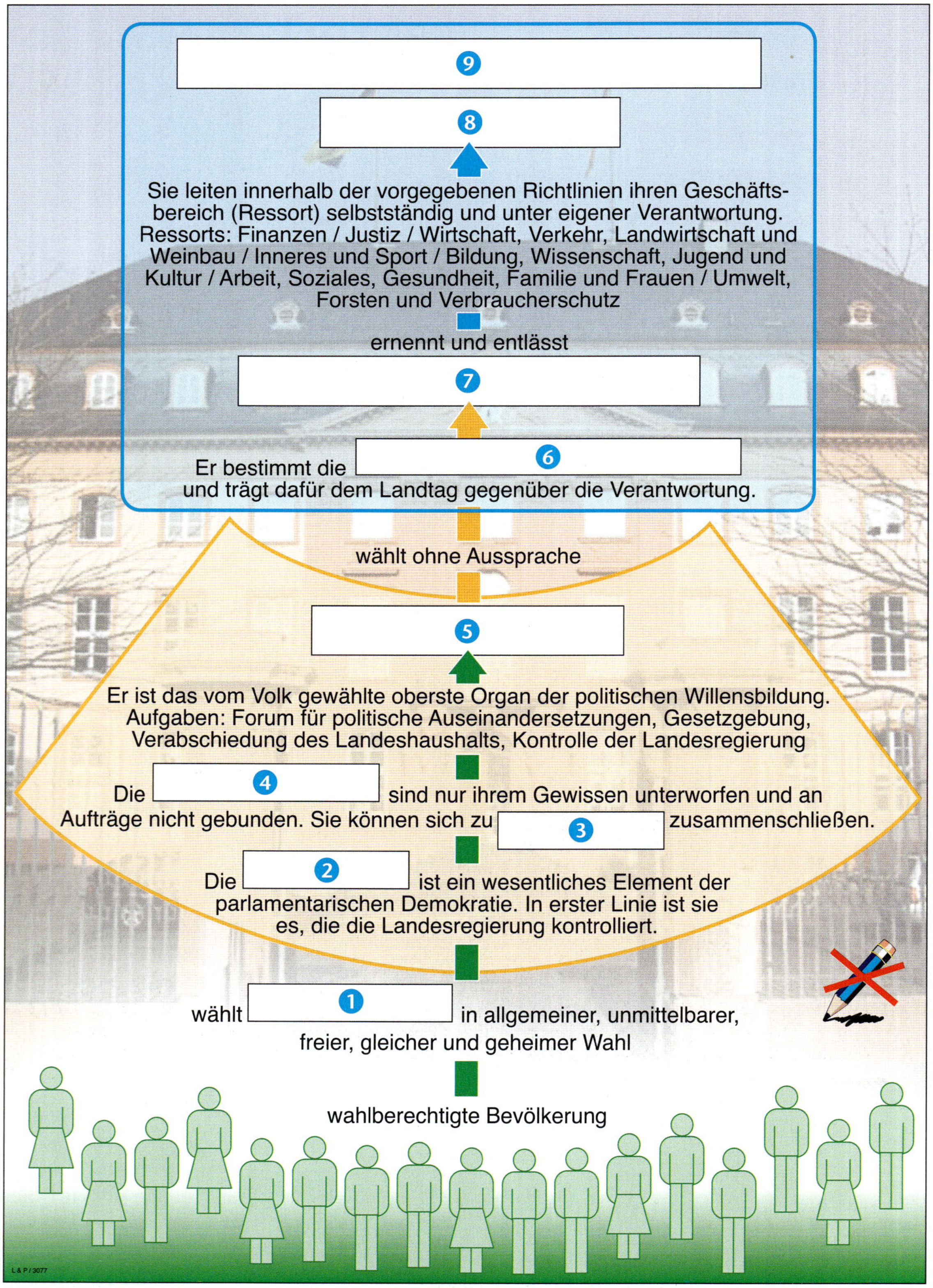

## Verfassung von Rheinland-Pfalz

**Artikel 74**
(1) Rheinland-Pfalz ist ein demokratischer und sozialer Gliedstaat Deutschlands.
(2) Träger der Staatsgewalt ist das Volk.

**Artikel 79**
(1) Der Landtag ist das vom Volk gewählte oberste Organ der politischen Willensbildung. Er vertritt das Volk, wählt den Ministerpräsidenten und bestätigt die Landesregierung, beschließt die Gesetze und den Landeshaushalt, kontrolliert die vollziehende Gewalt und wirkt an der Willensbildung des Landes mit in der Behandlung öffentlicher Angelegenheiten, in europapolitischen Fragen und nach Maßgabe von Vereinbarungen zwischen Landtag und Landesregierung.
(2) Der Landtag besteht aus vom Volk gewählten Abgeordneten. Sie sind Vertreter des ganzen Volkes, nur ihrem Gewissen unterworfen und an Aufträge nicht gebunden.

**Artikel 80**
(1) Die Abgeordneten werden nach den Grundsätzen einer mit der Personenwahl verbundenen Verhältniswahl gewählt.
(2) Wählbar ist jeder Stimmberechtigte, der das Alter erreicht hat, mit dem die Volljährigkeit eintritt.

**Artikel 83**
(1) Der Landtag wird ... auf fünf Jahre gewählt. ...

**Artikel 85 a**
(1) Abgeordnete können sich zu Fraktionen zusammenschließen. ...

**Artikel 85 b**
(1) Parlamentarische Opposition ist ein grundlegender Bestandteil der parlamentarischen Demokratie.

**Artikel 98**
(1) Die Landesregierung besteht aus dem Ministerpräsidenten und den Ministern.
(2) Der Landtag wählt ohne Aussprache den Ministerpräsidenten mit der Mehrheit der gesetzlichen Mitgliederzahl. Der Ministerpräsident ernennt und entlässt die Minister. Die Regierung bedarf zur Übernahme der Geschäfte der ausdrücklichen Bestätigung des Landtags. Zur Entlassung eines Ministers ist die Zustimmung des Landtags erforderlich.

**Artikel 104**
Der Ministerpräsident bestimmt die Richtlinien der Politik und ist dafür dem Landtag verantwortlich. Innerhalb dieser Richtlinien leitet jeder Minister seinen Geschäftsbereich selbstständig und unter eigener Verantwortung gegenüber dem Landtag. ...

**Artikel 105**
(1) Der Ministerpräsident führt den Vorsitz in der Landesregierung. Bei Stimmengleichheit gibt seine Stimme den Ausschlag. ...

***Die Landesregierung*** *(Stand: Juni 2008)*

*Von links nach rechts:* ***Karl Peter Bruch –*** *Minister des Innern und für Sport, stellvertretender Ministerpräsident /* ***Dr. Karl-Heinz Klär –*** *Bevollmächtigter des Landes beim Bund und für Europa /* ***Margit Conrad –*** *Ministerin für Umwelt, Forsten und Verbraucherschutz /* ***Malu Dreyer –*** *Ministerin für Arbeit, Soziales, Gesundheit, Familie und Frauen /* ***Dr. Heinz Georg Bamberger –*** *Minister der Justiz /* ***Dr. Ingolf Deubel –*** *Minister der Finanzen /* ***Kurt Beck –*** *Ministerpräsident /* ***Hendrik Hering –*** *Minister für Wirtschaft, Verkehr, Landwirtschaft und Weinbau /* ***Doris Ahnen –*** *Ministerin für Bildung, Wissenschaft, Jugend und Kultur /* ***Martin Stadelmaier –*** *Staatssekretär, Chef der Staatskanzlei*

1 *Ergänze das Schaubild mit den blau markierten Begriffen aus der Landesverfassung. Benutze dazu das Arbeitsblatt oder notiere von 1 bis 9 auf einem gesonderten Blatt.*

2 *Informiere dich im Internet (www.rlp.de) über die Sitzverteilung und Sitzordnung im derzeitigen Landtag von Rheinland-Pfalz. Welche Parteien sind vertreten? Wie viele Abgeordnete stellen sie jeweils?*

3 *Recherchiere im Internet: Welche Parteien bilden die derzeitige Landesregierung? Wie viele Minister bzw. Ministerinnen stellen Sie jeweils?*

4 *Finde für jedes Ministerium zwei, drei wichtige Aufgaben heraus.*

## Der Landtag als Kontrollorgan

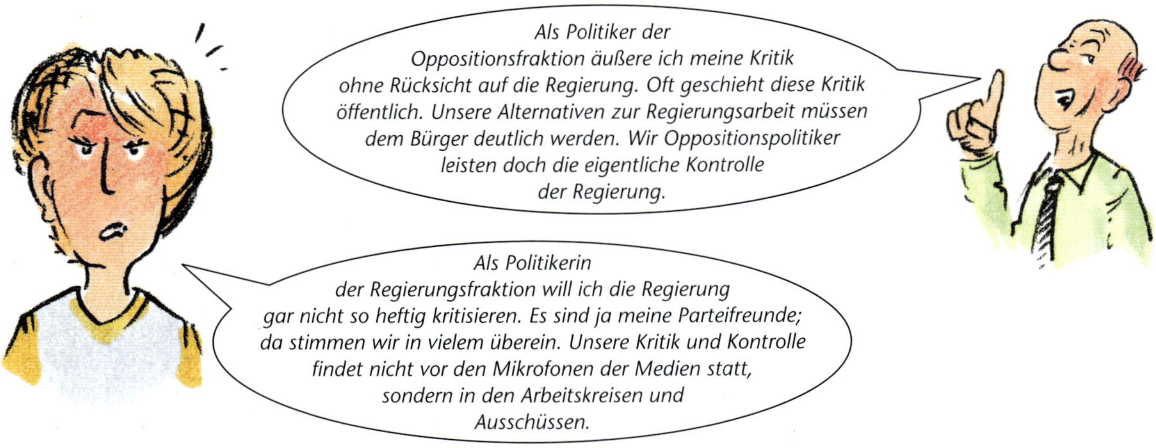


- Untersuchungsausschuss
- Aktuelle Stunde
- Kleine Anfrage
- Mündliche Frage
- Misstrauensvotum
- Große Anfrage

### Kontrollmöglichkeiten des Landtags

Jede Abgeordnete und jeder Abgeordnete des Landtags ist berechtigt, eine …(1)… zu stellen. Diese wird in der Fragestunde des Landtags direkt von dem zuständigen Mitglied der Landesregierung beantwortet. Die Fragestunde dient der schnellen und unmittelbaren Information.

Durch die …(2)… kann jede Abgeordnete und jeder Abgeordnete Auskunft von der Landesregierung verlangen. Sie wird schriftlich vorgelegt und darf sich nur auf einen eingegrenzten Sachverhalt beziehen. Oft werden damit Probleme aus dem Wahlkreis der Fragestellerin bzw. des Fragestellers aufgegriffen.

Die …(3)… ist von außerordentlichem politischem Interesse und kann nur von einer Fraktion oder von mindestens acht Abgeordneten gestellt werden. Sie soll knapp und bestimmt gefasst und kurz begründet sein. Sie wird nach der Beantwortung fast immer im Plenum erörtert.

Aus aktuellem Anlass haben die Fraktionen bzw. mindestens acht Mitglieder des Landtags auch die Möglichkeit, eine …(4)… zu beantragen.

Ein besonderes parlamentarisches Kontrollinstrument besteht darin, einen …(5)… einzusetzen. Seine Befugnisse sind im Untersuchungsausschussgesetz geregelt.

Die Abgeordneten haben auch das Recht, den von ihnen gewählten Ministerpräsidenten bzw. die Ministerpräsidentin abzuwählen, aber auch einzelne Ministerinnen oder Minister und die gesamte Landesregierung. Das geschieht durch ein …(6)…, das heißt, der Landtag kann dem oder der Betroffenen das Misstrauen aussprechen. Falls der Landtag der gesamten Landesregierung das Vertrauen entzieht, muss er innerhalb von vier Wochen einer neuen Landesregierung das Vertrauen aussprechen, ansonsten gilt er als aufgelöst.

1 *Welches Verhältnis zwischen Opposition, Regierungsfraktion und Regierung wird in den Äußerungen in den Sprechblasen deutlich?*

2 *Die Begriffe am Rand bezeichnen Kontrollmöglichkeiten des Landtags. Setze auf dem Arbeitsblatt die Begriffe in den Lückentext ein oder notiere von 1 bis 6.*

# Petitionsrecht und Bürgerbeauftragter

**Verfassung des Landes Rheinland-Pfalz**
**Artikel 11**
Jedermann hat das Recht, sich mit Eingaben an die Behörden oder an die Volksvertretung zu wenden.

## Der Petitionsausschuss

Das Grundgesetz und entsprechende Artikel der Landesverfassungen geben jeder Bürgerin und jedem Bürger das Recht, sich schriftlich mit ...①... an die Volksvertretung zu wenden. Für solche „Eingaben" ist dann der ...②... des Landtags zuständig. Er ist sozusagen der „Kummerkasten" der Bürgerinnen und Bürger und nimmt die Briefe entgegen, in denen Einzelne oder eine Gruppe von Bürgerinnen und Bürgern ihre Bitten, Sorgen oder ihre Gründe für eine Beschwerde darstellen. Diese Bitten oder Beschwerden können sich auf Gesetze oder auf das Verhalten von Behörden beziehen (z. B. Ausländerrecht, Baurecht, Renten).

Petitionen sind somit ein wichtiges ...③..., denn durch sie erfahren die Abgeordneten des Landtags unmittelbar, wo den Bürger „der Schuh drückt" und wo es zum Beispiel Ärger mit Behörden gegeben hat. Die Mitglieder des Petitionsausschusses haben die ...④..., der Sache nachzugehen. Sind sie der Meinung, dass die Beschwerde berechtigt ist, versuchen sie den Bürgerinnen und Bürgern zu helfen. Dabei ist der Petitionsausschuss sehr oft ...⑤....

Mittel der Kontrolle | erfolgreich | Bitten oder Beschwerden | Petitionsausschuss | Pflicht

Landtag Rheinland-Pfalz
Petitionsausschuss
Deutschhausplatz 12
55116 Mainz

Alfred Pingel
Birkenweg 22
Hochdorf

Sehr geehrte Damen und Herren,

wir wohnen in der kleinen Ortschaft Hochdorf, wo es keine Schulen gibt. Seit Sommer besucht meine Tochter die Astrid-Lindgren-Schule in Tiefenhausen. Dorthin muss sie, wie viele Kinder aus Hochdorf, mit dem Bus fahren. Der Bus fährt in Mittelhausen los und ist in Hochdorf bereits so überfüllt, dass meine Tochter immer stehen muss. Ich finde es unverantwortlich, Kinder in einem überfüllten Bus stehend zu befördern! Die Gefahr, zum Beispiel bei einer Vollbremsung verletzt zu werden, ist sehr groß. Ich bitte Sie, darauf hinzuwirken, dass in den Bussen für Schüler ausreichend Sitzplätze mit Sicherheitsgurten zur Verfügung stehen.

Mit freundlichen Grüßen
Alfred Pingel

**Der Bürgerbeauftragte des Landes Rheinland-Pfalz**

Vor mehr als 30 Jahren wurde in Rheinland-Pfalz das Amt des Bürgerbeauftragten geschafften. Seither wurden mehr als 90 000 Petitionen bearbeitet. Heute sind es etwa 3 000 Bürgerinnen und Bürger, die sich jährlich an den Bürgerbeauftragten wenden und Hilfe bei der Bewältigung ihrer Probleme mit rheinland-pfälzischen Behörden suchen.
Der Bürgerbeauftragte hat seinen Sitz beim Landtag Rheinland-Pfalz und arbeitet eng mit dem Petitionsausschuss des Landtags, aber auch dem Petitionsausschuss des Deutschen Bundestages und dem Europäischen Bürgerbeauftragten zusammen. (...)
Häufig fühlen sich Bürgerinnen und Bürger von Verwaltungen und Behörden nicht gerecht behandelt oder zweifeln deren Entscheidungen an. Der Bürgerbeauftragte unterstützt die Hilfe suchenden Menschen und vermittelt bei Beschwerden gegenüber Verwaltungen und Behörden. In zwei von drei Fällen werden so für beide Seiten akzeptable Lösungen gefunden. (...)

*(www.landtag.rlp.de/ Suchbegriff: Bürgerbeauftragter 04. 02. 2008)*

1. *Setze in dem Text „Der Petitionsausschuss" die fehlenden Wörter ein.*
2. *„Herr Pingel übertreibt doch! Deshalb schreibt man doch nicht an den Petitionsausschuss!" – Nimm Stellung zu dieser Aussage.*
3. *Womit beschäftigt sich der Bürgerbeauftragte? Informiere dich im Internet genauer.*

# Das Wichtige in Kürze

**Bundesland**

Bundesland ist die umgangssprachliche Bezeichnung für einen Gliedstaat der Bundesrepublik Deutschland. Insgesamt 16 Bundesländer bilden die Bundesrepublik Deutschland. Eines dieser Bundesländer ist Rheinland-Pfalz.

**Landtag**

Der Begriff Landtag bezeichnet heute das Parlament eines Bundeslandes, das Landesparlament. Der rheinland-pfälzische Landtag ist die Volksvertretung der Bevölkerung von Rheinland-Pfalz und damit die legislative, also gesetzgebende Gewalt. Die Plenarsitzungen des Landtags sind öffentlich. Jede Bürgerin und jeder Bürger hat grundsätzlich das Recht, den Sitzungen als Zuhörerin oder Zuhörer beizuwohnen. Eine vorherige Anmeldung ist allerdings erforderlich. Zudem besteht die Möglichkeit, insbesondere auch für Gruppen und Schulklassen, sich für Führungen im Landtag anzumelden. Das Programm dieser Führungen wird in der Gestaltung an den Vorkenntnissen und Interessen der jeweiligen Gäste ausgerichtet.

**Landtagswahl**

Die Landtagswahl findet alle fünf Jahre statt. Es ist eine personalisierte Verhältniswahl, bei der jeder Wähler zwei Stimmen hat. Der Landtag hat mindestens 101 Sitze. Davon werden 51 Mandate in den Wahlkreisen nach relativer Mehrheitswahl und die restlichen über geschlossene Listen vergeben. Aktiv wahlberechtigt ist jede und jeder Deutsche, die bzw. der das 18. Lebensjahr vollendet hat und seit mindestens drei Monaten seinen Wohnsitz oder Lebensmittelpunkt in Rheinland-Pfalz hat. Wählbar ist jeder Wahlberechtigte, der mindestens 18 Jahre alt ist und seit mindestens einem Jahr in Rheinland-Pfalz wohnt.

**Landesregierung**

Der Landtag wählt aus seiner Mitte eine Ministerpräsidentin oder einen Ministerpräsidenten, die oder der seine Ministerinnen und Minister bestimmt und ernennt. Der Ministerpräsident und die Minister bilden gemeinsam die Landesregierung. Sie bilden die Exekutive und sind für die aktuelle rheinland-pfälzische Politik zuständig. Bei wichtigen politischen Fragen fällt die Ministerpräsidentin oder der Ministerpräsident die Grundsatzentscheidungen (Richtlinienkompetenz). Innerhalb der Richtlinien leitet jede Ministerin und jeder Minister ihr bzw. sein Ministerium in eigener Verantwortung.

**Gesetzgebung**

Gesetze, die für das Bundesland Rheinland-Pfalz wichtig sind, erarbeitet und verabschiedet der Landtag, da er die legislative Gewalt besitzt. Dabei kann auch die Landesregierung Vorschläge unterbreiten.

**Petitionsausschuss**

Eine Petition bezeichnet eine Eingabe, Bitte oder Beschwerde an eine zuständige Behörde oder an eine Volksvertretung. Im engeren Sinne handelt es sich meist um Bitten von Bürgerinnen und Bürgern an Parlamente, Gesetze zu ändern bzw. zu beschließen. Die Zulässigkeit von Petitionen ist ein allgemein anerkannter Bestandteil demokratischer Grundrechte. Petitionen an Parlamente werden an den jeweiligen Petitionsausschuss weitergeleitet, der sie prüft und beantwortet.

**Bürgerbeauftragter**

Der Bürgerbeauftragte ist ständiger Beauftragter des Landtages. Jede Bürgerin und jeder Bürger des Landes Rheinland-Pfalz kann sich schriftlich oder mündlich mit Beschwerden an ihn wenden. Sie können den Bürgerbeauftragten anrufen, wenn sie sich ungerecht von den Behörden des Landes behandelt fühlen.

# Weißt du Bescheid?

In dem Buchstabenfeld sind 16 Begriffe versteckt: elf waagerecht, fünf senkrecht. Finde die Begriffe und notiere sie in deinem Heft. Bei Benutzung des Arbeitsblattes kannst du die Begriffe auch markieren.

| | | | | | | | | | | | | | | | | | | | |
|---|---|---|---|---|---|---|---|---|---|---|---|---|---|---|---|---|---|---|---|
| U | X | G | E | M | E | I | N | D | E | V | E | R | W | A | L | T | U | N | G |
| N | G | E | M | E | I | N | D | E | R | A | T | T | R | E | X | U | N | G | S |
| M | L | W | A | H | L | E | N | R | E | N | R | E | W | P | A | R | T | E | I |
| I | E | S | L | E | S | K | O | M | M | U | N | E | E | H | C | S | T | H | C |
| T | I | E | L | S | I | E | B | Ü | R | G | E | R | M | E | I | S | T | E | R |
| T | C | R | G | E | L | G | N | I | D | D | E | M | O | K | R | A | T | I | E |
| E | H | E | E | I | N | W | O | H | N | E | R | M | E | L | D | E | A | M | T |
| L | U | B | M | N | E | D | N | F | A | R | B | G | N | I | L | R | E | P | S |
| B | R | Z | E | X | T | O | F | R | A | K | T | I | O | N | X | F | L | O | W |
| A | G | F | I | B | X | Y | Z | E | C | S | T | A | D | T | R | A | T | V | E |
| R | X | L | N | E | D | S | T | I | M | M | Z | E | T | T | E | L | O | R | H |

Die elf waagerechten Begriffe haben mit dem Thema „Gemeinde" zu tun. Wähle fünf Begriffe davon aus und schreibe in kurzen Texten auf, was darunter jeweils zu verstehen ist.

Die senkrechten Begriffe nennen die fünf Wahlgrundsätze. Schreibe zu jedem Wahlgrundsatz ebenfalls eine kurze Erläuterung.

1. Welche Aufgaben hat die Gemeinde für ihre Bürgerinnen und Bürger zu erfüllen? Unterscheide bei deiner Antwort zwischen Pflichtaufgaben und freiwilligen Aufgaben.
2. Was ist in diesem Zusammenhang unter Auftragsangelegenheiten zu verstehen?
3. Nenne drei Einnahmequellen, die eine Gemeinde hat.
4. Nenne drei größere Ausgabeposten der Gemeinde.
5. Zu welchem Zweck stellt die Gemeinde einen Haushaltsplan auf?
6. Was ist in der Gemeindeordnung unter anderem festgelegt?
7. Wer wählt den Gemeinderat, und auf wie viele Jahre wird er gewählt?
8. Erläutere die Begriffe „kumulieren" und „panaschieren".
9. Wie heißt der Bürgermeister bzw. die Bürgermeisterin deiner Gemeinde?
10. Welche Parteien und ggf. Bürgervereinigungen sind im Gemeinderat vertreten?
11. Welche Ämter gibt es im Rathaus deiner Gemeinde?
10. Beschreibe für drei Ämter die jeweiligen Aufgaben.
11. Gibt es in deiner Gemeinde Bürgerinitiativen? Wofür setzen sie sich ein?
12. Was ist ein Bürgerentscheid?

**Was will der Karikaturist zum Ausdruck bringen?**

*(Jan Tomaschoff/CCC, www.c5.net)*

# Weißt du Bescheid?

**Löse das Rätsel.** Benutze dazu das Arbeitsblatt. Die Buchstaben in der hervorgehobenen Spalte ergeben das Lösungswort.

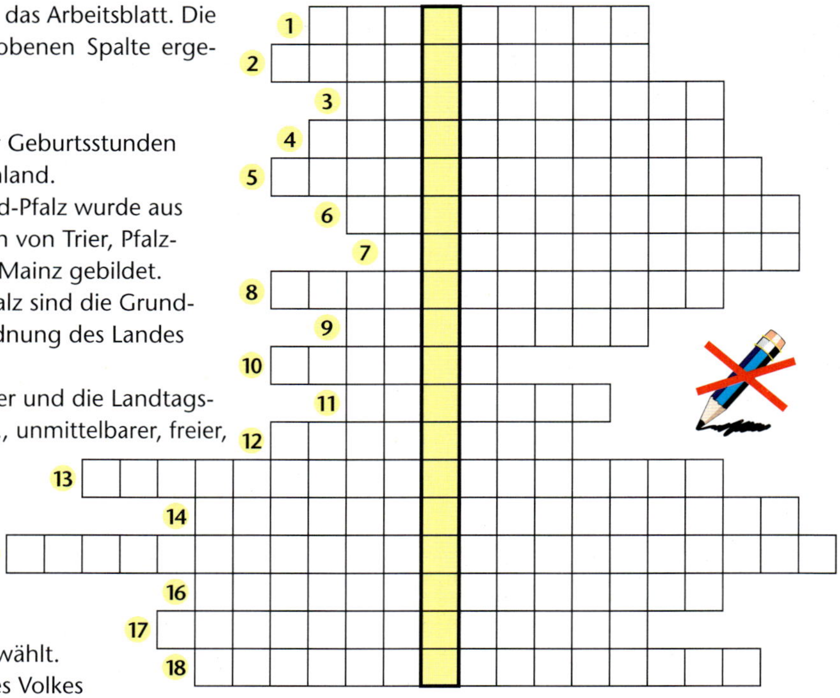

1. Das ... Fest gilt als eine der Geburtsstunden der Demokratie in Deutschland.
2. Das Wappen von Rheinland-Pfalz wurde aus den Wappen der ... Balduin von Trier, Pfalzgraf Rudolf und Peter von Mainz gebildet.
3. In der ... von Rheinland-Pfalz sind die Grundlagen für die staatliche Ordnung des Landes festgeschrieben.
4. Die Gemeinderatsmitglieder und die Landtagsabgeordneten werden in ..., unmittelbarer, freier, gleicher und geheimer Wahl gewählt.
5. Rheinland-Pfalz ist eins von 16 ... .
6. Mit der ... wird bei der Landtagswahl ein Wahlkreisabgeordneter gewählt.
7. Die gewählten Vertreter des Volkes im Landtag nennt man ... .
8. Die ... ist die maßgebende Stimme für die Anzahl der Sitze der Parteien im Landtag.
9. Die Abgeordneten, die der gleichen Partei angehören, bilden im Landtag jeweils eine ... .
10. Die Vollversammlung des Landtags wird auch als ... bezeichnet.
11. Zu den Kontrollmöglichkeiten des Landtags gehören die Kleine und die Große ... .
12. Nach Artikel 11 der Landesverfassung hat jedermann das Recht, sich mit einer Eingabe an die Behörden oder die Volksvertreter zu wenden. Eine solche Eingabe wird auch ... genannt.
13. Der ... ist der Chef der Landesregierung.
14. Durch ein ... kann der Landtag den Ministerpräsidenten bzw. die Ministerpräsidentin abwählen.
15. Ein ... ist ein besonderes parlamentarisches Kontrollinstrument. Seine Befugnisse sind in einem gesonderten Gesetz geregelt.
16. Die Landtagswahl ist eine Mischung aus Persönlichkeitswahl und ... .
17. Eine der wichtigsten Aufgaben des Landtages ist die Verabschiedung der ... . Man bezeichnet den Landtag deshalb auch als legislative Gewalt.
18. Der Ministerpräsident bzw. die Ministerpräsidentin und die Ministerinnen und Minister bilden die ... .

**Partner- oder Gruppenarbeit**

Zwischen Rheinland-Pfalz und Ruanda besteht eine intensive Partnerschaft. Im Rahmen einer Ausstellung in ruandischen Schulen soll den Jugendlichen in dem afrikanischen Land Rheinland-Pfalz vorgestellt werden. Damit die Ausstellung die Jugendlichen auch anspricht, wurden Schulen in Rheinland-Pfalz um Vorschläge gebeten. Diese sollen dann von Profis ins Englische übersetzt und gestaltet werden. Erarbeitet in Partner- oder Gruppenarbeit Vorschläge, was man den Jugendlichen in Ruanda über Rheinland-Pfalz sagen sollte.

# Umgang mit Massenmedien

Wir alle nutzen täglich die Medien, um uns zu informieren und um uns unterhalten zu lassen. Wir lesen die Zeitung, surfen im Internet, hören im Radio Nachrichten oder Musik, schauen im Fernsehen Filmberichte über Ereignisse weltweit oder Unterhaltungssendungen an. Massenmedien liefern Informationen aller Art, auch jene, auf denen Menschen ihre politischen Überzeugungen aufbauen. Damit kommt den Medien eine große politische Bedeutung zu. Einer demokratischen Gesellschaft kann es nicht gleichgültig sein, wie die Massenmedien ihre Aufgaben wahrnehmen und wie frei die Berichterstattung ist. Auf den folgenden Seiten geht es somit um diese Fragen:

- Welche Massenmedien gibt es? Welche Medien vermitteln politische Informationen?
- Welche Aufgaben kommen den Medien in einer Demokratie zu? Wie ist das Verhältnis zwischen Politik und Medien?
- Zeitung, Fernsehen, Internet: Worin liegen jeweils die Stärken, worin die Gefahren dieser Massenmedien?
- Wer bestimmt, was die Massenmedien zum Thema machen? Wie werden Nachrichten ausgewählt?
- Welche Macht haben die Medien? Wie steht es um die Pressefreiheit – bei uns und weltweit?
- Wie nehmen die Massenmedien ihre Verantwortung wahr?

## Massenmedien

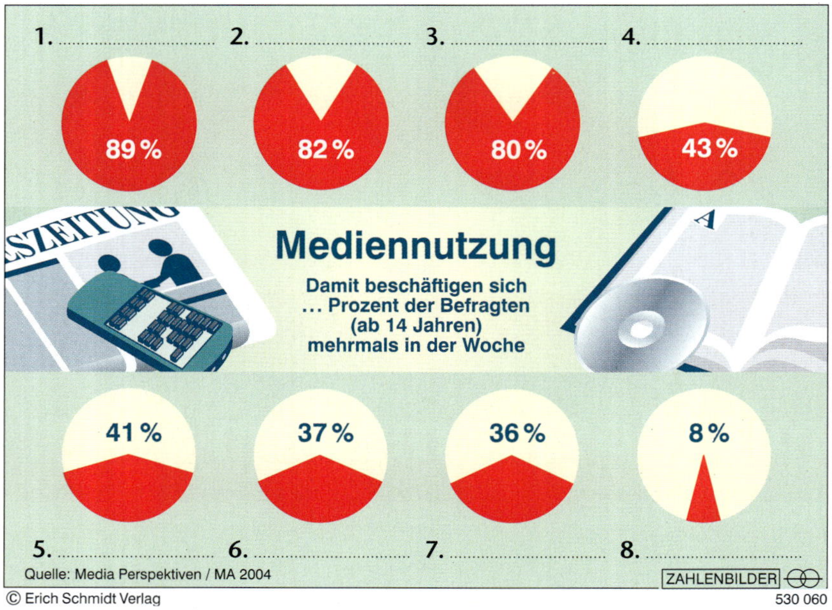


- Zeitschriften lesen
- Fernsehen
- PC/Internet
- Bücher lesen
- Radio hören
- CD/Kassetten hören
- Videos anschauen
- Zeitung lesen

Traditionellerweise werden Presse, Hörfunk und Fernsehen als Massenmedien bezeichnet. Ihr gemeinsames Merkmal ist, dass sie sich vorwiegend mit aktuellen Inhalten indirekt über ein technisches Mittel (zum Beispiel Funkfrequenzen) einseitig an ein unbegrenztes anonymes Publikum wenden, das aus einigen Tausend, aber auch aus Millionen Einzelpersonen bestehen kann. Dies gilt mit Einschränkungen (fehlende Aktualität, vorwiegend Unterhaltung) auch für den Film, der hier aber nur am Rande erwähnt wird. Massenmedien stellen Massenkommunikation her. Im Gegensatz dazu handelt es sich bei der Individualkommunikation um den Informationsaustausch zwischen einzelnen Personen (zum Beispiel per Telefon oder E-Mail am Computer).

*(aus: Informationen zur politischen Bildung, Heft 260, S. 3. Hg.: Bundeszentrale für politische Bildung, Bonn)*

*Die Tageszeitung bietet Informationen zu vielen Themenbereichen*

### Tageszeitung bleibt wichtigstes Medium

Frankfurt/M. (dpa) – Tageszeitungen bleiben für die Bundesbürger das wichtigste Medium. Das Ansehen von öffentlich-rechtlichem Fernsehen und Hörfunk steht nach einer repräsentativen Umfrage ebenfalls hoch im Kurs. Das Privatfernsehen gilt zwar als unterhaltsam, doch nur etwa jeder zweite Zuschauer hält es für kompetent. Das ist das Ergebnis einer Analyse der Zeitungs-Marketing-Gesellschaft. In fast allen Kategorien – wie „Kompetenz", „Aktualität", „Glaubwürdigkeit" – liegen Zeitungen weit über dem Durchschnitt. Nur in der Kategorie Unterhaltung erreichen sie einen Wert knapp unterhalb des Durchschnitts.

*(aus: Marbacher Zeitung, 28. 10. 1999, S. 1)*

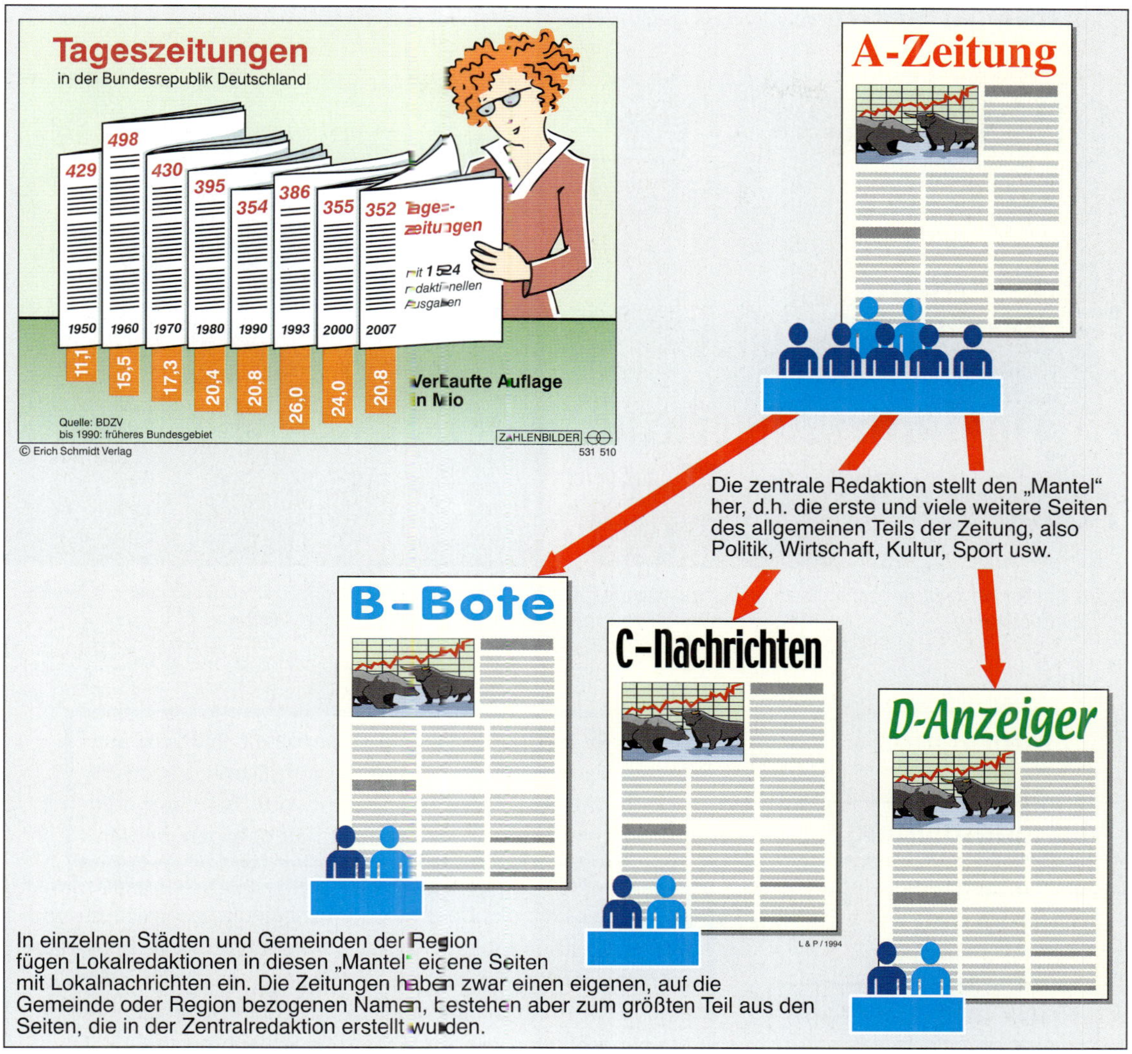


**Pressekonzentration in Zahlen**

- In fast 70 Prozent aller deutschen Kreise und kreisfreien Städte (1954: 15 Prozent) existiert heute nur noch eine Lokalzeitung („Ein-Zeitungs-Kreise").
- Knapp 50 Prozent der deutschen Bevölkerung können sich nur noch aus einer lokalen Abonnementszeitung informieren (1954: 8,7 Prozent).
- Mehr als zwei lokale Titel gibt es nur noch in etwa 10 Prozent aller Kreise oder kreisfreien Städte.

*(http://www.medienmaerkte.de/artikel/print/041710_pressekonzentration.html 07. 11. 2005/Auszug aus: Pressekonzentration in Zahlen, von Dr. Matthias Kurp, 17. 10. 2004)*

**1** *Welche Medienbezeichnung gehört wohl zu welchem Prozentkreis in der Grafik „Mediennutzung" auf Seite 80 oben? Notiere von 1 bis 3 deine Vermutung.*

**2** *Welche in der Grafik genannten Medien würdest du zu den Massenmedien rechnen? Begründe.*

**3** *Das Fernsehen wird zwar mehr genutzt, die Tageszeitung aber für wichtiger gehalten. Warum wohl?*

**4** *„In Deutschland gibt es gerade bei den Tageszeitungen eine große Meinungsvielfalt!" – Nimm zu dieser Aussage vor dem Hintergrund des Schaubildes „Tageszeitungen" und des Textes „Pressekonzentration in Zahlen" Stellung.*

## Aufgaben der Medien

*Tages- und Wochenzeitungen informieren umfassend über das politische Geschehen*

*Ministerpräsident Kurt Beck beantwortet Fragen von Medienvertretern (Hannover, 07. 01. 2008)*

**Information**

**Meinungsbildung**

**Unterhaltung**

**Kritik und Kontrolle**

**Was gehört zusammen?**

**A** Medien decken politische, gesellschaftliche und wirtschaftliche Missstände auf. Damit tragen sie dazu bei, dass die Verantwortlichen ausfindig gemacht und zur Rechenschaft gezogen werden.

**B** In einer Demokratie gibt es unterschiedliche Ansichten und Interessen. Die Probleme sollen in freier und offener Diskussion erörtert werden. So besteht die Chance, dass sich jeder eine eigene Meinung bilden kann. Den Medien kommt bei diesem Meinungsbildungsprozess eine große Bedeutung zu.

**C** Die Massenmedien sollen sachlich, vollständig und so verständlich wie möglich informieren. Die Mediennutzer können so das öffentliche Geschehen verfolgen und die Zusammenhänge erkennen.

**D** Die Medien sollen auf vielfältige Art und Weise zur Unterhaltung beitragen. Jeder hat so die Möglichkeit, aus dem Angebot das Gewünschte auszuwählen.

**1 Streit zwischen den Parteien um Tempolimit für Kleinlaster auf den deutschen Autobahnen**

**2 Konzert der neuen Boy Group ein Riesenerfolg**

**3** Deutlicher Rückgang der Verkehrsunfälle im Stadtgebiet von Mainz im letzten Halbjahr

**4 Geschäftsführer muss wegen Unterschlagung zurücktreten**

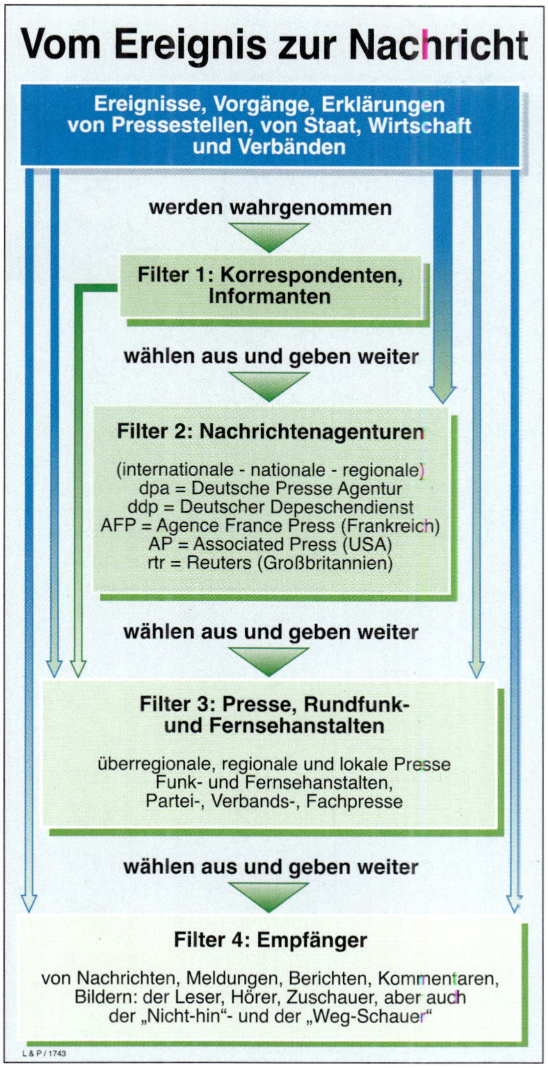


„Eine freie, nicht von der öffentlichen Gewalt gelenkte, keiner Zensur unterworfene Presse ist ein Wesenselement des freiheitlichen Staates; insbesondere ist eine freie, regelmäßige erscheinende Presse für die moderne Demokratie unentbehrlich. Soll der Bürger politische Entscheidungen treffen, muss er umfassend informiert sein, aber auch die Meinungen kennen und gegeneinander abwägen können, die andere sich gebildet haben. Die Presse hält diese ständige Diskussion in Gang, sie beschafft die Informationen, nimmt selbst dazu Stellung und wirkt dazu als orientierende Kraft in der öffentlichen Auseinandersetzung …

*(Urteil im Verfahren über die Verfassungsbeschwerde des Spiegel-Verlags vom 05. 08. 1966; BVerfGE 20, S. 163 ff.)*

## Medienschau

**Presseschau:** Besorgt euch unterschiedliche Tageszeitungen und stellt zusammen, über welche politischen Ereignisse diese berichten.

**Politische Magazine im Fernsehen:** Informiert euch in Programmzeitschriften darüber, welche politischen Sendungen die einzelnen Sender anbieten. Erarbeitet dazu gemeinsam eine Übersicht in Form einer Wandzeitung. Vielleicht könnt ihr einzelne Sendungen zu Sendearten zusammenfassen.

**Nachrichtensendung analysieren:** Ihr könnt eine Nachrichtensendung aufzeichnen (z B. die ARD-Tagesschau um 20 Uhr) und euren Lehrer bitten, sie mit euch zu analysieren. Eine andere Möglichkeit ist, eine Nachrichtensendung mit den Eltern anzuschauen und anschließend zu besprechen.

**Presse-Fotobetrachtung:** Schildert, was auf dem Bild alles zu sehen ist. Sind Personen abgebildet? Was tun sie? Was könnten sie beabsichtigen? … Formuliert zu dem Bild verschiedene Bildlegenden. Versucht dabei mit gegensätzlichen Texten, dem Bild unterschiedliche Aussagen zu geben, den Betrachter also zu manipulieren.

1. *Zu jeder Aufgabe der Medien auf Seite 82 gehört eine Erklärung (A bis D). Ordne die Erklärungen zu.*
2. *Jede Schlagzeile (1 bis 4) auf Seite 82 spricht eine der vier Aufgaben von Medien an. Ordne zu.*
3. *Welche Gefahren können bei dem Prozess „Vom Ereignis zur Nachricht" bestehen?*
4. *„Mich regt auf, dass in der Presse so viel über Missstände berichtet wird!" Was meinst du zu dieser Aussage?*
5. *Führt in der Klasse eine „Medienschau" durch.*

## Die Zeitung – ein Buch mit sieben Siegeln?

*Für mich ist die Tageszeitung ein Buch mit sieben Siegeln. Wie soll man denn bei den vielen Seiten und Artikeln finden, was man sucht?*

*Das ist keine Kunst. Die Beiträge in der Zeitung sind nach Themenbereichen geordnet. Mit Politik geht es vorn los, dann folgt meist der Wirtschaftsteil. Regionales und Lokales mit Berichten aus der näheren Umgebung schließen sich an. Der Sportteil befindet sich in der Regel hinten. Jede Zeitung hat ein wenig ihre eigene Anordnung. Wenn man die aber erst einmal kennt, findet man rasch, was man sucht. Und dann gibt es ja noch weitere Lesehilfen ...*

*So, welche denn?*

*Die Schlagzeile zum Beispiel. Sie informiert die Leserin oder den Leser auf einen Blick über den Inhalt des jeweiligen Zeitungsartikel. Die Kurzinformation unter der Überschrift fasst für den eiligen Leser das Wichtigste zusammen. Er kann dann entscheiden, ob er weiterlesen will. Bei manchen Zeitungen sollte man die reißerischen Schlagzeilen allerdings nicht allzu wörtlich nehmen, sondern erst einmal lesen, was sich dahinter verbirgt ...*

Sascha Koch kämpft um Trainerjob beim FSV Lu-Oggersheim—Lokalteil

DIE RHEINPFALZ

LUDWIGSHAFENER RUNDSCHAU

Beck büßt in Rheinland-Pfalz erheblich an Ansehen ein

RHEINPFALZ-Umfrage: Schlechtester Wert seit 13 Jahren – Auch SPD verliert

Proteste gegen China

RHEINPFALZ-TREND

AKTUELL NOTIERT

HEUTE

Kritik an Mallorca-Flügen des Umweltministers

Gabriel weist Vorwürfe zurück: Musste Urlaub wegen Kabinettssitzung unterbrechen

EU-Reformvertrag im Bundestag

BÖRSEN

DAS WETTER

RHEINPFALZ ONLINE

Bewährungsstrafen wegen Misshandlung von Rekruten

Prozess um Vorfälle in Coesfelder Kaserne

ZWISCHEN RHEIN UND SAAR

Anzeige gegen Jäggi und Göbel

Zwei Mitglieder werfen Vereinsführung Untreue zu Lasten des FCK vor

*So werden Schlagzeilen gemacht ...*

*Die **Abonnementzeitung** (z. B. DIE RHEINPFALZ) wird den Lesern, den Abonnenten, per Zusteller oder durch die Post ins Haus geliefert, ist aber auch am Kiosk erhältlich. Wer eine Zeitung abonniert, bekommt sie günstiger als im freien Verkauf. Die Zeitungsverlage können dank der Abonnementverträge mit festen Einnahmen kalkulieren.*

*Die **Boulevardzeitung** (z. B. Bild) kann in der Regel nur am Kiosk auf der Straße gekauft werden. Die Leserinnen und Leser müssen somit jeden Tag aufs Neue zum Kauf angeregt werden. Dazu soll eine reißerische Aufmachung mit großen, oft farbigen Überschriften beitragen. Der Begriff „Boulevardzeitung" leitet sich von „boulevard" (franz., breite Straße) ab.*

**Mainz 05 gewinnt 5 : 1**

**Euro-Kurs steigt weiter**

**Hitzige Debatte über neuen Haushalt im Bundestag**

**Turnhalle für die Grundschule**

**Landtag beschließt Förderung für die heimische Wirtschaft**

**Bundeskanzlerin auf Asienreise**

**Rheinland-Pfalz-Rundfahrt startet mit Außenseitersieg**

**Weinfest gut besucht**

1 Beschafft euch die Titelseiten von einer Abonnementzeitung (z. B. DIE RHEINPFALZ) und einer Boulevardzeitung (z. B. Bild) vom gleichen Tag und vergleicht sie. Was fällt auf?

2 Auf welche Eigenart von Boulevardzeitungen will die Zeichnung hinweisen?

3 Ordne die acht Schlagzeilen den Rubriken „Politik", „Wirtschaft", „Lokales" und „Sport" zu.

## 3 x Information, 2 x Meinung

In der Zeitung steht viel drin – und alles sieht zunächst gleich aus. Bei genauerer Betrachtung lassen sich jedoch zwei Arten von Texten unterscheiden: Texte, die informieren, und Texte, in denen eine Meinung geäußert wird. Und zu jeder der beiden Arten gibt es unterschiedliche Darstellungsformen.

Fünf Schüler haben im Lexikon nachgeschlagen und fünf Darstellungsformen als Rätsel für ihre Mitschüler formuliert. Auch ihr könnt versuchen, die Rätsel zu knacken: Welcher Begriff gehört zu welchem Text?

1 *Eine … ist eine sachliche und möglichst objektive Mitteilung über ein Ereignis. Die Kurzform der … heißt Meldung, die Langform Bericht. Eine … sollte die so genannten „W-Fragen" beantworten:*
- *Was ist geschehen?*
- *Wer war beteiligt?*
- *Wann ist es geschehen?*
- *Wo ist es geschehen?*
- *Wie ist es geschehen?*
- *Warum ist es geschehen?*

2 *Ein … gibt ein Gespräch wieder. Das Gespräch kann mit einer Person oder auch mit mehreren Personen geführt worden sein.*

3 *Ein …. ist eine wertende, von der Meinung des Schreibers bestimmte Anmerkung zu einem bestimmten Thema über das in der Zeitung berichtet wurde oder gerade wird.*

4 *Eine …. gibt die Meinung des Kritikers oder der Kritikerin wieder. Gegenstand einer … können sein: Filme, Konzerte, Fernsehsendungen, CDs, Bücher, Theateraufführungen usw. Eine … wird sich also meistens im Kulturteil der Zeitung finden lassen.*

**Nachricht**

**Kommentar**

**Reportage**

**Kritik**

**Interview**

?

5 *Die …. gibt neben den Tatsachen auch die Empfindungen und Einschätzungen des Reporters wieder. Die Leser können den Eindruck gewinnen, „beim Geschehen dabei gewesen zu sein".*

1 *Welcher Begriff (Nachricht, Kommentar, Reportage, Kritik, Interview) gehört zu welchem Text? Notiere zu der Nummer des Textes den jeweils passenden Begriff.*

2 *Welche Darstellungsformen gehören zu den informierenden Texten, welche zu den meinungsäußernden Texten? Begründe jeweils deine Zuordnung.*

3 *Bildet Gruppen von jeweils vier, fünf Schülerinnen und Schülern. Jede Gruppe sucht in der Tageszeitung Beispiele für die fünf genannten Darstellungsformen.*

4 *Überprüft bei den Nachrichten, ob jeweils alle „W-Fragen" beantwortet werden.*

# Fernsehen

## Rundfunkanstalten

*Die Zuschauer können zwischen zahlreichen Sendern wählen*

Fernsehsendungen werden wie der Hörfunk von Rundfunkanstalten produziert und ausgestrahlt. Bei den Rundfunkanstalten muss zwischen den öffentlich-rechtlichen und den privaten Anbietern unterschieden werden. Die öffentlich-rechtlichen Sendeanstalten haben sich zur „Arbeitsgemeinschaft der öffentlich-rechtlichen Rundfunkanstalten Deutschlands" (ARD) zusammengeschlossen. Ihr gemeinsames Fernsehprogramm ist das 1. Programm. Die ARD-Sendeanstalten strahlen auch die regionalen „Dritten Programme" aus. Neben der ARD gibt es das „Zweite Deutsche Fernsehen" (ZDF), das seinen Sitz in Mainz hat.

ARD und ZDF sind zur sogenannten „Grundversorgung" verpflichtet. Das bedeutet, dass sie auch Sendungen zu Politik, Kultur und Bildung bringen müssen. Solche Sendungen sind mit Blick auf Information und Meinungsbildung in einer demokratischen Gesellschaft wichtig, auch wenn sie bei vielen Zuschauern weniger beliebt sind als Unterhaltungssendungen.

Die privaten Fernsehsender runden das Angebot für die Fernsehnutzer ab. Sie sind meist nur über Satellit oder Kabel zu empfangen und in ihrer Programmgestaltung stärker auf den Geschmack des breiten Publikums zugeschnitten.

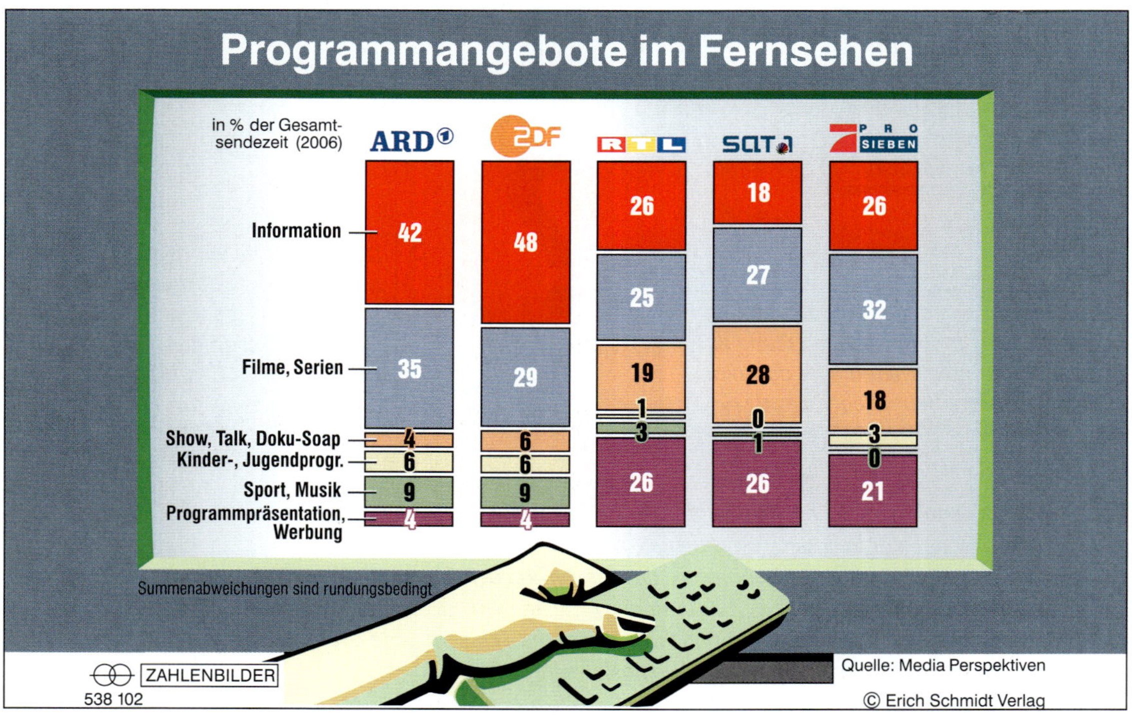

## Einschaltquoten

Um neun Uhr morgens weiß man bei den Fernsehanstalten bereits, wer am Abend zuvor das Rennen um die Zuschauergunst gewonnen hat. Für alle Sendungen werden Einschaltquoten ermittelt: Wie viele Haushalte hatten eingeschaltet, wie viele Personen haben die Sendung gesehen? Schalteten Zuschauer während der Sendung ab, oder stieg die Einschaltquote? Waren die Zuschauer eher jünger oder eher älter? Diese und weitere Daten werden erhoben. Für die Gestaltung der Programme sind sie unentbehrlich. Ohne ausgeklügelte Marktforschung kann ein Fernsehsender heute kaum mehr überleben, denn „die Quote zählt". Damit ist gemeint, dass hohe Einschaltquoten viele Werbekunden anlocken und damit den Sendern hohe Einnahmen für die Ausstrahlung von Werbespots verschaffen.

Ermittelt werden die Einschaltquoten von der Gesellschaft für Konsum-, Markt- und Absatzforschung (GfK) in Nürnberg. Die Errechnung der Einschaltquoten beruht auf sekundengenauen Messungen in 2800 ausgewählten Haushalten mit 6500 Personen. An die Fernsehgeräte in diesen Haushalten sind Kleincomputer in Größe eines Radioweckers angeschlossen, um die Einschaltdaten festzuhalten. Diese sogenannten GfK-Meter sind mit einer speziellen Fernbedienung gekoppelt. So werden die Ein-, Um- und Abschaltzeiten sekundengenau registriert. Die An- und Abmeldungen ruft der Zentralcomputer in Nürnberg dann nachts per Telefonleitung automatisch ab und erstellt aufgrund der Daten die Liste mit den Einschaltquoten für alle ausgestrahlten Sendungen.

**Einschaltquoten am 07.02.2006 (20.00–23.00 Uhr): Zuschauer in Millionen / Einschaltquote in %**

| | | |
|---|---|---|
| ARD | 20:00 Tagesschau | 6,42 Mio. / *19,2 %* |
| ARD | 20:15 Um Himmels willen | 7,48 Mio. / *21,4 %* |
| ARD | 21:05 In aller Freundschaft | 6,69 Mio. / *19,6 %* |
| ARD | 21:50 Plusminus | 4,61 Mio. / *14,9 %* |
| ARD | 22:15 Tagesthemen | 3,12 Mio. / *12,4 %* |
| ARD | 22:45 Das Wetter im Ersten | 2,81 Mio. / *12,5 %* |
| ARD | 22:45 Menschen bei Maischberger | 1,69 Mio. / *10,4 %* |
| ZDF | 19:25 Die Rosenheim-Cops | 4,53 Mio. / *14,2 %* |
| ZDF | 20:15 Die Kennedys – Triumph und Tragödie | 3,63 Mio. / *10,4 %* |
| ZDF | 21:00 Frontal 21 | 4,10 Mio. / *11,9 %* |
| ZDF | 21:45 heute-journal | 4,03 Mio. / *12,9 %* |
| ZDF | 22:12 Wetter | 3,56 Mio. / *12,4 %* |
| ZDF | 22:15 Lesen! | 1,64 Mio. / *6,3 %* |
| ZDF | 22:50 37 Grad: Eltern allein zu Haus! | 1,34 Mio. / *6,9 %* |
| RTL | 19:40 Gute Zeiten, schlechte Zeiten | 4,79 Mio. / *14,8 %* |
| RTL | 20:15 CSI: Miami | 5,26 Mio. / *15,1 %* |
| RTL | 21:15 Im Namen des Gesetzes | 5,20 Mio. / *15,8 %* |
| RTL | 22:15 Monk | 3,11 Mio. / *13,3 %* |
| Sat.1 | 19:45 K 11 – Kommissare im Einsatz | 4,42 Mio. / *13,6 %* |
| Sat.1 | 20:15 Nette Nachbarn küsst man nicht | 3,46 Mio. / *10,2 %* |
| Sat.1 | 22:15 Navy CIS | 2,56 Mio. / *11,0 %* |
| Pro Sieben | 20:00 Newstime | 1,48 Mio. / *4,4 %* |
| Pro Sieben | 20:15 Pro Sieben Wetter | 1,65 Mio. / *4,8 %* |
| Pro Sieben | 20:16 Emergency Room | 1,71 Mio. / *4,9 %* |
| Pro Sieben | 21:15 Medical Investigation | 1,81 Mio. / *5,5 %* |
| Pro Sieben | 22:05 TV Total | 0,97 Mio. / *4,0 %* |

*(Quelle: AGF/GfK-Fernsehforschung/PC TV/Media Control)*

1. *Welche Unterschiede bestehen zwischen dem öffentlich-rechtlichen und dem privaten Fernsehen?*
2. *Vergleiche in der Grafik auf Seite 86 die Programmangebote im Fernsehen: Welche Unterschiede fallen auf? Wie können sie erklärt werden?*
3. *Woher weiß ein Fernsehsender, wie viele Zuschauer eine Sendung hatte?*
4. *Betrachte die Auswahl an Einschaltquoten: Was hättest du erwartet, was nicht?*

## Meine Fernsehgewohnheiten

*Wenn ich von der Schule nach Hause komme, schalte ich gleich meinen Fernseher ein. Ich schaue dann, bis es Mittagessen gibt. Danach läuft er die ganze Zeit, ein bisschen so wie bei meiner Mutter das Radio in der Küche. Abends schaue ich dann meist, bis ich einschlafe. Die Kiste stellt sich um 0.30 Uhr selbst ab.*

Tom

*Na ja, wenn ich ehrlich bin, schaue ich doch regelmäßig Fernsehen, eigentlich täglich. Oft schaue ich mehrere Sendungen gleichzeitig, z. B. einen Spielfilm und eine Sendung über Stars. Oft zappe ich zwischen den Sendern. Manchmal finde ich so auch spannende Reportagen.*

Marie

*Fernsehen tu ich meistens aus Langeweile. Wenn meine Freunde da sind, schaue ich gar nicht. Wenn ich ein spannendes Buch lese, habe ich auch keine Lust auf Fernsehen. Aber wenn ich nicht weiß, was ich tun soll, mach ich halt den Fernseher an und die Langeweile ist weg.*

Roberto

Caroline

*Eigentlich schaue ich recht wenig Fernsehen. Ich habe dreimal die Woche Volleyballtraining, und vorher muss ich lernen. Danach bin ich kaputt. An den anderen Tagen und am Wochenende bespreche ich mit meinen Geschwistern und Eltern, was wir anschauen wollen. Und wenn das mich nicht interessiert, dann mach ich halt etwas anderes.*

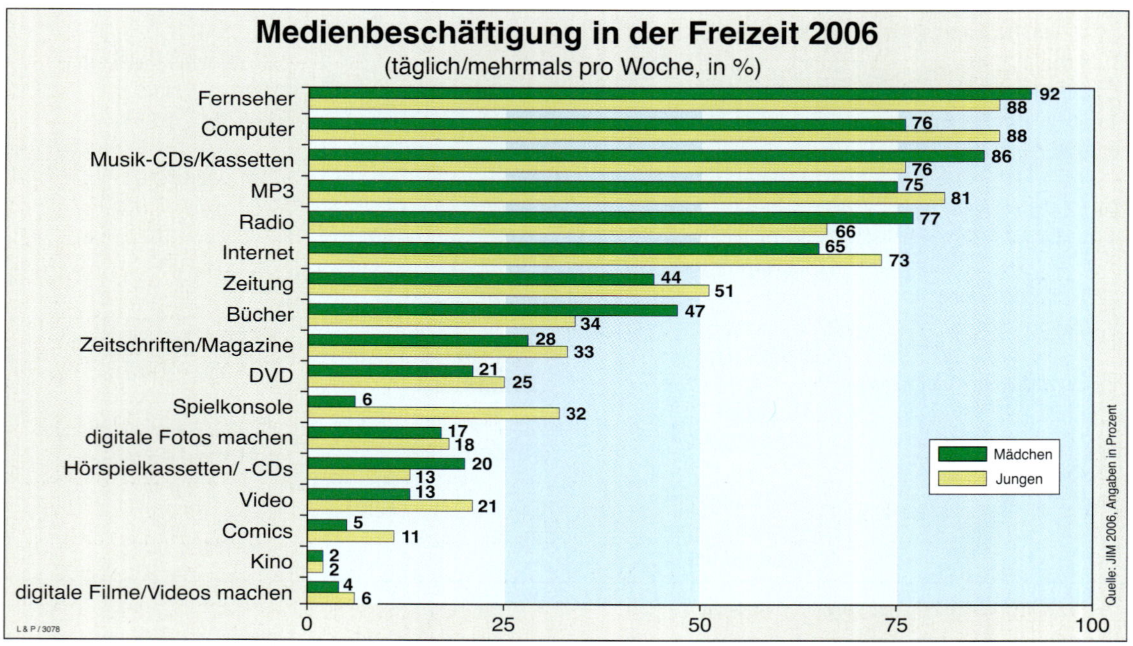


1 *Beschreibe dein Fernsehverhalten.*
2 *Zu welchem Typ von Fernsehnutzer würdest du dich zählen?*
3 *Versuche, dein Fernsehverhalten zu erklären.*

# Methode: Selbsterkundung

## Thema: Wir führen ein Medientagebuch

Jeder von uns nutzt Medien und hat seine eigenen Mediengewohnheiten. Um genauer zu erfahren, welche Medien ihr wie häufig nutzt, könnt ihr ein Medientagebuch erstellen.

**Vorbereitung**
Besprecht in eurer Klasse, welche Medien ihr nutzt. Ihr könnt euch an dem Medientagebuch auf dieser Seite orientieren.

**Durchführung**
Jeder von euch legt ein Medientagebuch an, in dem er alle Medien einträgt, die er normalerweise nutzt. Notiert dort eine Woche lang für jeden Tag die Nutzungsdauer, die ihr mit dem betreffenden Medium pro Tag verbringt.

**Auswertung**
Erstellt eine gemeinsame Tabelle mit allen Medien, die von den Schülern eurer Klasse genutzt werden. Notiert darin, wie viele Schüler welches Medium überhaupt nutzen.
Errechnet anschließend die durchschnittliche Nutzungszeit für ein Medium. Addiert dazu die Zeiten aller Schüler eines Mediums und teilt diese durch die Gesamtschülerzahl. Formuliert eure Ergebnisse, z. B.: *Die Schüler unserer Klasse schauen im Durchschnitt … Minuten pro Tag Fernsehen.*

### Medientagebuch von ..........................................

| *(Angaben in Minuten)* | Montag | Dienstag | Mittwoch | … | |
|---|---|---|---|---|---|
| **Fernsehen** | 90 Min | | | | |
| **CDs/Musikkassetten hören** | 60 Min | | | | |
| **Radio hören** | – | | | | |
| **PC/Computer benutzen** | 37 Min | | | | |
| **Zeitung lesen** | – | | | | |
| **Zeitschriften/Magazine lesen** | 23 Min | | | | |
| **Bücher lesen** | 20 Min | | | | |
| **Videos ansehen** | – | | | | |
| **Hörspielkassetten hören** | – | | | | |
| **Comics lesen** | 40 Min | | | | |
| **Ins Kino gehen** | – | | | | |
| **Telefonieren** | 20 Min | | | | |
| **SMS lesen oder versenden** | 15 Min | | | | |

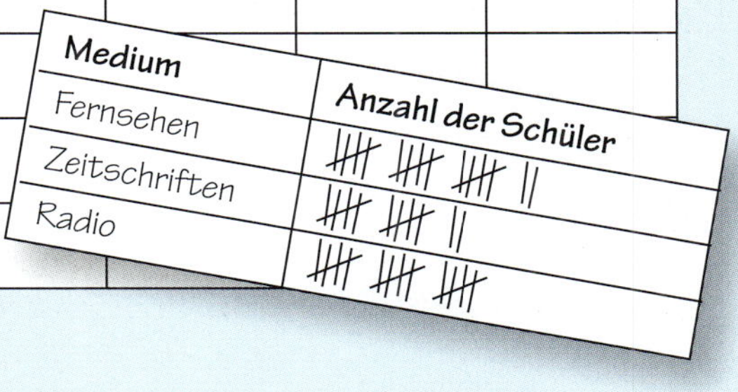

## Internetnutzung

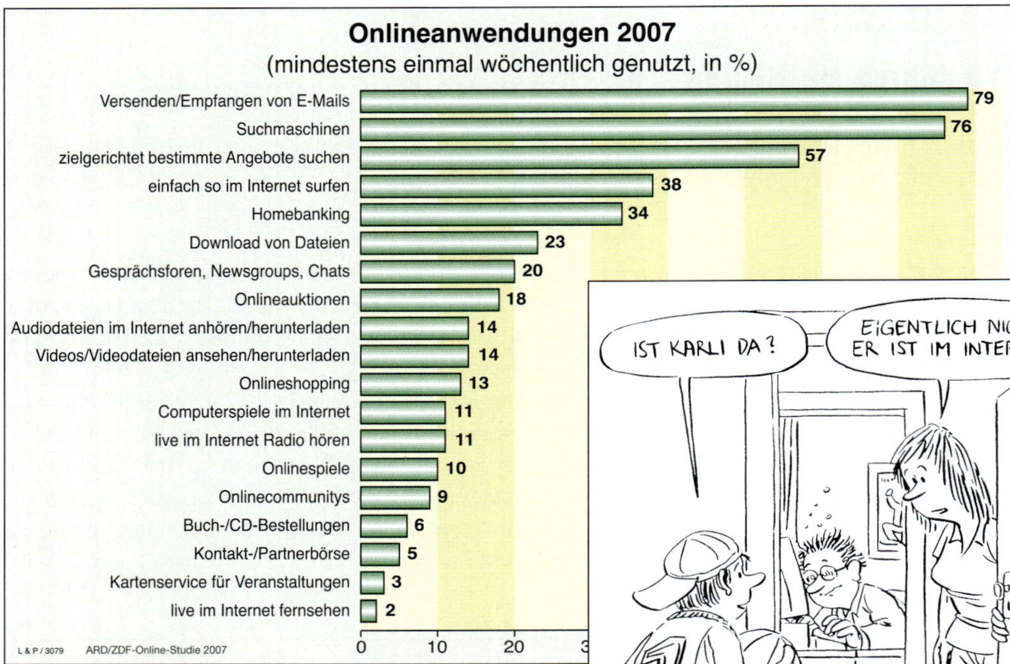

(M. Ammann/Baaske Cartoons, Müllheim)

### Recherche im Internet

Das Internet bietet einen Überfluss an Informationen, sinnvolle und sinnlose, richtige und falsche. Jeder, der schon einmal nach einer speziellen Information im Internet gesucht hat, weiß, wie schwer die Auswahl der angezeigten Seiten ist. Das bedeutet, die Suche nach Informationen muss sinnvoll erfolgen. Dazu benutzt man die Suchmaschinen im Internet. Je mehr ihr den Suchbegriff eingrenzt, desto enger ist die Auswahl der Seiten. Wenn ihr nur ein Wort eingebt, zum Beispiel „Fußball", bekommt ihr Hunderte von Seiten angezeigt. Wenn ihr aber „Fußball + Weltmeisterschaftsendspiel + 2006" eingebt, wird die Auswahl schon übersichtlicher. Ausschlaggebend ist auch die Auswahl der Suchmaschine, die für euch das Netz durchforstet. Am wichtigsten bleibt aber immer noch der eigene Kopf und das Wissen, das drin ist. Wenn ihr zu einem Thema etwas sucht, von dem ihr überhaupt keine Ahnung habt, ist es natürlich unmöglich, die sinnvollen und richtigen Informationen von den sinnlosen und falschen zu unterscheiden. Wenn ihr euch also vor der Recherche nicht über die wichtigsten Grundlagen informiert, nutzt euch das Internet nichts. Das gilt auch für Internetseiten, die zwar zum Thema passen, aber vom Inhalt zu schwierig für Schülerinnen und Schüler eures Alters sind.

1 *Werte das Schaubild aus: Notiere zwei, drei Sätze zu den wichtigsten Aussagen.*

2 *Das Schaubild nennt verschiedene Nutzungsmöglichkeiten des Internets. Welche Möglichkeiten hast du schon genutzt? Notiere.*

3 *Worauf will die Karikatur hinweisen?*

4 *Einigt euch in der Klasse auf ein Recherche-Thema. Sucht dann – jeder für sich – dazu im Internet Informationen. Vergleicht in der Gruppe, welche Seiten ihr gefunden habt. Fasst anschließend die gefundenen Informationen mit eigenen Worten zusammen.*

## Gefahren des Internets

**Im Internet ist niemand sicher. Hier einige wichtige Verhaltensregeln:**

- Gebt Fremden in Chats keine Telefonnummern, sonst droht Telefonterror oder ihr werdet mit SMS zugemüllt.
- Seid vorsichtig, wenn ihr E-Mails bekommt, deren Absender ihr nicht kennt. In den Anhängen können Viren oder Würmer stecken, die euren Computer zusammenbrechen lassen. Schutz bietet ein Virenscanner.
- Über Suchmaschinen oder auch nur durch Tippfehler kann man schnell auf Seiten gelangen, die für Kinder und Jugendliche nicht geeignet sind. Gegen Seiten mit pornografischen oder rechtsradikalen Inhalten usw. gibt es Filterprogramme, die eure Eltern auf dem Rechner installieren sollten. Oft warten gerade auf solchen Seiten „Dialer-Programme". Diese laden sich automatisch auf den Rechner herunter, tragen sich ins System ein und wählen sich eigenständig ins Internet ein, zu hohen Preisen, z. B. pro Wählvorgang 40 Euro. Ihr wärt nicht die Ersten, deren Eltern eine vierstellige Telefonrechnung präsentiert bekommen. Achtet also immer darauf, was ihr macht, und nutzt keine Dienste von Anbietern, denen ihr nicht trauen könnt.
- Installiert ein Antivirenprogramm auf dem Rechner und sprecht mit euren Eltern wegen möglicher Filtersoftware.

*Hände weg!
Das Herunterladen von Musiktiteln, Computerspielen und Filmen von sogenannten Tauschbörsen ist verboten und steht unter Strafe. Es ist kein Kavaliersdelikt, sondern kann mit Strafen bis zu einigen tausend Euro geahndet werden. Das Urheberrecht enthält entsprechende Bestimmungen.*

*Das Internet ist ein Medium, mit dem der richtige Umgang gelernt sein will. Es ist nicht nur wichtig, wie man technisch damit umgeht, sondern auch, wie man es persönlich nutzt. Hier ist Eigenverantwortung gefordert.*

## Böse Überraschung

Von wegen „Lachen, bis der Arzt kommt". Der kleinen Antonia R. ist der Spaß gründlich vergangen. Ihre Mutter bekam Post von der Schmidtlein GbR: 84 Euro, weil die Tochter sich auf www.witze-heute.com eingeloggt hatte. Der Preis stand dort so unauffällig, dass die 13-Jährige ihn glatt übersah. Viel heller leuchtete der Button „Anmelden und Spaß haben". Doch stattdessen bekam das Mädchen einen Riesenschreck.

Dabei passierte ihr dasselbe wie zigtausend anderen Surfern: Völlig unerwartet landen sie auf teuren Seiten. Wer eine Wohnung, einen Studentenjob oder eine Lehrstelle sucht, wer Sudokus lösen oder einfach nur seinen IQ testen will, erhält später die Rechnung. Die Fallen zielen vor allem auf Kinder und Jugendliche. Gratis-SMS, Musik-Downloads, Hausaufgabenhilfe: Alles scheint gratis – aber nur auf den ersten Blick. Versteckt im Kleingedruckten lauern saftige Preise. Der Normalnutzer merkt das erst, wenn es zu spät ist.

Zum Beispiel www.dein-fuehrerschein.com. Da können Jugendliche für die Theorieprüfung üben – von Kosten keine Spur. Aber wer sich auf die nächsten Seiten durchklickt, dann ganz nach unten scrollt und das Kleingedruckte akribisch liest, stößt auf den Preis: 69,80 Euro. (…)

Die Seiten bieten vor allem Kinkerlitzchen, die es sonst im Internet massenweise gratis gibt. Für Rezepte oder Routenplaner muss niemand Geld ausgeben. Auch Basteltipps und Gedichte stehen dort ohne Ende. Hilfe bei Musik-Downloads bieten zahllose Foren, oft in exzellenter Qualität. Wie soll da jemand erwarten, dass ein paar Allerwelt-Links zu Tierlexika exorbitante 168 Euro kosten? Und gibt es wirklich Leute, die Tattoovorlagen im Zweijahresabo auswählen? Noch dazu ist vieles sein Geld nicht wert. So stehen auf www.tiere-heute.com Texte aus dem Onlinelexikon Wikipedia. Die gibt es bei www.wikipedia.de gratis.

*(aus: test 5/2007, S. 12 f.)*

1. *Welche Gefahren lauern bei der Benutzung des Internets? Wie kann man ihnen begegnen?*
2. *Erläutere, was mit „Eigenverantwortung" bei der Nutzung des Internets gemeint ist.*
3. *Auf welches Problem weist der Artikel aus der Zeitschrift „test" hin?*

# Das Wichtige in Kürze

**Medien**

Medien sind Mittel, mit denen anderen etwas mitgeteilt oder gezeigt werden kann. Medien dienen also der Verständigung untereinander ebenso wie der Informationsgewinnung. Wenn die Informationen gedruckt sind, spricht man von Druckmedien oder Printmedien. Wenn der Empfänger der Informationen dabei etwas hören bzw. sehen kann, spricht man von audiovisuellen Medien.

**Massenmedien**

Von besonderer Bedeutung sind die Medien, mit denen einer großen Zahl von Menschen etwas mitgeteilt oder gezeigt werden kann: Fernsehen, Hörfunk und Zeitungen bzw. Zeitschriften. Diese Medien werden deshalb als Massenmedien bezeichnet. Massenmedien berichten nicht nur von Ereignissen, sie beeinflussen auch Ereignisse oder bewirken sie.

**Aufgaben der Medien**

Die Massenmedien haben neben der Aufgabe der Unterhaltung drei politische Aufgaben: informieren, zur Meinungsbildung beitragen, kontrollieren. Die Medien sollen so vollständig, sachlich und verständlich wie möglich informieren, damit die Bürgerinnen und Bürger in der Lage sind, das öffentliche Geschehen zu verfolgen. Für die Meinungsbildung sind die Medien wichtig, weil in einer Demokratie politische Fragen in freier und öffentlicher Diskussion erörtert werden sollen. Die Kontrolle durch die Medien erfolgt dadurch, dass durch sie Fehler und Fehlverhalten in Politik, Wirtschaft und Gesellschaft an die Öffentlichkeit gebracht werden können.

**Zeitungen**

Zeitungen kann man danach unterscheiden, wie sie vertrieben werden. Abonnementzeitungen werden ihren Lesern jeden Tag durch Austräger oder die Post zugestellt, aber auch im Zeitschriftenhandel angeboten. Boulevardzeitungen werden auf der Straße, in Kiosken oder Läden verkauft.

**Pressekonzentration**

Zeitungsverlage sind Unternehmen, die wirtschaftlich erfolgreich sein müssen. Um Kosten zu sparen, haben sich in den letzten Jahren immer wieder Verlage zusammengeschlossen. Eine zentrale Redaktion stellt den größten Teil der Seiten, den „Mantel“, für viele Regional- und Lokalzeitungen her. Wenige große Medienkonzerne geben die meisten der auflagenstärksten Tageszeitungen heraus und betreiben auch private Fernsehanstalten.

**Fernsehen**

Das Fernsehen wird wie der Hörfunk von Rundfunkanstalten gemacht und ausgestrahlt. Bei den Rundfunkanstalten muss zwischen den öffentlich-rechtlichen und den privaten unterschieden werden. Für die Sendungen der öffentlich-rechtlichen Sendeanstalten müssen die Zuschauer und Zuhörer monatliche Gebühren bezahlen. Die Privatsender finanzieren sich nur durch Ihre Einnahmen aus der Werbung. Daher ist es ihnen ganz besonders wichtig, dass ihre Sendungen hohe Einschaltquoten erzielen, da dies Werbekunden anlockt.

**Internet**

Das Internet ermöglicht weltweit den sekundenschnellen Austausch von Informationen. Seine Nutzung im privaten wie im geschäftlichen Bereich hat sprunghaft zugenommen. Vor alle Jüngere nutzen die vielfältigen Möglichkeiten des Internets wie E-Mail versenden, nach Informationen suchen, online einkaufen usw. Allerdings muss man darauf achten, mögliche Gefahren des Internets – zum Beispiel beim Chatten – zu umgehen.

## „Wenn ich Journalist wäre ..."

Zwischen dem 16. und 18. August 1988 hielt das sogenannte Gladbecker Geiseldrama ganz Deutschland in Atem. Besonders kritisiert wurde im Nachhinein die Rolle von Medienvertretern, die mit den schwer bewaffneten Geiselgangstern vor laufenden Kameras Interviews führten. Nach der Verhaftung der Gangster waren drei Tote zu beklagen. Im Frühjahr 2000 wurden auf den Philippinen Touristen monatelang von Kidnappern gefangen gehalten. Viele Fernsehreporter, auch aus Deutschland, reisten an, um über die Geiselnahme zu berichten.

### Gladbeck im Urwald

**Wie sich Medien am Geiseldrama berauschen**

(…) Die Bilder von der Urwaldhölle gehen um den Globus. Wir blicken in die sadistisch grinsenden Gesichter der Geiselnehmer, wir sehen auch die entführten Urlauber, verzweifelt und ausgezehrt, in deren Gewalt. Vielleicht kommen sie davon, vielleicht steht ihnen ein schreckliches Ende bevor. (…)

Kein Zweifel, dass sich die Gangster über solche Drohwirkungen der Aufnahmen freuen. Doch sie filmen, fotografieren und befragen nicht selbst, sie lassen filmen, lassen fragen. Sie gestatten Journalisten, vermutlich gegen entsprechende Bezahlung, dass sie bis zu ihren Urwaldcamps vordringen dürfen; sie erlauben gnädig den Blick auf die zu Tode Geängstigten – wie auf Tiere hinter den Gittern im Zoo.

Und die einen, die Gefangenen, sind im Dunkeln, und die anderen, die Journalisten, keinen Meter davon entfernt, sind im Licht, sagen freundlich guten Tag, leihen ihr Mobiltelefon aus, damit die Opfer womöglich kurz vor ihrem Untergang noch mal zu Hause anrufen können. Dann nimmt der Herr Journalist sein Handy, sagt tschüss, winkt ein bisschen und geht zu seinem Jeep. (…)

(…) Und wie man den einen von dannen ziehen sieht und die anderen so schrecklich ungetröstet hinterherschauen, da fragt man sich natürlich, wie sich der Zurückbleibende fühlt, was in dem leichtfüßig wieder in sein zivilisiertes Leben Eilenden vorgeht und ob es Reporterpflicht ist, Verbrechern die Hand zu schütteln, um der Welt vom Unglück der Gekidnappten möglichst hautnah zu berichten.

Oh ja, werden alle neunmalklugen Puristen sagen: die Öffentlichkeit habe ein Recht darauf zu erfahren, was da vorgeht, nichts dürfe geheim bleiben, sonst sei die Pressefreiheit in Gefahr. Eine Zensur gibt es natürlich nicht, auch keine Selbstzensur. (…)

*(Sibylle Krause-Burger, in: Stuttgarter Zeitung, 20. 5. 2000, S. 37)*

| „Wenn ich Journalist wäre..." | Begründung |
|---|---|
| 1. … würde ich alle Informationen weglassen, die Vorurteile bestärken können. ◯ stimme zu ◯ stimme nicht zu | |
| 2. … würde ich auch Terroristen zu Wort kommen lassen. ◯ stimme zu ◯ stimme nicht zu | |
| 3. … würde ich bei Straftaten von Ausländern die Nationalität verschweigen. ◯ stimme zu ◯ stimme nicht zu | |
| 4. … würde ich mehr Positives, also Erfreuliches, Gutes, Schönes, berichten. ◯ stimme zu ◯ stimme nicht zu | |
| 5. … würde ich alles bringen, was Auflagenhöhe und Einschaltquote steigern kann. ◯ stimme zu ◯ stimme nicht zu | |

1 *Welches Problem wird in dem Text „Gladbeck im Urwald" angesprochen?*

2 *„Wenn ich Journalist wäre würde ich …": Kreuze auf dem Arbeitsblatt an oder notiere auf einem Blatt. Schreibe dann zu jeder Entscheidung eine kurze Begründung auf.*

# Methode: Nachrichtenauswahl

## Thema: Wir spielen Redaktion

Ihr sollt einmal sehr vereinfacht das tun, was Redakteure ständig machen: aus vielen Meldungen auswählen.

### Vorbereitung
Ihr benötigt sechs Exemplare einer Tageszeitung. Wichtig ist, dass es die gleiche Zeitung vom gleichen Tag ist. Vereinbart, wer die Zeitungen mitbringt. Außerdem benötigt ihr Scheren, Klebstoff und einige größere Bogen Papier.

### Durchführung
Bildet sechs Gruppen. Jede Gruppe bekommt ein Zeitungsexemplar und einen Papierbogen in der Größe einer Zeitungsseite. Von den sechs Gruppen wählen jeweils zwei einen dieser drei Bereiche: Politik, Wirtschaft, Lokales. Jede Gruppe hat dann die Aufgabe, zu ihrem Bereich aus den vielen Berichten, Fotos usw. der Zeitung eine eigene Seite zusammenzustellen. Die ausgeschnittenen Artikel werden auf den Papierbogen so aufgeklebt, dass er wie eine Zeitungsseite aussieht.

### Auswertung
Zu jedem Bereich stellen die beiden Gruppen ihre Seite vor. Es wird gemeinsam verglichen, ob und wie unterschiedlich die Auswahl an Texten, Fotos usw. jeweils ausgefallen ist. Jede Gruppe begründet dann ihre Auswahl.

### Was ist wichtig?

Es geschieht viel in der Welt. Nicht alles ist wichtig. Was wichtig ist und was nicht, entscheiden wir Journalisten. Nach welchen Kriterien?

Das verletzte Knie eines Bundesliga-Fußballers ist zweifellos wichtig. Die Schwangerschaft der zeitweiligen Geliebten des Vaters einer Weltklasse-Tennisspielerin war so wichtig, dass darüber monatelang berichtet wurde. Der Tod eines Obdachlosen bei Frost im Stadtwald ist unwichtig.

Dass einem jungen Deutschen in einem südostasiatischen Land wegen Heroin-Schmuggels die Todesstrafe droht, vermelden wir. Dass dort 20 oder 30 einheimische Drogenhändler hingerichtet werden, ist nicht so wichtig. (...)

Kriege können wichtig oder unwichtig sein. Der Krieg in Angola ist unwichtig. Über ihn berichten wir nicht, obwohl er seit Jahren so viele Menschenleben kostet wie kaum ein anderer. (...)

Verstöße gegen die Menschenrechte sind wichtig oder unwichtig, je nachdem, wem sie anzulasten sind. (...)

Politiker sind wichtig. Wir sind in der Lage, sie zu ungeheurer Wichtigkeit aufzublasen. Zu Dutzenden erscheinen wir bei bloßen Show-Veranstaltungen von Berufspolitikern. Wenn zwei Fernsehanstalten präsent sind, dürfen die anderen nicht fernbleiben. Je mehr Journalisten bei einem Ereignis anwesend sind, desto wichtiger muss es sein.

*(Eckart Spoo, in: Spiegel-special 1/1995, S. 121)*

1 *Auf welche Probleme bei der Nachrichtenauswahl weist der Journalist in seinem Text „Was ist wichtig?" hin?*

2 *Führt in der Klasse das Redaktionsspiel durch.*

## Die Macht der Medien

Baumwiesen-Affäre

### Muss Gemeinderat Stiefel zurücktreten?

**Stiefel war bei Abstimmung über Bauland befangen**

Wie unsere Reporterin recherchiert hat, verkaufte Gemeinderat Kurt Stiefel seine Baumwiese an einen Strohmann. Dieser bezahlte für die gesamte Wiese einen „symbolischen“ Preis von 1 Euro. Gemeinderat Stiefel war so nicht mehr Eigentümer der Baumwiese und konnte daher an der Abstimmung teilnehmen, die mit einer Stimme Mehrheit das landschaftlich reizvolle Guldental zum Baugebiet machte. Wenige Tage nach der Abstimmung kaufte Stiefel das Grundstück von seinem Strohmann zum Preis von 1 Euro zurück. Die Bauplätze im Guldental sollen nach ersten Informationen zu einem Preis von 650 Euro pro Quadratmeter angeboten werden. Bürgermeisterin Corinna Herrmann hat für morgen eine Pressekonferenz angekündigt.

Baumwiesen-Affäre

### Kurt Stiefel bietet Rücktritt an

Im Anschluss an die Pressekonferenz zur Baumwiesen-Affäre hat Gemeinderat Kurt Stiefel seinen Rücktritt angeboten. Ohne die hartnäckigen Recherchen unserer Reporterin wäre der Skandal um das Bauland im Guldental nicht ans Licht gekommen. Über die weitere Entwicklung in dieser Sache werden wir die Bürgerinnen und Bürger auf dem Laufenden halten.

**1991** „Traumschiff-Affäre“ führt zum Rücktritt von Lothar Späth in Baden-Württemberg

**1992** „Amigo-Affäre“ führt zum Rücktritt des bayerischen Ministerpräsidenten Franz-Josef Strauß

**1993** „Spenden-Affäre“ um den damaligen Bundeskanzler Helmut Kohl

**2001** „Rabatt-Affäre“ des sächsischen Ministerpräsidenten Kurt Biedenkopf

**2002** „Spendenskandal“ der SPD in Köln

Affären haben auch in der Bundesrepublik Deutschland in den vergangenen Jahren den Glauben an die Moral der Politikerinnen und Politiker erschüttert. Hinzu kommen die zahlreichen Skandale, in die Unternehmen und ihre Repräsentanten verwickelt waren. Die fünf beispielhaft genannten politischen Affären wurden maßgeblich von den Medien aufgedeckt und weiterverfolgt. Es drängt sich die Frage auf: Können Journalisten die „Tugendwächter der Nation“ sein?

Hans Leyendecker, leitender politischer Redakteur der Süddeutschen Zeitung in München meint, dass dies nur in sehr begrenztem Umfang möglich sei. Die Aufgabe der Medien sei es, Vermittler zwischen Politik, Wirtschaft und Öffentlichkeit zu sein. Die Medien seien daneben aber auch die Kritiker und Kontrolleure der Mächtigen im Staat. Journalisten hätten die Aufgabe, „die dunkle Seite der Macht auszuleuchten“ und den Mächtigen das Gefühl zu geben, dass der Missbrauch von Macht nicht völlig gefahrlos ist. So seien die großen politischen Skandale der Nachkriegszeit nicht von den Parlamenten, sondern von Journalisten aufgedeckt worden.

*Die Karikatur zeigt den damaligen Bundeskanzler Helmut Kohl. (Zeichnung: Starke, Arnstadt)*

1 *Was macht das Beispiel „Baumwiesen-Affäre“ deutlich?*

2 *Welche Aufgabe der Medien wird an diesem Beispiel besonders deutlich?*

3 *„Medien üben eine große Macht aus!“ Nimm zu dieser Aussage Stellung und beziehe dabei auch die Karikatur ein.*

## Information oder Manipulation?

Die Vielfalt der Medien hat auch ihre Nachteile. Es tobt ein harter Kampf um Einschaltquoten und Auflagen. Je höher die Einschaltquote, desto höher die Werbeeinnahmen des Senders.

Der Kampf um den Zuschauer und Leser wird immer heftiger. Dabei halten sich nicht immer alle an die Regeln. Sensationell aufgemachte Nachrichten mit aufregendem Bildmaterial kommen bei den Zuschauern und Lesern gut an und verkaufen sich. Selbst wenn die Bilder dazu nachgestellt wurden.

Ein anderes Problem ist die Manipulation. Damit ist der Versuch gemeint, andere durch Täuschung in ihrer Meinung zu beeinflussen. In den Medien können immer wieder Manipulationen vorkommen. Sehr schwer sind versteckte Manipulationen zu erkennen, zum Beispiel einseitige Nachrichtenauswahl, verfälschende Kameraeinstellungen, beeinflussende Schlagzeilen oder Bildunterschriften.

### Der Fall Born

Der Fernsehjournalist Michael Born lieferte, entsprechend den Gesetzen des Medienmarktes, immer sensationellere Filme. Dazu erfand er die unglaublichsten Geschichten und bezahlte Schauspieler.

Er konnte über 20 spektakuläre Beiträge an alle möglichen Fernsehmagazine verkaufen. Hauptabnehmer war stern TV. Kein Journalist merkte, dass die Filme gefälscht waren. Die Wahrheit kam zufällig ans Licht.

Zu seiner Verteidigung führte Born an, dass die Redaktionen nach solchen Geschichten verlangten und ihn immer wieder aufforderten, quotenträchtige Bilder zu liefern. Beim Prozess sagte Born: „Der Kick muss inszeniert werden, denn Fernsehen taugt nicht für Informationen."

### Seil oder Schlagstock?

**„Bild" entschuldigt sich**

Ein Foto löst Ärger aus. Von „bewusster Manipulation" spricht Umweltminister Jürgen Trittin. Der Vorfall zeigt, dass Bilder – bearbeitet und beschnitten – nicht immer die volle Wahrheit sagen. Gestern berichtigte und entschuldigte sich „Bild" mit einer kleineren Version des Fotos … „Wir bitten diesen Fehler zu entschuldigen", schrieb „Bild".

Trittin reicht dies nicht. Er kündigte an, den Presserat anzurufen … Trittin sagte, dieser Fehler sei nicht unabsichtlich geschehen.

Das Foto, am gleichen Tag im Magazin „Focus" vollständig und in Farbe erschienen, sei in „Bild" bewusst so geschnitten worden, dass es nicht mehr klar zu erkennen gewesen sei.

*(Auszug aus: Hannoversche Zeitung, 1. 2. 2001)*

*Demonstrant Jürgen Trittin: „Bild"-Ausschnitt (oben) und Originalfoto (unten). Der Titel des Artikels in „Bild" lautete: Was macht Minister Trittin auf dieser Gewalt-Demo?*

A

**Finanzminister zockt uns ab**

**Loch in der Haushaltskasse – Steuern müssen erhöht werden**

B

**Große Demonstration in der Innenstadt gegen Sozialabbau**

**Verkehrschaos in der Innenstadt wegen linker Demonstranten**

C

**Umgehungsstraße wird gebaut: Gefahr für die Innenstadt, wenn die Käufer ausbleiben**

**Umgehungsstraße wird gebaut: Endlich ungestörte Nachtruhe!**

## Zeitungsmeldungen

**1** Mit Beginn des neuen Schuljahres werden mehr Schüler eingeschult als bisher. Statt wie bisher 20 Kinder pro Klasse werden jetzt 28 Schülerinnen und Schüler gemeinsam lernen. Es müssen keine neuen Lehrer eingestellt werden. Einige äußern aber auch Bedenken, dass die Klassenräume zu klein sein könnten.

**2** Der Flug nach New York ist gebucht, das Ticket bezahlt – aber an Bord der Maschine darf man trotzdem nicht. Die Fluggesellschaften verkaufen seit Jahren mehr Tickets, als sie Plätze an Bord haben, um sicher zu gehen, dass ihr Flieger auch wirklich voll wird. Betroffene Passagiere erhalten seit gestern in diesen Fällen eine Entschädigung.

**3** Die 69. Internationale Grüne Woche in Berlin ging gestern zu Ende. Obwohl etwas weniger Besucher als im Vorjahr zu verzeichnen waren, hat sie mit 466 000 Besuchern dennoch ein überdurchschnittliches Ergebnis erreicht. Nach Angaben der Messegesellschaft gab jeder Besucher etwa 130 Euro aus.

*(Gerhard Mester / CCC, www.c5.net)*

*(Reinhold Löffler / CCC, www.c5.net)*

1 *Was zeigt der Fall Born?*

2 *„Bilder können nicht lügen!" Wertet unter diesem Gesichtspunkt das Beispiel „Seil oder Schlagstock?" aus.*

3 *Die Beispiele A bis C zeigen unterschiedliche Schlagzeilen zum gleichen Sachverhalt: Welcher Eindruck wird jeweils geweckt?*

4 *Erprobt selbst, wie die Wortwahl einer Schlagzeile den Eindruck der Meldung bestimmen kann. Formuliert dazu für jede der drei Zeitungsmeldungen unterschiedliche Überschriften.*

5 *Verantwortung der Medien: Worauf wollen in diesem Zusammenhang die Karikaturen hinweisen?*

## Massenmedien und Politik

**Wer bestimmt über die Themen in den Medien?**

Aus der Fülle des Angebots der öffentlichen Kommunikation bestimmen die Massenmedien, welche Themen sie dem Publikum anbieten und welche nicht. (...) Wer mit seiner Botschaft oder seinem Anliegen den Sprung in die Medien nicht schafft, hat keine Chance, gehört zu werden. Es ist so, als ob es das Thema oder die Botschaft nicht gäbe. Für Politiker und andere von der Öffentlichkeit abhängige Berufsgruppen ist also die Frage, wie sie in die Medien kommen und wie sie darin dargestellt werden, eine Überlebensfrage. Darum beschäftigen zahlreiche Institutionen, Organisationen und Firmen ganze Heerscharen von Medienexperten, Pressesprechern und für Öffentlichkeitsarbeit zuständige Leute, die immerzu darüber nachdenken, wie sie die Aufmerksamkeit der Medien erhaschen und bestimmte Themen in die Öffentlichkeit lancieren können. Wenn das Thema alle angeht, ist das völlig in Ordnung. Wenn es ausschließlich dem Urheber dient, hat es in einem Massenmedium nichts zu suchen, es sei denn als Werbeanzeige bzw. -spot.

*(aus: Ludwig Maaßen: Massenmedien. Heidelberg: Hüthig Verlag 1996, S. 102)*

Auf der Suche nach vielen Kunden wenden sie viele der Regeln des Pop auf ihre Berichte über die Politik an. Politik wird auf das verkürzt, was unterhaltsam ist. Eine persönliche Rivalität zwischen zwei Politikern erscheint wie ein sportlicher Machtkampf – wer wird Sieger? Von einer stundenlangen Debatte werden Sekundenausschnitte gezeigt, die Aufmerksamkeit erregen, vielleicht gerade der Augenblick mit einer Beleidigung des Gegners oder seinem Hohngelächter. Von einem Treffen der Staatslenker sehen wir das Vor- und Abfahren der großen Autos, den Prunk der Paraden, die Gesichter der Prominenten. Von einem schwierigen Konflikt, etwa in Afghanistan, werden uns vor allem die fasziniert fremdartigen Gestalten gezeigt und vielleicht noch Bilder von fremd anmutendem Tun. Die schwierigen Prozesse der Politik schrumpfen in der Bearbeitung der Medien für ein großes Publikum häufig auf unterhaltsame Bilder der Stars der Politik, schöner oder faszinierender Kulissen und Showereignisse zusammen. (...)

Die Massenmedien wissen aus langer und täglich erneuerter Erfahrung, was sie zeigen müssen, um viele Kunden zu befriedigen. Oft gelingt ihnen das sehr gut, aber um den Preis, dass von der Politik selbst, um die es dabei ja immerhin auch noch gehen sollte, das, was eigentlich wichtig ist, gar nicht mehr vorkommt. (...)
Politik braucht in der Demokratie ja die Zustimmung der Bürgerinnen und Bürger, ganz allgemein. Die einzelnen Politiker und Parteien suchen natürlich die größtmögliche Zustimmung für sich selbst und ihre Angebote in der Konkurrenz zu dem der anderen Politiker und Parteien. Sie brauchen das größtmögliche Publikum. Wie sie das erreichen können, haben ihnen die Massenmedien ja nun schon vorgemacht. Sie studieren genau, wie die Massenmedien es machen, und tun es ihnen gleich. Zusammen mit ihren Beratern stellen sie nun sich selbst und das, was sie machen und planen, möglichst ganz genau so dar, wie es die publikumsträchtigen Regeln der Massenmedien vormachen. (...)

*(Thomas Meyer: Pop und Politik/www.hypemaschine.de, 2003)*

*(Burkhard Mohr/CCC, www.c5.net)*

*(Burkhard Mohr/CCC, www.c5.net)*

*Politische ZDF-Talkshow „Berlin-Mitte"*

*Von links:*
*BDI-Präsident Michael Rogowski, Berlins Regierender Bürgermeister Klaus Wowereit, TV-Moderatorin Maybrit Illner, Hessens Ministerpräsident Roland Koch, DGB-Vize Ursula Engelen-Kefer, Unternehmensberater Fredmund Malik in einer Sendung am 23. 01. 2003*

**Das Parlament**
*Die Presse wird in Analogie zu Legislative, Exekutive und Judikative gerne als vierte Gewalt im Staat bezeichnet. Kommt ihr damit ein zu hohes Maß an Macht zu?*

**Thierse**
Diese Frage ist nicht so einfach zu beantworten. Es gibt ganz ohne Zweifel eine wirkliche Medienmacht. Es gibt Politiker, die meinen, Politik zu machen, indem sie Journalisten etwas „stecken". Und ebenso versuchen Journalisten, Macht auszuüben, wenn sie bestimmte Politiker „machen". Dagegen hilft nur journalistische Vielfalt.
Es ist die fundamentale Aufgabe der Medien in einer Demokratie, Politik sowohl zu vermitteln wie auch kritisch zu beleuchten, also zu kontrollieren. Und weil diese Aufgabe so wichtig ist, stellt die Pressefreiheit ein kostbares und unbedingt zu verteidigendes Gut dar. Sie steht deshalb ja auch unter dem Schutz unserer Verfassung. Es ist allerdings eine andere Frage, inwieweit sich Medien und Journalisten dieser Verantwortung bewusst sind. (...)

**Das Parlament**
*Sie haben vor einiger Zeit kritisiert, dass sich gesellschaftlich relevante Debatten zunehmend aus dem Plenarsaal des Deutschen Bundestages in politische Talkshows verlagert haben. Glauben Sie, dass dieser Prozess umkehrbar ist?*

**Thierse**
Dass Talkshows einen Beitrag zur Vermittlung von Politik leisten, das will und kann ich nicht kritisieren. Was mich aber beunruhigt ist, dass der Ernst und die Verantwortung von Politik überdeckt wird durch den Eindruck folgenloser Streitereien, den die Zuschauer bekommen. Aber zum Glück wird über Gesetze oder etwa Militäreinsätze nicht in Talkshows, sondern im Bundestag entschieden. Erst im Parlament wird es ernst. Daran muss hin und wieder erinnert werden, und das tue ich.
Dass sich wirklich wichtige Debatten verlagert hätten, das behaupte ich auch gar nicht, denn sie finden im Bundestag ja nach wie vor statt. Allerdings, und das ist ein Problem der Wahrnehmung durch die Bürger, finden sie im Bundestag häufig später statt, wenn auch sorgfältiger und fundierter als im Fernsehen. Gelegentlich hört dann aber keiner mehr zu, weil auch Journalisten meinen, sie kennen das alles schon aus den Talkshows – das ist unser Problem. Da ich als Politiker zum Glück keine Zensur über das Fernsehen ausübe, kann ich diese Entwicklung nicht zurückholen, sondern nur einen Beitrag dazu leisten, dass die Ernsthaftigkeit und Würde des Parlaments und seiner Debatten verteidigt und gelegentlich wieder ins Zentrum journalistischer Aufmerksamkeit gerückt werden. (...)

*(aus: Das Parlament, 3./10. 3. 2003, S. 3)*

*(Klaus Stuttmann / CCC, www.c5.net)*

**1** *Werte die beiden Texte auf Seite 98 aus: Gib die Kerngedanken mit eigenen Worten wieder.*

**2** *Fasse stichwortartig zusammen, was Bundestagsvizepräsident Wolfgang Thierse zum Verhältnis zwischen Medien und Politik sagt. Was stört ihn an politischen Talkshows?*

**3** *Jede der drei Karikaturen hat mit dem Thema „Massenmedien und Politik" zu tun. Analysiere die Karikaturen und notiere die jeweilige Aussage.*

## Pressefreiheit

**Grundgesetz, Artikel 5**

(1) Jeder hat das Recht, seine Meinung in Wort, Schrift und Bild frei zu äußern und zu verbreiten und sich aus allgemein zugänglichen Quellen ungehindert zu unterrichten. Die Pressefreiheit und die Freiheit der Berichterstattung durch Rundfunk und Film werden gewährleistet. Eine Zensur findet nicht statt.
(2) Diese Rechte finden ihre Schranken in den Vorschriften der allgemeinen Gesetze, den gesetzlichen Bestimmungen zum Schutz der Jugend und in dem Recht der persönlichen Ehre.

Die Pressefreiheit ist für Demokratien wichtig. Durch das Recht, unbeschränkt über Ereignisse in Politik, Verwaltung und Wirtschaft zu berichten, werden häufig Missstände aufgedeckt, die sonst verborgen bleiben würden. So üben die Medien über die Mächtigen im Land eine Kontrolle aus. Häufig führt ein Anfangsverdacht dazu, dass die Massenmedien selbst weitere Nachforschungen anstellen. Durch die Pressefreiheit werden Fehlentscheidungen, Lügen, Unterschlagungen aufgedeckt.

Die Pressefreiheit ist bei uns durch das Grundgesetz garantiert. Keine staatliche Behörde darf Zeitungen kontrollieren oder Sendungen verbieten. Journalisten müssen ihre Berichte von keinem Amt genehmigen lassen und brauchen keine Angst zu haben, für die Kritik an Mächtigen verhaftet zu werden. Dieses Fehlen von Druck und Zwang nennt man „äußere Pressefreiheit“. Mit „innerer Pressefreiheit“ ist die Unabhängigkeit von Journalisten gemeint. Sie sollen das schreiben können, was sie für richtig halten, ohne auf mögliche Wünsche ihres Arbeitgebers, ihrer Leser oder von Anzeigenkunden eingehen zu müssen.

*„Keinen Tag länger Redakteur bei Ihrem Wurschtblatt! Ich geh zum Express!“*
*„Habe ich gestern gekauft!“*

| Aussagen |
|---|
| **1** Die Pressefreiheit soll dafür sorgen, dass es jeden Tag für die Massenmedien genug Nachrichten gibt. |
| **2** Durch die Pressefreiheit soll das Tun von Regierungen, Verwaltungen usw. durchsichtig gemacht werden. |
| **3** Die Pressefreiheit ist eine Form der Meinungsfreiheit, die in der Demokratie jedem zusteht. |
| **4** Die Pressefreiheit soll dafür sorgen, dass kein Politiker und keine Politikerin lange an der Macht bleiben kann. |
| **5** Die Pressefreiheit trägt dazu bei, dass Politiker und Politikerinnen nicht wie in einer Diktatur herrschen. |
| **6** Die Pressefreiheit erlaubt es, dass Zeitungen alles schreiben können, was sie wollen. |
| **7** Die Pressefreiheit gilt nur für die Printmedien wie Zeitungen und Zeitschriften. |
| **8** Innere Pressefreiheit meint, dass Jounalisten das schreiben können sollen, das sie für richtig halten. |
| **9** Wirtschaftliche Krisen und Probleme der Medienunternehmen können Gefahren für die Pressefreiheit bergen. |

**Tag der Pressefreiheit: Informationen können ein gefährliches Gut sein**

*Viele ausländische Presseorgane stehen unter der Knute des Staates, in Deutschland ist das nicht der Fall*

# Unabhängig von Staat und Wirtschaft

## Pressefreiheit in Deutschland

*Die Freiheit der Presse wird nicht nur von außen bedroht. Sie muss jeden Tag neu erkämpft werden. Auch in Deutschland.*

In Deutschland werden keine Journalisten wegen ihrer Tätigkeit ermordet oder entführt. In Deutschland werden keine Zeitungen verboten und keine Fernsehsender zu reinen Propagandazwecken missbraucht. Es geht uns gut, auch in Sachen Pressefreiheit. (...)

Das Bundesverfassungsgericht war es, das der Pressefreiheit in Deutschland zum Durchbruch verholfen hat: „Eine freie, nicht von der öffentlichen Gewalt gelenkte, keiner Zensur unterworfene Presse ist ein Wesenselement des freiheitlichen Staates“, schrieben die Verfassungsrichter 1966. Im Jahre 2001 hatte sich das Klima verändert. Jetzt sprachen die Richter von den „wirklichkeitsverzerrenden Darstellungsweisen“ der Medien, die „skandalisieren“ und „verfälschen“. (...)

Das ist der Hintergrund vor dem andere Gerichte eine für die Pressefreiheit gefährliche Rechtsprechung entwickeln. Zeitgenossen, die sich von den Medien in ihrer Privatsphäre gestört fühlen, bekommen inzwischen „Schmerzensgelder“ in absurden Größenordnungen zugebilligt. Da müssen bis zu 250000 Euro für vergleichsweise läppische Fotos bezahlt werden. (...) Das führt inzwischen auch dazu, dass immer mehr Medien aufhören, über einen Prügelprinzen, der allerlei Anlass für öffentliche Kritik bietet, überhaupt noch zu berichten. Weil das Prozessrisiko zu groß ist. Dabei muss man freilich auch einräumen, dass es einzelne Medien zuvor toll getrieben haben, und dass die Selbstreinigungskräfte des Journalismus nicht ausgereicht haben, diesem Treiben ein Ende zu setzen.

Die Freiheit der Presse bedarf nicht nur der Freiheit von Zwangsmaßnahmen des Staates, sie bedarf auch der Unabhängigkeit gegenüber großen und mächtigen Interessengruppen. Der beste Schutz gegen derartige Gefahren waren in der Vergangenheit starke und wirtschaftlich erfolgreiche Presseunternehmen. Eine wirtschaftliche Krise, wie sie die Medien derzeit erleben, könnte auch Gefahren für die Pressefreiheit bergen.

Es gibt eine Gefährdung der Pressefreiheit, für die manche Presseorgane schon selbst verantwortlich sind. Wer auf Dauer David Beckhams Bettgeschichten wichtiger nimmt als Hartz IV, muss sich nicht wundern, wenn er eines Tages danach gefragt wird, ob ihm dafür die Privilegien des Presserechts gewährt worden sind.

Das Bundesverfassungsgericht hat einst die „geistige und wirtschaftliche Konkurrenz“ der Medien so gelobt. Eine Auseinandersetzung, die nur noch auf der Basis von Auflagen- und Gewinnzahlen geführt würde, wäre eine wirtschaftliche, aber keine geistige Konkurrenz mehr. Die Pressefreiheit bedarf zu ihrer Legitimation stets der Meinungsvielfalt, auch des Meinungsstreits.

*(Stefan Geiger, in: Stuttgarter Zeitung, 4. 5. 2004, S. 5)*

1. *Pressefreiheit und Demokratie: Wie hängt beides zusammen?*
2. *Welche Gefahren für die Pressefreiheit in Deutschland kommen in dem Zeitungsartikel zur Sprache?*
3. *Notiere, welche Aussagen im Kasten auf Seite 100 richtig und welche falsch sind.*
4. *Was will die Karikatur ausdrücken?*

## Pressefreiheit – nicht selbstverständlich

*Diese Karikatur des französischen Zeichners J. J. Grandville erschien 1847 in einer Zeitschrift, die mit der Zensur in Konflikt geraten war. Die Unterschrift lautete: „Süße heilige Zensur, lass uns gehen auf deiner Spur, leite uns an deiner Hand, Kindern gleich, am Gängelband."*

Die Meinungs- und Pressefreiheit musste im Laufe der Geschichte erkämpft werden. Zu allen Zeiten haben die Herrschenden und Mächtigen versucht, diese Freiheit einzuschränken und zu unterdrücken. So gab es schon kurze Zeit nach der Erfindung des Buchdrucks Anordnungen von Kirche und Staat, die den Druck von Schriften ohne vorherige Genehmigung untersagten. Später, zu Beginn des 19. Jahrhunderts, führten die deutschen Fürsten eine strenge Zensur in ihren Staaten ein, um ein Übergreifen der Gedanken der Französischen Revolution auf ihr Herrschaftsgebiet zu verhindern.

Diktatoren und undemokratische Regierungen setzten zu allen Zeiten verschiedene Mittel ein, um eine freie Berichterstattung zu unterbinden. Kritische Zeitungen werden verboten, unliebsame Journalisten verhaftet, gefoltert, ermordet. Neben solchen offenen Unterdrückungsmaßnahmen werden auch versteckte Methoden angewandt: Nur regierungstreue Zeitungen erhalten Druckpapier, Anhänger der Staatspartei werden als Chefredakteure eingesetzt, regierungskritische Journalisten als Spione angeklagt. Eine weitere Methode, um die Pressefreiheit einzuschränken ist die „Lenkung" der Presse. So gab es in der früheren DDR zwar unterschiedlich aussehende Zeitungen, alle mussten jedoch das Gleiche berichten. Von der Regierung erhielten die Redaktionen täglich Anweisungen, worüber berichtet werden soll, wie Ereignisse zu werten seien und welche Themen unerwünscht sind.

Auch heute ist in vielen Ländern der Erde die Presse nicht frei. Die Organisation „Reporter ohne Grenzen" berichtet laufend über die zahlreichen Verletzungen der Pressefreiheit weltweit.

*DDR-Zeitungen (1973)*

1. *Warum war und ist die Pressefreiheit ständig gefährdet?*
2. *Die Pressefreiheit kann auf unterschiedliche Weise verletzt werden. Notiere stichwortartig einige Methoden.*
3. *Erkläre, was die beiden Abbildungen mit der Verletzung der Pressefreiheit zu tun haben.*

# Methode: Interneterkundung

## Thema: Pressefreiheit weltweit

„Reporter ohne Grenzen" wurde 1985 in Frankreich gegründet. Ziel der Organisation ist es, Verstöße gegen die Pressefreiheit auf der ganzen Welt zu erfassen, bekannt zu machen und Aktionen dagegen durchzuführen. Journalisten aus aller Welt schicken der Zentrale in Paris Berichte über die Situation der Pressefreiheit in ihren Ländern. Im Internet werden diese Meldungen weiter verbreitet und so über den Zustand der Pressefreiheit weltweit berichtet. Am Beispiel der Homepage von „Reporter ohne Grenzen" (deutsche Internetadresse: http://www.reporter-ohne-grenzen.de) könnt ihr trainieren, wie man sich gezielt Informationen im Internet beschaffen kann. Gleichzeitig erfahrt ihr, wie es weltweit um die Pressefreiheit steht.

Links auf der Homepage findet man eine Navigationsleiste mit Stichwörtern. Klickt man ein Stichwort mit der Maus an, wird man zu dem Unterpunkt geführt.

Hier findet man unter der Überschrift „Barometer" Zahlen zur Verfolgung von Journalisten seit Beginn des laufenden Jahres. Am 22. März 2006 nannte das „Barometer":
- 12 Journalisten getötet
- 6 Medien-Assistenten getötet
- 120 Journalisten derzeit inhaftiert
- 3 Medien-Assistenten derzeit inhaftiert
- 53 Online-Dissidenten derzeit inhaftiert

Der mittlere Teil der Homepage enthält aktuelle Meldungen. Dieser Teil ändert sich ständig.

Klickt ihr auf die Stichworte rechts, so erhaltet ihr jeweils aktuelle Informationen.

### Erkundung der Internet-Seite

1. Klickt auf der rechten Seite der Homepage das Stichwort „Rangliste der Pressefreiheit" an:
   – Wie viele Fragen werden zur Erstellung der Rangliste herangezogen?
   – Wie viele Staaten wurden bei der Auswertung berücksichtigt?
   – Welche Staaten haben in Sachen Pressefreiheit die besten Rangplätze?
   – Welcher Staat nimmt den schlechtesten Rangplatz ein?
   – Welchen Rangplatz hat Deutschland inne?
2. Klickt das Stichwort „Feinde der Pressefreiheit" an:
   – Wie viele Feinde werden insgesamt genannt?
   – Wer wird für „Europa und die ehemalige Sowjetunion" als Feind der Pressefreiheit genannt?
3. Geht auf der rechten Seite zu „Suche". Gebt dann das Schlagwort „Zensur" ein: Wie lautet der Titel der aktuellsten Meldung?
4. Welche aktuellen Zahlen enthält das „Barometer"?
   In welchem Staat sind die meisten Journalisten inhaftiert?
5. Klickt links das Stichwort „Archiv" an:
   – In welche Unterpunkte ist das Archiv gegliedert?
   – Klickt den Unterpunkt „Kampagnen" an: Worüber wird berichtet?

**1** *Erkunde die Homepage von „Reporter ohne Grenzen". Beantworte die Erkundungsfragen.*

**2** *Gib bei der Suchmaschine www.google.de das Stichwort „Pressefreiheit weltweit" ein. Wie viele Seiten auf Deutsch werden aufgeführt? Welche Internetadresse wird an erster Stelle genannt?*

## Wirkung von Gewaltdarstellungen

Im April 2002 richtete ein Schüler in einem Gymnasium in Erfurt ein Blutbad an, bei dem 17 Menschen ums Leben kamen. Brutale Videospiele waren die Lieblingsbeschäftigung des Jugendlichen gewesen.

### Morde in Erfurt: Eine Wirkung der Medien?

**Hamburg (dpa)** – Die Morde in Erfurt haben die alte Debatte über Gewalt in den Medien und vor allem im Fernsehen neu entfacht. Anders als an vielen Stammtischen geht die Medienforschung jedoch nicht so weit, einen kausalen Zusammenhang zwischen Medienkosum – also bestimmten Computerspielen oder Sendungen – und gewalttätigem Handeln herzustellen. Sprich: Nicht jeder, der gewaltverherrlichende Videospiele liebt, wird die dort erlebte Gewalt im Alltag ausleben. „An der verstärkenden Wirkung der Medien ist jedoch nicht zu zweifeln. Wenn zum Beispiel Menschen persönliche Probleme mit Gewalt haben, können Medien diese noch stärker machen", sagt Helga Theunert, wissenschaftliche Direktorin am „JFF – Institut für Medienpädagogik in Forschung und Praxis" in München. Umstrittig ist, dass bei der Jagd nach hohen Einschaltquoten im Fernsehen immer mehr Gewalt gezeigt wird. „Die Gewaltschwelle ist gesenkt worden", stellt Helga Theunert fest. „Auch im ‚Tatort' werden heute Leichen in allen Details gezeigt."

Der Action- und Krimiboom auf allen Kanälen hat für Maya Götz vom Internationalen Zentralinstitut für das Jugend- und Bildungsfernsehen (IZ) in München gesellschaftliche Folgen: „Das Fernsehen hat immer auch Symbolwert. Die Frage ist also, wie viel Brutalität wir zulassen." Die Medienforscherin wirft den Sendergewaltigen vor, andere Formate gar nicht mehr anzutesten. „Es funktioniert nach Art einer sich selbst erfüllenden Prophezeiung: Die Verantwortlichen sagen, dass Action gern gesehen wird, also probieren sie auch nichts anderes." Der Erfolg von Quizsendungen im vergangenen Jahr habe aber gezeigt, dass es Alternativen gebe.

Gerade im Fernsehen ist nach Ansicht Theunerts wichtig, wie Gewalt dargestellt wird und ob es eine Distanzierung von der Gewalt gibt. „Problematisch ist, wenn Gewalt als erfolgsversprechendes legitimes Mittel gezeigt wird". Dies kann nicht nur in Actionfilmen oder Krimis der Fall sein, sondern auch in Zeichentrickfilmen oder Talkshows. Friederich Krotz von der Universität Münster sieht gerade bei bestimmten Daily-Talk-Formaten, in denen Menschen „vorgeführt" oder mit ihren ärgsten Feinden konfrontiert werden, eine Art von „struktureller Gewalt".

Eine vor wenigen Wochen in den USA veröffentlichte Langzeit-Studie der Columbia University in New York geht noch weiter. Die Forscher kamen nach der Beobachtung von 707 Familien über einen Zeitraum von 17 Jahren zum Ergebnis, dass täglich mehrstündiges Fernsehen bei Jugendlichen und jungen Erwachsenen auf Dauer einen Hang zu gewalttätigem Verhalten fördere. Dieser Zusammenhang sei unabhängig von anderen Faktoren wie elterlicher Vernachlässigung im Kindesalter, Familieneinkommen und -stand sowie psychologischen und psychiatrischen Störungen nachweisbar.

In Deutschland betonen die Experten, dass nicht alle Medien über einen Kamm geschoren werden dürfen. „Das Fernsehen ist nicht mit Computerspielen vergleichbar", sagt Theunert. „Bei Ego-Shooter-Spielen wird der Konsument selbst zum Täter". Ihr Kollege Krotz pflichtet ihr bei: „Wenn ich beim Computerspiel Menschen töte, ist es eine Art Sport. Wenn ich einen Hollywood-Film anschaue, dann sehe ich die Leute leiden oder sterben". (...)

*(Nik Ebert/Rheinische Post)*

*(aus dem Internet: http://www.kssa.de/page114.html)*

1. *Gewalt und Medien: Notiere die Kerngedanken des Artikels stichwortartig.*
2. *Was will die Karikatur ausdrücken?*

## Medienkonsum – Mediensucht

### Dumm gespielt

Überall Medienverführung – die Unterhaltungsindustrie hat die Kleinen fest im Griff. Neue Untersuchungen zeigen: Jeder zweite Junge im Alter von zehn Jahren hat das ganze Arsenal von Fernseher, Computer, Play-Station und DVD-Recorder im eigenen Kinderzimmer stehen – mit schwerwiegenden Folgen für das Lernen. Der Kriminologe Professor Christian Pfeiffer bereist deutsche Schulen, schlägt Alarm. Das Ergebnis seiner Studien: Medienkonsum macht dumm, behindert besonders Jungen beim Aufstieg in höhere Schulen: „Im Jahr 1988 waren das Verhältnis 50 zu 50 von Jungen und Mädchen, die es geschafft haben, von einer unteren in eine Oberschule zu wechseln. Und dann hat sich das auseinander entwickelt. Und im Jahr 2003 sind es 39 Buben, aber 61 Mädchen.", erzählt Pfeiffer Schülern.

**Die Jungen versagen**

Überall das gleiche Bild: Sitzen bleiben, Schule schwänzen, kein Schulabschluss – die Jungen versagen, die Mädchen sind erfolgreicher. „Habt ihr eine Idee, woran das liegen könnte?", fragt Pfeiffer die Schüler. „Vielleicht: Die Jungs spielen mehr Computerspiele, mit Action und so", sagt ein Mädchen. „Wenn man ja Fernsehen schaut und davor gelernt hat, da vergisst man ja alles wieder durch die schnelle Bildfolge", berichtet ein Junge. (...) Und was der Junge für das Fernsehen beschreibt, gilt erst recht für die Computerspiele. Der schnelle Kick beim Ballern verhindert erfolgreiches Lernen. (...)
Computerspiele lösen ein Glücksgefühl hinter dem anderen, ein Erfolgserlebnis nach dem anderen aus: „Dann ist das so spannend, diese Ersatzbefriedigung über das Computerspielen, dass der normale Erfolgsweg – lernen, lernen und dann eine gute Note schreiben, üben, üben und dann einen Elfmeter zielsicher oben links versenken – dass das alles nicht mehr interessant wird" erklärt Prof. Pfeiffer vom Kriminologischen Forschungsinstitut Niedersachsen. (...)
Bei dem 16-jährigen Tobias waren die Leistungen in der Schule dramatisch abgefallen. Sein Alltag drehte sich nur noch ums Computerspielen: „Ich habe vielleicht noch ein bisschen Hausaufgaben bis 14.00 Uhr gemacht. Um 14.00 Uhr habe ich mich an den PC gesetzt. Meistens kamen dann auch noch Freunde vorbei, dann haben wir zusammen am PC gespielt, (...) bis zu acht Stunden manchmal. Abendessen habe ich dann auch am PC gegessen, während des Zockens meistens (...)", berichtet Tobias."
Das können seine Eltern nicht mehr mit ansehen, schicken ihren Sohn zum Entzug an die Ostsee – Diagnose: Mediensucht. In Boltenhagen werden seit einem Jahr Kinder und Jugendliche behandelt, bei denen das Computerspielen die Persönlichkeit veränderte – auffälliges Verhalten, Vereinsamung, Essstörungen – Mediensucht als Horrortrip. Die Warteliste für das Wichernhaus, Deutschlands einzige Klinik für Medienabhängige, ist lang. Auch Michael Wallies war süchtig, süchtig nach Computerspielen. Mit zwölf Jahren bekommt er von seiner Mutter einen Computer ins Kinderzimmer gestellt. Nach kurzer Zeit gibt es nur noch eins: Ballern, immer weiter, bis zur Erschöpfung. (...) „Meine Mutter hatte keine Einwände (...)", meint Wallies. „Die [Erwachsenen] sind in einer anderen Zeit aufgewachsen. Und das Vertrauen gegenüber den Kindern ist sehr groß, viele Eltern wollen auch gar nicht wissen, was ihre Kinder da eigentlich spielen".

*(http://www.zdf.de/frontal 21 vom 30. 11. 2004)*

| Aussagen zum Medienkonsum | richtig | falsch |
|---|---|---|
| 1 Es bleiben mehr Mädchen sitzen als Jungen. | | |
| 2 Eltern wissen oft nicht, was ihre Kinder am Computer spielen. | | |
| 3 Die Hälfte der Jungen verfügt über PC, Fernseher, DVD-Player, Play-Station. | | |
| 4 Übersteigerter Medienkonsum führt zu schlechteren schulischen Leistungen. | | |
| 5 Der Umgang mit Medien kann süchtig machen. | | |
| 6 Gewalttätige Computerspiele verhindern erfolgreiches Lernen. | | |
| 7 Auf Computern wird meistens mehr gelernt als gespielt. | | |

*Welche Aussagen sind deiner Meinung nach richtig, welche falsch? Übertrage die Tabelle in dein Heft und kreuze an. Begründe, wenn du dir nicht sicher bist.*

# Das Wichtige in Kürze

## Macht der Medien

Was Massenmedien berichten, wird rasch vielen Menschen bekannt. Durch ihre Berichterstattung beeinflussen die Medien die Meinungsbildung vieler Menschen. Weil es in einer Demokratie möglich ist, Missstände im Staat aufzudecken und Politiker zu kritisieren, üben die Medien Macht aus. Daher werden die Massenmedien oft als „Vierte Gewalt“ im demokratischen Staat neben den gesetzgebenden Parlamenten, den Regierungen und den Gerichten bezeichnet.

## Medien und Politik

Für viele Bürger und Bürgerinnen sind die Medien der einzige Zugang zu politischen Fragen. Was die Massenmedien zum Thema machen, bewegt die Öffentlichkeit. In einer Demokratie müssen Politiker und Politikerinnen ihre Anliegen und Überzeugungen der Öffentlichkeit nahebringen, d.h. sie brauchen die Massenmedien als Vermittler ihrer Vorstellungen. Die Massenmedien wiederum brauchen Politiker, die ihnen interessante und sensationelle Schlagzeilen im Konkurrenzkampf um die höhere Auflage oder die bessere Einschaltquote liefern.

## Pressefreiheit

Das Grundgesetz garantiert in Artikel 5 neben der Meinungsfreiheit auch die Pressefreiheit. Sie gilt für alle Massenmedien. Die Pressefreiheit ist nichts Selbstverständliches. Es gibt viele Staaten, in denen die freie Arbeit für Journalisten schwierig oder gefährlich ist. In Diktaturen dürfen die Medien nur über das berichten, was den Machthabern passt.

## Einschränkungen der Pressefreiheit

Pressefreiheit bedeutet nicht Schrankenlosigkeit. In Artikel 5 des Grundgesetzes heißt es auch: „Die Rechte finden ihre Schranken in den Vorschriften der allgemeinen Gesetze, den gesetzlichen Bestimmungen zum Schutze der Jugend und in dem Recht der persönlichen Ehre“. Das bedeutet z. B., dass Journalisten andere nicht durch Lügen verleumden dürfen. Über das Privatleben eines Menschen dürfen sie nur berichten, wenn daran – wie z. B. bei Politikern oder Stars – ein öffentliches Interesse besteht. Mit Rücksicht auf Jugendliche soll auf sensationelle Darstellungen von Gewalt und Brutalität verzichtet werden.

## Verantwortung der Medien

Wer von der Pressefreiheit in den Massenmedien Gebrauch macht, hat auch eine entsprechende Verantwortung. Der Kampf um Auflagenhöhe und Einschaltquoten darf nicht dazu führen, Sachverhalte sensationell aufzubauschen oder gar zu verfälschen. Immer wieder besteht die Gefahr der Manipulation, also der Beeinflussung anderer durch Täuschung. Einseitige Nachrichtenauswahl, verfälschende Kameraeinstellungen, beeinflussende Schlagzeilen oder Bildunterschriften sind Beispiele für versteckte Manipulation. Verharmlosende Gewaltdarstellungen in Fernsehfilmen können vor allem bei Kindern und Jugendlichen zu falschen Vorstellungen von den Folgen von Gewalt führen.

*Moderne Techniken machen das Verfälschen von Fotos möglich*

# Weißt du Bescheid?

**Löse das Rätsel.** Die Buchstaben in der gelb unterlegten Spalte ergeben von oben nach unten gelesen den Lösungssatz.

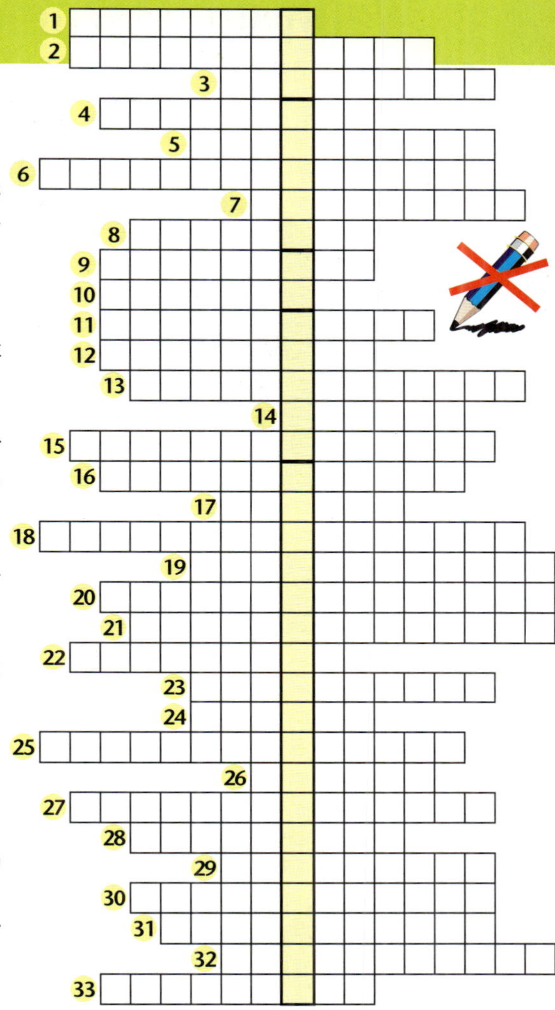


**1** In einer … unterhalten sich im Fernsehen unter Leitung eines Moderators bzw. einer Moderatorin meist prominente Teilnehmer über ein bestimmtes Thema.
**2** Die … wird im Abonnement täglich ins Haus zugestellt.
**3** Das mit Abstand beliebteste Massenmedium ist das … .
**4** Eine Aufgabe der Medien ist die … der Mächtigen im Land. Oft sind es die Medien, die politische Missstände aufdecken.
**5** Die … ist die tägliche Nachrichtensendung der ARD.
**6** Den Medien kommt bei der … der Bürgerinnen und Bürger große Bedeutung zu. Jeder kann sich umfassend informieren, um zu einer eigenen Meinung zu gelangen.
**7** Die … von Personen nennt man Umfrage.
**8** Das … ist eine weltweite Informations- und Kommunikationsplattform mit vorher nicht gekannten Möglichkeiten.
**9** In der … werden die Zeitungsartikel verfasst.
**10** Der … ist ein beliebtes Medium, insbesondere zum Hören von Musik und Nachrichten.
**11** In Artikel 5 garantiert das … die Pressefreiheit.
**12** Die Befragung einer Person nennt man auch … .
**13** Die Verständigung untereinander wird als … bezeichnet.
**14** Eine per Computer verschickte Mitteilung ist eine … .
**15** Für viele Jugendliche sind … die beliebteste Beschäftigung am Computer.
**16** Medien, mit denen einer großen Zahl von Menschen etwas mitgeteilt werden kann, bezeichnet man als … .
**17** Das … Deutsche Fernsehen hat seinen Sitz in Mainz.
**18** Ein anderer Name für Straßenverkaufszeitung ist … .
**19** Mit … ist der Versuch gemeint, andere durch Täuschung in ihrer Meinung zu beeinflussen.
**20** Die öffentlich-rechtlichen Rundfunkanstalten sind zur sogenannten … verpflichtet, das heißt, dass sie auch Sendungen zu Politik, Kultur und Bildung bringen müssen.
**21** In einem … kann man die eigene Mediennutzung notieren.
**22** Eine … ist ein längerer, lebendiger Bericht, in den auch persönliche Eindrücke des Reporters einfließen.
**23** In einem … an eine Zeitung kann ein Leser seine Meinung zu einem Bericht oder Sachverhalt äußern.
**24** In Artikel 5 des Grundgesetzes wird die Freiheit der Berichterstattung garantiert und festgestellt: „Eine … findet nicht statt."
**25** Mit … ist gemeint, dass in Zeitungen, Rundfunk- und Fernsehsendungen frei und ohne staatliche Vorgaben oder Zwang berichtet werden kann.
**26** Die spöttische Meinungsäußerung eines Journalisten mit übertriebener Zuspitzung heißt auch … .
**27** Die … drückt aus, wie viele Zuschauer eine bestimmte Fernsehsendung angeschaut haben.
**28** Die Besprechung eines Buches oder einer CD nennt man … .
**29** Das Einholen genauer und umfassender Informationen zu einem Sachverhalt nennt man … .
**30** Die vier Aufgaben der Medien sind: Information, Meinungsbildung, Kontrolle und … .
**31** Eine auffällig gedruckte Zeitungsüberschrift heißt auch … .
**32** Ein anderer Name für Nachricht, Auskunft oder Belehrung ist … .
**33** Ein … ist die kritische Stellungnahme zu einem aktuellen Thema, in der die Verfasserin, der Verfasser ihre bzw. seine Meinung zu einem Sachverhalt wiedergibt.

# Weißt du Bescheid?

(Lothar Schneider / CCC, www.c5.net)

*Versuche doch einmal selbst, eine Karikatur zum Thema „Medien" zu zeichnen. Vielleicht diskutiert ihr auch gemeinsam in der Klasse, wie die Karikatur aussehen sollte und die beste Zeichnerin bzw. der beste Zeichner der Klasse setzt eure Idee dann um.*

**Was will die jeweilige Karikatur zum Ausdruck bringen?**

„Kannst du mir mal verraten, wie unser Kleiner neuerdings auf so'n Stuss kommt?"

(Haus der Geschichte, Bonn / Jupp Wolter)

(Links: LUFF / CCC, www.c5.net)

# Recht und Rechtsprechung

Niemand lebt allein für sich. Jeder muss mit anderen auskommen, in der Familie, in der Schule, im Betrieb. Wenn Menschen miteinander auskommen müssen, brauchen sie Regeln. Jeder muss wissen, war er tun darf und was nicht und nach welchen Regeln Konflikte gelöst werden. Dies alles hat mit „Recht" zu tun. Damit sind die Verhaltensvorschriften gemeint, deren Einhaltung für alle verbindlich vorgeschrieben ist. Die Rechtsvorschriften setzen den Rahmen für die Ordnung des Zusammenlebens. Alle Menschen eines Landes sind dieser Rechtsordnung unterworfen. Um Fragen im Zusammenhang mit der Rechtsordnung geht es auf den folgenden Seiten.

- Warum muss es rechtliche Regelungen geben?
- Was kennzeichnet einen Rechtsstaat? Was ist mit Unabhängigkeit der Richter gemeint?
- Welche Grundrechte sind im Grundgesetz festgeschrieben? Wie ist es mit dem Datenschutz?
- Wie läuft eine Gerichtsverhandlung ab? Wie ist die Gerichtsbarkeit aufgebaut?
- Warum begehen Jugendliche Straftaten? Wie werden jugendliche Straftäter bestraft?
- Was ist mit „Täter-Opfer-Ausgleich" gemeint?

## Recht – was ist das?

*Was „Recht“ ist? Na, das ist doch klar! Ich verstehe unter Recht …*

1 *Was könnten die Fotos mit „Recht“ zu tun haben? Notiere, worum es jeweils gehen könnte.*

2 *Ergänze die Aussage in der Sprechblase mit deinen Worten.*

# Methode: Umfrage

## Thema: Rechtsbewusstsein

Bei einer Umfrage geht es darum, von einer größeren Anzahl von Personen Informationen zu einem bestimmten Thema zu erhalten oder deren Meinung dazu zu erfragen.

### Vorbereitung

Ihr müsst genau überlegen, welche Fragen ihr stellen wollt. Dabei gibt es zwei Möglichkeiten:

1. Man kann die Fragen so stellen, dass nur mit „ja" oder „nein" geantwortet werden kann. Beispiel: „Soll es in diesem Jahr ein Schulfest geben?"
*Vorteil:* Man kann nachher leicht auszählen, wer dafür und wer dagegen ist.
*Nachteil:* Jeder Befragte kann nur zu den vorgegebenen Meinungen Stellung nehmen. Vielleicht hätte er jedoch etwas anderes zum Thema sagen wollen.
2. Man kann die Fragen so stellen, dass jeder seine eigene Antwort geben kann. Beispiel: „Wie soll das Schulfest gestaltet werden?"
*Vorteil:* Die Befragten können ihre individuelle Meinung äußern.
*Nachteil:* Es ist schwierig, die Antworten auszuwerten. Man kann nicht einfach auszählen, wie viele der Befragten für eine bestimmte Meinung oder Maßnahme sind und wie viele dagegen.

Vor einer Umfrage müsst ihr außerdem überlegen, wie ihr diese organisiert: Sollen Einzelne fragen oder soll die Umfrage von Zweier- oder Dreiergruppen durchgeführt werden? Sollen die Antworten auf einem Fragebogen oder mittels Tonband festgehalten werden?

### Durchführung

Führt die Umfrage anonym durch, also ohne nach dem Namen zu fragen. Wenn es für die spätere Auswertung eine Rolle spielt, sollten Alter und/oder Geschlecht der Befragten festgehalten werden.

### Auswertung

Die Antworten werden durchgesehen. Dabei solltet ihr darauf achten, ob sich deutliche Häufungen bzw. Unterschiede in den Einschätzungen ergeben. Die Ergebnisse der Umfrage werden dann zusammengefasst. Wenn es für das Thema interessant ist, könnt ihr eine zusätzliche Auswertung nach Alter und/oder Geschlecht der Befragten vornehmen.
Ihr müsst auch überlegen, wie ihr die Ergebnisse eurer Umfrage präsentieren wollt. Ihr könnt zum Beispiel eine Wandzeitung gestalten oder einen Bericht für die Schülerzeitung verfassen.

**Rechtsbewusstsein**
Drei Viertel aller Jugendlichen und jungen Erwachsenen bis 25 Jahre und ein Drittel der Erwachsenen geben zu, sich für ihre Freizeitzwecke illegal verhalten zu haben. Dies ergab eine Untersuchung, die hierzu insgesamt 1547 Personen befragte. Die Liste der „gestandenen" Delikte wird vom Schwarzfahren angeführt, gefolgt vom Raubkopieren. Der Diebstahl von Freizeitartikeln, Zechprellerei, das Nichtzahlen von Eintrittsgeldern sowie das Fälschen und illegale Beschaffen von Ausweisen rangieren im Mittelfeld. Die Delikte stehen in engem Zusammenhang mit einem mangelnden Rechtsbewusstsein bei vielen hinsichtlich solcher „Kavaliersdelikte": So ist z. B. für nahezu 50 % der jungen Erwachsenen und 20 % der älteren Erwachsenen Schwarzfahren nicht kriminell. 58 % der jüngeren und 26 % der älteren Befragten finden Raubkopieren „in Ordnung".

1 *Welches Problem bei Umfragen machen die Aussagen in den Sprechblasen deutlich?*
2 *Wie würdest du Fragen zum Thema „Ladendiebstahl" formulieren?*
3 *Führt eine Umfrage zum Rechtsbewusstsein bei Jugendlichen durch.*

## Faustrecht oder Staatsgewalt?

*Blane war ein Cowboy auf der Shiloh-Ranch. 6000 Rinder und so viel Land, dass man einen ganzen Tag brauchte, um von einem zum anderen Ende zu reiten. Zwischen dem Great River und den Torrey-Canyons gab es nichts anderes. Blane blickte in die untergehende Sonne. Ein freies Land, dachte er, mit freien Männern. …*

*Vor drei Tagen musste Blane einen Farmer erschießen. Komischer Vogel. Dachte, er könne sich mit ihm messen. Blane war immer noch schneller als alle anderen in der Gegend.*

*Shiloh hatte den Sheriff hinausgeworfen, als er vorgestern auf die Ranch kam. Die Sache war doch klar, was wollte der denn noch. Blane sollte besoffen gewesen sein und den verdammten Typ provoziert haben. Der hätte gar nicht schießen wollen. Obwohl er einen Colt hatte. Wo kommen wir denn hin, wenn ich einem solchen Drecksack keine Kugel zwischen die Rippen feuern könnte? dachte Blane und gab seinem Pferd die Sporen. Ein Mann ist nur so viel wert wie sein Colt. Das ist hier im Westen das Gesetz.*

*Wenn die Männer einen Viehdieb fassten, wurde er aufgehängt. Shiloh gab kein Pardon. Und er ließ keinen von seinen Cowboys im Stich, wenn er was ausgefressen hatte. Als sie den lausigen Farmern ihre Hütten abbrannten … Wollten die doch ein Stück weiter unten am Great River Wassergräben auf ihre vertrockneten Felder ziehen. Da hatten sie die Rechnung ohne Shiloh gemacht. Farmer bringen nur Ratten und Krankheiten. Das ist Viehland, kein Kartoffelacker. Shiloh gab jedem einen Silberdollar extra.*

*(…) V. Th.*

*(aus: „Spiel mir das Lied vom Tod…", in: PZ Nr. 49 / Mai 1987, S. 20. Hg.: Bundeszentrale für politische Bildung)*

**Gewaltmonopol:** Der Staat ist verpflichtet, die Geltung des Rechts notfalls mit Gewalt zu erzwingen. Dafür hat er besondere Einrichtungen, wie z. B. die Gerichte, Polizei, Verwaltung. Nur der Staat ist berechtigt, Gewalt auszuüben. Das bezeichnet man als Gewaltmonopol. Dieses staatliche Gewaltmonopol verhindert eine Herrschaft der Stärkeren und sichert so die Freiheit und das friedliche Zusammenleben der Bürger.

**1** *Was macht das Beispiel „Shiloh-Ranch" deutlich?*
**2** *Begründe, warum der Staat das „Gewaltmonopol" besitzen sollte.*

## Aufgaben des Rechts

Menschen leben in Gemeinschaften zusammen. Dazu ist es erforderlich, dass Vorschriften und Verabredungen das Verhalten der Menschen regeln. Verhaltensregeln können sich aus überlieferten Lebensgewohnheiten, Glaubens- und Moralvorstellungen ergeben. Die Einhaltung solcher sozialen Normen wird zwar erwartet, man ist dazu jedoch nicht verpflichtet. Anders ist es beim Recht. Damit sind die Verhaltensvorschriften gemeint, deren Einhaltung für alle verbindlich vorgeschrieben ist. Die Rechtsvorschriften setzen den Rahmen für die Ordnung des Zusammenlebens in einer Gemeinschaft. Alle Menschen eines Landes sind dieser Rechtsordnung unterworfen.

1 Das Recht sichert notfalls durch Zwang den inneren Frieden in einer Gesellschaft. Es gewährleistet aber auch die Freiheit des Einzelnen. Das erscheint auf den ersten Blick widersprüchlich. In einer Gesellschaft, in der viele Menschen auf engem Raum zusammenleben, kann es aber keine uneingeschränkte Freiheit geben. Freiheit endet dort, wo das Recht des anderen beginnt.

C Das Arbeitsrecht bespielsweise enthält zahlreiche Regelungen zum Schutz der Arbeitnehmer: Kündigungsschutz, Arbeitszeitbegrenzung, Lohnfortzahlung, Schutz vor den Gefahren des Arbeitslebens, Mutter- und Jugendschutz, Mitbestimmung.

**Das Recht regelt die privaten Rechtsbeziehungen**

3 Das Recht schützt nicht nur Frieden und Freiheit, es stellt auch ein System von rechtlichen Regeln für Privatpersonen bereit. Innerhalb dieser Regelungen handelt jeder Einzelne, wie er es für richtig hält.

A Wer will, kann durch ein Testament bestimmen, wie sein Vermögen auf die Erben aufgeteilt werden soll.

**Das Recht sichert den Frieden**

4 Die wichtigste Aufgabe des Rechts ist die Sicherung des inneren Friedens. In einer Gesellschaft gibt es unterschiedliche Interessen, die unausweichlich zu Konflikten führen. Das Recht sorgt dafür, dass sie auf friedliche Weise in einem geregelten Verfahren ausgetragen werden.

**Das Recht gestaltet die Gesellschaft**

2 In einem sozialen Rechtsstaat werden alle Bereiche des persönlichen, sozialen und wirtschaftlichen Lebens durch rechtliche Regelungen gestaltet. Gesetzliche Regelungen schützen die Schwächeren und sorgen für den Ausgleich sozialer Gegensätze.

**Das Recht gewährleistet die Freiheit**

B Das Opfer einer Straftat darf an dem Täter keine Rache nehmen. Ein Gläubiger darf nicht das Auto des säumigen Schuldners entwenden, um es bis zur Zahlung der Schuld als Pfand zu behalten. Der Bürger muss sich an die Gerichte wenden und sein Recht mithilfe der Staatsgewalt durchsetzen.

D Ein Journalist darf in der Zeitung über Missstände im Staat berichten und die Mächtigen kritisieren. Eine Zensur ist verboten.

1 *Ordne jeder Aufgabe des Rechts (rot) die entsprechende Erklärung (blau) zu.*

2 *Welches Beispiel (schwarz) gehört zu welcher Aufgabe des Rechts?*

## Unabhängigkeit der Richter – ein wichtiger Grundsatz des Rechtsstaates ........

**Aus einem Interview mit einem Richter am Bundesverfassungsgericht:**

*Richter*

*Sie urteilen aber auch manchmal gegen den offensichtlichen Willen der Mehrheit?*

Nur weil über unseren Urteilen „Im Namen des Volkes" steht, müssen wir nicht der aktuellen Mehrheitsmeinung des Volkes entsprechen. Wir müssen vielmehr nach bestem Wissen und Gewissen der Verfassung des Volkes, dem Grundgesetz, entsprechen. Das ist der einzige Maßstab, den wir haben. Schutz von Grundrechten ist im Wesentlichen Schutz von Minderheiten. Die Mehrheit setzt sich – zugespitzt gesagt – zumeist auch ohne Grundrechtsschutz durch.

*(aus: PZ EXTRA/Dezember 1998, S. 20. Hg.: Bundeszentrale für politische Bildung, Bonn. Auszug aus einem PZ-Gespräch mit Bertold Sommer, Richter am Bundesverfassungsgericht. Das Gespräch führte Sandra Daßler.)*

# Unabhängige Richter

Mit einem Gesetz, das den Richter vom Staatsbeamten abgrenzt, wird die Selbstständigkeit der Dritten Gewalt garantiert.

Der Richter ist sachlich frei. Nur er leitet ein Gerichtsverfahren, nur er entscheidet. Keine Weisung kann ihn beeinflussen, kein Vorgesetzter beirren. (1) Renate Knauer, Richterin am Amtsgericht Duderstadt, nennt ein Beispiel aus der Praxis: Ein Fahrverbot in einer Bußgeldsache hatte allein sie zu entscheiden. Da half auch eine Petition an den Landtag nichts. (2)

Der Richter ist persönlich unabhängig. Er kann nicht ohne Zustimmung versetzt werden. (3) Kein Minister hat eine Chance gegen einen missliebigen Richter.

Doch die Unabhängigkeit, so erklärt der Göttinger Landgerichtspräsident Peter Götz von Olenhusen, ist kein Privileg. Sie schützt vielmehr den Rechtsuchenden vor dem Eingriff des Staates. An welchen Richter jemand gerät, wird nicht willkürlich bestimmt. In den Göttinger Strafverfahren zum Beispiel entscheidet ein Nummernprinzip nach Eingang der Fälle über die Zuständigkeiten. (4)

Auch wenn im deutschen Strafverfahren das Prinzip mündlicher Verhandlung herrscht, muss jeder Richter die Akten kennen. Für das Urteil nutzen darf er aber nur, was mündlich eingeführt wurde. Zugleich hat er die Pflicht, alles zu erforschen, was zu Lasten oder Gunsten des Angeklagten spricht. (5)

Richter sind zur Neutralität und Unvoreingenommenheit verpflichtet. Schon die Besorgnis der Befangenheit – nicht der Nachweis – reicht, einen Richter im Prozess abzulehnen. Privat gilt für ihn wie für Beamte das Mäßigungsgebot für politische Äußerungen.

Jürgen Gückel

*(aus: PZ Nr. 96/Dezember 1998, S. 11. Hg.: Bundeszentrale für politische Bildung, Bonn)*

1. *Im Text sind Sätze markiert, die für die Arbeit von Richtern wichtig sind. Warum sind sie wichtig?*
2. *Was ist der Kern der Aussage des Verfassungsrichters?*
3. *Die richterliche Unabhängigkeit ist ein wichtiger Grundsatz des Rechtsstaates. Begründe dies.*

## Weitere Grundsätze des Rechtsstaates

### Beschreibung dieser Grundsätze unseres Rechtsstaates

A ..........................................................................................
bedeutet, dass sich Regierung und Verwaltung mit ihren Maßnahmen streng an die Grundrechte und das geltende Recht halten müssen.

B ..........................................................................................
bedeutet, dass die Gesetze für alle gelten und ohne Ansehen der Person auf alle gleich angewandt werden.

C ..........................................................................................
bedeutet, dass die gesetzgebende Gewalt (Parlament), die vollziehende Gewalt (Regierung) und die Rechtsprechung voneinander unabhängig sind und sich gegenseitig kontrollieren.

D ..........................................................................................
bedeutet, dass die Rechtsvorschriften vorher bekannt sein müssen, damit sie eingehalten werden können. Daher darf niemand für eine Tat bestraft werden, die vorher nicht verboten war.

E ..........................................................................................
bedeutet, dass der Bürger einen Anspruch hat, sich an Gerichte zu wenden, wenn er sich ungerecht behandelt fühlt.

**Rechtsgleichheit**

**Rechtsschutz**

**Rechtssicherheit**

**Gewaltenteilung**

**Rechtsbindung**

**Fall 1** Das Grundgesetz soll so geändert werden, dass Gesetze, die vom Bundestag mit Zweidrittelmehrheit beschlossen wurden, nicht mehr vom Bundesverfassungsgericht daraufhin überprüft werden können, ob sie den Grundrechten entsprechen.

**Fall 2** Obwohl das Grundrecht auf freie Berufswahl besteht, will das zuständige Ministerium den Zugang zu einigen Berufen für Frauen verbieten.

**Fall 3** Ein Schüler ist der Meinung, das Abschlusszeugnis sei ihm zu Unrecht – weil einige Lehrer ihn nicht mochten – verweigert worden. Die Eltern erhalten von der Schulbehörde die Auskunft, sie könnten nichts dagegen unternehmen.

**Fall 4** Ein bekannter und beliebter Filmstar hat in seiner Steuererklärung offensichtlich falsche Angaben gemacht. Es wird aber vom Finanzamt wegen seiner Beliebtheit großzügig behandelt.

**Fall 5** Nachdem einige aufsehenerregende tödliche Unfälle wegen starker Überschreitung der Geschwindigkeit passiert sind, sollen die Rechtsvorschriften zum Führerscheinentzug verschärft und auf Schuldige in den geschehenen Fällen angewendet werden.

**1** *Ordne die fünf weiteren Grundsätze unseres Rechtsstaates (Rechtsgleichheit, Rechtsschutz, Rechtssicherheit, Gewaltenteilung, Rechtsbindung) den Beschreibungen A bis E zu.*

**2** *Welcher Fall würde gegen welchen Grundsatz verstoßen?*

# Menschenrechte im Grundgesetz

## Menschenrechte – Grundlage unserer Rechtsordnung

Jeder Mensch hat Rechte, die ihm von Natur aus zustehen, ihm angeboren sind. Wenn Menschenrechte in Verfassungen als grundlegende Rechte des Einzelnen schriftlich festgehalten sind, spricht man von Grundrechten. In der Verfassung der Bundesrepublik Deutschland, dem Grundgesetz, sind die Menschenrechte an erster Stelle in dem Abschnitt „Die Grundrechte" (Artikel 1 bis 19) aufgeführt. Das Grundgesetz nennt auch in weiteren Artikeln Rechte des Einzelnen, die als „grundrechtsgleiche Bestimmungen" bezeichnet werden.

Die Grundrechte, also die Menschenrechte, bilden die Grundlage unserer Rechtsordnung. Von ihrer Zielrichtung her können Grundrechte in drei Gruppen eingeteilt werden:
- **Unverletzlichkeitsrechte** bieten Schutz vor staatlichen Übergriffen.
- **Freiheitsrechte** schützen die persönliche Freiheit und garantieren die Teilnahme an der politischen Willensbildung.
- **Gleichheitsrechte** zielen darauf ab, dass alle Personen gleich behandelt werden.

1

2

3

### Auszug aus dem Grundgesetz

| | |
|---|---|
| Art. 1: | Die Menschenwürde steht unter dem Schutz des Staates |
| Art. 2: | Recht auf Leben, körperliche Unversehrtheit und freie Entfaltung der Persönlichkeit |
| Art. 3: | Recht auf Gleichheit vor dem Gesetz und Gleichberechtigung von Mann und Frau |
| Art. 4: | Recht auf Glaubens- und Gewissensfreiheit |
| Art. 5: | Recht auf freie Meinungsäußerung und ungehinderte Information |
| Art. 6: | Schutz von Ehe und Familie; Elternrecht auf Erziehung |
| Art. 7: | Schule und Staat; Eltern bestimmen über Teilnahme am Religionsunterricht |
| Art. 8: | Versammlungsfreiheit |
| Art. 9: | Recht, Vereine und Gesellschaften zu bilden |
| Art. 10: | Unverletzlichkeit des Brief-, Post- und Fernmeldegeheimnisses |
| Art. 11: | Recht auf Freizügigkeit in der Bundesrepublik |
| Art. 12: | Recht auf freie Wahl des Berufs und des Arbeitsplatzes |
| Art. 13: | Unverletzlichkeit der Wohnung |
| Art. 14: | Gewährleistung des Eigentums und des Erbrechts |
| Art. 15: | Möglichkeit der Vergesellschaftung von Privateigentum gegen Entschädigung |
| Art. 16: | Recht auf Staatsangehörigkeit und Schutz vor Auslieferung an das Ausland; Asylrecht für politisch Verfolgte |
| Art. 17: | Recht, Bitten und Beschwerden an das Parlament zu richten |
| Art. 18: | Verwirkung von Grundrechten, wenn sie zum Kampf gegen die Demokratie missbraucht werden |
| Art. 19: | Recht, ein Gericht anzurufen, wenn man sich durch die öffentliche Gewalt in seinen Rechten verletzt fühlt |
| Art. 20: | Recht zum Widerstand gegen jeden, der die freiheitliche-demokratische Ordnung beseitigen will |
| Art. 33: | Jeder Deutsche hat die gleichen staatsbürgerlichen Rechte und Pflichten |
| Art. 38: | Wahlrecht; Gleichheit der Stimme |
| Art. 101: | Anspruch auf den gesetzlichen Richter |
| Art. 103: | Anspruch auf Gehör vor Gericht |
| Art. 104: | Schutz vor willkürlicher Verhaftung |

## 8 Fälle

Grundrechte können nicht schrankenlos gelten. Der Artikel 2 des Grundgesetzes nennt die Grenzen des Rechtsanspruchs auf freie Entfaltung der Persönlichkeit: Man darf nicht gegen die Rechte anderer, die verfassungsmäßige Ordnung und die Sittengesetze verstoßen. Solche Einschränkungen dürfen jedoch nur aufgrund von Gesetzen erfolgen, die keinesfalls ein Grundrecht in seinem Wesensgehalt antasten dürfen.

1 Frau Schwarz hat beim sonntäglichen Kaffee vergessen, die brennende Kerze zu löschen. Während sie nun durch den Stadtpark spaziert, brennt es in ihrer Wohnung. Die Nachbarn, durch den Brandgeruch aufmerksam geworden, brechen die Wohnungstür auf.

2 Der notwendige Erweiterungsbau einer Schule verzögert sich, weil ein Grundstückseigentümer nicht verkaufen will. Die Stadt will das Grundstück nun enteignen lassen.

3 Herr Rittberger beschäftigt sich seit vielen Jahren mit dem Steuerrecht. Nun will er ein Steuerberatungsbüro eröffnen. Da erfährt er, dass er vorher bestimmte Prüfungen ablegen muss. Herr Rittberger regt sich auf: Das sei ein Verstoß gegen sein Grundrecht auf freie Berufswahl!

4 Die 19-jährige Susanne wohnt während der Ausbildung bei einer Tante in der Stadt. Diese ist bestürzt, als eines Tages an Susanne ein Brief mit dem Absender „Justizbehörde" kommt. Ob Susanne in Schwierigkeiten geraten ist, die sie nicht erzählen will? Die besorgte Tante öffnet den Brief, schließlich will sie ihrer Nichte ja helfen.

5 Ein Tennisclub will die Anzahl seiner Spielplätze vergrößern. Die angrenzenden Gartenbesitzer sind bereit, ihr Gelände zu verkaufen – bis auf einen. Obwohl der Tennisclub einen guten Preis bietet, will er seinen Garten behalten. Die Mitglieder des Clubs wollen den Gartenbesitzer nun enteignen lassen.

6 Das Jugendamt hat festgestellt, dass die Eltern sich kaum um den kleinen Stefan kümmern und ihn verwahrlosen lassen. Jetzt soll er in ein Heim kommen. Die Eltern protestieren heftig.

7 Herr Schneider ist in den Verdacht geraten, einer internationalen Bande von Geldfälschern anzugehören. Sein Telefon wird deshalb von der Polizei überwacht.

8 Frau Schulz besitzt eine 2-Zimmer-Wohnung, die sie an Herrn Sahin vermietet hat. Sie hat den Verdacht, dass Herr Sahin die Wohnung nicht genug pflegt. Da sie einen Schlüssel zur Wohnung hat, will sie nun nachsehen, ob er mit seinen Zigaretten Brandflecken in den Teppichboden macht.

4

5

1 *Die fünf Fotos weisen auf bestimmte Grundrechte hin. Ordne jedes Foto dem entsprechenden Artikel zu.*

2 *Welche Artikel des Grundgesetzes enthalten Unverletzlichkeitsrechte, welche Freiheitsrechte, welche Gleichheitsrechte? Notiere die Nummern der Artikel, bei denen du das entscheiden kannst.*

3 *Mit welchen Grundrechten haben die acht Fälle oben zu tun? Lies in einer Textausgabe des Grundgesetzes die betreffenden Artikel. Notiere dann, ob die im Fall beschriebene Einschränkung zulässig ist oder nicht.*

4 *Wähle zwei Fälle aus, in denen eine Einschränkung des betreffenden Grundrechts zulässig ist. Wie kommt in den Artikeln zum Ausdruck, dass diese Einschränkung zulässig ist?*

## Datenschutz – ein neues Grundrecht

Daten wurden schon immer gesammelt, in der Vergangenheit z. B. als Notizen von Schreibern, als Eintragungen in Kirchenbüchern, als handgeschriebene Vermerke auf Karteikarten von Verwaltungen. Diese Art, personenbezogene Daten manuell zu erheben, erschien in der Vergangenheit als wenig bedrohlich, denn der Zugriff war umständlich und zeitraubend.

Dies hat sich durch die Entwicklung der neuen Informations- und Kommunikationstechniken in den letzten Jahrzehnten dramatisch verändert. Durch die Vernetzung von Datenbanken und den sekundenschnellen Austausch vorhandener Daten entstand das Schreckgespenst des „gläsernen Bürgers", des Menschen also, dessen privater Bereich für jede interessierte Stelle mittels Datenverarbeitung offenliegt. Gleichzeitig mit den technischen Möglichkeiten stieg der Informationsbedarf staatlicher und privater Stellen. Dies alles führte zu Überlegungen, wie man den Umgang mit personenbezogenen Daten rechtlich steuern kann.

Von großer Bedeutung für die Entwicklung des Datenschutzes wurde 1983 das Urteil des Bundesverfassungsgerichtes zum Volkzählungsgesetz. Die Karlsruher Richter gingen vom Grundrecht der freien Entfaltung der Persönlichkeit aus und formulierten das Prinzip der „informationellen Selbstbestimmung": „Das Grundrecht gewährleistet insoweit die Befugnis des Einzelnen, grundsätzlich selbst über die Preisgabe und Verwendung seiner persönlichen Daten zu bestimmen."

Gesetzliche Bestimmungen folgten, z. B. im Bundesdatenschutzgesetz von 1991, das auch die Rechte des betroffenen Bürgers klarstellt. In Rheinland-Pfalz wurde ein eigenes Gesetz zum Datenschutz erlassen.

**Landesdatenschutzgesetz Rheinland-Pfalz**

**§ 1**

Zweck dieses Gesetzes ist es, das Recht einer jeden Person zu schützen, grundsätzlich selbst über die Preisgabe und Verwendung ihrer personenbezogenen Daten zu bestimmen. (...)

**Datenschutz: Rechte des Betroffenen**

Auskunft

Löschung

A … in das Dateienregister, in dem alle automatisierten Dateien von Behörden geführt werden.

B … der zu seiner Person gespeicherten Daten, wenn sie unrichtig sind.

C … gespeicherter Daten, wenn sich weder deren Richtigkeit noch Unrichtigkeit feststellen lässt.

Berichtigung

E … über die zu seiner Person gespeicherten Daten.

D … des Bundes- oder Landesbeauftragten für den Datenschutz und anderer Kontrollinstanzen.

Einsicht

Sperrung

F … durch jede nicht-öffentliche Stelle, die Daten ohne seine Kenntnis verarbeitet.

Benachrichtigung

H … der zu seiner Person gespeicherten Daten, wenn die Speicherung unzulässig war.

Anrufung

G … bei unrichtiger oder unzulässiger Datenverarbeitung.

Schadensersatz

Wer sich in seinen Datenschutzrechten beeinträchtigt fühlt, braucht einen Ansprechpartner, an den er sich wenden kann. Daher gibt es einen Bundesbeauftragten für den Datenschutz und Länderbeauftragte. Der Bundesbeauftragte für den Datenschutz hat seinen Sitz in Bonn. Er ist zuständig für bundesweite Fragen zum Datenschutz, z. B. bei Regelungen zur elektronischen Gesundheitskarte oder wenn es um die Einhaltung datenschutzrechtlicher Vorgaben bei der LKW-Maut auf Autobahnen geht.
Der Landesbeauftragte für den Datenschutz Rheinland-Pfalz hat seinen Sitz in: 55116 Mainz, Deutschhausplatz 12, Telefon 06131/2082449. An ihn kann sich jeder wenden, wenn er glaubt, bei der Verarbeitung seiner persönlichen Daten durch eine Stelle des Bundeslandes Rheinland-Pfalz in seinen Rechten verletzt worden zu sein. In regelmäßigen Abständen erstattet der Landesbeauftragte dem Landtag einen Bericht über seine Tätigkeit.

*Sie ist ja wirklich qualifiziert, aber sie hat 15 Semester studiert statt 10. Und das 9. Schuljahr musste sie einmal wiederholen. Außerdem hat sie am Volkszählungsboykott teilgenommen, als sie 25 war. Und ihr Mann hat durch Trunkenheit am Steuer den Führerschein verloren. Was meinen Sie, Herr Kollege?*

*(aus: PC-profi, Hg.: Deutscher Sparkassenverlag, Stuttgart 1989. Zeichnung: Berger)*

## „Mehr Datenschutz für Online-Generation"

Landesbeauftragter Wagner warnt vor argloser Preisgabe persönlicher Daten im Internet

**MAINZ (nob). Die Privatsphäre und der Datenschutz werden immer mehr durch neue Gesetze ausgehöhlt. Dies kritisierte der rheinland-pfälzische Datenschutzbeauftragte Edgar Wagner gestern bei der Vorlage seines Datenschutzberichts in Mainz. Den Verwaltungen im Land bescheinigte Wagner hingegen ein gutes „Datenschutzbewusstsein". Er warnte vor der arglosen Preisgabe persönlicher Daten im Internet.**

Nach Ansicht Wagners muss für Aufklärung und Schutz junger Leute mehr getan werden. Viele Angehörige der „Online-Generation" präsentierten sich mit persönlichen Daten im Internet, ohne über die möglichen negativen Folgen informiert zu sein. Als Beispiel nannte der Datenschutzbeauftragte des Landes Netzwerke wie das Studentenverzeichnis „studivz" mit sechs Millionen Teilnehmern nur drei Jahre nach seinem Start.
Die Online-Profile seien oft über viele Jahre abrufbar, selbst wenn die Teilnehmer ihre ursprünglichen Einträge löschten, warnte Wagner. Dies könne zum Beispiel bei der Suche nach einer Arbeitsstelle von Nachteil sein. Immer mehr Arbeitgeber informierten sich, was über einen Bewerber im Internet zu finden sei.
Der rheinland-pfälzische Datenschutzbeauftragte ist für den so genannten öffentlichen Datenschutz zuständig, soll also beobachten und kontrollieren, wie Landtag, Regierung und Verwaltung mit den Daten der Bürger umgehen. Dafür stehen zwölf Mitarbeiter zur Verfügung. (...)
In dem alle zwei Jahre erscheinenden Datenschutzbericht beklagt der Landesbeauftragte eine aus seiner Sicht zunehmende Bereitschaft des Gesetzgebers, die Ziele des Datenschutzes denen der inneren Sicherheit unterzuordnen. Dabei würden selbst Kernbereiche des Schutzes der Privatsphäre und des Rechts auf informationelle Selbstbestimmung angetastet. Oft zögen nur noch die Verfassungsgerichte Grenzen.
Den rheinland-pfälzischen Verwaltungen hingegen stellte Wagner ein gutes Zeugnis aus. Nur sechs förmliche Beanstandungen haben die Datenschützer in den vergangenen zwei Jahren ausgesprochen. (...)

*(aus: Die Rheinpfalz, 19. 12. 2007)*

1. *Überlege: Welches Amt, welche Stelle wird wohl Daten über dich gespeichert haben?*
2. *Warum sind Regelungen zum Datenschutz erforderlich?*
3. *In dem Kasten auf Seite 118 geht es um Datenschutzrechte. Welcher Begriff gehört zu welcher erläuternden Ergänzung?*
4. *Was will die Karikatur ausdrücken?*
5. *Was macht dem rheinland-pfälzischen Datenschutzbeauftragten Sorgen? Warum?*

# Methode: Karikaturenrallye

## Thema: Recht

(Ernst Hürlimann / CCC, www.c5.net)

Eine Karikatur ist ein zeichnerisch gestalteter Kommentar zu politischen, wirtschaftlichen oder gesellschaftlichen Streitfragen. Dabei versucht der Zeichner durch seine übertreibende Darstellung auf ein Problem hinzuweisen, Stellung zu beziehen bzw. Kritik auszudrücken.

Bei einer Karikaturenrallye werden zu einem Thema verschiedene Karikaturen untersucht. Durch die unterschiedlichen Darstellungen wird man auf verschiedene Aspekte aufmerksam gemacht und erfährt so mehr über das Thema.

(Haus der Geschichte, Bonn / Jupp Wolter)

**Vorbereitung**
Die Karikaturen werden vergrößert und dann an verschiedenen Stellen im Klassenzimmer ausgehängt. Die Klasse teilt sich in Kleingruppen entsprechend der Anzahl der ausgewählten Karikaturen auf.

**Durchführung**
Jede Kleingruppe begibt sich zu einer der Karikaturen und untersucht sie nach diesen Gesichtspunkten:
- Um welches Problem, welchen Sachverhalt geht es in der Karikatur?
- Mit welchen zeichnerischen und textlichen Mitteln stellt der Karikaturist das Problem dar?
- Was bringt die Karikatur zum Ausdruck?

Die Ergebnisse werden stichwortartig notiert. Nach einer festgelegten Zeit gehen die Kleingruppen zur nächsten Karikatur weiter.

**Auswertung**
Im gemeinsamen Auswertungsgespräch tragen die Gruppen zu jeder Karikatur vor, was sie sich notiert haben. Der Vergleich zeigt, wie die Karikaturen von den verschiedenen Gruppen gedeutet wurden und ob es Unterschiede gibt.

(Zeichnung: © Marie Marcks, Heidelberg)

(Fritz Wolf / CCC, www.c5.net)

(Horst Heitzinger / CCC, www.c5.net)

*Führt eine Karikaturenrallye zum Thema „Recht“ durch.*

# Das Wichtige in Kürze

**Rechtsordnung**

Menschen leben in Gemeinschaften zusammen. Dazu ist es erforderlich, dass Vorschriften und Verabredungen das Verhalten der Menschen regeln. Verhaltensregeln können sich aus überlieferten Lebensgewohnheiten, Glaubens- und Moralvorstellungen ergeben. Die Einhaltung solcher sozialer Normen wird zwar erwartet, man ist dazu jedoch nicht verpflichtet. Anders ist es beim Recht: Damit sind die Verhaltensvorschriften gemeint, deren Einhaltung für alle verbindlich vorgeschrieben ist. Die Rechtsvorschriften setzen den Rahmen für die Ordnung des Zusammenlebens. Alle Menschen eines Landes sind dieser Rechtsordnung unterworfen.

**Bedeutung des Rechts**

In einer Gesellschaft gibt es unterschiedliche Interessen, die zu Konflikten führen. Das Recht ermöglicht es, diese Konflikte in geregelten Verfahren auf friedliche Weise auszutragen. So sichert das Recht den inneren Frieden. Weitere Aufgaben des Rechts sind, die Freiheit des Einzelnen zu gewährleisten, durch Regeln die Beziehungen zwischen den Menschen zu ordnen und die Entwicklung der Gesellschaft zu gestalten.

**Gewaltmonopol des Staates**

Der Staat ist verpflichtet, die Geltung des Rechts notfalls mit Gewalt zu erzwingen. Dafür stehen ihm besondere Einrichtungen zur Verfügung, wie z. B. die Gerichte, Polizei, Verwaltung. Nur der Staat ist berechtigt Gewalt auszuüben. Dieses staatliche Gewaltmonopol verhindert eine Herrschaft der Stärkeren und sichert so die Freiheit und das friedliche Zusammenleben der Bürgerinnen und Bürger.

**Kennzeichen des Rechtsstaates**

Durch die Rechtsordnung und sein Gewaltmonopol übt jeder Staat Macht über seine Bürger aus. Um einem Missbrauch vorzubeugen, wird in einer Demokratie die staatliche Macht durch Grundrechte eingeschränkt. So ist in einem Rechtsstaat immer eine gesetzliche Grundlage notwendig, wenn die Freiheit der Menschen beeinträchtigt wird. Rechtsgleichheit, Rechtsschutz, Rechtssicherheit, richterliche Unabhängigkeit, Rechtsbindung und Gewaltenteilung sind Kennzeichen eines Rechtsstaates.

**Grundrechte im Grundgesetz**

Wenn Menschenrechte in Verfassungen als grundlegende Rechte des Einzelnen schriftlich festgehalten sind, spricht man von Grundrechten. In der Verfassung der Bundesrepublik Deutschland, dem Grundgesetz, sind sie an erster Stelle in dem Abschnitt „die Grundrechte" aufgeführt. Das Grundgesetz nennt in weiteren Abschnitten Rechte des Einzelnen, die als „grundrechtsgleiche Bestimmungen" bezeichnet werden.

**Datenschutz**

Von jedem Menschen sind bei vielen Stellen Daten gespeichert. Um diese personenbezogenen Daten vor Missbrauch bei ihrer Verwendung zu schützen, wurden rechtliche Regelungen zum Datenschutz erlassen. Grundregel des Datenschutzes ist, dass die Verarbeitung und Nutzung persönlicher Daten nur aufgrund einer Einwilligung des Betroffenen oder einer gesetzlichen Erlaubnis zulässig sind. Auf Bundesebene und auf Länderebene kontrollieren unabhängige Beauftragte die Einhaltung des Datenschutzes. An sie können sich die Bürger und Bürgerinnen wenden, wenn sie sich in ihren Datenschutzrechten verletzt fühlen.

## Der Zivilprozess

Rechtsstreitigkeiten zwischen Privatleuten werden in Zivilprozessen entschieden. Bei Streitigkeiten mit einem Wert bis 5000 € ist das Amtsgericht zuständig, bei einem höheren Streitwert das Landgericht. Die Familiengerichte bei den Amtsgerichten sind zuständig für Ehescheidungen und damit zusammenhängende Fragen, z. B. elterliche Sorge für die Kinder aus geschiedenen Ehen.

Beim Amtsgericht kann man die Klage entweder selbst schriftlich einreichen oder sie mündlich zu Protokoll geben. Beim Landgericht muss die Klage schriftlich durch einen Anwalt eingereicht werden. Aus der Klage muss hervorgehen, wen der Kläger verklagt, worum der Streit geht, wie der Anspruch begründet wird und welchen Antrag der Kläger stellt. Der Richter prüft, ob die Behauptungen des Klägers den Klageantrag rechtfertigen. Dann setzt er einen Verhandlungstermin fest und stellt dem Beklagten die Klageschrift zu.

Kläger und Beklagter – auch „Parteien" genannt – stehen sich bei der mündlichen Verhandlung gleichberechtigt gegenüber. Das Gericht darf sich zur Wahrheitsfindung nur auf das stützen, was die beiden Parteien vorbringen (Zeugenaussagen, Gutachten usw.); es darf also nicht von sich aus Nachforschungen anstellen.

Ein Zivilprozess kann vor einem Urteil auch auf andere Weise beigelegt werden:

- Oft schließen Kläger und Beklagter während des Rechtsstreites einen Vergleich und legen den Streitfall durch gütliche Einigung bei.
- Der Kläger kann mit Zustimmung des Beklagten die Klage zurücknehmen.
- Der Beklagte macht die Klage gegenstandslos, z. B. indem er die geforderte Summe bezahlt.

Kommt es jedoch zu einem Urteil, dann muss das Gericht entscheiden, ob der Klage ganz oder teilweise stattgegeben oder ob sie abgewiesen wird. Im Urteil sind die Gründe aufgeführt, die für die Entscheidung des Gerichts maßgeblich waren. Im Urteil steht auch, welcher der Prozessbeteiligten die Kosten des Rechtsstreites zu tragen hat.

### Der Gang eines Zivilverfahrens

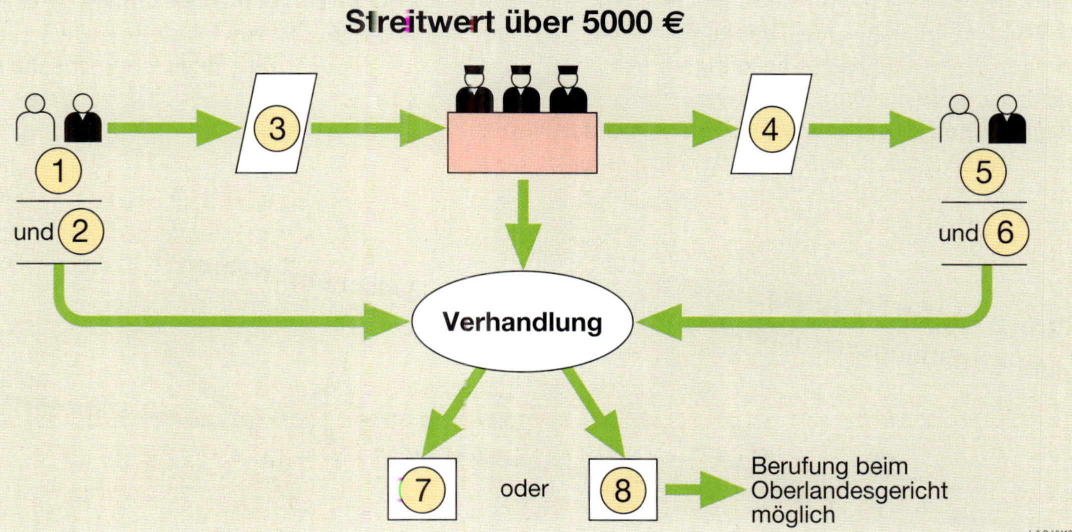


*1 Worum kann es in einem Zivilprozess gehen? Notiere drei typische Beispiele.*
*2 Vervollständige das Ablaufschema. Benutze dazu das Arbeitsblatt oder notiere zu jeder Ziffer in der Grafik den Begriff, der an diese Stelle gehört.*

## Der Strafprozess

Eine strafbare Handlung wird grundsätzlich vom Staat verfolgt. Die Polizei hat die Pflicht, alle Straftaten der Staatsanwaltschaft zu melden. Jeder, der von einer strafbaren Handlung erfährt, kann eine Strafanzeige erstatten.

Im **Vor- oder Ermittlungsverfahren** prüft die Staatsanwaltschaft, ob es sich wirklich um eine Straftat handelt und wer der mutmaßliche Täter ist. Zu diesen Ermittlungen beauftragt die Staatsanwaltschaft die Polizei. Während des Ermittlungsverfahrens kann die Staatsanwaltschaft beim Ermittlungsrichter beantragen, den Beschuldigten in Untersuchungshaft zu nehmen, z. B. bei Fluchtgefahr. Auch Maßnahmen wie z. B. die Durchsuchung der Wohnung, die Beschlagnahme von Gegenständen oder die Überwachung des Telefons müssen vom Ermittlungsrichter genehmigt werden.

Die Staatsanwaltschaft ist verpflichtet, bei ihren Ermittlungen nicht nur belastende, sondern auch entlastende Gesichtspunkte zu berücksichtigen. Wenn der Verdacht begründet erscheint, erhebt die Staatsanwaltschaft beim zuständigen Gericht Anklage. Grundsätzlich kann nur die in der Anklageschrift beschriebene Tat später Gegenstand der Gerichtsverhandlung und des Urteils sein. Bei weniger gewichtigen Straftaten kann die Staatsanwaltschaft, statt Klage zu erheben, unter bestimmten Voraussetzungen einen Strafbefehl beantragen, den das Gericht dann ohne Hauptverhandlung erlässt. Die weitaus größte Zahl der Ermittlungsverfahren endet mit der Einstellung, z. B. wenn der Täter nicht ermittelt werden kann oder wenn sich kein hinreichender Verdacht ergeben hat. Das Verfahren kann auch eingestellt werden, wenn die Schuld des Täters gering ist und kein Interesse der Allgemeinheit an der Strafverfolgung besteht. Das zuständige Gericht muss damit jedoch einverstanden sein.

Im **Zwischenverfahren** prüft das zuständige Gericht die Anklageschrift der Staatsanwaltschaft und entscheidet, ob ein hinreichender Verdacht auf eine strafbare Handlung vorliegt. Wenn nicht, lehnt das Gericht eine Verhandlung ab.

Ist jedoch mit Wahrscheinlichkeit eine Verurteilung zu erwarten, dann eröffnet das Gericht das sogenannte Hauptverfahren und setzt den Termin für die Hauptverhandlung fest.

Die Verhandlung im **Hauptverfahren** ist grundsätzlich öffentlich, allerdings können die Zuhörer in bestimmten Fällen ausgeschlossen werden. Die Verhandlung beginnt mit der Vernehmung des Angeklagten zur Person, dann verliest der Staatsanwalt die Anklage. Bevor der Richter den Angeklagten zu den Vorwürfen befragt, belehrt er ihn über sein Recht zur Aussageverweigerung. Wenn er will, kann der Angeklagte sich durch einen Rechtsanwalt verteidigen lassen. Wenn es um eine Straftat geht, die mit einer Freiheitsstrafe von mindestens einem Jahr geahndet wird, ist ein Verteidiger vorgeschrieben.

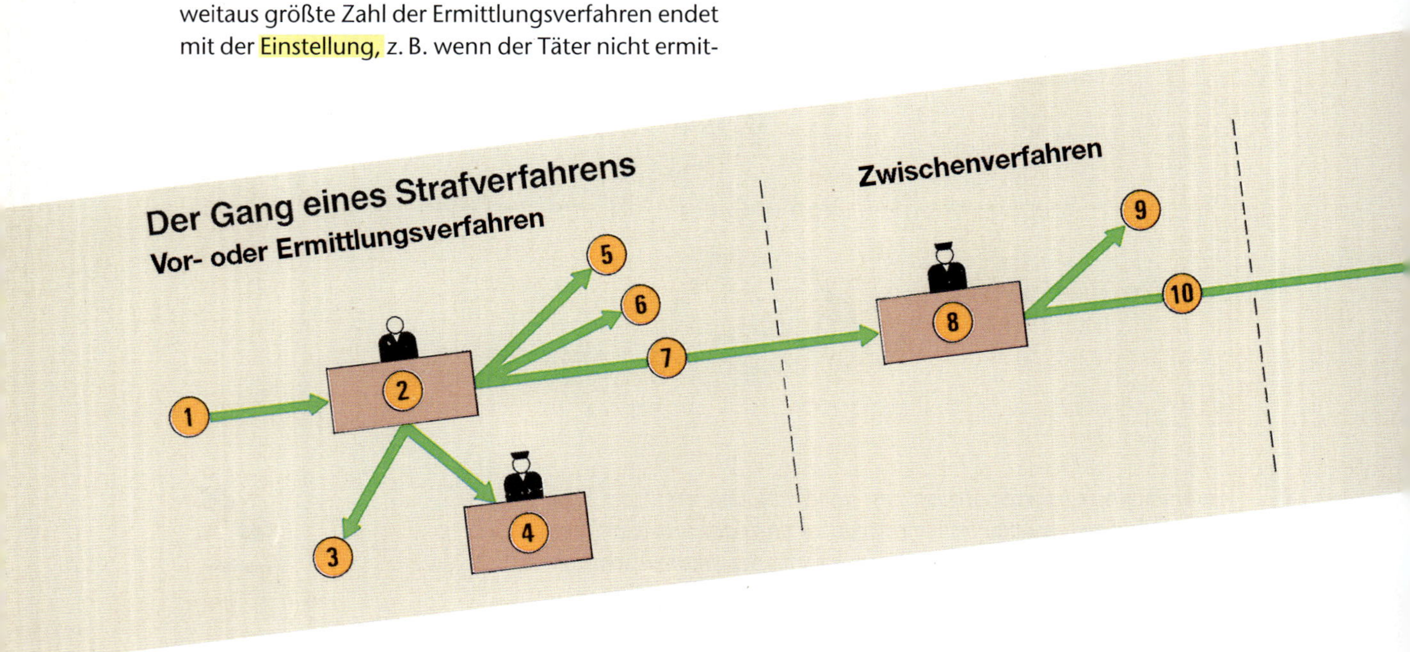

Die Beweisaufnahme ist ein wichtiger Teil der Hauptverhandlung. Oft werden Zeugen vernommen. Sie sind verpflichtet die Wahrheit zu sagen und müssen damit rechnen, dass sie ihre Aussage beschwören müssen. Wer bewusst eine falsche Aussage beschwört, macht sich wegen Meineid strafbar. Auch aus Nachlässigkeit falsch gemachte Zeugenaussagen werden bestraft. Zur Beweisaufnahme können auch die Vernehmung von Sachverständigen oder die Besichtigung des Tatortes gehören.

Nach der Beweisaufnahme kommt zuerst der Staatsanwalt, dann der Verteidiger zu Wort. Beide tragen in ihren Schlussreden dem Gericht ihre Ansicht über den Fall vor und beantragen eine bestimmte Strafe oder Freispruch. Danach erhält der Angeklagte grundsätzlich noch einmal das Wort. Das Gericht zieht sich dann zur nichtöffentlichen Urteilsberatung zurück. Zum Schluss der Hauptverhandlung verkündet der Vorsitzende Richter „Im Namen des Volkes“ das Urteil und begründet es. Das Urteil kann entweder eine bestimmte Strafe aussprechen, auf Freispruch lauten oder die Einstellung des Verfahrens anordnen. Werden innerhalb einer Woche keine Rechtsmittel eingelegt, wird das Urteil also nicht angefochten, dann ist es rechtskräftig.

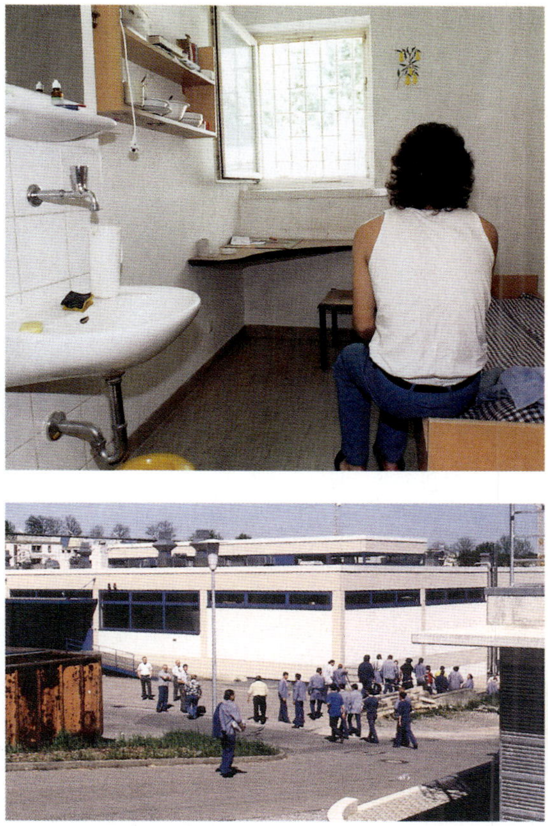

*Zelle und Außenbereich in einer Strafvollzugsanstalt*

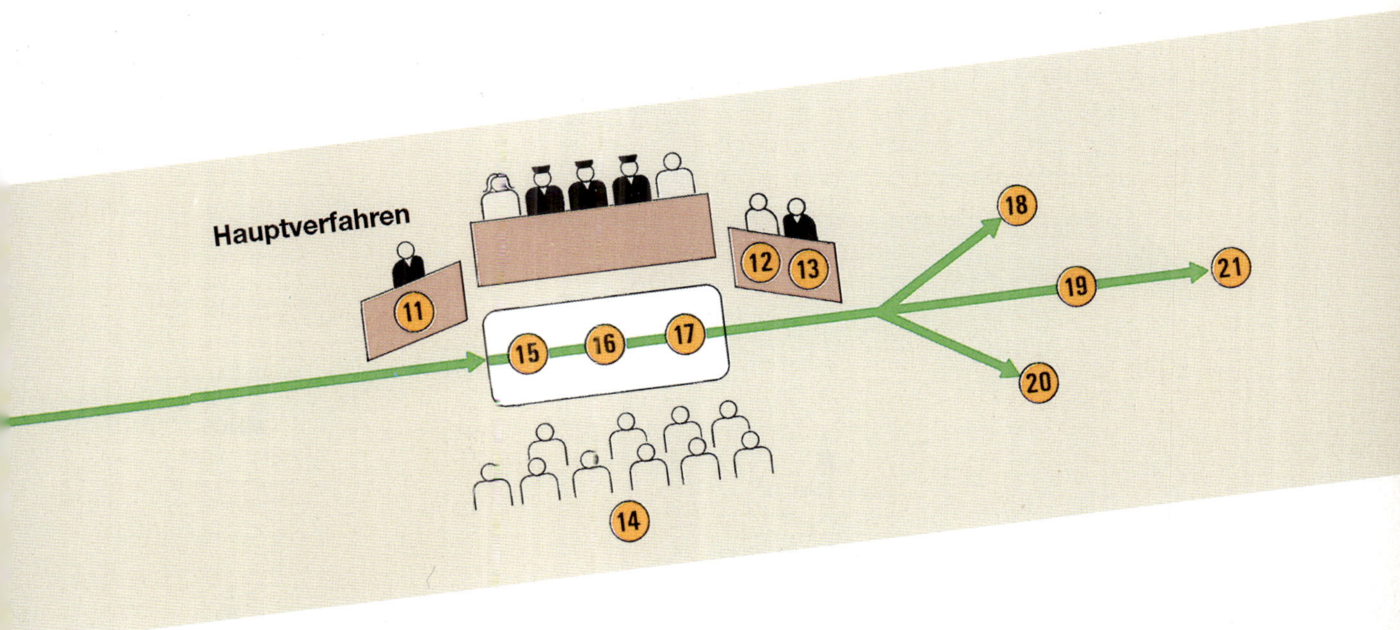


1 *Notiere in deinem Heft zu jeder Ziffer in der Grafik eines der gelb unterlegten Stichwörter.*

2 *Warum muss jeder Schritt in einem Strafverfahren genau festgelegt sein?*

## Aufbau der Gerichtsbarkeit

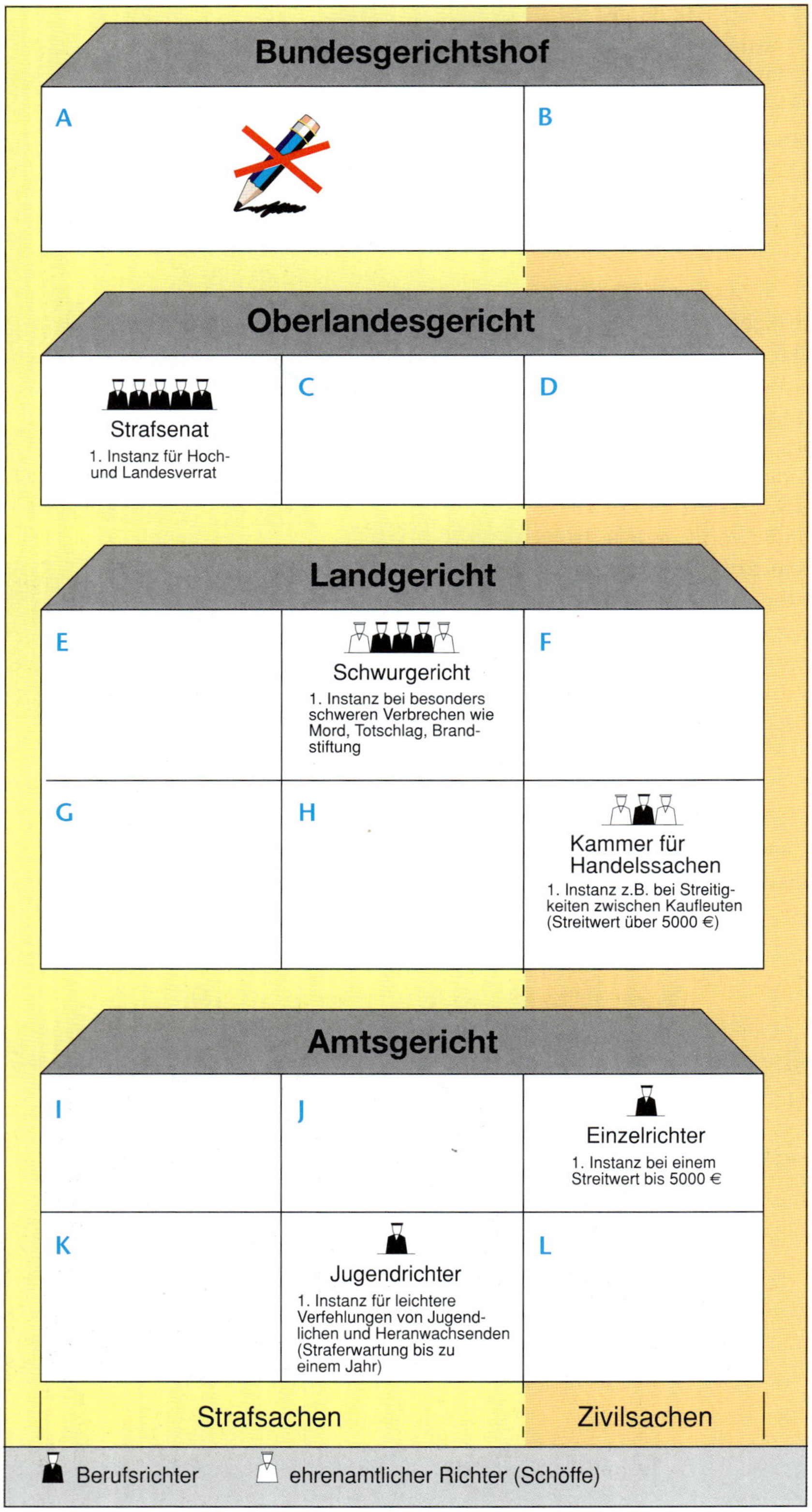


**1 Jugendkammer**
zuständig wie Schwurgericht bei Jugendlichen und Heranwachsenden; Berufungsinstanz gegen Urteile des Jugendrichters und Jugendschöffengerichts

**2 Zivilkammer**
1. Instanz bei einem Streitwert über 5000 €; Berufungsinstanz gegen Urteile des Einzelrichters

**3 Familienrichter**
1. Instanz bei Ehescheidungen und daraus folgenden Streitfällen

**4 Strafsenat**
Revisionsinstanz für Landgerichte und Urteile des Oberlandesgerichts bei Hoch- und Landesverrat

**5 Zivilsenat**
Berufungsgericht gegen Urteile der Landgerichte und des Familienrichters am Amtsgericht

**6 Schöffengericht**
1. Instanz für Vergehen und Verbrechen (Straferwartung bis zu 3 Jahre)

**7 Strafsenat**
Revisionsinstanz für Amtsgerichte

**8 Kleine Strafkammer**
Berufungsinstanz gegen Urteile des Einzelrichters am Amtsgericht

**9**

Große Strafkammer

1. Instanz für Verbrechen (Straferwartung über 3 Jahre); Berufungsinstanz gegen Urteile des Schöffengerichts

**11**

Zivilsenat

Revisionsinstanz für Berufungsurteile des Oberlandesgerichts (Streitwert über 30.000 € bzw. grundsätzliche Bedeutung)

**10**

Jugendschöffengericht

1. Instanz für schwere Verfehlungen von Jugendlichen und Heranwachsenden

**12**

Einzelrichter

1. Instanz für Ordnungswidrigkeiten und leichtere Vergehen (Straferwartung bis zu einem Jahr)

Eine gerichtliche Entscheidung in einem Rechtsstreit oder in einem Strafverfahren ist erst dann endgültig, wenn sie rechtskräftig geworden ist, wenn das Urteil also nicht durch eine Berufung oder Revision angefochten wird. Damit ist die Möglichkeit gemeint, ein Urteil durch ein höheres Gericht nachprüfen zu lassen. Grundsätzlich kann diese Nachprüfung von der Staatsanwaltschaft wie auch von der Verteidigung verlangt werden.

Bei einer Berufung wird der Fall nochmals verhandelt. Es können dabei neue Tatsachen und Beweismittel vorgebracht werden.

Bei einer Revision wird der Fall nicht neu verhandelt. Es wird nur noch nachgeprüft, ob die Regeln der Strafprozessordnung eingehalten und ob die Strafgesetze richtig angewendet wurden.

(Fritz Wolf/CCC, www.c5.net)

**Fall 1** Frau Schuster wurde wegen Diebstahl verurteilt, hat aber Berufung eingelegt.

**Fall 2** Zwei 18-jährige Skinheads werden beschuldigt, einen Obdachlosen zu Tode geprügelt zu haben.

**Fall 3** Eine Mitarbeiterin des Verfassungsschutzes ist wegen Spionage angeklagt.

**Fall 4** Der Geschäftsführer eines Betriebs verlangt von einem Lieferanten Schadenersatz in Höhe von 15 000 € wegen verspäteter Lieferung.

**Fall 5** Winklers sind geschieden und streiten sich über das Sorgerecht für ihren dreijährigen Sohn.

**1** *Welches Gericht gehört an welche Stelle in der Übersicht auf Seite 126? Achte bei der Zuordnung darauf, ob es sich um ein Gericht für Strafsachen oder Zivilsachen handelt.*

**2** *Welches Gericht ist für welchen der fünf beschriebenen Fälle zuständig?*

**3** *Warum ist die Möglichkeit der Berufung oder Revision wichtig?*

**4** *Was will die Karikatur ausdrücken?*

*Eingangsbereich des Bundesgerichtshofs (BGH) in Karlsruhe*

# Methode: Beobachtung

## Thema: Gerichtsverhandlung

Verhandlungen gegen Jugendliche sind grundsätzlich nicht öffentlich. Schulklassen können den Ablauf eines Strafprozesses jedoch bei einer Verhandlung gegen einen Erwachsenen kennen lernen. Meist werden dazu in einem Amtsgericht Verhandlungen vor einem Einzelrichter oder vor einem Schöffengericht besucht. Ein Prozess kann mitunter lange dauern, sodass man nur einen Teil der Verhandlung beobachten kann. Dann sollte man sich durch Nachfragen informieren, wie der Prozess ausgegangen ist. Eine Möglichkeit dazu besteht darin, den Richter zu einem Gespräch in den Unterricht einzuladen. Die Übersicht zeigt den Ablauf einer Hauptverhandlung. Er ist bei allen Verhandlungen gleich, also beim Einzelrichter ebenso wie beim Schöffengericht.

**Fragen zum äußeren Ablauf**

1. Vor welchem Gericht wird die Verhandlung durchgeführt?
2. Wie viele Personen sind am Prozess beteiligt?
3. Hat der Angeklagte einen Verteidiger?
4. Treten Zeugen auf? Werden sie vereidigt?
5. Gibt es Sachverständige?
6. Gibt es weitere Zuhörer? Ist die Presse vertreten?
7. Beobachtungen zum äußeren Ablauf, z. B. Kleidung der Richter, Auftreten von Polizeibeamten ...

**Fragen zum verhandelten Fall**

1. Was wird dem Angeklagten vom Staatsanwalt vorgeworfen?
2. Über welche Rechte wird er vom Richter belehrt?
3. Welche Beweismittel werden in der Beweisaufnahme vorgebracht?
4. Meinung des Staatsanwalts in seinem Plädoyer, d.h. in seiner Schlussrede? Welchen Antrag stellt er?
5. Meinung des Verteidigers in seiner Schlussrede? Welchen Antrag stellt er?
6. Äußert sich der Angeklagte im „letzten Wort"?
7. Wie lautet das Urteil?

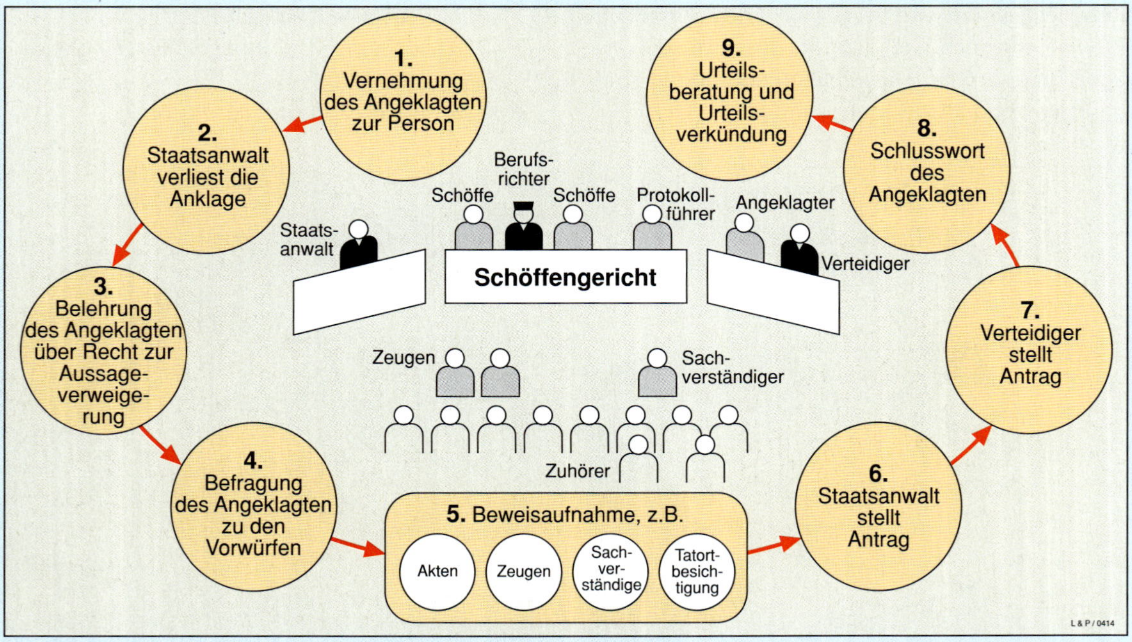


1. *Falls du eine Gerichtsverhandlung besucht hast: Welche Teile der Hauptverhandlung konntest du beobachten?*
2. *Verwende den Fragenkatalog zum Notieren deiner Beobachtungen.*

## Recht und Gerechtigkeit

**Frage:** *Wir haben im Lesebuch eine Geschichte gelesen, in der ein Arzt gegen ein Gesetz verstößt, um einem Kind das Leben zu retten. In der Geschichte sagt dann der Richter bei der Urteilsverkündung: „Sie haben gegen das Gesetz verstoßen, um einem höheren Gesetz zu gehorchen. Ich spreche Sie frei!" – Kommt so etwas nur in Lesebüchern vor oder auch in der Wirklichkeit?*

**Richter:** *So etwas kommt in der Wirklichkeit auch vor. Die geschilderte Situation ist ein Beispiel für die Abwägung von Rechtsgütern, wenn also der Arzt entscheiden muss, ob er etwas Unrechtes tut, um Leben – das höchste Rechtsgut! – zu retten.*
*Ich will einen einfachen Fall nehmen: Ihr seid unterwegs und einer aus eurer Klasse wird plötzlich angegriffen und übel zusammengeschlagen. Einer von euch wirft sich dazwischen, schlägt den Angreifer und bricht ihm dabei das Nasenbein. Er tut dies, um den Angreifer abzuhalten, weiter auf euren Klassenkameraden einzuschlagen. Also: Derjenige, der hilft, verletzt den Körper eines anderen. Aber diese Verletzung des Rechtsgutes auf körperliche Unversehrtheit ist gerechtfertigt, denn er muss ja befürchten, der Angreifer wolle den wehrlosen Klassenkameraden totschlagen. Im Abwägen von Rechtsgütern, vor allem wenn es wie bei dem Arzt um das hohe Rechtsgut des Lebens geht, ist es möglich, dass jemand straffrei bleibt, wenn er eine richtige, verantwortungsbewusste Entscheidung trifft.*

**Frage:** *Gibt es einen Unterschied zwischen Recht und Gerechtigkeit?*

**Richter:** *Recht ist das, was in den gesetzlichen Vorschriften niedergelegt ist. Die Rechtsordnung besteht ja aus vielen Gesetzen, die im Laufe der Zeit entstanden sind. Parallel dazu gibt es die Vorstellung von Gerechtigkeit als Maßstab für das, was durch Gesetze Recht werden soll. Gerechtigkeit ist das allgemeine Empfinden, was richtig ist, Recht ist das schriftlich Niedergelegte. Gerechtigkeit ist der übergeordnete Maßstab für die Formulierung rechtlicher Vorschriften. Solche Maßstäbe sind nicht zeitlos, sondern wandeln sich im Laufe der Zeiten. So würde z. B. heute niemand mehr Regeln für gerecht halten, welche die Sklaverei erlauben. Kurz könnte man auch so sagen: Gerechtigkeit ist das Ziel, das Recht sind die Mittel und Wege, dieses Ziel zu erreichen.*

*Justitia – die Göttin der Gerechtigkeit. Zusätzlich zu Schwert und Waage trägt Justitia üblicherweise noch eine Augenbinde als Symbol – beachte dies bei der Beantwortung der Aufgabe 1.*

**1** *Wie lässt sich die symbolische Figur der „Justitia" deuten?*
**2** *Der Richter spricht von „Abwägen von Rechtsgütern". Erläutere, was damit gemeint ist.*

## Straftaten Jugendlicher

### Klauen, keilen, kiffen und die Folgen

**Verstöße gehören zur Entwicklung von Jugendlichen/ Bei Straftaten wird es problematisch**

**Wer ist nicht schon mal schwarzgefahren? (...) Und wer hat nicht schon mal im Laden etwas mitgehen lassen? Derartige Vergehen und Strafen seien Teil des Erwachsenwerdens, so Jürgen Frölich, Jugendrichter in Frankfurt, „eigentlich begeht jeder mal eine". Doch wer dabei erwischt wird, muss mit juristischen Folgen rechnen.**

Jugendliche begehen vor allem Diebstähle: „Das sind über 50 Prozent der Fälle", sagt Professor Heribert Ostendorf von der Forschungsstelle für Jugendstrafrecht und Kriminalprävention der Universität Kiel. Danach kommen Sachbeschädigung und Verkehrsdelikte. „Fahren ohne Fahrerlaubnis, häufig mit frisiertem Mofa, ist ein typisches Jugenddelikt", so der Experte. Aber auch durch Schwarzfahren, Körperverletzung ... kommen Jugendliche mit dem Gesetz in Konflikt, berichtet Rolf-Dieter-Baer, Jugendkoordinator der Polizei in Frankfurt. (...)

„Die meisten Jugendlichen hören nach ein oder zwei Delikten auf", so Ostendorf. Ganz wenige seien Wiederholungstäter. (...)

*(Eva Dorothée Schmid, in: Wormser Zeitung, 19. 07. 2001)*

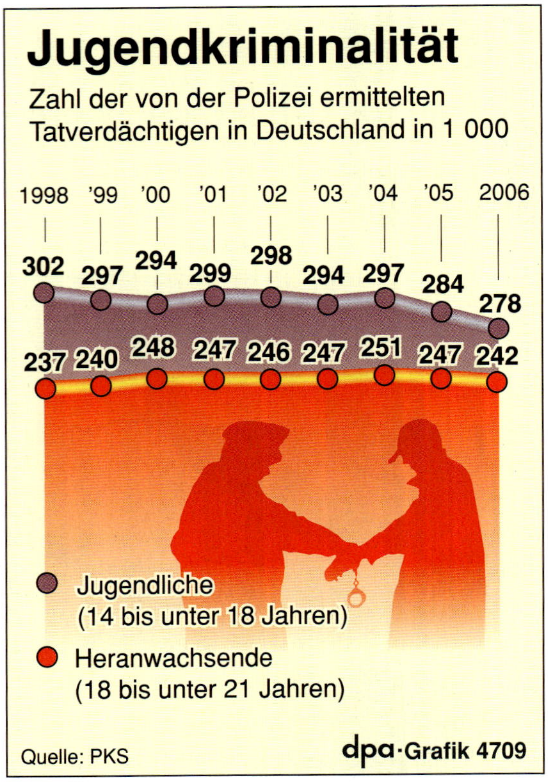


*Die fehlende Zukunftsperspektive macht Jugendliche aggressiv, z. B., wenn sie erleben, dass ihr Schulabschluss nicht ausreicht, um eine Lehrstelle zu bekommen.*

*Manche Jugendliche wollen durch Gewalt und Mobbing das eigene Gefühl der Unterlegenheit ausgleichen. Das äußert sich dann in Gewalt gegen andere Jugendliche, denn die sind es ja, an denen man sich selbst misst.*

### Was Experten und Expertinnen zum Thema Jugendkriminalität sagen

*Viele Jugendliche sind auf „Haben" programmiert. Hinzu kommt der Gruppenzwang. Um in der Clique mithalten zu können, sind dann auch ungesetzliche Mittel wie Klauen geeignet.*

*Viele Menschen, die sich wirtschaftlich am Rande fühlen, streben danach, mithalten zu können – notfalls auch mit kriminellen Mitteln. Dadurch gleiten Jugendliche in Delikte wie Ladendiebstahl, Diebstahl und Raub hinein.*

*Mängel bei der Integration junger Ausländer und Aussiedler sind häufig Ursachen für Kriminalität. Sie sprechen kaum deutsch, haben Schulschwierigkeiten und sind stark von Arbeitslosigkeit betroffen. Hinzu kommen oftmals Konflikte mit den Eltern und Großeltern, die sich in der „neuen Welt" nur schwer zurechtfinden. Fehlende Kontakte zur einheimischen Bevölkerung, mangelndes Vertrauen in den Staat, Abschottung, Gruppenbildung, Aggression, Gewalt und leben nach „eigenen Regeln" sind häufig die weiteren Stationen auf dem Weg in die Kriminalität.*

*Kriminalität im Jugendalter ist allgemein verbreitet, aber vorübergehend. Zum Glück bleibt sie für die meisten Jugendlichen ohne Folgen.*

1 *Werte den Zeitungsbericht und die Grafik aus. Notiere jeweils zwei, drei wichtige Ergebnisse.*

2 *Die Experten nenne Ursachen für Jugendkriminalität. Notiere jede Ursache in einem Satz.*

## Interview mit einer Jugendrichterin

*Wenn Sie ein Urteil fällen müssen: Worin sehen Sie den Sinn der Strafe?*

*Als Richterin überlegt man sich natürlich ein Urteil ganz gründlich. Da muss man sich um das Vorleben des Täters kümmern. Man muss berücksichtigen, unter welchen Umständen die Tat zustande kam. Und man muss sich überlegen, wie sich eine Strafe auf diesen Täter auswirken wird. Durch das Urteil sollte einerseits eine Sühne des begangenen Unrechts erfolgen, damit also die Gesellschaft insgesamt das Gefühl haben kann, dass eine Straftat nicht ohne Folgen für den Täter bleibt. Andererseits sollte eine Abschreckung möglicher künftiger Täter duch Bestrafung erreicht werden. Schließlich – und besonders wichtig – sollte der Täter die Möglichkeit haben, sich in die Gesellschaft irgendwann wieder einzuordnen, sodass von ihm künftig keine solchen Taten mehr verübt werden. Nun muss ich aber dazu sagen, dass der Gesichtspunkt der Abschreckung anderer nach dem klaren Willen des Gesetzgebers im Jugendstrafrecht keine Berücksichtigung finden darf. Und zwar deshalb, weil hier der Täter im Vordergrund steht. Dies ergibt sich einfach aus der Erkenntnis, dass ein nicht unerheblicher Teil der Straftaten von Jugendlichen und Heranwachsenden mit der Persönlichkeitsentwicklung dieser jungen Menschen zu tun hat. Deshalb muss hier wirklich überlegt werden, durch welche Maßnahmen man eine positive Entwicklung des jungen Täters fördern kann. Daher steht bei der Jugendstrafe der Erziehungszweck im Vordergrund.*

*Welche Maßnahmen und Strafen kommen denn infrage, wenn ein Jugendlicher eine Straftat begeht? Können Sie das kurz schildern?*

*Dazu habe ich eine kleine Übersicht vorbereitet, die in knapper und übersichtlicher Form die Maßnahmen nennt, die ein Urteil gegen jugendliche Täter enthalten kann.*

| **Erziehungsmaßregeln** | **Verwarnung, Erteilung von Auflagen und Jugendarrest** | **Jugendstrafe** |
|---|---|---|
| • Weisungen für die Lebensführung, z. B. Annahme einer Ausbildungs- oder Arbeitsstelle, Verbot des Besuchs bestimmter Gaststätten<br>• Anordnung eines Erziehungsbeistandes oder einer Fürsorgeerziehung | • Verwarnung<br>• Auflagen, z. B. Wiedergutmachung des Schadens, Zahlung einer Geldsumme für gemeinnützige Zwecke<br>• Jugendarrest (Freizeitarrest), Kurzarrest bis 6 Tage, Dauerarrest bis 4 Wochen | • Freiheitsentzug – mindestens 6 Monate, in besonders schweren Fällen bis zu 10 Jahren |

**1** *Worin liegt nach der Aussage der Richterin der Sinn einer Strafe?*
**2** *Was ist bei der Bestrafung von Jugendlichen anders?*
**3** *Ein Jugendrichter oder eine Jugendrichterin hat vielfältige Möglichkeiten, auf die Verfehlung eines Jugendlichen zu reagieren. Warum wohl?*

## Als Jugendlicher vor Gericht

Wird eine Straftat entdeckt, erfolgt eine Anzeige. Die Staatsanwaltschaft ermmittelt dann den Sachverhalt. Ist der Tatverdächtige jünger als 21 Jahre, dann wird der Fall von einem besonders geschulten Staatsanwalt – dem Jugendstaatsanwalt – bearbeitet. Im Auftrag der Staatsanwaltschaft untersucht die Polizei z. B. die Umstände der Tat, befragt Zeugen oder vernimmt den Beschuldigten. Bei Jugendlichen wird die Jugendgerichtshilfe, z. B. ein Sozialarbeiter des Jugendamtes, eingeschaltet. Er berichtet über die Persönlichkeit des Jugendlichen, seine Entwicklung und seine Lebensumstände.

Sind die Ermittlungen abgeschlossen, dann entscheidet der Jugendstaatsanwalt, ob eine Einstellung des Verfahrens, z. B. wegen Geringfügigkeit, möglich ist oder ob er Anklage erheben muss. In leichteren Fällen kann der Jugendstaatsanwalt dem Jugendgericht vorschlagen, auf eine Verhandlung zu verzichten und dafür bestimmte Erziehungsmaßnahmen anzuordnen.

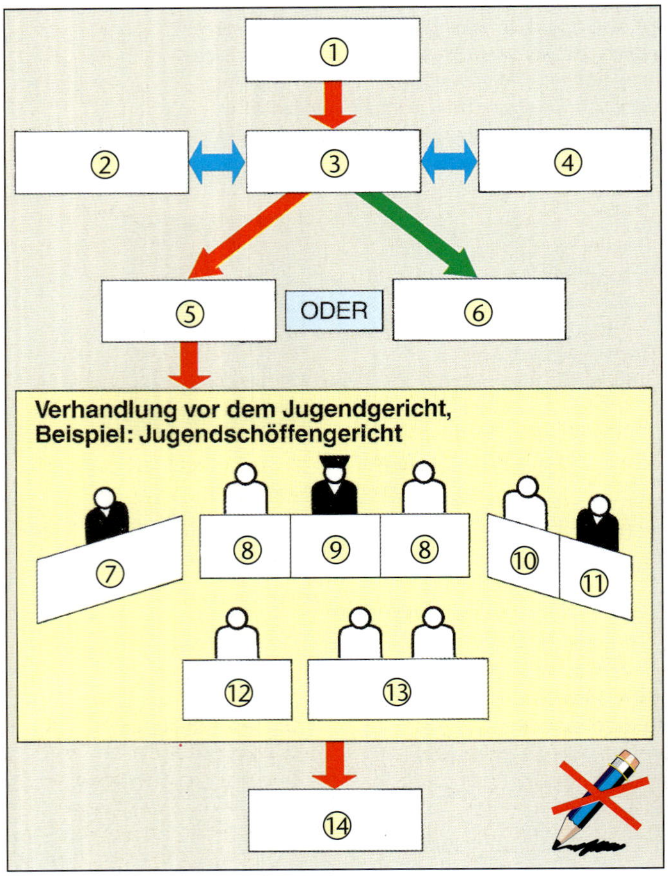


Kommt es zur Anklage, wird eine Jugendgerichtsverhandlung durchgeführt. Es hängt von der Schwere der Straftat ab, ob beim Amtsgericht der Jugendrichter als Einzelrichter oder das Jugendschöffengericht (ein Berufsrichter und zwei Schöffen) zuständig ist. Für besonders schwere Strafen ist beim Landgericht die Jugendkammer (drei Berufsrichter, zwei Schöffen) zuständig. Schöffen sind ehrenamtliche Richter, wobei Jugendschöffen in der Erziehung besonders erfahren sein sollten.

Die Anklage wird vom Jugendstaatsanwalt erhoben. Ein jugendlicher Angeklagter kann sich von einem Rechtsanwalt verteidigen lassen. Bei der Verhandlung ist ein Vertreter der Jugendgerichtshilfe anwesend, der über die persönliche Entwicklung des Angeklagten berichtet oder zu Maßnahmen des Gerichts Stellung nimmt. Die Erziehungsberechtigten des Angeklagten dürfen und sollen an der Verhandlung teilnehmen. Sonst jedoch ist eine Verhandlung gegen Jugendliche nicht öffentlich.

Die Verhandlung endet mit dem Urteil. Entweder wird der jugendliche Angeklagte freigesprochen oder es wird eine Maßnahme des Jugendstrafrechts auf ihn angewendet.

1 *Ordne die Ziffern in der Grafik so den gelb hervorgehobenen Stichwörtern zu, dass der Ablauf eines Strafverfahrens gegen Jugendliche deutlich wird.*

2 *Was ist bei einem Strafverfahren gegen Jugendliche anders als bei einem Prozess gegen Erwachsene? Warum wohl?*

## Täter-Opfer-Ausgleich

### Der Täter-Opfer-Ausgleich bietet …

… den Beteiligten einer Straftat die Möglichkeit, einen bestehenden personalen Konflikt freiwillig beizulegen oder zu entschärfen. Dabei ist es gleich, ob der Konflikt zu der Straftat geführt hat oder erst durch die Tat entstanden ist.

### Eingeleitet wird …

… der Täter-Opfer-Ausgleich durch die Staatsanwaltschaft oder das Gericht. Kommt ein Staatsanwalt oder Richter nach Prüfung zu dem Ergebnis, dass ein Täter-Opfer-Ausgleich in Frage kommt, beauftragt er bei erwachsenen Beschuldigten als Schlichtungsstelle den Sozialen Dienst der Justiz, bei jugendlichen Beschuldigten das Jugendamt mit der Durchführung eines Täter-Opfer-Ausgleichs.

Beschuldigte oder Opfer können die Durchführung eines Täter-Opfer-Ausgleichs auch selbst anregen.

### Vor dem Schlichtungsgespräch …

… führt die Schlichtungsstelle in der Regel ein getrenntes Gespräch mit dem Opfer und dem Beschuldigten, um die subjektiven Erwartungen und Empfindungen der Beteiligten kennen zu lernen und die Regeln eines Ausgleichsgespräches zu erklären. Als nächster Schritt des Täter-Opfer-Ausgleichs schließt sich das eigentliche gemeinsame Ausgleichsgespräch an.

### Durch den Täter-Opfer-Ausgleich soll …

… eine außergerichtliche Versöhnung einschließlich einer Schadenswiedergutmachung angestrebt werden. Betreut wird das Gespräch von einem neutralen, in der Konfliktschlichtung besonders geschulten Vermittler. Der Konfliktschlichter wirkt auf eine ausgewogene Gesprächsführung hin und überwacht die Einhaltung der getroffenen Vereinbarung.

### Die Vorteile eines Täter-Opfer-Ausgleichs sind …

… für das Opfer:
Es kann den Beschuldigten mithilfe eines neutralen Vermittlers unmittelbar mit den psychischen, physischen und materiellen Folgen der Straftat konfrontieren und Fragen und Erwartungen klären.

… für den Täter:
Er kann dazu beitragen den durch ihn entstandenen Schaden zu begrenzen und wieder gutzumachen, und er hat die Gelegenheit, sich tatsächlich und glaubhaft zu entschuldigen.

### Mögliche Rechtsfolgen eines erfolgreichen Täter-Opfer-Ausgleichs sind …

… abhängig vom Einzelfall. So kann z. B.
- das Verfahren durch Staatsanwaltschaft oder Gericht eingestellt werden,
- die Strafe gemildert werden.

*Täter-Opfer-Ausgleich: Kommunikation statt Strafe*

*Das ist ja das Letzte! Da wird mir der Geldbeutel gestohlen – und dann soll hinterher durch einen Händedruck alles erledigt sein? Wer mir etwas antut, der soll hart bestraft werden – mit dem will ich keine freundlichen Worte wechseln!*

*Seinem Opfer in die Augen schauen, mit ihm sprechen, sich zu entschuldigen – das ist doch gerade für Jugendliche eine härtere Strafe als nur ein, zwei Tage bequem im Jugendarrest zu verbringen. Und wenn man dann der alten Oma, der man die Handtasche geklaut hat, im Haushalt oder bei der Gartenarbeit hilft und sie persönlich kennen lernt, dann schämt man sich wirklich für seine Untat.*

*Ich habe Zweifel, ob Rechtsbrecher durch ein Gespräch mit dem Opfer wirklich gebessert werden können. Beim Ausgleichsgespräch gibt sich der Täter nach außen zerknirscht, innerlich grinst er aber über die lasche Gesellschaft. Und fünf Tage später ist der nächste Diebstahl fällig.*

*Oft beginnen kriminelle Karrieren mit einer kleinen Tat. Dann ist man vorbestraft, findet sich später nicht mehr zurecht, begeht die nächste Tat. Durch den Täter-Opfer-Ausgleich kann ein solcher Kreislauf verhindert werden.*

1. *Was soll durch den Täter-Opfer-Ausgleich erreicht werden?*
2. *Welche Meinungsäußerung entspricht am ehesten deiner Einstellung? Was würdest du den anderen Meinungen entgegenhalten?*

# Das Wichtige in Kürze

**Aufgaben der Gerichte**

Der Staat urteilt und straft im Auftrag des Volkes. In einem demokratischen Staat ist die Rechtsprechung unabhängig und nur dem Gesetz unterworfen. In der Bundesrepublik Deutschland ist die Gerichtsbarkeit zwischen Bund (z. B. Bundesgerichtshöfe) und Ländern (z. B. Landgerichte, Amtsgerichte) aufgeteilt. Durch die Zunahme der Kriminalität, vor allem aber die steigende Bereitschaft der Bürger Prozesse zu führen, stehen die Gerichte vor einer Flut von Verfahren.

**Zivilprozess**

Bei Streitigkeiten zwischen Privatpersonen sind die Zivilgerichte zuständig. In einem Zivilprozess stehen sich Kläger und Beklagter gleichberechtigt gegenüber. Das Gericht entscheidet den Streitfall auf der Grundlage der Beweise, die Kläger und Beklagter angeführt haben. Oft schließen die Parteien einen Vergleich, d. h. sie treffen eine gütliche Einigung.

**Strafprozess**

Bei Verstößen gegen Bestimmungen der Strafgesetze hat der Staat die Aufgabe, dem Recht Geltung zu verschaffen. Die Staatsanwaltschaft ermittelt bei strafbaren Handlungen von Amts wegen. In einem Strafprozess wird dann vor Gericht geprüft, ob tatsächlich eine Rechtsverletzung vorliegt. Bei nachgewiesener Schuld des Angeklagten setzt das Gericht die Höhe der Strafe fest, wobei es innerhalb des gesetzlich vorgeschriebenen Strafrahmens einen Ermessensspielraum hat.

**Recht und Gerechtigkeit**

Alle gesetzlichen Vorschriften bilden zusammen das Recht. Maßstab für das schriftlich niedergelegte Recht ist, was in einer Gesellschaft allgemein als richtig, als gerecht empfunden wird. Da sich die Wertmaßstäbe in einer Gesellschaft im Laufe der Zeit ändern, ändern sich auch die Vorstellungen über Gerechtigkeit und damit auch das schriftlich festgelegte Recht.

**Jugendkriminalität**

Der Anteil der Jugendlichen (14 bis 18 Jahre) und der Heranwachsenden (18 bis 21 Jahre) an der Gesamtzahl der Tatverdächtigen ist etwa dreimal höher als der entsprechende Anteil an der Bevölkerung. Bei der Jugendkriminalität spielt der Diebstahl eine besondere Rolle. Als Ursachen der Jugendkriminalität werden u. a. mangelnde Integration, schlechte Berufschancen, fehlende Werteorientierung und der Verlust von Bindungen angesehen.

**Jugendgericht**

Strafverfahren gegen Jugendliche und Heranwachsende finden vor Jugendgerichten statt. Dies sind beim Amtsgericht der Jugendrichter bzw. die Jugendrichterin oder das Jugendschöffengericht, beim Landgericht die Jugendkammer. Grundsätzlich unterscheidet sich ein Strafverfahren gegen Jugendliche nicht von dem gegen Erwachsene. Zwei Unterschiede gibt es allerdings: Vor Gericht nimmt ein Vertreter der Jugendgerichtshilfe, z. B. ein Sozialarbeiter oder eine Sozialarbeiterin des Jugendamtes, zur persönlichen Entwicklung des jugendlichen Beschuldigten Stellung und äußert sich zu den vorgesehenen Maßnahmen. Außerdem sind Verfahren gegen Jugendliche nicht öffentlich.

**Täter-Opfer-Ausgleich**

Beim Täter-Opfer-Ausgleich wird versucht, zwischen Opfer und Täter eine außergerichtliche Versöhnung herbeizuführen. Der Täter soll versuchen, den durch ihn entstandenen Schaden wiedergutzumachen. Dafür kann auf eine gerichtliche Bestrafung verzichtet oder die Strafe abgemildert werden.

# Weißt du Bescheid?

1. Was ist mit „Recht" gemeint?
2. Nenne die vier Aufgaben des Rechts.
3. Was gehört zu den Kennzeichen eines Rechtsstaates?
4. Was versteht man unter „Gewaltmonopol"?
5. Was ist mit „Faustrecht" gemeint?
6. Was versteht man unter „Kriminalität"?
7. Wann wird man strafmündig?
8. Was geschieht bei dem „Zwischenverfahren"?
9. Wie läuft die Hauptverhandlung eines Strafprozesses ab?
10. Welche Straftat begehen Jugendliche am häufigsten?
11. Nenne einige Ursachen für Jugendkriminalität.
12. Wer ist nach dem Jugendstrafrecht Heranwachsender?
13. Wer ist für Strafverfahren gegen Täter unter 21 Jahren zuständig?
14. Was ist ein „Schöffe"?
15. Worin unterscheiden sich Strafverfahren gegen Jugendliche und gegen Erwachsene?
16. Welche Möglichkeiten der Nachprüfung eines Urteils gibt es?
17. Welches Ziel steht bei der Bestrafung Jugendlicher im Vordergrund?
18. Welche Maßnahmen kann ein Jugendrichter anordnen?
19. Wie läuft ein Täter-Opfer-Ausgleich ab?

**Was will die jeweilige Karikatur zum Ausdruck bringen?**

*(LUFF / CCC, www.c5.net)*

*(Clodwig Poth)*

# Weißt du Bescheid?

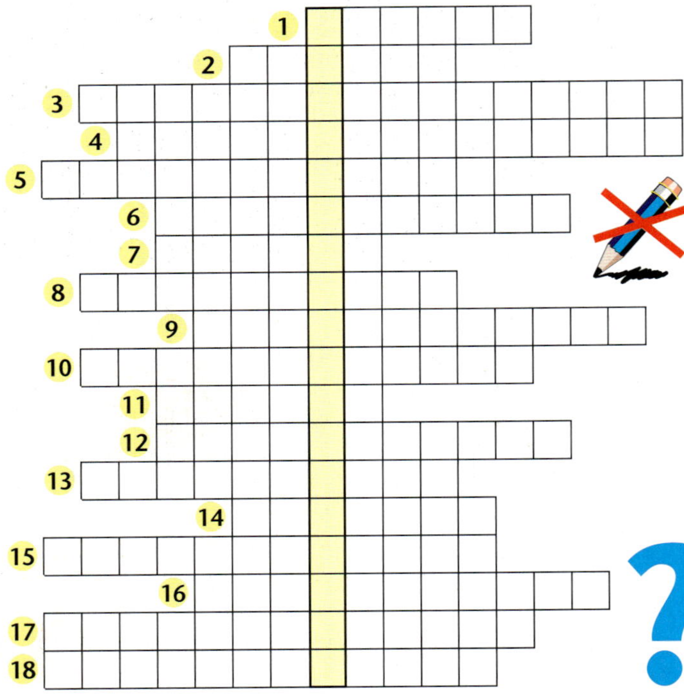


## Plakatwettbewerb

### Klau dir nicht die Zukunft!

Ladendiebstahl lohnt sich nicht und ist absolut uncool. Davor müssen besonders Schüler und Schülerinnen gewarnt werden!

Eure Jdeen zum Thema „Klau dir nicht die Zukunft" sind gefragt. Gestaltet Plakate, die eure Mitschüler vom Ladendiebstahl abhalten sollen.

**Löse das Rätsel.** Benutze dazu das Arbeitsblatt oder notiere die gesuchten Begriffe untereinander auf einem Blatt und markiere anschließend das gelb unterlegte Lösungswort. Es nennt den Oberbegriff für Rechtsverstöße von Jugendlichen.

**1** Von ... ist die Rede, wenn man zusammenfassend die Rechtsprechung meint.
**2** In der Beweisaufnahme eines Prozesses berichten ... über ihre Beobachtungen.
**3** Mit ... ist gemeint, dass die Gesetze für alle gleich und ohne Ansehen der Person gelten.
**4** Die Grundrechte, die die Freiheit des Einzelnen schützen, werden auch ... genannt.
**5** Bei einem Strafprozess vertritt der ... die Anklage.
**6** In unserer Verfassung, dem ..., sind an erster Stelle die Menschenrechte aufgeführt.
**7** Das Wort ... bedeutet so viel wie Straftat, unerlaubte Handlung.
**8** Ein Urteil kann eine Strafe enthalten oder auf ... lauten.
**9** Ein ... ist ein Rechtsstreit zwischen Privatpersonen.
**10** Ein Urteil ist rechtskräftig, wenn keine ... eingelegt werden.
**11** Ein Strafprozess endet mit einem ... „im Namen des Volkes".
**12** Der ... ist ein neues Grundrecht.
**13** Der Beschuldigte in einem Strafprozess ist der ... .
**14** Als Teil der ausführenden Gewalt sorgt die ... für Sicherheit und Ordnung.
**15** Im Aufbau der Gerichtsbarkeit bilden die ... die untere Ebene.
**16** Der Rechtsanwalt eines Angeklagten wird auch ... genannt.
**17** Alle Personen unter 18 Jahren werden im Recht als ... bezeichnet.
**18** Die ... ist die schärfste Maßnahme, die ein Jugendrichter oder eine Jugendrichterin verhängen kann.

*(Erich Liebermann / CCC, www.c5.net)*

# Berufswahlunterricht

Spätestens in der neunten Klasse wird es wichtig, dass du dich auf deine Berufswahl vorbereitest. Zunächst musst du dir darüber klar werden, welche Interessen du hast und welche Fähigkeiten du besitzt. Die Interessen und Fähigkeiten spielen eine große Rolle bei der Frage, welche Berufe überhaupt infrage kommen. Der gesamte Berufswahlprozess sollte rational geplant werden. In seinem Verlauf musst du immer wieder Informationen einholen und deine Entscheidungen überdenken. Am Ende geht es darum, sich sorgfältig auf Bewerbung, Vorstellungsgespräch und Assessment-Verfahren vorzubereiten. Die folgenden Seiten befassen sich deshalb mit den nebenstehenden Problemen und Fragen.

- Was will ich? Was kann ich?
- Welche Interessen und Fähigkeiten habe ich?
- Welche Berufe könnten zu mir passen?
- Wie kann ein Mädchen Widerstände überwinden, wenn es einen Männerberuf anstrebt?
- Wie können sich Schülerinnen und Schüler in Betrieben über Berufe informieren?
- Was muss man bei einem Praktikum beachten? Was kann es für die eigenen Berufswahlüberlegungen bringen?

## Interessen und Berufe

Um herauszufinden, welche Berufe für dich infrage kommen, solltest du dir zunächst Gedanken darüber machen, welche Interessen, Fähigkeiten und Fertigkeiten du hast.

*Interessen? Klar habe ich Interessen! Die Songs von Robbie Williams finde ich super, und seit vorgestern geht mir Mario einfach nicht mehr aus dem Kopf. Der sieht umwerfend aus!*

*Ist ja gut, ich verstehe ja deine Aufregung, so was interessiert uns doch zurzeit alle. Ich meine aber andere Interessen, solche, die einmal eine wichtige Rolle in deinem späteren Beruf spielen könnten …*

> Notiert auf einem Blatt, was euch am meisten interessiert und was überhaupt nicht. Jemand aus der Klasse sammelt dann die Blätter ohne Namen ein und liest sie nacheinander vor. Die Klasse rät dabei jeweils, um wen es sich handeln könnte.

*Marc*

*Alles, was mit Elektronik zu tun hat, finde ich super. Zu Hause repariere ich alles: vom Toaster bis zum PC. Und meine Anlage hat einen tollen Sound, seit ich den neuen Verstärker eingebaut habe!*

*Rosanna*

*Nach der Schule gehe ich ins Jugendhaus, aber nicht zum Rumhängen. Zusammen mit einer Freundin betreue ich Kinder im Grundschulalter. Mit den Kurzen zu spielen und zu basteln macht mir unheimlich Spaß.*

*Sina*

*Ich zeichne gerne. Für meine Geburtstagsparty habe ich eine Einladungskarte gestaltet, von der alle hellauf begeistert waren.*

*Katrin*

*Nach sechs Stunden Unterricht bin ich immer total zappelig – dieses blöde Eingesperrtsein. Deshalb findet man mich nachmittags fast nur auf dem Ponyhof!*

*Jörg*

*Mein Onkel hat ein Sportgeschäft. An einem Nachmittag in der Woche und in den Ferien helfe ich im Verkauf mit. Unlängst habe ich alleine ein teures Mountainbike verkauft – das war vielleicht ein tolles Gefühl!*

*Juri*

*Wenn ich von der Schule nach Hause komme, fliegt die Mappe in eine Ecke und schon sitze ich vor meinem Computer – viele Lernprogramme und Spiele beherrsche ich wie ein Weltmeister!*

**1** *Welche der genannten Interessen entsprechen am ehesten deinen Interessen?*

**2** *Welche Berufe, die du kennst, würdest du den sechs Schülerinnen und Schülern vorschlagen? Begründe deine Vorschläge.*

## Allgemeine Fähigkeiten

### Was weiß ich von mir selbst?
### Oder:
### Wie man sich auf die Schliche kommen kann

*Beantworte die Fragen spontan: Benütze bei der Beantwortung Farben. Markiere die gesamte Frage mit blauer Farbe (Textmarker oder Holzfarbstift), wenn du spontan bejahst – bei Ablehnung markierst du mit roter Farbe – bist du unentschieden: gelb.*

Nehme ich mir Zeit für meine Freunde? Bin ich leicht ablenkbar? Bin ich ein sportlicher Typ? Kann ich mich lange mit einer Sache beschäftigen? (...) Kann ich geduldig zuhören? Helfe ich spontan aus? Lese ich täglich Zeitung? Bin ich modern? Kann ich schweigen? Kann ich mich mit Argumenten durchsetzen? Bin ich ein Tüftler? Scheue ich mich vor neuen Aufgaben? Benütze ich oft Ausreden? Schäme ich mich, wenn ich etwas falsch mache? Halte ich mein Wort? Bin ich ein Angeber? Bin ich ängstlich?

Arbeite ich freiwillig? Organisiere ich gerne Feste? Kann ich Komplimente machen? Freue ich mich über Bücher? Kann ich Fehler zugeben? Muss man mich immer antreiben? Halte ich mich aus allem heraus? Traue ich mir etwas zu? Ertrage ich Kritik? Kann ich nachgeben?

Hält man mich für umständlich? Nehme ich mir Zeit für mich selbst? Fällt es mir schwer, Ordnung zu halten? Halten mich andere für lustig? Bin ich gerne pünktlich? Ziehe ich mich gerne zurück?

(...) Interessiere ich mich für Politik? Habe ich in Mathematik den Durchblick? Liegen mir Sprachen? Kann ich mich kurz fassen? Vermeide ich Arbeiten, bei denen ich schmutzig werden könnte? Habe ich täglich Zeit für mein Hobby? Trödle ich bei der Arbeit? Rede ich mich gerne heraus? Kann ich überzeugen? Glaubt man mir? Kann ich mich konzentrieren? Erledige ich alles sofort? Kann man sich auf mich verlassen?

*(Hermann Zitzlsperger: Begegnungen mit sich selbst. in: PMP/Kl. 5-10, Gr. 2.5/S. 88, Neckar-Verlag, Villingen-Schwenningen, 4. Lfg. II/1998)*

## Welche Berufe passen?

| Merkmalsbereich „Tätigkeiten“ – Was? | + | o | – |
|---|---|---|---|
| anbauen/ernten, hegen/pflegen | | | |
| bauen | | | |
| herstellen/zubereiten/Material bearbeiten | | | |
| kaufen/verkaufen/bedienen/beraten | | | |
| behandeln/pflegen/erziehen/unterrichten | | | |
| gestalten/malen/entwerfen/zeichnen | | | |
| montieren/installieren/reparieren | | | |
| prüfen/untersuchen | | | |
| reinigen | | | |
| schreiben/verwalten | | | |
| Maschinen steuern und bedienen | | | |
| transportieren/lagern/verpacken | | | |
| Computer bedienen/programmieren | | | |

| Merkmalsbereich „Arbeitsort“ – Wo? | + | o | – |
|---|---|---|---|
| Werkstatt/Fabrikhalle | | | |
| Verkaufsraum | | | |
| Im Freien: Außenanlagen/natürliche Umgebung | | | |
| Bildungs-/soziale/medizinische Einrichtung | | | |
| Labor/Prüfstation | | | |
| Hotel/Gaststätte | | | |
| Fahrzeug/Transportmittel | | | |
| beim Kunden | | | |
| Büro | | | |

| Merkmalsbereich „Arbeitsmittel/-gegenstände“ – Womit? | + | o | – |
|---|---|---|---|
| Baustoffe | | | |
| Chemische/synthetische Stoffe, Kunststoffe | | | |
| Elektrotechnik, Elektronik | | | |
| Fahrzeuge/ Transportmittel | | | |
| Glas/Keramik/Edelsteine | | | |
| Holz/Papier | | | |
| Lebensmittel | | | |
| Mess-/Prüfgeräte | | | |
| Menschen | | | |
| Metalle | | | |
| Pläne/Entwürfe | | | |
| Regelungen/Gesetze/Vorschriften | | | |
| Technische Anlagen | | | |
| Textilien/Leder | | | |
| Tiere/Pflanzen | | | |
| Zeichen-/Schreibgeräte | | | |
| Büromaschinen/Büromaterialien | | | |
| Information/Medien/Fremdsprachen | | | |
| Maschinen/Werkzeuge | | | |

**Bedeutung der Zeichen über den Spalten:**

+ Du würdest dieses Merkmal für deinen künftigen Beruf wünschen; es entspricht also voll deinem Interesse.

– Dieses Merkmal sollte dein künftiger Beruf nicht haben; das Merkmal widerspricht also deinem Interesse.

o Für dieses Merkmal trifft weder „+“ noch „–“ zu; es ist also für dich neutral.

Wenn du Berufe herausfinden willst, die zu deinen Interessen passen, musst du dir darüber klar werden, welche **Merkmale von Berufen** für dich infrage kommen. Dabei musst du dich mit drei Merkmalsbereichen befassen:

1. „Was möchtest du überwiegend in deinem späteren Beruf tun?" Merkmalsbereich: „Tätigkeiten – Was?"
2. „Wo möchtest du arbeiten?" Merkmalsbereich: „Arbeitsort – Wo?"
3. „Womit möchtest du es vor allem zu tun haben?" Merkmalsbereich: „Arbeitsmittel/-gegenstände – Womit?"

Die Tabelle auf Seite 140 erleichtert es dir, die Merkmale von Berufen, die dich besonders interessieren, übersichtlich zusammenzustellen.

Du hast nun gute Voraussetzungen für die Suche in der InfoBase auf der Internetseite www.machs-richtig.de erworben. Dort findest du Berufe, die für dich passen könnten.

- Du kannst z. B. die Interessen bzw. Merkmale, die du bei „+" angekreuzt hast, unterschiedlich kombinieren und schauen, welche Berufe angegeben werden. Auf den Internetseiten der Bundesagentur für Arbeit www.arbeitsagentur.de kannst du z. B. Ausbildungsstellen in deiner Region recherchieren.
- Du kannst auch Berufe, an die du schon gedacht hast, in der InfoBase eingeben und schauen, ob sie den Interessen entsprechen, die du bei „+" angekreuzt hast.

*Kreuze bei jedem Merkmal der drei Bereiche an, inwieweit es deinem Interesse entspricht.*

## Berufliche Fähigkeiten

**A**

Ich muss mit den anderen in der Gruppe zusammenarbeiten.

**B**

Ich muss mir räumliche Figuren vorstellen können, wenn sie mir beschrieben werden.

**C**

Ich muss mich mündlich und schriftlich gut ausdrücken können.

**D**

Wenn es ein Problem zu lösen gibt, kommen mir immer wieder gute Gedanken.

**E**

Ich muss mit den Leuten rasch ins Gespräch kommen.

**F**

Ich muss über einen längeren Zeitraum bei Arbeiten kräftig zupacken.

| Fähigkeit | sehr stark entwickelt | stark entwickelt | weniger entwickelt | schwach entwickelt |
|---|---|---|---|---|
| 1. Körperliche Leistungsfähigkeit | | | | |
| 2. Gesundheitliche Leistungsfähigkeit | | | | |
| 3. Räumliches Vorstellungsvermögen | | | | |
| 4. Rechnerisches Denken | | | | |
| 5. Sprachbeherrschung | | | | |
| 6. Logisches Denken | | | | |
| 7. Kontaktfähigkeit | | | | |
| 8. Teamfähigkeit | | | | |
| 9. Gewissenhaftigkeit | | | | |
| 10. Ideenreichtum | | | | |
| 11. Hand- und Fingergeschick | | | | |

**G**

Man muss sich auf mich verlassen können.

**H**

Ich muss ganz genau und sorgfältig arbeiten.

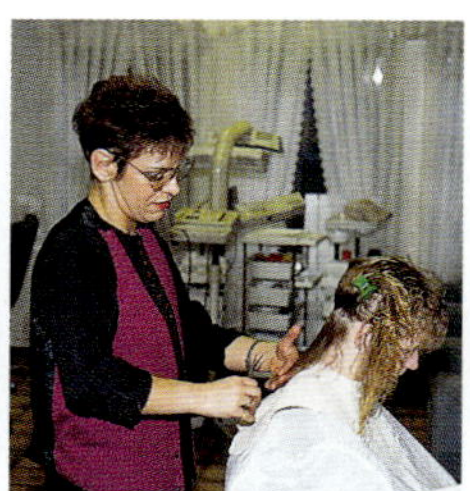

**I**

Ich darf keine Neigung zu Allergien haben.

**J**

Ich muss genau überlegen können, was ich alles nacheinander machen muss.

**K**

Ich muss mit Zahlen und Formeln gut umgehen können.

1 *Welche Aussage gehört zu welcher Fähigkeit in der Tabelle oben?*
2 *Schätze dich bei jeder Fähigkeit ein und kreuze auf deinem Arbeitsblatt an.*
3 *Gibt es Unterschiede zwischen deiner eigenen Einschätzung und der Einschätzung, die andere von dir haben? Bitte zwei Mitschüler bzw. Mitschülerinnen um ihre Einschätzung.*
4 *Nimm die Selbstbeurteilung auf Seite 143 vor. Benutze dazu das Arbeitsblatt.*

## Profil meiner Fähigkeiten

> Die Tabelle umfasst die Fähigkeiten, die die Wirtschaft von allen Auszubildenden erwartet. Es kann interessant für dich sein, dich selbst mit den vier Bewertungsstufen zu beurteilen.

| Grundlegende Kenntnisse und Fähigkeiten | sehr stark entwickelt | stark entwickelt | weniger entwickelt | schwach entwickelt |
|---|---|---|---|---|
| mündliche Beherrschung der deutschen Sprache | | | | |
| schriftliche Beherrschung der deutschen Sprache | | | | |
| Beherrschung einfacher Rechentechniken | | | | |
| Kenntnisse in Physik und Biologie/Chemie | | | | |
| Kenntnisse in Wirtschaftslehre | | | | |
| Grundkenntnisse in Englisch | | | | |
| Kenntnisse und Verständnis in Musik und Bildender Kunst | | | | |
| Umgang mit dem Computer | | | | |

| Arbeitstugenden | sehr stark entwickelt | stark entwickelt | weniger entwickelt | schwach entwickelt |
|---|---|---|---|---|
| bin zuverlässig | | | | |
| bin lernbereit | | | | |
| bin leistungsbereit | | | | |
| bin ausdauernd | | | | |
| bin belastbar | | | | |
| bin sorgfältig | | | | |
| bin gewissenhaft | | | | |
| kann mich konzentrieren | | | | |
| bin kritisch (= nehme nicht alles gedankenlos hin) | | | | |
| bin kreativ (= habe gute Einfälle) | | | | |
| bin flexibel (= kann mich schnell umstellen) | | | | |
| bin höflich/freundlich | | | | |
| bin tolerant (= nehme die Meinung anderer ernst) | | | | |

| Schlüsselqualifikationen | sehr stark entwickelt | stark entwickelt | weniger entwickelt | schwach entwickelt |
|---|---|---|---|---|
| kann selbstständig arbeiten (= brauche selten die Hilfe anderer) | | | | |
| bin teamfähig (= habe kaum Schwierigkeiten mit anderen) | | | | |
| bin verantwortungsbewusst (= mir ist selten alles egal) | | | | |

## Einflüsse auf Berufswünsche

Berufswünsche von Jugendlichen entstehen durch die verschiedensten Einflüsse:

1. **Beruf der Eltern**
2. **Moderne Technik und Technologien**
3. **Das Ansehen von Berufen in der Öffentlichkeit**
4. **Fernweh und der Reiz fremder Länder**
5. **Rolle der Frau als Mutter und Berufstätige**
6. **Umgang mit Tieren**
7. **Gedanke an die spätere Familie**
8. **Darstellung von Berufen in Film, Fernsehen und in der Werbung**
9. **Hoher Verdienst**

### BILDER AUS DER PROVINZ

WAS EIN HÄKCHEN WERDEN WILL

A Die Jugend von heute hat andere Berufsziele als ihre Großväter …

B … und Väter …

C … die ohnehin wollen, dass ihre Kinder es einmal besser haben sollen.

D Viele der einstigen Traumberufe sind fragwürdig geworden …

E … oder sie haben anderen Platz gemacht …

F … in denen mancher Jugendliche sogar einen vorzeitigen Abschluss schafft.

G Mädchen äußern eigene Berufswünsche …

H … und mit der Rolle einer Nurhausfrau …

I … sind nur noch die wenigsten zufrieden.

*(Zeichnung: Fritz Wolf, Osnabrück)*

1 *Welche Einflüsse passen zu welchem Bild? (Mehrfachzuordnungen und Wiederholungen sind möglich.)*

2 *Überlegt euch zu den Abbildungen E und G jeweils ein Rollenspiel. In dem Spiel soll deutlich werden, wie es zu der Aussage gekommen ist und wie es weitergehen könnte.*

3 *In welcher Abbildung handelt es sich deiner Meinung nach um Berufswünsche, die durch kindliche oder naive Vorstellungen entstanden sein könnten?*

## Gründe für die Berufswahl – sinnvoll oder nicht?

1 *Welche Gründe für den Berufswunsch „Fotograf/Fotografin" hältst du für sinnvoll, welche nicht? Begründe deine Meinung.*

2 *Notiere die Gründe für deinen derzeitigen Berufswunsch.*

## Männerberufe – Frauenberufe

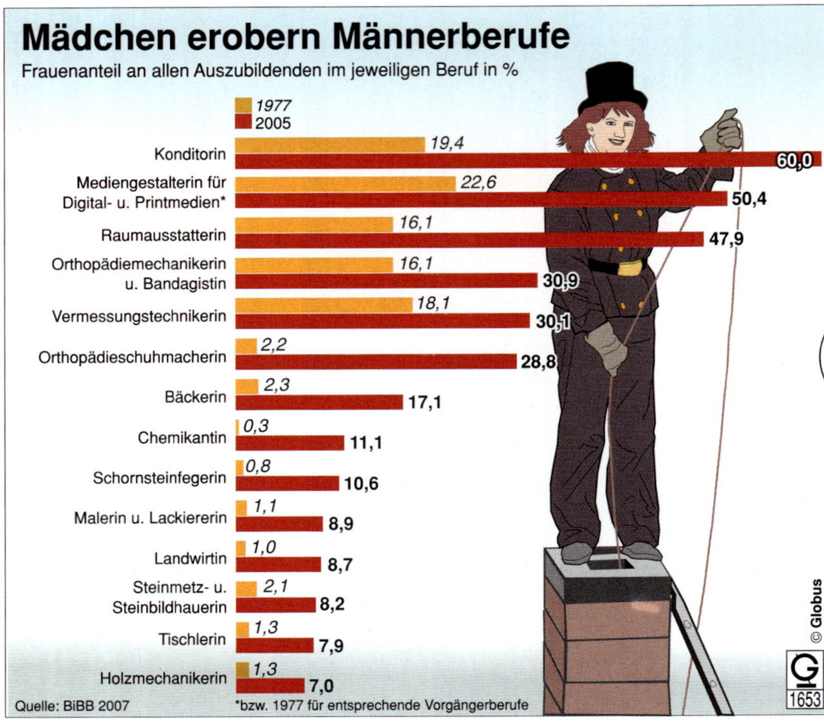


*Die in der Grafik genannten Berufe sollen „Männerberufe" sein? Darunter verstehe ich aber etwas anderes!*

*Mädchen interessieren sich nach wie vor hauptsächlich für typisch weibliche Berufe. Daran hat sich leider immer noch nichts geändert!*

*Umgekehrt ist es doch genauso: Warum gehen zum Beispiel nur sehr wenige Jungen als Erzieher in einen Kindergarten oder werden Arzthelfer?*

**Girls'Day**
**Mädchen-Zukunftstag**

**Warum ein Zukunftstag für Mädchen?**
Die junge Frauengeneration in Deutschland verfügt über eine besonders gute Schulbildung. Dennoch entscheiden sich Mädchen im Rahmen ihrer Ausbildungs- und Studienwahl noch immer überproportional häufig für „typisch weibliche" Berufsfelder oder Studienfächer. Damit schöpfen sie ihre Berufsmöglichkeiten nicht voll aus; den Betriegen aber fehlt gerade in technischen und techniknahen Bereichen zunehmend qualifizierter Nachwuchs.

**Was passiert am Girls'Day?**
Am Girls'Day – Mädchen-Zukunftstag haben Schülerinnen Einblicke in Berufsfelder, die Mädchen im Prozess der Berufsorientierung nur selten in Betracht ziehen. In erster Linie bieten technische Unternehmen und Abteilungen, sowie Hochschulen, Forschungszentren und ähnliche Einrichtungen am Girls'Day Veranstaltungen für Mädchen an. Anhand von praktischen Beispielen erleben die Teilnehmerinnen in Laboren, Büros, Werkstätten und Redaktionsräumen, wie interessant und spannend diese Arbeit sein kann. Durch persönliche Gespräche mit Beschäftigten können die Mädchen ihren Erfahrungs- und Orientierungshorizont erweitern. Ziel des Girls'Day ist, Kontakte herzustellen, die für die berufliche Zukunft der Mädchen hilfreich sein können. Auch geht es darum, die Öffentlichkeit und Wirtschaft auf die Stärken der Mädchen aufmerksam zu machen, um einer gut ausgebildeten Generation junger Frauen weitreichende Zukunftsperspektiven zu eröffnen. (...)

*(www.girls-day.de 21.01.2008)*

*Unter www.girls-day.de könnt ihr euch über den Girls'Day und aktuelle Aktionen im Zusammenhang damit informieren.*

1. *Welche Entwicklung zeigt die Grafik auf?*
2. *Nimm zu den drei Aussagen Stellung: Wie ist deine Meinung jeweils?*
3. *Welchen Zweck verfolgt der Girls' Day?*
4. *Informiert euch im Internet über Aktionen im Zusammenhang mit dem Girls'Day in euerer Region.*

# Methode: Rollenspiel

## Thema: Lena will einen „Männerberuf"

### Ausgangssituation

Die 15-jährige Lena machte ihre Arbeitsplatzerkundung in einem Betrieb der Metallindustrie und lernte dort den Beruf Elektronikerin für Betriebstechnik kennen. Während des Praktikums kam sie mit den Anforderungen gut zurecht, interessierte sich für alles. Der Ausbilder war mit ihr zufrieden. Sie hat sich nach den Ausbildungsbedingungen erkundigt und möchte sich in diesem Beruf ausbilden lassen.

### Rollen

**Lena** weiß, dass ihre Eltern über diese Berufswahl nicht begeistert sein werden. Sie selbst aber ist sich im Klaren: Sie ist doch vor allem technisch begabt, und dieser Beruf würde ihr Spaß machen. In einem Gespräch will sie das Einverständnis ihrer Eltern mit ihrer Bewerbung erreichen.

Lenas **Vater** ist Malermeister und hat einen kleinen Betrieb. Er hält nichts von Frauen in „Männerberufen", weil er das Klima in solchen Betrieben für zu rau und die Arbeit für Frauen für zu schmutzig hält. Außerdem weiß er, dass spätestens bei der Übernahme nach der Ausbildung Männer bevorzugt werden. Er selbst würde keine Mädchen ausbilden, weil sie doch später irgendwann heiraten und Kinder bekommen.

*Elektronikerin für Betriebstechnik in der Ausbildung*

Lenas **Mutter** hat eine Berufsausbildung als Friseurin. Sie erledigt jetzt aber die Büroarbeiten im Betrieb ihres Mannes. Einerseits lehnt sie wie ihr Mann Frauen in „Männerberufen" ab. Sie glaubt auch, solche Berufe lassen sich später nicht mit der Familie vereinbaren. Andererseits sieht sie, dass Lena gerade technisch sehr begabt ist. Wenn es nach ihr geht, soll Lena auf jeden Fall einen Beruf ergreifen, in dem sie sich wohlfühlt.

Lenas **Oma** wohnt im Haus und nimmt am Familienleben noch regen Anteil. Sie war früher Arbeiterin in einer Textilfabrik und musste dort am Band arbeiten. Sie weiß zwar nicht genau, was eine Elektronikerin machen muss, aber sie hält Lena auch für technisch besonders begabt und glaubt, dass sie sich durchsetzen kann.

Lenas **älterer Bruder** arbeitet als Kfz-Mechatroniker in einem Großbetrieb und hat dort vor Kurzem seine Ausbildung abgeschlossen. In seinem Ausbildungsbetrieb konnte die einzige weibliche Auszubildende mit den Jungen hervorragend mithalten. Aufgrund dieser Erfahrung ist ihm klar, dass körperliche Belastungen in solchen Berufen für Frauen kein Problem mehr sind. Er weiß aber auch: Für Frauen ist es nicht einfach, andere von ihrer guten Arbeit zu überzeugen.

*Führt das Rollenspiel durch. Beachtet dabei die Hinweise auf Seite 17.*

# Das Wichtige in Kürze

**Interessen**

Jugendliche haben viele Interessen. Manche hängen vor allem mit dem momentanen Entwicklungsstand zusammen, aber auch damit, ob man ein Mädchen oder ein Junge ist. Interessen sind häufig sehr kurzlebig. Es gibt aber auch Interessen, die lange anhalten. Diese kommen häufig in Hobbys zum Ausdruck. Sie werden deshalb zuerst genannt, wenn es um Berufswünsche geht.

**Berufswünsche**

Jeder hat bestimmte Interessen, die er in seinem späteren Beruf verwirklichen will. Aus diesen Interessen und aus den Vorstellungen, die man von Berufen hat, ergeben sich Berufswünsche. Berufswünsche werden auch beeinflusst durch Eltern und Freunde, durch die Darstellung von Berufen in Filmen und in der Werbung sowie durch das Ansehen, das ein Beruf genießt. Es ist daher wichtig, dass man sich schon am Anfang bei seinen Berufswahlüberlegungen darüber im Klaren ist, wie der Berufswunsch entstanden ist.

**Allgemeine Fähigkeiten**

Für die Ausbildung in einem Beruf werden allgemeine Fähigkeiten erwartet: grundlegende Kenntnisse und Fähigkeiten, Arbeitstugenden, Schlüsselqualifikationen. Schlüsselqualifikationen sind Fähigkeiten, mit denen man auch künftige, unvorhersehbare Situationen am ehesten bewältigen kann; sie sind gewissermaßen der Schlüssel für die Bewältigung der beruflichen Zukunft. Wer möglichst viele dieser Fähigkeiten besitzt oder sie noch erwirbt, hat bessere berufliche Chancen.

**Berufliche Fähigkeiten**

Jeder Beruf stellt bestimmte Anforderungen. Deshalb sind neben den allgemeinen Fähigkeiten für jeden Beruf weitere bestimmte Fähigkeiten erforderlich. Je mehr man diese Fähigkeiten hat, desto sicherer ist der berufliche Erfolg. Wer die eigenen Fähigkeiten richtig einschätzt, hat auch eine größere Chance einen Ausbildungsplatz zu bekommen. Deshalb sollte man einen Beruf wählen, dessen Anforderungen den eigenen Fähigkeiten möglichst entsprechen. Es ist also wichtig, die eigenen Fähigkeiten richtig einzuschätzen.

**Berufswahl online**

Die Berufswahl ist auch deshalb schwierig, weil man viele Berufe nicht kennt. Manche kennt man aus dem Alltag: den Friseur, den Kfz-Mechatroniker, die Fachverkäuferin usw. Viele Berufe werden in Betrieben, in Büros usw. ausgeübt und man hatte mit ihnen noch nichts zu tun. Solche Berufe kann man im Internet unter der Adresse www.machs-richtig.de kennenlernen. Vor allem kann man dort die Merkmale von Berufen mit den eigenen Interessen vergleichen. So sollst du vor allem solche Berufe kennenlernen, die deinen Interessen entsprechen. Die Merkmale der Berufe, die bestimmten Interessen entsprechen, werden in drei Bereiche eingeteilt: Tätigkeiten (Was arbeitet man in diesem Beruf?), Arbeitsorte (Wo arbeitet man?), Arbeitsmittel und Arbeitsgegenstände (Womit arbeitet man?).

**Mädchen und „Männerberufe“**

Mädchen sollten bei ihrer Berufswahl auch solche Berufe einbeziehen, die eher von Jungen gewählt werden. Oft sind dies Berufe, die zu höherem Lohn und Gehalt führen. Auf jeden Fall können die Mädchen dadurch ihre Berufswahlmöglichkeiten erweitern und Aufstiegschancen verbessern. Bei der Berufswahl sollten sich Mädchen nicht schon von einer eventuellen späteren Doppelbelastung durch Erwerbstätigkeit und Familienarbeit beeinflussen lassen. Denn ihr Leben kann anders verlaufen, als sie zum Zeitpunkt der Berufswahl glauben.

## In Betrieben Erfahrungen sammeln

Bei einer **Betriebsbesichtigung** wird eine Besuchergruppe durch den Betrieb geführt. Die Teilnehmer müssen sich auf die Besichtigung nicht vorbereiten, denn die Firmenmitarbeiter erklären alles.

Eine **Betriebserkundung** wird gezielt durchgeführt. Die Besucher, z. B. eine Schülergruppe, interessieren sich für bestimmte Aspekte, etwa den Produktionsablauf. Sie haben sich vorher überlegt, was sie wissen möchten und Fragen notiert. Die Beobachtungen und die Auskünfte der Mitarbeiter werden meist auf einem Erkundungsbogen notiert.

Bei einem **Praktikum** geht es darum, über eine längere Zeit in einem Betrieb mitzuarbeiten und so Erfahrungen zu sammeln. Meist sind es Schüler, die auf diese Weise einen Beruf genauer kennenlernen wollen. Dazu arbeiten sie im Betrieb mit und führen für den Beruf typische Tätigkeiten aus. Aber auch das Beobachten und Befragen spielen eine wichtige Rolle.

*Schülergruppe bei einer Betriebserkundung*

### Interview mit dem Geschäftsführer eines Bauunternehmens

**Was ist bei der Wahl des Praktikums wichtig?**
In erster Linie dient ein Praktikum dazu, den Beruf kennenzulernen. Von außen lässt sich ein Beruf nur schwer beurteilen. Deshalb sollte das Praktikum Ähnlichkeiten mit dem Beruf haben, für den man sich interessiert. So kann man am ehesten vermeiden, dass man sich für einen Beruf entscheidet, der nicht zu einem passt.
In zweiter Linie geht es um Erfahrungen – zum Beispiel, wie es ist, immer pünktlich sein zu müssen, einen ganzen Tag zu arbeiten und mit fremden Leuten auszukommen.

**Was erwarten Sie von Praktikantinnen oder Praktikanten?**
Sie sollten neugierig darauf sein, alles kennenzulernen. Und fragen sollten sie, immer fragen, aber darüber die Arbeit nicht vergessen. Jemand, der ständig angeschubst werden muss, gilt als wenig engagiert. Wer sich bei uns geschickt anstellt, hat auch gute Chancen bei der Bewerbung um einen Ausbildungsplatz.

**Dürfen Praktikantinnen und Praktikanten bei Ihnen nur zuschauen?**
Nein. Im Büro dürfen sie beispielsweise am PC Tabellen erstellen, auf der Baustelle eine Mauer hochziehen – sicherlich kein edles Stück, sondern eine Wand, die später verputzt wird. Wir wählen Aufgaben aus, die Praktikanten bewältigen können und die für den Betrieb sinnvoll sind. Die Schüler bekommen genügend Zeit dafür. Bei uns koordinieren in der Regel Ausbilder den Einsatz der Praktikantinnen und Praktikanten. Das heißt, es liegt auch an uns, ob sich jemand über- oder unterfordert fühlt. Geht tatsächlich mal etwas schief, sollte sich der Praktikant bemerkbar machen und neue Aufgaben fordern. Das wird anerkannt: Donnerwetter, er denkt mit!

*Bestimmt geht es im Praktikum weniger stressig zu als in der Schule. Mein Motto: Abwarten, bis mir jemand sagt, was ich tun soll. Ansonsten unauffällig bleiben und ausruhen.*

*Ich brauche kein Praktikum! Ich habe mich bereits für einen Beruf entschieden.*

*Im Praktikum werde ich wahrscheinlich sowieso nur herumstehen und anderen bei der Arbeit zuschauen.*

1 *Was unterscheidet eine Betriebserkundung von einer Betriebsbesichtigung?*
2 *Lies das Interview und nimm dann zu den drei Meinungen über das Praktikum Stellung.*
3 *Notiere, was du von deinem Praktikum erwartest.*

## Erfahrungen vor Ort – die Arbeitsplatzerkundung als Praktikum

Wenn die Arbeitsplatzerkundung als mehrtägiges Praktikum durchgeführt werden soll, darf die Entscheidung für deinen Praktikumsberuf kein „Schnellschuss" sein. Denn in einem Praktikum hast du die Chance, möglichst viel über deinen derzeitigen Wunschberuf zu erfahren.

*Ich war kaum eine halbe Stunde in meinem Praktikum als **Kfz-Mechatroniker,** da stand ich schon unter der Hebebühne und habe Schrauben für den Ölwechsel entfernt. Und mit meist öligen Fingern konnte ich fünf Tage lang bei vielen berufstypischen Tätigkeiten mitarbeiten. Das war super, auch wenn ich abends heftig den Muskelkater in Armen und Schulter gespürt habe.*

*In meinem Praktikum als **Sozialversicherungsfachangestellte** war mir schon am ersten Tag im Büro der Krankenkasse klar, dass hier selbstständig nichts läuft. Beraten von Versicherten, Bearbeiten von Anträgen, das kann man natürlich nicht von heute auf morgen lernen. Also habe ich beobachtet, Unterlagen gewälzt und meine Betreuerin mit Fragen gelöchert. Das eine oder andere Mal im Laufe der Woche durfte ich aber auch kürzere Briefe am Computer schreiben.*

Bevor du dich für ein Praktikumsberuf entscheidest, solltest du einige wichtige **Fragen** geklärt haben:

1. Bist du dir über deine Interessen, die du mit deinem Wunschberuf für das Praktikum verbindest, auch wirklich im Klaren? (Wenn nicht, schaue im Internet unter www.machs-richtig.de unter „Berufe finden" nach.)
2. Kennst du deine Fähigkeiten und Schwächen?
3. Hast du dich schon über die Anforderungen informiert, die in diesem Beruf gestellt werden?
4. Ist dein derzeitiger Wunschberuf einseitig durch Hinweise von Eltern oder durch Freunde beeinflusst?
5. Wie sieht die Lehrstellensituation bei diesem Beruf aus?
6. Gibt es in deinem Arbeitsbezirk mehrere Betriebe, die in diesem Beruf ausbilden?
7. Weißt du, wie bei deinen derzeitigen schulischen Leistungen die Chancen sind, eine Lehrstelle in diesem Beruf zu bekommen?
8. Kennst du Alternativberufe, die zu deinen Fähigkeiten und Interessen passen könnten? (Wenn nicht, schaue in „Wunschberuf, Alternativen" oder „Meine Interessen" unter www.machs-richtig.de nach.)

*Jeden Morgen bin ich wie aus dem Ei gepellt im Hotel Astra eingelaufen. Die Arbeit an der Rezeption hat mir riesig Spaß gemacht. Schon am zweiten Praktikumstag konnte ich selbstständig Gäste empfangen und ihnen die wichtigsten Auskünfte geben. Dabei habe ich gemerkt, wie vielfältig die Anforderungen in dem Beruf der **Hotelfachfrau** sind.*

*Mein Traumberuf fürs Praktikum? Weil ich wirtschaftliche Zusammenhänge, Börsencrash, Euro usw., total interessant finde, sollte es natürlich der „Banker" sein. Beim Praktikum als **Bankkaufmann** in der Sparkassenfiliale sah das dann hauptsächlich so aus: rumstehen, konzentriert beobachten und zum richtigen Zeitpunkt interessante Fragen stellen. Obwohl ich viele interessante Einblicke erhalten habe, bin ich insgesamt doch etwas enttäuscht über den Ablauf des Praktikums, da ich während der ganzen Woche nie selbst etwas Praktisches tun konnte. Aber wegen Bankgeheimnis und Datenschutz ist das natürlich verständlich.*

**1** *Beantworte die Fragen. Begnüge dich nicht mit Ja- oder Nein-Antworten, sondern erkläre deine Antwort so genau wie möglich.*

**2** *Praktisch mitarbeiten – hauptsächlich zuschauen: Was überwog jeweils bei den vier Beispielen? Warum sollte sich in einem Praktikum beides ergänzen?*

## Verhalten im Betrieb

(aus: Schulmagazin 5 bis 10, 2/98. Berufsfindung: Was soll ich werden? S. 18: Kopiervorlage 3. Hg.: Siegfried Baumann. R. Oldenburg Verlag, München)

*Sicherheitszeichen*

### Tipps für Erkundungen und Praktika

1. Ziehe geeignete Kleidung an!
2. Nimm deinen Beobachtungsbogen und auch eine Schreibunterlage mit!
3. Achte darauf, dass du die Arbeit anderer möglichst wenig störst!
4. Frage vorher, wenn du Werkzeuge oder Materialien in die Hand nehmen willst, in deren Gebrauch du nicht eingewiesen bist!
5. Betätige auf keinen Fall Schalter an Maschinen!
6. Gehe nicht auf eigene Faust durch den Betrieb!
7. Beachte die Hinweise, die man dir gibt, z. B. Hinweise auf Hygienevorschriften!
8. Achte besonders auf Unfallgefahren, d. h. befolge auch die Warn- und Verbotsschilder!
9. Verhalte dich höflich gegenüber Kunden, denn die Kunden betrachten dich wie einen Angehörigen des Betriebs!
10. Plaudere außerhalb des Betriebs nicht negativ über den Betrieb. Bewahre Betriebsgeheimnisse! Sei verschwiegen, wenn du etwas über Personen im Betrieb, über Kunden oder Patienten erfährst.

**1** *Schau dir die Situation in dem Großraumbüro genau an. Welche Gefahrenquellen erkennst du?*

**2** *Beschreibe jeweils in einem Satz, worauf die abgebildeten Schilder aufmerksam machen wollen.*

## Auswertung – wo stehe ich gerade?

Die Arbeitsplatzerkundung oder das Praktikum hat dich in der Berufsorientierung und in deinen persönlichen Berufswahlüberlegungen weitergebracht. Du solltest jetzt eine Bestandsaufnahme vornehmen und deine persönlichen Voraussetzungen und Vorstellungen mit den Erfahrungen und Einsichten aus Erkundungen und Praktikum vergleichen:

| PERSÖNLICHE VORAUSSETZUNGEN |
|---|
| Meine Fähigkeiten und Stärken |
| Meine Schwächen |
| Meine Erwartungen vor der Erkundung/vor dem Praktikum |
| Mein angestrebter Schulabschluss – Realschulabschluss, ggf. darüber hinaus Abschluss an einem Berufskolleg oder Abitur an einem beruflichen Gymnasium |

| ERKENNTNISSE UND EINSICHTEN zum erkundeten Beruf |
|---|
| Welche Anforderungen stellt der Beruf? |
| Glaubst du, dass du die Anforderungen in naher Zukunft erfüllen könntest? |
| Welcher Schulabschluss wird verlangt und auf welche Noten wird besonders Wert gelegt? |
| Entspricht der Beruf deinen Erwartungen und Interessen? |
| Welche sind die wichtigsten Aufgaben und Tätigkeiten? |
| Welche sind die wichtigsten Merkmale des Berufs? |
| Gibt es ein Mindestalter, das man beim Eintritt in die Ausbildung erreicht haben muss? |
| Wie ist die Situation bei den Ausbildungsstellen? |
| Wie sind aus heutiger Sicht die zukünftigen Beschäftigungschancen? |
| Hast du dir schon einmal Gedanken über mögliche Alternativberufe gemacht? |
| Was wirst du jetzt weiter unternehmen? |

*Beantworte die Fragen und ziehe dann eine persönliche Bilanz für dich.*

## Bewerbung

## TIPPS FÜR EIN TELEFON-GESPRÄCH

Die meisten Ausbildungsbetriebe verlangen eine schriftliche Bewerbung. Nachdem man von der Berufsberatung oder von anderer Seite eine Firmenadresse erhalten hat, ist es oft nützlich, vor einer schriftlichen Bewerbung nachzufragen, ob überhaupt noch eine Ausbildungsstelle in dem gewünschten Beruf frei ist. Durch eine solche Nachfrage ist es auch möglich, den Namen der zuständigen Ansprechperson zu erfahren.

**Was sollte man beachten?**

- Lege dir Schreibzeug und Papier bereit!
- Schreibe dir Fragen auf, die du stellen möchtest!
- Melde dich mit Namen und einem Gruß! Dies ist bei jedem Gesprächspartner nötig.
- Frage bei der Telefonzentrale nur, wer für Bewerbungen um Ausbildungsstellen zuständig ist! Verzichte auf lange Ausführungen und Erklärungen.
- Schreibe den Namen deines Gesprächspartners auf. Frage zurück, wenn du ihn nicht genau verstanden hast!
- Rechne auch mit ungewohnten Fragen!
- Notiere nach dem Gespräch alle wichtigen Angaben!

**Partner-Rollenspiel am Telefon**

Übe mit einem Partner die telefonische Bewerbung. Die von dir ausgesuchte Anzeige ist die Grundlage für deine telefonische Bewerbung. Gib deinem Gesprächspartner eine Kopie dieser Anzeige. Wechsle mit deinem Partner die Rollen.

## TIPPS FÜR DIE SCHRIFTLICHE BEWERBUNG

**Was sollte die Bewerbung enthalten?**

- Das Bewerbungsschreiben
- Einen tabellarischen Lebenslauf
- Ein Lichtbild
- Kopien deiner letzten Zeugnisse
- Bescheinigungen über weitere Kenntnisse, z. B. über einen Sprachkurs, einen Computerkurs
- Viele Betriebe wickeln heute einen Großteil ihres Schriftverkehrs über das Internet ab. Du kannst also über die Homepage mit dem Betrieb Kontakt aufnehmen und auch Bewerbungen per E-Mail verschicken. Immer mehr Betriebe stellen auch Formulare ins Internet, mit denen du dich online bewerben kannst.

**Wie kann das Bewerbungsschreiben gegliedert werden?**

- Absender
- Ort und Datum
- Anschrift des Betriebes
- Die Überschrift (fett) „**Bewerbung um einen Ausbildungsplatz als …**".
- Die Anrede: „Sehr geehrte Damen und Herren", bzw. „Sehr geehrter Herr …". Achte auf eine persönliche Ansprache, falls dies möglich ist.
- Erkläre, woher du weißt, dass der Betrieb Auszubildende einstellen will. Teile mit, zu welchem Termin du dich bewirbst.
- Beschreibe, welche Schule du zurzeit besuchst.
- Begründe, warum du gerade diesen Beruf erlernen möchtest. Denke dabei vor allem an deine Interessen und Fähigkeiten sowie an Schulfächer, Praktikum und Ähnliches.

Was du hier schreibst, vermittelt einen persönlichen Eindruck über dich. Versuche daher, deine Begründung möglichst persönlich zu halten.

- Bitte um einen Vorstellungstermin
- Grußformel
- Unterschrift
- Anlagen, z. B. Zeugniskopien, Lebenslauf

**Was sollte man sonst noch beachten?**

- Schreibe die Bewerbung und den Lebenslauf auf Papier in DIN-A4-Format!
- Beschreibe das Papier nur auf einer Seite!
- Verwende sauberes Papier ohne Linien!
- Schreibe das Bewerbungsschreiben und den Lebenslauf so wie es der Arbeitsgeber verlangt, entweder mit dem Füllfederhalter (handschriftlich) oder mit dem Computer!
- Lege den Lebenslauf tabellarisch an!
- Vermeide Rechtschreib- und Zeichensetzungsfehler!
- Unterlasse Radieren, Streichen und Verbessern!
- Vermeide Eselsohren, Risse und Flecke!
- Verwende ein neueres Foto im Passbildformat, aber kein Automatenfoto! Klebe das Foto mit einem Klebepunkt oder mit Fotoecken in die rechte obere Ecke des Lebenslaufs!
- Fertige Kopien von allen Unterlagen an und bewahre sie gut auf!
- Frankiere den Umschlag mit deinen Bewerbungsunterlagen ausreichend!
- Warte einige Zeit (ca. 1–2 Monate) ab! Frage dann telefonisch höflich nach, ob schon eine Entscheidung gefallen ist bzw. wie lange es in etwa dauern wird!

1 *Suche dir eine Anzeige für eine Ausbildungsstelle, die dich interessieren würde, aus einer Zeitung heraus. Schreibe für diese Anzeige ein Bewerbungsschreiben.*

2 *Schreibe deinen Lebenslauf in tabellarischer Form.*

## Vorstellungsgespräch

### Tipps zur Vorbereitung

- Versuche, den künftigen Betrieb bzw. Arbeitsplatz möglichst anzuschauen und dich über ihn zu erkundigen!
- Bereite die in der „Checkliste“ aufgeführten Unterlagen zum Mitnehmen vor!
- Ziehe saubere Kleidung an, die nicht zu modern und nicht zu ausgefallen ist!
- Sei unbedingt pünktlich! Mache dich lieber zu früh auf den Weg, denn Anfahrt und „Durchfragen“ zum Gesprächspartner dauern oft länger, als man denkt!
- Wenn du im Betrieb angekommen bist, nenne deinen Namen und den Grund des Kommens, dann wird man dir gern weiterhelfen!

### Tipps für das Gespräch selbst

- Wenn dein Gesprächspartner dich mit Händedruck begrüßt, gib ihm deine Hand eher ein wenig fester als zu lasch – allerdings ohne ihm gleich die Knochen zu brechen.
- Natürliches Auftreten macht den besten Eindruck! Gib dich so, wie du bist, ohne zu schauspielern. Allerdings solltest du nicht Kaugummi kauen oder die Hand in der Tasche haben. Tritt also nicht zu lässig auf, aber durchaus selbstbewusst!
- Wenn dir ein Platz angeboten wird, setze dich aufrecht und lege Arme und Hände locker auf den Tisch!
- Überlasse dem Gesprächspartner die Gesprächsführung. Schaue ihm in die Augen, höre gut zu und gehe dann auf die gestellte Frage ein!
- Stelle eigene Fragen, wenn du dazu aufgefordert wirst oder wenn eine Frage an eine deiner Antworten direkt passt!

### Checkliste

- Einladung zum Vorstellungsgespräch
- Telefonnummer des Personalbüros und Name des Ansprechpartners, falls du von unterwegs anrufen musst
- eventuell: Informationsmaterial über das Unternehmen
- Kopien des Lebenslaufes und des Bewerbungsschreibens
- Originale der wichtigsten Zeugnisse, sofern du deiner Bewerbung unbeglaubigte Kopien beigelegt hast
- eventuell in der Einladung geforderte Arbeitsproben
- Kugelschreiber und Notizblock
- Liste deiner Fragen an das Unternehmen

## Fragen, die oft gestellt werden

- Warum wollen Sie gerade diesen Beruf erlernen?
- Wo haben Sie sich über den Beruf informiert?
- Was sagen Ihre Eltern zu Ihrer Entscheidung?
- Was machen Ihre Eltern beruflich?
- Wo sind Sie aufgewachsen?
- Welche Tätigkeiten stellen Sie sich bei diesem Beruf vor?
- Warum haben Sie sich gerade bei unserer Firma beworben?
- Wie stellen Sie sich Ihre Zukunft vor? Was sind Ihre Vorstellungen für die Zeit nach Ihrer Ausbildung (Pläne, Ziele usw.)?
- Was machen Sie in Ihrer Freizeit? Welche Hobbys haben Sie?
- Lesen Sie gerne? Was lesen Sie? Lesen Sie regelmäßig die Tageszeitung?
- Schauen Sie sich Nachrichtensendungen im Fernsehen an?
- Welche Politiker kennen Sie? (Hier können sich andere Fragen aus Politik, Wirtschaft und dem aktuellen Tagesgeschehen anschließen.)
- Welche Anforderungen wird nach Ihrer Meinung dieser Beruf an Sie stellen?
- Fragen rund um die Schule (Name, Lieblingsfächer usw.)

## Fragen, die man bei Gelegenheit stellen kann

Du erhältst wahrscheinlich Gelegenheit, selbst Fragen zu stellen. Fragen zu folgenden Stichworten kommen dabei z. B. in Betracht:

- Wie viele Auszubildende hat die Firma?
- Findet die Ausbildung direkt im Betrieb statt oder gibt es eine Ausbildungswerkstatt?
- Wo befindet sich die Berufsschule, die zu besuchen ist?
- Wie ist die Arbeitszeit geregelt?
- Wie hoch ist die Ausbildungsvergütung? Diese Frage solltest du aber auf keinen Fall als erste stellen!
- Gibt es nach der Ausbildung voraussichtlich die Möglichkeit, weiter beschäftigt zu werden?

Ihr könntet eine Expertin oder einen Experten in den Unterricht einladen, um aus erster Hand zu erfahren, worauf es bei einem Vorstellungsgespräch ankommt. Das kann eine Personalchefin oder ein Personalchef, eine Ausbildungsleiterin oder ein Ausbildungsleiter, die Chefin oder der Chef eines Handwerksbetriebs oder eine andere Person sein, die in einem Betrieb mit der Einstellung von Personal und Auszubildenden betraut ist. Vielleicht spielt die Expertin bzw. der Experte auch ein Vorstellungsgespräch mit einer Schülerin oder einem Schüler aus eurer Klasse durch und bespricht anschließend, was man besser hätte machen können.

Vorher solltet ihr überlegen, was ihr zum Vorstellungsgespräch auf jeden Fall wissen wollt und wer die notierten Fragen stellt. Außerdem solltet ihr euch anhand der beiden nebenstehenden Fragenkataloge vorbereiten, falls verkürzte Vorstellungsgespräche durchgeführt werden sollen. Als angestrebten Beruf könnt ihr dabei jeweils euren derzeitigen Wunschberuf annehmen.

*Die drei Fotos zeigen Bewerber während eines Vorstellungsgesprächs in einer Sitzhaltung, die keinen guten Eindruck macht. Was bringt die jeweilige Sitzhaltung zum Ausdruck?*

## Das Assessment-Verfahren

Insbesondere größere Firmen laden ihre Bewerber häufig zu einem Assessment-Verfahren ein. Es findet oft nach dem Einstellungstest (sofern ein solcher überhaupt durchgeführt wird) und vor dem Vorstellungsgespräch statt. Wenn du eingeladen wirst, gehörst du zu den Bewerbern, die in die engere Wahl genommen wurden.

**A** Warten, dass es losgeht, persönliche Vorstellung, gemeinsam Aufgaben lösen, zum Abschluss etwas essen. Während des ganzen Assessment-Centers wirst du beobachtet. Wenn du in der Gruppe zwar alle Aufgaben hervorragend löst, aber beim Essen über andere lästerst, wirst du sicher nicht eingestellt. Es wird nämlich nicht nur darauf geachtet, wie gut du im Team arbeiten kannst, sondern auch wie du dich gegenüber anderen Personen verhältst. Es kann sogar sein, dass einer der Mitbewerber tatsächlich ein Mitarbeiter der Firma ist.

**B** Etwa 10 bis 15 Mitbewerber um den Ausbildungsplatz nehmen mit dir an dem Assessment-Center teil. Im Unterschied zum Eignungstest musst du mit den Mitbewerbern zusammen die gestellten Aufgaben lösen. Es geht bei den Aufgaben nicht darum, den anderen zu besiegen, sondern seine eigenen Stärken so gut wie möglich zu zeigen. Die spätere Arbeit wird in den Aufgaben gespielt. Deshalb musst du bei manchen Übungen mit den anderen zusammenarbeiten. Der Mitbewerber ist zwar dein Konkurrent, kann aber später auch dein Kollege sein, wenn der Betrieb mehrere Ausbildungsplätze vergibt.

**C** Einige Firmen vergleichen das Assessment-Center mit einem Azubi-Casting. Wie bei einem anderen Casting auch, kannst du dich auch auf das Assessment-Center vorbereiten. Dazu sammelst du am besten Informationen über das Unternehmen und den Ausbildungsberuf. Du solltest außerdem eine Präsentation der eigenen Person vorbereiten. Frage andere, die bereits an einem Assessment-Center teilgenommen haben, welche Erfahrungen sie dort gemacht haben. Des Weiteren werden in der Schule viele Methoden eingesetzt, die auch in Assessment-Centern verwendet werden, wie beispielsweise Rollenspiel, Kurzreferat, Gruppenarbeit oder Gruppendiskussionen.

**D** Du wirst während des Assessment-Verfahrens beobachtet. Man will wissen, wie du wirklich bist. Verhalte dich deshalb am besten ganz natürlich. Ein Schauspieler wird nicht gesucht. Denke aber daran, die Gesprächsregeln bei der Vorstellung, im Interview oder bei Diskussionen einzuhalten. Beweise, dass du teamfähig bist. Das ist im Assessment-Verfahren wichtiger, als eine Aufgabe allein und schnell zu lösen. Bleibe immer höflich und zeige gutes Benehmen gegenüber allen anderen Teilnehmern.

**Vorbereitung**

**Mitbewerber**

**Beobachtung**

**Auftreten**

1. *Ordne die vier Überschriften den Textabschnitten A bis D zu.*
2. *Bereite dich auf ein Assessment-Center vor. Typische Aufgaben sind: Du musst eine Präsentation über dich erstellen. Als Material erhältst du ein DIN-A3- oder ein DIN-A2-Blatt und einen Präsentationsstift. Oder: Ihr sollt in der Gruppe aus 20 Blatt DIN-A4-Papier mit Schere und Klebstoff einen Turm bauen, der eine Minute lang bei Windstille stehen bleibt.*

## Berufsberatung

Bei den **Schulbesprechungen** in der Schule kannst du schon gezielte Fragen zur Berufswahl an den Berufsberater bzw. an die Berufsberaterin stellen.

Wenn du bei deiner Berufswahlvorbereitung einmal „ratlos" bist, kannst du dich telefonisch oder persönlich zu einem persönlichen Gespräch, also zu einer **Einzelberatung** bei der Berufsberatung anmelden.

Die Berufsberatung führt auch **Gruppenberatungen** durch. Wenn z. B. drei aus eurer Klasse sich für den gleichen Beruf interessieren, können sie sich als Gruppe anmelden.

Die Berufsberatung vermittelt auch **individuelle Betriebskontakte**. So erhältst du die Möglichkeit, in einem Betrieb einen oder mehrere Nachmittage zuzuschauen, wie in deinem Wunschberuf gearbeitet wird und worauf es ankommt. Wenn die Tätigkeiten nicht allzu anspruchsvoll sind, kannst du auch mitarbeiten.

Wenn du nicht sicher bist, ob du gesundheitlich für einen Beruf geeignet bist (Allergie, Heuschnupfen o. Ä.), kannst du dich auch an die Berufsberatung wenden. Diese schaltet dann den **Arzt der Agentur für Arbeit** ein, der dich berät.

Es kann sein, dass der Berufsberater zusammen mit dir unsicher ist, ob deine Fähigkeiten und Interessen für einen Beruf ausreichen. In diesem Fall kann er dich zum **Psychologen der Agentur für Arbeit** vermitteln. Tests und ein Gespräch können für deine Entscheidung eine wichtige Hilfe sein.

Der Berufsberater kann dich auch unmittelbar beim Finden eines Ausbildungsplatzes unterstützen. Dieser Service heißt **Ausbildungsvermittlung**. Du bekommst Adressen von Betrieben, die Ausbildungsstellen in dem betreffenden Beruf anbieten. Weil die Berufsberatung weiß, was die einzelnen Betriebe erwarten, kann sie dir auch Tipps für die Bewerbung geben.

Du kannst auch selbst im Internet herausfinden, in welchen Berufen Betriebe in deinem Wohnort oder in deiner Nähe Ausbildungsplätze anbieten. Dazu rufst du die Homepage der Agentur für Arbeit (www.arbeitsagentur.de) auf. Danach klickst du auf „Arbeit und Ausbildungssuche". Unter dem Button „Stellenangebote suchen" kannst du deine Wünsche eingeben. Du musst dabei darauf achten, dass du unter „Art der Nachfrage" auf „Ausbildungsplatz" umstellst. Wenn du alle Angaben gemacht hast, werden dir offene Ausbildungsplätze angezeigt – falls es entsprechende Angebote gibt.

**Fall 1**

**Stefanie** ist sich im Zweifel, ob ihr bisheriger Wunschberuf Erzieherin den Besuch des 10. Schuljahres oder der zweijährigen zur Fachschulreife führenden Berufsfachschule notwendig macht.

**Fall 2**

**Sina** hat noch gewisse Schwierigkeiten mit der deutschen Sprache. Sie will wissen, ob ihr Wunschberuf Hotelfachfrau trotzdem für sie infrage kommt.

**Fall 3**

**Philipp** möchte wissen, ob sein derzeitiger Wunschberuf Elektroniker für Maschinen und Antriebstechnik seinen Vorstellungen, also insbesondere seinen Interessen entspricht.

*Welche Informations- bzw. Beratungsmöglichkeiten kommen in den drei Fällen jeweils infrage? Es gibt in jedem Fall mehrere Möglichkeiten. Notiere sie. Unterstreiche dann diejenige, die sich wegen des geringsten Aufwandes am ehesten anbietet.*

# Das Wichtige in Kürze

**Anerkannte Ausbildungsberufe**

Die meisten Jugendlichen gehen nach dem Besuch der Schule ein Ausbildungsverhältnis ein und werden in einem anerkannten Ausbildungsberuf ausgebildet. Es gibt nahezu 400 Ausbildungsberufe, die durch bundeseinheitliche Ausbildungsordnungen anerkannt sind. Die Ausbildung dauert bei den meisten Berufen drei bis dreieinhalb Jahre. Sie erfolgt nach dem dualen System: Man lernt im Betrieb und in der Berufsschule. Bei den meisten Berufen mit geregelten Ausbildungsgängen dagegen erfolgt die Ausbildung ganz in Schulen: in Berufskollegs, Fachschulen, Fachhochschulen o. Ä. Bei manchen Berufen sind neben dem Realschulabschluss noch andere Zugangsvoraussetzungen notwendig, z. B. eine Ausbildung in einem anerkannten Ausbildungsberuf oder die Fachhochschulreife.

**Berufsberatung**

Die Berufsberatung der Agentur für Arbeit kommt nicht nur zu Schulbesprechungen in die Schule, sie bietet auch Einzelberatungen, Gruppenberatungen, individuelle Betriebskontakte und Seminare an. Jeder kann über die Berufsberatung bei Bedarf auch den Arzt oder den Psychologen der Agentur für Arbeit in Anspruch nehmen.

**Arbeitsplatzerkundung/ Praktikum**

Die Arbeitsplatzerkundung bzw. das Praktikum ist ein wichtiger Schritt bei der Berufswahlvorbereitung. Je nach Betrieb und Beruf kann man dabei eher mitarbeiten oder hauptsächlich zuschauen. Dabei hat man die Chance, einen Beruf genauer kennenzulernen. Dabei erfährt man auch etwas über die Arbeitsbedingungen in einem Betrieb.

**Bewerbung**

Die meisten Ausbildungsbetriebe verlangen eine schriftliche Bewerbung. Sie enthält das Bewerbungsschreiben, den Lebenslauf mit Foto, Kopien der Zeugnisse und Bescheinigungen über Kurse usw., in denen man weitere Kenntnisse erworben hat. Das Bewerbungsschreiben muss einer gewissen Form genügen. Manche Firmen akzeptieren auch Online-Bewerbungen.

**Einstellungstest**

Vielen Firmen reicht die schriftliche Bewerbung nicht aus. Sie führen einen Einstellungstest durch. Dabei wollen sie feststellen, wer für die freien Ausbildungsstellen am besten geeignet ist. Allerdings sind die Testergebnisse nicht allein ausschlaggebend für die Einstellung. Die Entscheidung fällt aufgrund der Bewerbungsunterlagen, der Testergebnisse, des Vorstellungsgespräches und des gesamten Auftretens der Bewerberin bzw. des Bewerbers.

**Vorstellungsgespräch**

Durch das Vorstellungsgespräch versucht der Personalchef, der Ausbildungsleiter bzw. der Handwerksmeister die vorliegenden Ergebnisse aus Bewerbungsunterlagen und Einstellungstests zu ergänzen und einen persönlichen Eindruck von der Bewerberin bzw. dem Bewerber zu bekommen.

**Assessment-Verfahren**

Vor allem größere Firmen, die aus einer Vielzahl von Bewerberinnen und Bewerbern die geeigneten Kandidatinnen und Kandidaten auswählen müssen, wenden neben Einstellungstests und Vorstellungsgesprächen das Assessment-Verfahren zur Prüfung an. Dabei werden die Bewerber und Bewerberinnen besonderen Arbeits- und Verhaltensproben unterzogen. An einem Assessment-Center nehmen immer mehrere Personen teil.

# Wirtschaft und Umwelt

Es gibt vieles, was man kaufen möchte – aber das Geld ist meist knapp. Also müssen Einnahmen und Ausgaben gut geplant werden. Das ist der Grundgedanke beim Wirtschaften. Er gilt auch für die Unternehmen, die Kosten und Preise genau kalkulieren müssen. Und er gilt für den Staat, wenn entschieden werden muss, wofür die Steuereinnahmen ausgegeben werden sollen. Das Abwägen von Kosten und Nutzen spielt auch bei der Umwelt eine Rolle. In den letzten Jahren hat man zunehmend erkannt, dass man die Umwelt nicht länger rücksichtslos belasten kann. Um Fragen des Wirtschaftens, der Wirtschaftsordnung und des Umweltschutzes geht es auf den folgenden Seiten.

- Welche Bedürfnisse haben Menschen? Sind sie von Natur aus vorgegeben oder werden sie von der Werbung künstlich geweckt?
- Wie kann man sich als Verbraucher wirtschaftlich verhalten? Ist nur der Preis wichtig? Wie geht man vor, wenn man sich über Produkte informieren will?
- Welche Informationen bieten Verbraucherberatungsstellen? Können Testberichte eine Hilfe sein?
- Welche Merkmale kennzeichnen unsere Wirtschaftsordnung? Was versteht man unter der sozialen Marktwirtschaft?
- Wie ist unser soziales Sicherungssystem aufgebaut? Vor welchen Problemen steht es?
- Wodurch wird unsere Umwelt belastet? Wie wird versucht, die Umwelt zu schützen? Was sind erneuerbare Energien?

## Was braucht ein Mensch?

**Kennt ihr den Film „CAST AWAY"? Chuck Noland (Tom Hanks) lebt nur für seinen Job. Als Inspektor einer Transportfirma kann man ihn in den entlegensten Winkeln der Erde eher antreffen als zu Hause. Der gestresste Manager ist wie üblich auf Geschäftsreise am anderen Ende der Welt, als es passiert: Sein Flugzeug stürzt mitten über dem Ozean ab. Gibt es eine Rettung? Chuck glaubt sich schon verloren, doch er erreicht den rettenden Strand. So glücklich seine Rettung zunächst auch ist – welches Schicksal steht ihm jetzt bevor? Er ist der einzige Überlebende des Flugzeugabsturzes. Das einsame Inselparadies ist für einen zivilisierten Menschen die Hölle. Was Chuck bisher für notwendig und wichtig hielt, ist hier ohne Bedeutung. Jetzt muss er sich zuallererst um die Beschaffung von Wasser und Nahrung und um einen Unterschlupf sorgen. Daraus wird für ihn täglich ein harter Überlebenskampf.**

Stellt euch vor, ihr wäret in einer ähnlichen Situation wie Chuck und mit einem Flugzeug vor der Küste einer menschenleeren Insel notgelandet. Unter großen Gefahren versucht ihr aus dem Flugzeug zu bergen, was euch zum Überleben nützlich scheint. Schwimmend könnt ihr immer nur einen Gegenstand nach dem anderen an Land bringen. Da das Flugzeug bald im Meer versinken könnte, müsst ihr genau überlegen, welchen Gegenstand ihr als ersten, welchen als zweiten usw. holen wollt.

1 *Welchen von den abgebildeten Gegenständen würdest du als ersten aus dem Flugzeug holen?*

2 *Bildet Arbeitsgruppen und diskutiert in den einzelnen Gruppen, in welcher Reihenfolge ihr die Gegenstände bergen würdet. Jede Gruppe hält ihre Rangliste schriftlich von 1 bis 23 fest.*

3 *Vergleicht in der Klasse die Gruppenergebnisse miteinander: Wo gibt es Abweichungen? Jede Gruppe begründet, warum sie sich so und nicht anders entschieden hat.*

# Methode: Brainstorming

## Thema: Welche Wünsche haben wir?

In einer Klasse oder Gruppe wird man immer wieder versuchen, zu einer Frage oder Problemstellung möglichst viele Ideen und Gedanken zusammenzutragen. Dafür eignet sich eine Gesprächsform, die man Brainstorming nennt. Übersetzt heißt das so viel wie „Gedankensturm“. Brainstorming ist also eine Methode, die jeden in einer Gruppe dazu bringen soll, spontan seine Gedanken zu äußern. So soll eine Ideensammlung entstehen, die dann gemeinsam diskutiert wird. Beim Brainstorming gelten drei Regeln:

1. Jeder in der Gruppe darf das sagen, was ihm zur Frage durch den Kopf geht, auch wenn der Gedanke ungewöhnlich ist.
2. Es ist verboten, eine Äußerung sofort zu kritisieren oder zu bewerten. Das würde den Gedankenfluss in der Gruppe hemmen. Erst wenn alle ihre Ideen eingebracht haben, wird darüber diskutiert.
3. Jeder darf Ideen von anderen aufgreifen, ergänzen oder weiterentwickeln.

Ein Brainstorming kann auf unterschiedliche Weise durchgeführt werden. Die einfachste Form ist die, jeden in der Klasse der Reihe nach das sagen zu lassen, was ihm zur Frage einfällt. Das geht rasch, allerdings weiß später in der Auswertungsphase nicht mehr jeder, was alles gesagt worden ist. Deswegen ist es oft sinnvoll, die Äußerungen schriftlich festzuhalten. Das kann so geschehen, dass zwei vorher bestimmte Schüler bzw. Schülerinnen abwechselnd die Äußerungen stichwortartig notieren, z. B. an der Tafel oder auf einer Folie für den Tageslichtprojektor. Es kann auch jeder seinen Gedanken in Kurzform auf ein Blatt oder Kärtchen schreiben. Diese werden laut vorgelesen und dann an die Tafel oder Pinnwand geheftet.

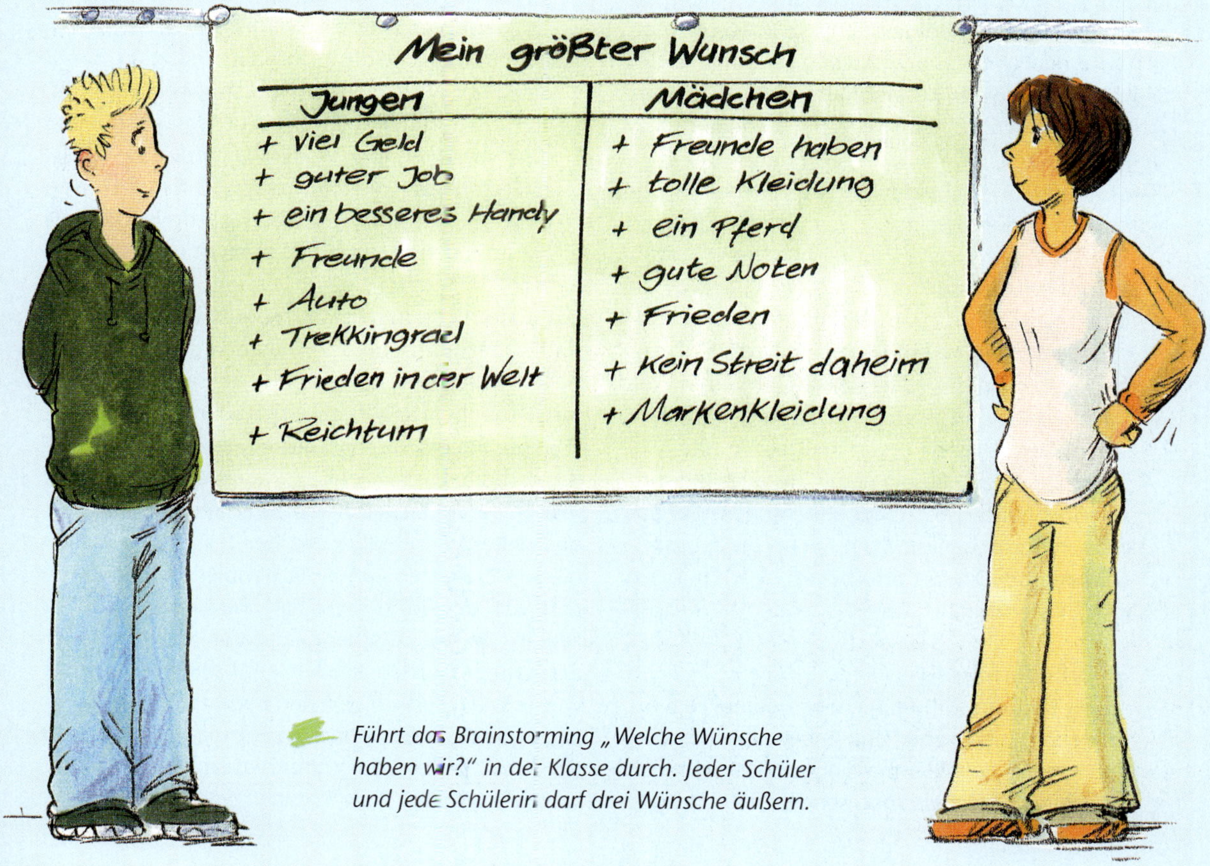


*Führt das Brainstorming „Welche Wünsche haben wir?“ in der Klasse durch. Jeder Schüler und jede Schülerin darf drei Wünsche äußern.*

## Bedürfnisse und Bedarf

„... eine Freundin, auf die ich mich verlassen kann.“

„... dass ich immer genug zu essen habe.“

„... dass meine Herzbeschwerden endlich aufhören.“

**Ich wünsche mir ...**

Jeder Mensch auf der Welt hat vielfältige Wünsche, die er sich erfüllen möchte. So wollen z. B. alle Menschen essen und trinken oder die Zuneigung und Anerkennung von Eltern, Geschwistern oder Freunden. Solche Wünsche nennt man auch Bedürfnisse. Wenn man sich seine Wünsche erfüllen, seine Bedürfnisse also befriedigen will, braucht man in der Regel Geld. Damit kann man die gewünschten Waren und Dienstleistungen bezahlen. Wer beispielsweise das Bedürfnis hat, jederzeit mit anderen telefonieren zu können, der kann sich ein Handy kaufen. Es gibt aber auch Bedürfnisse, die man nicht mit Geld befriedigen kann, z. B. wenn man sich einen guten Freund wünscht oder Erfolg in der Schule. Bedürfnisse können also danach unterschieden werden, ob man sie sich mit Geld erfüllen kann oder nicht.
Eine andere Unterscheidung geht von der Dringlichkeit der Bedürfnisse aus.

- **Grundbedürfnisse**
  Allen Menschen ist gemeinsam, dass sie grundlegende Bedürfnisse befriedigen müssen. Sie brauchen Lebensmittel, um sich zu ernähren. Sie brauchen Kleidungsstücke, um sich gegen Kälte zu schützen. Und sie brauchen Unterkünfte, wie z. B. Zelte oder Häuser, damit sie auch bei ungünstiger Witterung überleben können. Da der Mensch nur existieren kann, wenn diese grundlegenden Bedürfnisse erfüllt sind, nennt man sie auch Existenzbedürfnisse.

- **Kulturbedürfnisse**
  Es gibt Bedürfnisse, die nicht unbedingt lebensnotwendig sind, aber das Leben angenehmer machen. So möchte man abwechslungsreiche Mahlzeiten genießen, modische Kleidung tragen und in einer schönen Wohnung leben. Bildung, Unterhaltung, Reisen gehören auch zu diesen Bedürfnissen, die man meist als Kulturbedürfnisse bezeichnet. Sie dienen der geistigen und kulturellen Entfaltung des Menschen.

- **Luxusbedürfnisse**
  Darunter versteht man Bedürfnisse, die über die Kulturbedürfnisse hinausgehen und die Lebensqualität und das soziale Ansehen erhöhen, z. B. der Wunsch nach kostbaren Antiquitäten, einer teuren Armbanduhr oder einer Villa mit Park. Was als Luxusbedürfnis zu werten ist, sehen Menschen unterschiedlich. Ihre Einschätzung hängt dabei von verschiedenen Bedingungen ab, z. B. vom Einkommen, von den Lebensgewohnheiten oder vom Preis, der für die Ware oder Dienstleistungen bezahlt werden muss. So hält z. B. eine teure Markenjeans der eine für notwendig und der andere für Luxus, den er nicht braucht.

Die Bedürfnisse nach Gütern und Dienstleistungen sind nahezu unbegrenzt. Dagegen sind die finanziellen Mittel zur Befriedigung dieser Bedürfnisse meist knapp. Man wünscht sich sehr viel, kann sich aber nur einiges kaufen. Diejenigen Bedürfnisse, die der Verbraucher tatsächlich finanzieren kann, nennt man in der Wirtschaft Bedarf. Der Bedarf ist also aus der Vielzahl der Bedürfnisse der Teil, den man sich tatsächlich leisten kann. Ein Beispiel: Eldin möchte sich von der Rockband Franz Ferdinand eine CD kaufen. Da sein Taschengeld dafür reicht, kann er sich seinen Wunsch erfüllen – aus seinem Bedürfnis wurde wirtschaftlich gesehen Bedarf. Eldin wünscht sich auch ein tolles Rennrad. Da er dafür jedoch kein Geld hat, bleibt sein Wunsch zwar ein Bedürfnis, wird jedoch nicht zum Bedarf.

„... eine Karte für das Jugendfestival."

„... dass ich später eine weltberühmte Primaballerina werde."

„... so sehr, dass meine Eltern mir ein Reitpferd kaufen."

**Die Verwandlung der Familie Jäger**

Herr und Frau Jäger haben zwei Kinder: Julia (14 Jahre) und Timo (11 Jahre). Die Familie hat ein monatliches Einkommen von rund 2800 Euro und wohnt in einer deutschen Kleinstadt.

Wir wollen uns nun vorstellen, wie die Familie Jäger in eine Familie in einem unterentwickelten Land verwandelt werden kann. Zuerst werden die Möbel weggeschafft: Betten, Stühle, Tische, Fernsehapparat, Lampen. Wir lassen der Familie ein paar alte Decken, einen Küchentisch, zwei Holzstühle. Herr Jäger darf seinen ältesten Anzug und ein paar Schuhe behalten, Frau Jäger und die Kinder müssen barfuß gehen. Die Speisekammer wird bis auf ein Paket Mehl, etwas Zucker, Salz und Streichhölzer geleert. Außerdem bleiben in der Küche eine Hand voll Zwiebeln und eine Schüssel trockene Bohnen. Die alten Kartoffeln werden aus dem Abfalleimer wieder hervorgeholt. Sie ergeben das Abendessen. Alles andere verschwindet: das Fleisch, das frische Gemüse, die Konserven, die Kekse, die Süßigkeiten.

Jetzt zum übrigen Haus: Das Badezimmer wird zugemauert, das fließende Wasser abgestellt, die elektrischen Leitungen und Anlagen werden herausgerissen. Ja, wir nehmen das ganze Haus weg. Die Familie muss in den Werkzeugschuppen umziehen. Die Häuser in der Nachbarschaft werden ebenfalls abgerissen. Der ganze Ort wird zur Barackensiedlung.

Es verschwindet für die Familie aber noch mehr: Zeitungen, Bücher, Videos ... Ganz großzügig sind wir, wenn wir der Familie ein einfaches Radio belassen. Die Schule ist 12 Kilometer entfernt. Sie hat nur zwei Klassenräume und kann nur die Hälfte der Kinder im Schulalter aufnehmen. Bis zum nächsten Krankenhaus sind es über 80 Kilometer. Dorthin kann man mit dem Bus fahren – nicht immer im Bus, oft ist nur Platz auf dem Dach.

*Lebensbedingungen in einem Entwicklungsland: Wohnhäuser, Wasserstelle, Verkehrsweg, Küche*

**1** *Grundbedürfnisse – Kulturbedürfnisse – Luxusbedürfnisse: Welche Wünsche der sechs Personen kannst du zuordnen?*

**2** *Wozu würdest du die anderen Wünsche zählen? Sind das überhaupt Bedürfnisse?*

**3** *Bedürfnisse und Bedarf: Erläutere den Unterschied.*

**4** *„Was für den einen ein Existenzbedürfnis, ist für den anderen unerreichbarer Luxus." Erläutere diese Aussage. Beziehe dabei die Bilder aus dem Entwicklungsland ein.*

## Wie entstehen Bedürfnisse?

A: Wie ist das denn mit den Bedürfnissen? Das klingt so komisch.
B: Eigentlich ist es sehr einfach. Nehmen wir ein Beispiel: Fehlt dir im Augenblick etwas?
A: Na ja, ich habe Durst. Ich würde gerne etwas trinken.
B: Du verspürst einen Mangel, also hast du ein Bedürfnis. Und dieses Bedürfnis willst du befriedigen.
A: Was soll das denn heißen?
B: Auch sehr einfach. Du gehst in den Laden, kaufst dir eine Flasche Mineralwasser und trinkst. Dann ist dein Durst gestillt, dein „Mangel" also beseitigt.
A: Aber umonst war das nicht! Die Flasche Wasser musste ich bezahlen.
B: Siehst du, jetzt wird es wirtschaftlich interessant. Viele Bedürfnisse lassen sich nur durch Güter – in unserem Beispiel durch Mineralwasser – befriedigen. Und dafür muss man zahlen.
A: Verstehe. Aber Mineralwasser hätte ich mir nicht gekauft. Lieber „Fructi-Limonade".
B: Warum denn?
A: „Fructi-Limonade" schmeckt einfach besser! Alle meine Kumpels trinken die! Und in der Fernsehwerbung heißt es, dass „Fructi-Limonade" gesund sei.
B: Fachleute würden dir sagen, dass reines Mineralwasser auch gesund ist. Dass du dein Bedürfnis Durst durch „Fructi-Limonade" befriedigen willst, ist ein Erfolg der Werbung.
A: Irgendwas muss ich doch trinken, wenn ich durstig bin. Du willst mir doch nicht sagen, dass die Werbung mir Bedürfnisse einreden kann?
B: Doch! Bedürfnisse sind nicht nur naturgegeben, sie können auch geweckt werden.
A: Beweise das mal!
B: Warum hast du eine Wollmütze auf? Heute ist es doch gar nicht kalt.
A: Nein, kalt ist es nicht. Aber so eine Mütze haben zurzeit alle auf. Das ist einfach „in"!
B: „In"? Aha, dein Bedürfnis, eine Wollmütze zu tragen, ist nicht naturgegeben, sondern künstlich geweckt! Weil du es überall in den Jugendzeitschriften und in der Werbung siehst.
A: Aber es ist doch kein künstlich gewecktes Bedürfnis, dass ich etwas anziehen will.
B: Sich zu bekleiden, ist ein natürliches Bedürfnis. Aber die teuren Jeans aus den USA, die speziellen Turnschuhe, die T-Shirts mit einem bestimmten Aufdruck anzuziehen – das sind geweckte Bedürfnisse.

1 *Werte das Gespräch aus: Wann ist ein Bedürfnis naturgegeben? Wann ist ein Bedürfnis künstlich geweckt?*

2 *Notiere Beispiele für künstlich geweckte Bedürfnisse.*

## Kinder und Jugendliche: eine Zielgruppe für die Werbung

Kinder und Jugendliche sind für die Wirtschaft eine interessante Verbrauchergruppe. Die Sechs- bis 19-Jährigen in Deutschland verfügen über etwa 20 Milliarden Euro jährlich, die sie ausgeben können. Außerdem reden sie bei den Kaufentscheidungen ihrer Eltern mit. Damit ist die Jugend eine wichtige Zielgruppe für die Werbung.

Die Jugendlichen orientieren sich bei ihrem Konsum hauptsächlich an Gruppen, denen sie angehören oder angehören wollen. Daher versucht die Werbung, die Trends in den Gruppen zu erkennen und für sich zu nutzen. Wie Werbeagenturen dabei vorgehen, zeigt der folgende Ausschnitt aus dem Gespräch mit einem Werbefachmann.

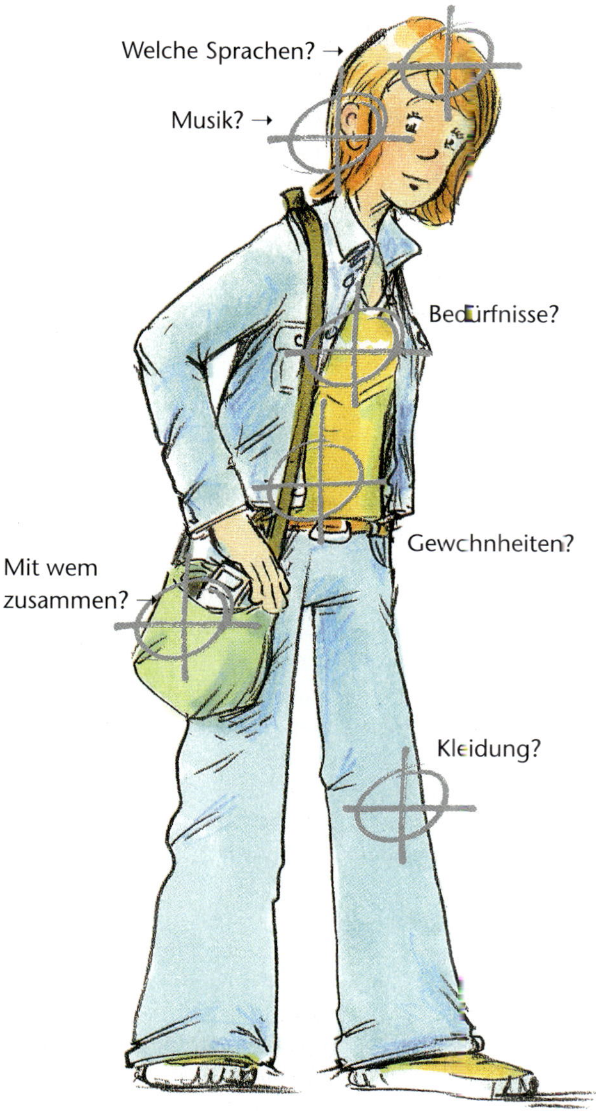


**Woher wissen Sie, dass eine Werbekampagne Jugendliche ansprechen wird?**
**A.:** Dafür gibt es keine Garantie. Aber die Planer einer Werbeagentur haben schon im Vorfeld ein haargenaues Profil der Zielgruppe erstellt. Sie führen Gespräche mit Jugendlichen auf der Straße über ihre Ansichten über Gott und die Welt und über ihre Lieblingsprodukte und -marken. Diese Infos geben uns einen optimalen Eindruck dessen, was ansprechen könnte.

**Wie produziert man erfolgreiche Ideen?**
**A.:** Wir verbringen sehr viel Zeit damit, Zeitschriften zu lesen oder uns Filme und Fernsehprogramme anzuschauen, die unsere Zielgruppe interessieren, damit wir dran bleiben. Wenn z. B. japanische Zeichentrickfilme bei der Zielgruppe in sind, könnten wir sie eventuell in unserer Werbekampagne verwenden.

**Wie machen Sie es, dass Ihre Ideen junge Menschen dazu bringen, die Produkte Ihres Kunden verstärkt oder überhaupt zu kaufen?**
**A.:** Dafür gibt es wiederum keine Garantie. Bedenken Sie aber, dass wir viel recherchiert haben und wissen, was die Jugendlichen bewegt. Wir wissen zum Beispiel, dass Jugendliche sehr oft auf ihr Aussehen achten. Wenn wir also sagen, dass das Produkt unseres Kunden sie bessern aussehen lässt, ist etwas Erfolg schon vorprogrammiert. Wir verwenden auch einen bestimmten Stil – z. B. japanische Zeichentrickfilme –, damit das Zielpublikum auf uns aufmerksam wird. Anschießend müssen wir unsere Ideen an jungen Menschen testen, um ihre Meinung zu hören.

*(aus: Kalender 2004/2005. Als Konsument in Europa. Hg.: Generaldirektion für Gesundheit und Verbraucherschutz der Europäischen Kommission, S. 71 f.)*

**1** *Warum sind Kinder und Jugendliche eine wichtige Zielgruppe für die Werbung?*
**2** *Wie gehen Werbefachleute vor, um erfolgreich junge Leute mit ihrer Werbung anzusprechen? Notiere stichwortartig.*

## Sich über ein Produkt informieren

A: Na, Benni: Wie war es denn im Urlaub?

B: Sehr schön. Die antiken Tempel in Süditalien sind beeindruckend.

A: Da hast du sicher tolle Fotos gemacht! Kann ich die mal sehen?

B: Fotos habe ich schon gemacht, aber so toll sind die nicht geworden. Mit meiner alten Kleinbildkamera bin ich nicht mehr zufrieden. Andere in der Gruppe hatten Digitalkameras – die konnten in Museen und in Kirchen sogar ohne Blitz fotografieren! Also – ich werde mir auch eine Digitalkamera kaufen.

A: Weißt du schon, welche?

B: Nein, ich habe ja noch keine Ahnung, welche Angebote es gibt.

A: Dann gehe doch in das Fotogeschäft am Marktplatz. Die beraten dich sicher.

B: Na ja – irgendwie ist mir das unangenehm.

A: Was? Wieso unangenehm?

B: In das Schaufenster habe ich schon mal geschaut. Da sind einige Digitalkameras ausgestellt – von 178 Euro bis 699 Euro.

A: Na also – da hast du doch eine Auswahl!

B: Ich kenne mich mit Digitalkameras doch gar nicht aus. Wie soll ich denn beurteilen, was die mir sagen?

A: Aha – das ist dir unangenehm. Du weißt nicht, was es bedeutet, wenn der Verkäufer dir zum Beispiel sagt, dass der Apparat eine PictBridge-Schnittstelle hat.

B: Genau.

A: Dann musst du dir eben alles erklären lassen. Dazu ist Beratung da!

B: Und nach einer halben Stunde ist mir ganz wirr im Kopf!

A: Dann gehst du eben und überlegst dir daheim die Sache in Ruhe.

B: Sich alles erklären lassen – und dann nichts kaufen! Der Verkäufer denkt sicher, ich habe mich nur informieren wollen, um dann die empfohlene Kamera billiger im Versandhaus oder im Jupiter-Markt zu kaufen.

A: Dann bittest du eben nur um Prospekte und suchst dann daheim in Ruhe aus.

B: Bei Reisen kann man das ja so machen. Aber ob es für jeden Fotoapparat einen Prospekt gibt? Und dann sind meistens die Preise nicht angegeben.

A: Du, der Meyer im Verein hat doch kürzlich etwas von seiner neuen Kamera erzählt. Den kannst du doch fragen.

B: Na ja! Aber der kann vielleicht nur etwas über seine Kamera sagen. Ob der einen Überblick über die Angebote auf dem Markt hat?

A: Du kannst auch in den Versandhaus-Katalogen nachschauen. Da werden manchmal die Produkteigenschaften genauer erklärt.

B: Produkteigenschaften – das fehlt mir! Ich muss vor einem Kauf herausfinden, worauf es bei einer Digitalkamera ankommt, was es an Zubehör gibt und so.

A: Da könnte dir auch ein Warentest helfen. Schau doch mal in der Stadtbücherei die „test"-Hefte durch. Da gibt es sicher einen Test über Digitalkameras. Und die schreiben immer auch, was man beim jeweiligen Produkt beachten sollte. Oder du schaust mal im Internet nach.

| Informationsmöglichkeit | Was spricht dafür? | Welche Probleme könnte es geben? |
|---|---|---|
|  | | |

**1** *Im Gespräch werden fünf Möglichkeiten genannt, sich über die Eigenschaften eines Produkts genauer zu informieren. Übertrage die Tabelle in dein Heft und fülle sie aus.*

**2** *„Ich schaue nur nach dem Preis! Der ist für mich entscheidend – schließlich will ich Geld sparen!" Was kannst du dieser Meinung entgegenhalten? Notiere.*

# Methode: Internetrecherche

## Thema: Sich über Angebote informieren

Wer sich über Produkte und Angebote informieren will, kann auch das Internet nutzen. Allerdings wird man nicht auf Anhieb genau das finden, was man sucht. Das gilt vor allem dann, wenn man am Anfang keine genauen Vorstellungen hat und keine bestimmte Internet-Adresse weiß. Dann beginnt die Suche ganz allgemein und wird durch die erhaltenen Informationen schrittweise genauer. Das folgende Beispiel zeigt dies.

Katja, 20 Jahre alt, möchte sich einen DVD-Player kaufen. Allerdings hat sie noch keine genauen Vorstellungen. Sie will versuchen, im Internet mehr über DVD-Player zu erfahren.

1 Katja fängt ganz allgemein an, indem sie eine Suchmaschine nutzt. Eine Suchmaschine listet Websites auf, die einen bestimmten Suchbegriff enthalten. Katja nutzt die Suchmaschine www.google.de und gibt den Suchbegriff „DVD-Player" ein. Sie hätte auch eine andere Suchmaschine wählen können, z. B. www.yahoo.de oder www.altavista.de.
Die Website von Google zeigt ihr die ersten zehn Ergebnisse von 1 650 000 Seiten auf Deutsch, die den Suchbegriff „DVD-Player" enthalten. Katja ist völlig klar, dass sie diese riesige Anzahl von Seiten nicht durchschauen kann. Sie liest die ersten Kurzinformationen auf der Google-Seite durch und klickt dann die Website www.dvdplayer.de an.

2 Die Startseite dieser Website enthält auf der linken Seite eine Liste „Produktauswahl". Katja klickt das Stichwort „Codefree DVD-Player" an. Es erscheint die erste von drei Seiten, auf denen 38 DVD-Player mit Bild und Kurzbeschreibung vorgestellt werden. Sie schaut die Aufstellung durch und entschließt sich, das Modell Panasonic DVD S-53 genauer unter die Lupe zu nehmen, weil der Preis des Gerätes ihrer Vorstellung entspricht.

3 Katja klickt „Details" an und es erscheint eine ausführliche Darstellung des Modells mit Produktmerkmalen und technischen Daten.

4 Katja überlegt sich, ob sie auf der Panasonic-Website mehr über das Produkt erfahren kann. Sie gibt daher bei Google den Suchbegriff „Panasonic" ein. Der erste Eintrag zeigt die Homepage von Panasonic mit vielen Links. Katja klickt den Link „Testergebnisse" an.

5 Auf der Seite „Testergebnisse" wählt Katja den Link „Zu Hause" aus, dann den Link „DVD & Video", dann „DVD-Player". So erfährt sie, dass das Modell S-53 von einer Fachzeitschrift im Heft 6/2007 mit dem Ergebnis „Highlight" bewertet wurde.

6 Katjas Interesse an dem Modell ist gewachsen. Sie geht auf die Google-Seite zurück und gibt als Suchbegriff „Panasonic DVD S-53" ein. So kommt sie auf Webseiten mit Preisvergleichen. Auf ihnen zeigen Listen, welcher Anbieter zurzeit welchen Preis für dieses Modell verlangt.

1
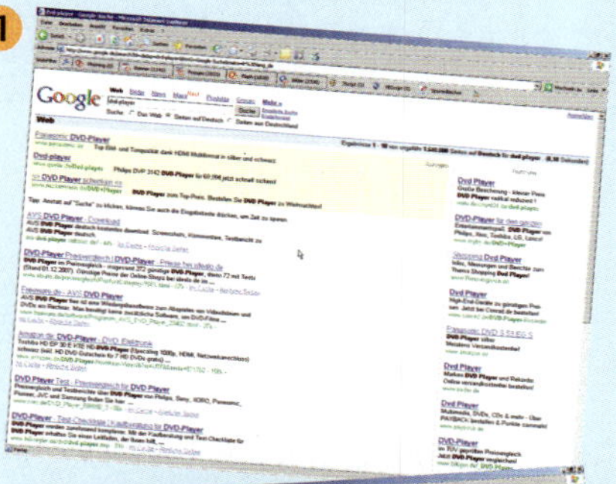


2
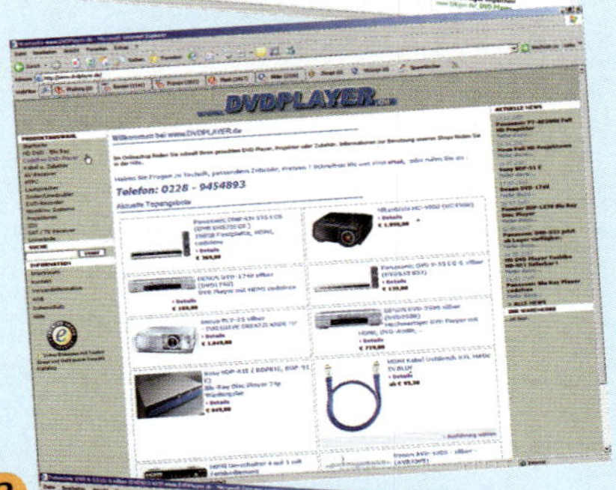


3
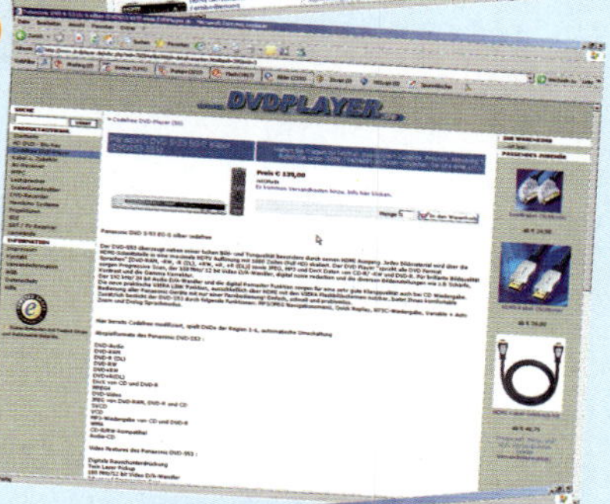


4
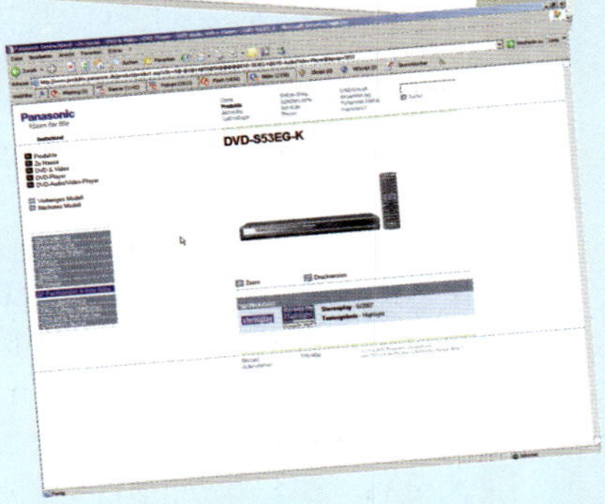


*Einigt euch auf ein bestimmtes Produkt und führt eine ähnliche Internetrecherche durch. Vergleicht anschließend eure Ergebnisse.*

## „test" – eine Hilfe für Verbraucher

Die Stiftung Warentest wurde von der Bundesregierung gegründet. Sie soll die Öffentlichkeit neutral über die Qualität von Waren und Dienstleistungen informieren. Dazu führt die Stiftung Warentest vergleichende Tests durch. Die Ergebnisse werden in der Zeitschrift „test" veröffentlicht. Um die Unabhängigkeit von den Herstellern zu wahren, gibt es in der Zeitschrift keine Werbung. Die Testgegenstände werden in normalen Geschäften eingekauft und auch ganz normal bezahlt.

**Tipp:** Unter www.stiftung-warentest.de gibt es kostenlose Meldungen und Kurzfassungen ausgewählter Tests. Alle Testergebnisse der Zeitschrift „test" seit Januar 2000 sind hier zu finden.

**Beispiel: Testbericht Inlineskates**

AUSGEWÄHLT » GEPRÜFT » BEWERTET

**Im Test:** 13 Paar Inlineskates für Fitness und Freizeit, mit 4 Rollen, Durchmesser 80 bis 90 mm. Davon zwei Modelle mit identischem Schuh, aber erhältlich mit 84 oder 90 mm großen Rollen. Ein Modell mit längenverstellbarer Schiene. Bis auf ein Produkt gibt es alle Skates als Damen- oder Herrenmodell. Vom Hersteller Salomon war bis zum Testbeginn kein aktuelles Modell erhältlich, weshalb ein Damenskate aus dem Vorjahr im Test berücksichtigt wurde. Zusätzlich im Schnelltest mit reduziertem Prüfumfang: 2 Inlineskates als Aktionsware bei Discountern (Aldi und Plus).
**Einkauf der Prüfmuster:** Januar und März 2006.

Härtetest im Labor: Ein Inlineskate auf der Umlaufbahn über Betonplatten mit Fugen.

**PREISE**
Anbieterbefragung im Februar/März 2006 .

**ABWERTUNGEN**
War die Haltbarkeit von Schuh und Rollen im Praxistest „befriedigend", konnte das Gruppenurteil Haltbarkeit höchstens eine halbe Note besser sein.

**LAUFEIGENSCHAFTEN: 60 %**
Vier geübte Skaterinnen fuhren die Damen- und vier Skater die Herrenmodelle. Zu den Läufern gehörten ein Eis- und Inlinehockeyspieler sowie ein erfahrener Inline-Trainer. Die Teststrecke führte über feinen und rauen Asphalt, Betonplatten mit Fugen sowie verkehrsübliche Bordsteine und Hindernisse. Tester und Testerinnen fuhren jedes Modell mindestens dreimal und beurteilten die Fahreigenschaften: **Kurven, Ausweichen** und **Übersetzen, Fahren auf Asphalt, Fahren über Unebenheiten, Bremsen** sowie den **Tragekomfort** (dazu gehörten u. a. Passform, seitlicher Halt, Beweglichkeit nach vorn, Fußklima) und die **Dämpfung**. Die **Rollgeschwindigkeit** wurde mit eingefahrenen Skates bestimmt: Zwei Frauen und zwei Männer rollten eine abschüssige Asphaltstrecke mehrfach hinab. Am Ende der Strecke wurde die Geschwindigkeit mit Lichtschranke gemessen. Zum Urteil **Bremsen** gehören neben der Bewertung durch die Skater ebenfalls Messungen. Die Bremswege beim Einsatz der Fersenbremse wurden bestimmt unter Berücksichtigung der tatsächlichen Anfahrtgeschwindigkeit.

**HANDHABUNG: 20 %**
Die acht Tester prüften und bewerteten **Anziehen, Schnüren** und **Anpassen** der Schuhe an den Fuß. Zwei Skater führten das **Rollenwechseln** und den **Austausch der Stopper** mit dem jeweils mitgelieferten Werkzeug durch. Außerdem wurden die **Gebrauchsanleitungen** nach Lesbarkeit, Verständlichkeit und der europäischen Norm für Inlineskates (DIN EN 13843) bewertet.

**HALTBARKEIT: 20 %**
Die Skates wurden in Anlehnung an die DIN EN 13843 mit einer Aufprallprüfung sowie Schlagversuchen auf vordere Rolle und Bremse geprüft. Ferner liefen die Skates im Dauertest, belastet mit 60 kg in einer Kreisbahn über Betonplatten mit Fugen. Alle geprüften Modelle erwiesen sich als stabil. Die von den Testern gefahrenen Skates wurden auf Schäden an Schuh und Rollen nach dem **Praxistest** untersucht. Der **Stopperverschleiß** wurde anhand des Abriebs der Bremsbeläge durch die Bremsversuche ermittelt.

test INLINESKATES Freizeit + Verkehr

# Ab 150 Euro vorn dabei

**Inlineskates** Millionen in Deutschland fahren auf die schnellen Rollen ab. Wir haben Damen- und Herrenmodelle für Fitness und Freizeit getestet. Die Sieger kommen von Fila und K2.

Über zehn Millionen Menschen haben die Rollenschuhe im Schrank, vorsichtig geschätzt. Inlineskating ist zu einer Massenbewegung geworden, deren größeren Teil Frauen stellen. Die Hersteller haben dem jetzt Rechnung getragen: Boten sie die meisten Schuhe früher als Unisexmodelle an, gibt es heute Damen- und Herrenschuhe für die Gemeinde fein säuberlich getrennt.

Wir haben Herren- und Damenmodelle des gleichen Produkts geprüft, nur Head 90 T 2 ist unisex. Ergebnis: Die Unterschiede sind bei Optik und Aufbau nicht unerheblich, aber in den Laufeigenschaften so klein und fein, dass sie kaum ins Gewicht fallen. Brauchen Frauen tatsächlich andere Schuhe als Männer – bislang ging es doch auch unisex? Abgesehen vom Design und der Farbgebung sprechen auch Unterschiede in der Anatomie des Fußes für zweierlei Paar Schuhe. Ursache ist der bei Frauen meist etwas tiefere Wadenansatz, der schmalere Leisten (Fußbreite) und die oft verkürzte Achillessehne.

**Probleme mit Skates für Frauen**

Um dem Frauenfuß gerecht zu werden, gehen die Hersteller verschiedene Wege. Teilweise verwenden sie etwas kürzere Schäfte oder sparen sie im Wadenbereich aus. Wird dann jedoch die übliche Schaftversteifung verwendet, kann es zu Druckstellen am Schuhrand kommen. Andere Hersteller bieten einen weicheren Schuhabschluss, der sich besser an die Wadenform anpasst. Unsere Testfahrten haben gezeigt, dass es kaum Grund für Beanstandungen gab, nur in Einzelfällen klagten die Frauen über Druckstellen – besonders beim Streetfighter Pro 1400.

Inlineskaten ist keine ganz billige Sache – vor allem dann nicht, wenn ganze Familien auf die Piste gehen wollen. Die Mehrzahl der für „gut" befundenen Modelle des Testfelds kostet zwischen 150 und 200 Euro. Für weniger als 100 Euro präsentiert sich im Test nur ein „guter" Schuh: Hudora RX 23. Aber immerhin bestätigte sich auch jetzt der Trend der zurückliegenden Tests: Die zu billigeren Preisen angebotenen Modelle hinken in der Qualität nicht mehr in jedem Fall hinterher.

Die geprüften Inlineskates rollen auf relativ hohem Niveau aus der Fabrikation. Richtige Versager im Test gab es nicht. Nur zwei Modelle (Streetfighter Pro 1400 und Head 90 T 2) mussten sich mit dem test-Qualitätsurteil „befriedigend" abfinden.

Neben dem Preis bekommen deshalb die Details ein größeres Gewicht. Bei vergleichbarer Qualität könnte beispielsweise die Schnürung den Ausschlag für die Kaufentscheidung geben. So haben vier Schuhe kein klassisches Schnürsystem zum Binden: Man zieht kräftig mit einer Hand an einer Schnur und schon ist der Schuh festgezurrt (K2 Athena/Exo, Rollerblade Activa/Crossfire und Rollerblade Wing 4/Astro 4). Aber nicht jedem gefällt das: Manche unserer Testfahrer und -fahrerinnen waren begeistert, anderen war die Schnellschnürung schnuppe. Auch das Festzurrsystem mit Drehknopf (Rollerblade Wing 6 und Astro 6) erfreute sich unterschiedlicher Wertschätzung – also ausprobieren.

Den Stopper, das skateeigene Bremssystem, oder auch die Rollen auszutauschen, ging nicht immer gleich gut. Wer viel unterwegs ist, sollte einen geschärften Blick in die entsprechenden Tabellenzeilen werfen. Ärgerlich ist es, wenn der Bremsgummi nur so dahinschmilzt und früh ersetzt werden muss, wie beim Streetfighter Pro 1400. Aber auch Head 90 T2 und K2 VO2 Max radierten sich relativ schnell weg.

**Die Rollenfrage**

Wichtig ist die Rollenfrage: Sollen sie größer oder kleiner, härter oder weicher sein? Im Prinzip beschleunigt man mit kleineren Rollen besser und sie bringen auch mehr Wendigkeit, während größere bei der Geschwindigkeit punkten und sich auf langen Strecken leichter fahren.

Wie sich das Fahrverhalten ändern kann, je nachdem ob mit kleineren oder größeren Rollen geskatet wird, ist sehr gut am Fila Night Hawk CS zu sehen, den wir mit 90er und mit den kleineren 84er gefahren sind. In beiden Varianten gehört der Night Hawk zu den Besten des Vergleichs. Mit den kleineren 84er Rollen ist er aber noch einen Tick wendiger. Dafür kommt der mit den größeren Rollen auf mehr Speed. Die Unterschiede sind aber nicht sehr groß, und wirklich klein sind 84-Millimeter-Rollen auch nicht – schließlich waren früher Rollendurchmesser von 76 Millimetern die Regel.

Einsteiger werden sich wohl eher für Skates mit kleineren Rollen entscheiden. Sie schenken am Anfang der Fahrtechnik mehr Augenmerk als der Geschwindigkeit. Fortgeschrittene dagegen sind reif für mehr Speed und größere Rollen. Doch nicht jeder Skate mit 90er Rollen bietet die erhoffte höhere Geschwindigkeit, wie Head 90 T 2 im Test bewies. Überhaupt zeigten sich viele mit kleineren Rollen den größeren beim Tempo ebenbürtig. Es kommt eben nicht nur auf die Größe, sondern auf die gelungene Kombination von Rollen, Lagern und Achsen an.

Neben weiteren Faktoren beeinflusst auch die Härte der Rollen das Fahrverhalten, so bei der Dämpfung und dem Überwinden von Unebenheiten, wie Betonfugen oder Gullydeckeln. Eine Rolle mit der Bezeichnung 78 A (Werkstoffkennwert für Elastomere und Kunststoffe) ist weicher als eine 80 A – je höher die Zahl, desto härter die Rolle. Vereinfacht lässt sich sagen, härtere Rollen bringen höhere Geschwindigkeiten, aber die Haftung ist geringer. Glatte Bahnen und Feuchtigkeit können problematisch werden. Im Test hatten wir Härten von 78 A bis 84 A *(siehe Tabelle)*.

Von der Straßenverkehrsordnung werden Skater stiefmütterlich behandelt: Sie dürfen nicht auf die Fahrbahn, aber auch der Radweg ist tabu. Man zählt sie zu den „besonderen Fortbewegungsmitteln" wie Rollstühle oder Kinderwagen und sie unterliegen den Regeln für Fußgänger *(siehe S. 87)*. Im wirklichen Leben schweben sie aber in ständiger Gefahr, mit Autos oder Fußgängern zu kollidieren. Skater besorgen sich deshalb am besten mit den Schuhen auch gleich eine private Haftpflichtversicherung *(siehe dazu auch die Aprilausgabe von FINANZtest)*. ▸

**test UNSER RAT**

Wenn Sie großen Wert auf Wendigkeit legen, können wir den **Fila Night Hawk CS** mit den 84-mm-Rollen für 150 Euro empfehlen. Nur beim Bremsen zeigt er leichte Schwächen. Spitze beim Laufen: **K2 VO2** und **K2 VO2 Max** (180 und 200 Euro). Mit 89 Euro ist der noch „gute" **Hudora RX 23** eine preiswerte, aber qualitativ einfachere Alternative. Der Preisbrecher: **Streetfighter Pro 1400** kostet nur 65 Euro und fährt sich noch gut. Für den günstigen Preis müssen aber Kompromisse in Handhabung und Haltbarkeit in Kauf genommen werden.

Moderate Standhöhe trotz 90er Rollen: K 2 Max. Rechts Rollerblade Activa.

Größenvergleich: 80er, 84er und 90er Rollen (von oben nach unten).

**TIPPS**

■ **EINKAUFEN** Später am Tag mit belasteten, geschwollenen Füßen. Rollerblade-Modelle fallen meist etwas klein aus. Im Zweifel lieber eine Nummer größer wählen. Zur Anprobe dünne Socken, um Druckstellen aufzuspüren.

■ **KEIN SPIEL** Ein Fußbett gehört in jeden Schuh. Die Ferse muss fest sitzen und darf kein Spiel haben. Auf Fahrversuch bestehen. Beim Bremsen darauf achten, dass Bremswinkel angenehm ist.

■ **PROTEKTOREN** An Schutzkleidung denken: Helm, Knie-, Ellenbogen- und Handgelenkschützer sind Pflicht. Leichte Dehnungsübungen vor dem Start verringern das Verletzungsrisiko.

■ **REFLEKTOREN** Helle, auffällige Kleidung sowie Reflektionsflächen an Skates, Helm und Protektoren machen früh erkennbar und schützen so vor Kollisionen.

82 test 5/2006 — 5/2006 test 83

## Legende zum Testbericht

1 Beschreibung der Marktsituation bei Inlineskates und zusammenfassender Bericht.

2 Bericht über besondere Probleme, die richtigen Skates für Frauen zu finden.

3 Bei jedem Testbericht gibt es die Spalte „Unser Rat“. Hier werden Aussagen zum Preis-Leistungs-Verhältnis der getesteten Waren gemacht.

4 In der Spalte „Tipps“ werden Gesichtspunkte genannt, die man beim Kauf beachten sollte.

5 Bericht über die Wahl der richtigen Skaterrollen.

6 Bei jedem Testbericht gibt es die Spalte „Ausgewählt – Geprüft – Bewertet“. Hier werden die Testkriterien und -methoden beschrieben; außerdem wird erklärt, welche Rolle jedes Teilergebnis beim zusammenfassenden „test“-Qualitätsurteil spielte.

7 Jedes getestete Produkt ist abgebildet. Darunter stehen das zusammenfassende Qualitätsurteil als Note und eine Kurzbeschreibung.

8 In einer Tabelle sind alle Gesichtspunkte des Tests aufgelistet. Bei jedem Gerät ist durch Symbole angegeben, wie es jeweils abgeschnitten hat.

**❶ Fila CS (mit 84er Rollen), 150 Euro**

GUT (2,0)

Der wendigste Skate des Tests, aber weniger schnell als das bis auf die Rollen gleiche Fila-Modell (rechts). Zwei bewegliche Rollenpaare. Steckt Unebenheiten am besten weg.

**❷ Fila CS (mit 90er Rollen), 150 Euro**

GUT (2,0)

Rundum guter Skate mit 90er Rollen. In der Geschwindigkeit Spitze, aber trotz der beiden beweglichen Rollenpaare nicht so wendig wie Fila Night Hawk mit 84er Rollen.

**❸ K2 VO2, 180 Euro**

GUT (2,0)

Sauber verarbeiteter Skate mit durchweg guten Eigenschaften in allen Prüfpunkten. Spitzenwerte in der Handhabung. Praktisch: der T-Schlüssel für den Rollenwechsel.

← 7

### test Inlineskates für Damen und Herren

← 8

| | Gewichtung | ① Fila Night Hawk CS mit 84er Rollen | ② Fila Night Hawk CS mit 90er Rollen 14) | ③ K2 VO2 |
|---|---|---|---|---|
| Damenmodell (Abbildung im Vordergrund) | | **Lady** 010606065 | **Lady** 010696023 | **Woman** 306009 |
| Herrenmodell (Abbildung im Hintergrund) | | **Man** 010606060 | **Man** 010696022 | **Man** 306008 |
| Rollendurchmesser in mm / Rollenhärte | | 84 / 83 A | 90 / 83 A | 84 / 83 A |
| Mittlerer Preis in Euro ca. | | **150** | **150** | **180** |
| Preis für einen Satz Rollen mit Lager in Euro ca. | | 50,00 | 60,00 | 28,00 |
| Preis für zwei Stopper in Euro ca. | | 9,90 | 9,90 | 10,00 |
| **test-QUALITÄTSURTEIL** | **100 %** | **GUT (2,0)** | **GUT (2,0)** | **GUT (2,0)** |
| | | | | |
| **LAUFEIGENSCHAFTEN** | **60 %** | **gut** (2,0) | **gut** (2,0) | **gut** (1,9) |
| Kurven, Ausweichen und Übersetzen | | ++ | + | + |
| Fahren auf Asphalt | | ++ | ++ | ++ |
| Fahren über Unebenheiten | | ++ | + | + |
| Rollgeschwindigkeit | | + | ++ | + |
| Bremsen | | ○ | ○ | + |
| Tragekomfort | | + | + | + |
| Dämpfung | | + | + | + |
| **HANDHABUNG** | **20 %** | **gut** (2,2) | **gut** (2,2) | **gut** (1,9) |
| Schuh anziehen, schnüren und anpassen | | + | + | + |
| Rollen wechseln | | + | + | ++ |
| Stopper austauschen | | + | + | ++ |
| Gebrauchsanleitung | | + | + | ++ |
| **HALTBARKEIT** | **20 %** | **gut** (1,8) | **gut** (1,8) | **gut** (2,2) |
| Schuh und Rollen im Praxistest | | + | + | + |
| Stopperverschleiß | | ++ | ++ | + |
| **AUSSTATTUNG / TECHNISCHE MERKMALE** | | | | |
| Schnürsystem | | Klassisch | Klassisch | Klassisch |
| Klettverschluss / Schnalle / Ratsche an der Schnalle | | ■/■/□ | ■/■/□ | ■/■/□ |
| Lagerklasse | | ABEC 7 | ABEC 7 | ILQ 9 |
| Material Schiene | | Kunststoff | Kunststoff | Alu / Titanium |
| Schienenlänge / Gesamtlänge in mm 15) | | 278 / 419 | 278 /422 | 275 /412 |
| Standhöhe in mm / Gewicht pro Paar in g 15) | | 135 /3 560 | 138 /3 790 | 112 /3 160 |
| Lieferbare Damengrößen | | 37–42,5 | 37–42,5 | 35–42 |
| Lieferbare Herrengrößen | | 39–48 | 39–48 | 38–49 |

**Bewertungsschlüssel der Prüfergebnisse:**
++ = Sehr gut (0,5–1,5). + = Gut (1,6–2,5). ○ = Befriedigend (2,6–3,5). ⊖ = Ausreichend (3,6–4,5). — = Mangelhaft (4,6–5,5).

**Bei gleichem Qualitätsurteil Reihenfolge nach Alphabet.**
■ = Ja.
□ = Nein.

84 test 5/2006

1 *Das Beispiel zeigt einen typischen Testbericht. Notiere zu einigen der acht Teile des Testberichts, auf welche Weise sie jeweils für einen Käufer nützlich sein können.*

2 *Welche Gesichtspunkte haben bei diesem Test eine Rolle gespielt? Welcher war den Prüfern am wichtigsten?*

3 *Welche der drei Inlineskates würdest du kaufen? Begründe deine Auswahl mit den Testergebnissen.*

4 *Besorgt euch einige Hefte der Zeitschrift „test“ und informiert euch über die durchgeführten Tests.*

## Verbraucherberatung

*Herr Weber*

*Frau Schulz*

*Frau Dehner*

In jedem Bundesland gibt es eine Verbraucherzentrale. Sie hat die Aufgabe, die Interessen der Verbraucher zu vertreten, zu informieren und bei Problemen weiterzuhelfen. Bei der Verbraucherzentrale Rheinland-Pfalz in Mainz kann man sich – ebenso wie in den weiteren Beratungsstellen im Land – persönlich, telefonisch oder auch schriftlich beraten lassen. Die Verbraucherzentrale bietet Fachberatungen zu diesen Themen an: Bauen + Wohnen / Energie + Umwelt / Ernährung / Finanzen / Gesundheit + Pflege / Markt + Recht / Medien + Telekommunikation / Reise, Freizeit + Mobilität / Versicherung.

In der Verbraucherzentrale Mainz und in den Beratungsstellen vor Ort kann das Selbstinformationssystem „Infothek“ mit Testberichten der Stiftung Warentest und aus unterschiedlichen Fachzeitschriften genutzt werden. Es gibt auch viele Broschüren mit Ratschlägen zu unterschiedlichen Themen.

*(www.verbraucherzentrale-rlp.de, Link: Beratungsstellen 20.05.2008)*

1. *Wie könnten sich die drei Ratsuchenden jeweils bei der Verbraucherzentrale informieren?*
2. *Warum ist es wichtig, dass es Verbraucherberatungsstellen gibt?*
3. *Wo befindet sich – von eurem Schulort aus gesehen – die nächste Beratungsstelle der Verbraucherzentrale Rheinland-Pfalz?*

# Methode: Erkundung im Internet

## Thema: Verbraucherzentrale Rheinland-Pfalz

Die Verbraucherzentrale Rheinland-Pfalz bietet auch Informationen für Verbraucher im Internet an. Wenn man diese Internetseiten aufsucht und planvoll vorgeht, kann man viel über die Arbeit der Verbraucherzentrale und ihre Angebote erfahren. Die Internetadresse der Verbraucherzentrale Rheinland-Pfalz lautet: www.verbraucherzentrale-rlp.de. Gibt man sie ein, findet man erste Informationen auf der Startseite.

1 Im linken Teil der Startseite findet man eine Navigationsleiste, die in drei Bereiche eingeteilt ist: Informationen, Service, Projekte.

2 In der Mitte enthält die Startseite eine Liste mit Kurzmeldungen zu aktuellen Verbraucherthemen. Klickt man eine der Schlagzeilen an, erscheint der ausführliche Text.

3 Im rechten Teil der Startseite finden sich Links, die z. B. zu einer Übersicht aller Beratungsstellen mit Adressen und Öffnungszeiten oder zum Ratgebershop der Verbraucherzentrale Rheinland-Pfalz führen. Weitere Links führen zu aktuellen Tests der Stiftung Warentest. Das neue Fenster, das sich dann öffnet, erlaubt es, in den Tests zu suchen. Neuere Testergebnisse kann man sich nur gegen Bezahlung einer Gebühr herunterladen, ältere sind kostenfrei erhältlich.

*(www.verbraucherzentrale-rlp.de 10. 06. 2008)*

### Erkundungsfragen

1. Welche Öffnungszeiten hat die von euch aus gesehen nächstgelegene Beratungsstelle der Verbraucherzentrale?
2. Wie viel kostet bei telefonischer Beratung eine angefangene Minute?
3. Was bietet der Link „Schule"?
4. Wie viele Downloads werden angeboten? Wie viele davon sind kostenpflichtig
5. Was findet man unter dem Link „Huhn und Pute"?
6. Wie viele Kurzmeldungen werden bei dem Link „Gesundheit + Pflege" angezeigt?
7. Wie viel kostet eine E-Mail-Beratung?

*Erkunde die Internetseiten der Verbraucherzentrale Rheinland-Pfalz mithilfe der Erkundungsfragen.*

## Das ökonomische Prinzip

**Fall 1**
Frau Bayer hat sich für die digitale Spiegelreflexkamera TX 3000 der Firma Toby entschieden. Diese Kamera möchte sie nun möglichst billig kaufen. Deshalb vergleicht sie die Angebote der Fotohändler und kauft bei dem Händler, der die Kamera am billigsten anbietet.

**Fall 2**
Ein Stanzwerk benötigt bei seiner Produktion sehr viel Strom. Die Ursache hierfür sind die relativ alten Maschinen, mit denen das Werk produziert. Deshalb beschließt die Unternehmensleitung, neue Maschinen zu kaufen, die bei gleicher Leistung weniger Strom als die alten Maschinen benötigen.

**Fall 3**
Familie Weißborn hat einen Heizölvorrat von 7 000 Liter in ihrem Tank im Keller. Mit diesem Vorrat versucht die Familie so lange wie möglich auszukommen.

**Fall 4**
In einer Jeansfabrik werden unter anderem Bluejeans hergestellt. In der Fertigungsabteilung wird versucht, möglichst viele Jeansteile aus den Stofflagen auszuschneiden. Die verschiedenen Teile und Größen werden daher mithilfe eines Computers zu einem optimalen Gesamtschnittbild zusammengestellt. Nach diesem Gesamtschnittbild werden die Stofflagen vollautomatisch zugeschnitten.

### Ökonomisches Prinzip (Prinzip der Wirtschaftlichkeit)

Die Sachgüter und Dienstleistungen, die wir täglich brauchen, sind nicht im Überfluss vorhanden.

Wer sie haben möchte, muss eine Gegenleistung anbieten, muss bezahlen.

Da niemand Geld in unbeschränktem Maße zur Verfügung hat, wird jeder versuchen, die vorhandenen Mittel zielgerecht einzusetzen.

| **Minimalprinzip** (Kostenminimierung) | | **Maximalprinzip** (Nutzenmaximierung) | |
|---|---|---|---|
| MITTEL → | ZIEL | MITTEL → | ZIEL |
| Mit möglichst geringen Mitteln ... | ein vorgegebenes Ziel erreichen | Mit vorgegebenen Mitteln ... | ein möglichst großes Ziel erreichen |

Herr Geiger kauft ein Putzmittel, das umweltfreundlicher, jedoch teurer als die Konkurrenzprodukte ist.

Unternehmerin Holl kauft eine Abgasfilteranlage, die weit unter den gesetzlich vorgeschriebenen Grenzwerten bleibt und daher teurer ist.

1 *Ordne die vier Fälle dem Minimalprinzip oder dem Maximalprinzip zu.*
2 *Beschreibe eine wirtschaftliche Entscheidung, bei der du in letzter Zeit nach einem dieser Prinzipien gehandelt hast.*
3 *Nimm zu dem Verhalten von Herrn Geiger und von Frau Holl Stellung.*
4 *Äußere deine eigene Meinung zu dem Ausspruch des griechischen Philosophen Epikur.*

*„Willst du jemand reich machen, musst du ihm nicht das Gut mehren, sondern seine Bedürfnisse mindern."*

*(Epikur, 341–271 v. Chr.)*

# Das Wichtige in Kürze

**Bedürfnisse**

Jeder Mensch hat Wünsche. So wollen alle Menschen essen und trinken. Außer ausreichend Nahrung braucht der Mensch auch Kleidung und Unterkunft, um zu existieren. Solche Bedürfnisse nennt man Grundbedürfnisse. Die Kleidung soll nicht nur wärmen, sondern auch schick sein, das Essen nicht nur sättigen, sondern auch besonders gut schmecken. Hinzu kommt das Verlangen nach Musik, Büchern, Reisen usw. Diese Bedürfnisse nennt man Kulturbedürfnisse. Und wenn das schicke Kleid gar ein teures Modellkleid sein soll, spricht man von Luxusbedürfnissen.

**Bedarf**

Die Bedürfnisse sind nahezu unbegrenzt, die Mittel zu ihrer Befriedigung aber meist knapp. Diejenigen Bedürfnisse, die der Verbraucher tatsächlich bezahlen oder finanzieren kann, nennt man Bedarf. Der Bedarf ist also der Teil aus der Vielzahl der Bedürfnisse, den man sich tatsächlich leisten kann.

**Entwicklung von Bedürfnissen**

Bei vielen individuellen Bedürfnissen ist es fraglich, ob sie von der Natur vorgegeben oder künstlich geweckt sind. Modetrends und Werbung können die Bedürfnisse des Einzelnen beeinflussen.

**Zielgruppe Kinder und Jugendliche**

Kinder und Jugendliche sind eine wichtige Zielgruppe für die Werbung. Sie verfügen über eine Kaufkraft von vielen Milliarden Euro und beeinflussen außerdem die Kaufentscheidungen ihrer Eltern. Die Jugendlichen orientieren sich in ihrem Konsum hauptsächlich an Gruppen, denen sie angehören oder angehören möchten. Daher versucht die Werbung, die Modetrends in den Gruppen zu nutzen. Markenprodukte spielen beim Kaufverhalten der Jugendlichen eine große Rolle.

**Informationsmöglichkeiten**

Die meisten Verbraucher informieren sich durch Prospekte und Kataloge, besichtigen die Waren im Schaufenster oder im Geschäft oder lesen Testberichte. Andere lassen sich von Freunden und Bekannten beraten, informieren sich durch die Werbung oder wenden sich an eine Verbraucherberatungsstelle.

**Verbraucherberatung**

Unabhängige Produktinformationen und Hinweise auf die Marktsituation bekommt ein Käufer von Verbraucherberatungsstellen. Dazu gehört auch die von der Bundesregierung gegründete „Stiftung Warentest". Sie führt vergleichende Warentests durch und veröffentlicht die Ergebnisse in der Zeitschrift „test". In jedem Bundesland gibt es eine Verbraucherzentrale mit örtlichen Beratungsstellen. Sie beraten die Verbraucher, helfen bei Reklamationen und unterrichten die Öffentlichkeit über aktuelle Verbraucherfragen. Die Verbraucherzentrale Rheinland-Pfalz hat ihren Sitz in Mainz, Beratungsstellen unterhält sie in Betzdorf, Hachenburg, Kaiserslautern, Koblenz, Ludwigshafen, Mainz, Pirmasens und Trier.

**Ökonomisches Prinzip**

Sachgüter und Dienstleistungen sind nicht im Überfluss vorhanden. Wer sie haben möchte, muss eine Gegenleistung anbieten, muss bezahlen. Da niemand Geld in unbeschränktem Maße zur Verfügung hat, wird er die vorhandenen Mittel zielgerecht einsetzen, d. h. er wird wirtschaftlich vorgehen. Es gibt zwei Möglichkeiten, das ökonomische Prinzip zu verwirklichen: mit möglichst geringen Mitteln ein vorgegebenes Ziel erreichen (Minimalprinzip), mit vorgegebenen Mitteln ein möglichst großes Ziel erreichen (Maximalprinzip).

## Marktwirtschaft – Planwirtschaft

Es war einmal eine Insel in der Südsee. Auf ihr gab es viele Bodenschätze und eine sehr reichhaltige Vegetation. Da diese Insel nicht bevölkert war, entschlossen sich Bewohner der Nachbarinseln auf diese Insel zu ziehen. Sie nannten die Insel „Idealis" und wählten einen weisen Mann zum König.

Eines Tages rief der König seine zwei Berater zu sich und sprach zu ihnen: „Letzte Woche haben die Einwohner von Idealis entschieden, welche Regeln unserem Handeln zugrunde liegen sollen. Wir haben somit über unsere staatliche Ordnung entschieden. Wir brauchen nun aber auch Regeln, wie wir unser wirtschaftliches Handeln ordnen. Wir brauchen eine Wirtschaftsordnung. Ich bitte euch daher, mir Vorschläge zu machen, wie wir unsere Wirtschaft ordnen können und welche Probleme damit verbunden sind. Unser Volk wird dann darüber entscheiden, welche Wirtschaftsordnung es haben möchte. Ihr habt drei Monate Zeit eure Vorschläge auszuarbeiten."

Pünktlich auf die Stunde kamen die beiden Experten nach drei Monaten zu ihrem König. Als sie ihn auf der großen Treppe stehen sahen, riefen sie schon von weitem: „Mein König, mein König, wir sind zu ganz unterschiedlichen Ergebnissen gekommen. Und wir haben die Ergebnisse fein säuberlich auf Zettel aufgeschrieben." Der eine Experte rief stolz: „Ich habe meiner Wirtschaftsordnung den Namen Marktwirtschaft gegeben." „Und ich meiner den Namen Planwirtschaft", entgegnete der andere Experte ebenso stolz. Sie rannten die große Treppe zum König hinauf, jeder wollte der Erste sein. Dabei stießen sie zusammen, fielen und rollten die Treppe rückwärts wieder hinunter und alle Zettel, auf denen sie ihre Ergebnisse festgehalten hatten, flogen wild durch die Luft. Der König, der ein gütiger Mann war, lachte herzlich und sagte: „Meine lieben Experten, lasst die Zettel mit euren Notizen ruhig liegen. Ich werde sie selbst einsammeln und ordnen. So lerne ich gleichzeitig eure Vorschläge kennen."

# 8x Marktwirtschaft – 8x Planwirtschaft

**A** Der Gewinn ist Maßstab für den wirtschaftlichen Erfolg.

**B** Die Betriebe gehören dem Staat. Es gibt kein Privateigentum an Produktionsmitteln (Maschinen usw., mit denen Güter hergestellt werden).

**C** Die Unternehmen stehen miteinander im Wettbewerb.

**D** Die Erfüllung des Plans ist Maßstab für den wirtschaftlichen Erfolg.

**E** Die Preise der Waren und Dienstleistungen werden von einer staatlichen Planbehörde festgelegt.

**F** Die Unternehmen befinden sich in Privateigentum.

**G** Die Betriebe erhalten ihre Aufträge von der staatlichen Planbehörde. Daher machen sie sich keine Konkurrenz.

**H** Angebot und Nachfrage werden von der staatlichen Planbehörde festgelegt.

**I** Der Preis bildet sich aufgrund von Angebot und Nachfrage.

**K** Die Arbeitnehmer werden den Betrieben von der staatlichen Planbehörde zugeteilt. Die Betriebe müssen sie einstellen.

**L** Die langfristigen Planungen führen dazu, dass auf neue Verbraucherwünsche nur mit großer zeitlicher Verzögerung reagiert werden kann.

**M** Die Unternehmen entscheiden, was sie anbieten, die Verbraucher, was sie nachfragen.

**N** Die Arbeitnehmer können ihren Arbeitsplatz frei wählen. Die Unternehmen entscheiden, ob und wen sie einstellen.

**O** Wenn die Unternehmen nicht genügend Aufträge haben, müssen sie Arbeitnehmer entlassen.

**P** Durch den Zusammenschluss von Unternehmen kann es zu einer Konzentration von Macht in den Händen weniger kommen.

**Q** Die fehlende Konkurrenz zwischen den Betrieben führt dazu, dass weniger geleistet wird.

1 *Acht Beschreibungen passen zur Marktwirtschaft, acht zur Planwirtschaft. Ordne zu.*

2 *Nachdem der König die Zettel geordnet hat, sagt er: „In der einen Wirtschaftsordnung läuft die Ware dem Käufer nach, in der anderen der Käufer der Ware“. Was meint er damit?*

## Merkmale der sozialen Marktwirtschaft

*Ludwig Erhard (1897–1977), Bundeswirtschaftsminister (1949–1963) und Bundeskanzler (1963–1965). Unter ihm wurde die soziale Marktwirtschaft eingeführt.*

*Noch am Tag der Währungsreform 1948 wurden die Schaufenster mit bisher zurückgehaltenen Waren gefüllt.*

*Der VW-Käfer wurde weltweit zu einem Symbol für das deutsche „Wirtschaftswunder" in den 1950er- und 60er-Jahren.*

Die Wirtschaftsordnung der Bundesrepublik Deutschland ist die soziale Marktwirtschaft. Sie verbindet das Prinzip der freien Preisbildung auf dem Markt mit dem Prinzip des sozialen Ausgleichs.

Nach dem Prinzip der ...(1)... Preisbildung planen die Unternehmen ihre Produktion und die Verbraucher ihren Konsum. Dabei haben beide unterschiedliche Interessen. Die Unternehmen wollen möglichst viel ...(2)... erzielen und die Verbraucher möglichst günstig einkaufen. Auf dem Markt treffen dann das ...(3)... der Unternehmen und die ...(4)... der Verbraucher zusammen. Es bildet sich ein Preis, der die unterschiedlichen Interessen ...(5)...

Da neben dem Preis auch die Qualität und der Service wichtige Gesichtspunkte bei der Kaufentscheidung sind, stehen die Unternehmen im ...(6)... Sie entwickeln daher bessere, neue und billigere Produkte, um gegenüber der Konkurrenz einen Vorsprung zu haben. Dies führt dazu, das die Verbraucher gute Qualitäten zu günstigen ...(7)... kaufen können. Es verbessert sich die Versorgung der Bevölkerung mit Gütern und der ...(8)... wächst.

Damit der Wettbewerb auf Dauer erhalten bleibt, erlässt der Staat Gesetze, um ihn zu sichern. Die Unternehmer können die notwendigen Entscheidungen jedoch nur dann treffen. wenn ihnen das Unternehmen auch gehört. Nur wer Gefahr läuft, durch Verluste sein eingesetztes Kapital zu verlieren, handelt risikobewusst und vermeidet Verschwendung. Das ...(9)... an den Produktionsmitteln ist daher ein wichtiges Merkmal in der sozialen Marktwirtschaft.

Nach dem Prinzip des ...(10)... Ausgleichs schützt der Staat vor allem die sozial ...(11)... Am Arbeitsmarkt werden die Arbeitnehmer nach Leistungsgesichtspunkten entlohnt. Damit aber diejenigen, die nur begrenzt leistungsfähig sind, auch ein sicheres Einkommen haben, erhalten sie vom ...(12)... sogenannte soziale Leistungen, z.B. ...(13)..., Wohngeld.

Die Einführung der sozialen Marktwirtschaft nach dem Kriege ist vor allem dem Politiker ...(14)... zu verdanken. Er ist einer der geistigen „Väter" der sozialen Marktwirtschaft. Im ...(15)... gibt es viele Artikel, die auf wichtige Merkmale der sozialen Marktwirtschaft hinweisen. So garantiert Artikel 14 das Privateigentum, Artikel 12 die Gewerbe- und Berufsfreiheit und Artikel 20 den ...(16)... Allerdings steht der Begriff der sozialen Marktwirtschaft nicht ausdrücklich in unserer Verfassung.

| | | | |
|---|---|---|---|
| Sozialstaat | Wohlstand | ausgleicht | Angebot |
| Grundgesetz | Preisen | freien | Privateigentum |
| Ludwig Erhard | Nachfrage | Gewinn | sozialen |
| Schwachen | Wettbewerb | Sozialhilfe | Staat |

1 *Wer plant die Produktion? Wer entscheidet über den Konsum?*

2 *Wem gehören die Produktionsmittel?*

3 *Wie wird die Leistungsbereitschaft der Marktteilnehmer aufrechterhalten?*

4 *Wie werden die Entgelte für die Arbeitnehmer festgelegt?*

5 *Wie bilden sich die Preise?*

6 *Wie wird Menschen geholfen, die am Markt kein Einkommen erzielen?*

**Tarifordnung**

**Eigentumsordnung**

**Wettbewerbsordnung**

**Planung**

**Preisbildung**

**Sozialordnung**

A *Der Staat schafft einen sozialen Ausgleich und sichert die Existenzgrundlage, z.B. durch Sozialhilfe, gesetzliche Sozialversicherung, Wohngeld.*

B *Angebot und Nachfrage bilden die Preise.*

C *Die Unternehmen befinden sich in Privateigentum.*

D *Die Konkurrenz am Markt führt dazu, dass sich die besseren Anbieter durchsetzen. Der Staat sichert den Wettbewerb durch Gesetze.*

E *Die Unternehmer planen, was sie produzieren wollen; die Konsumenten entscheiden, was sie kaufen.*

F *Gewerkschaften und Arbeitgeberverbände legen die Löhne und Gehälter in Tarifverhandlungen, ohne Einmischung des Staates, fest.*

***„Meine Herren, beachten Sie bitte auch das Kleingedruckte!"***

1 *Ergänze den Lückentext auf Seite 176 mit den Begriffen im Kasten. Verwende dazu das Arbeitsblatt.*

2 *Oben findest du sechs Fragen, sechs Merkmale und sechs Antworten:*
*Welche Frage, welches Merkmal und welche Antwort gehören jeweils zusammen? Notiere.*

3 *Was bringt die Karikatur zum Ausdruck?*

# Methode: Planspiel

## Thema: Der Markt für Sahnetorten

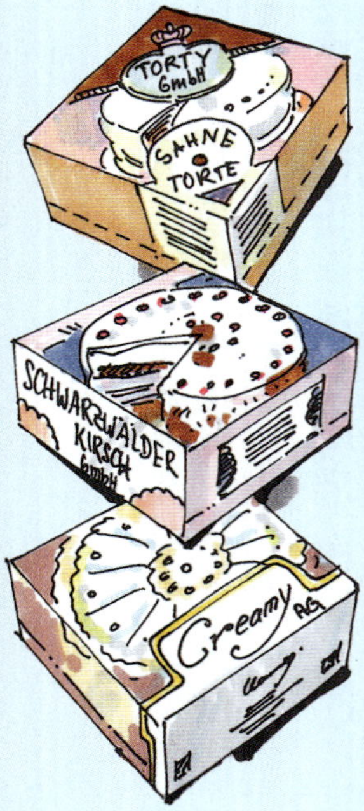


Bei einem Planspiel wird die Wirklichkeit vorgetäuscht, man sagt simuliert. Ein Problem oder ein Konflikt wird aufgegriffen und in verteilten Rollen durchgespielt. Die verschiedenen Rollen werden von Gruppen übernommen, die das Problem aus unterschiedlichen Interessenlagen sehen und zu lösen versuchen. Die Teilnehmer lernen dadurch, wie politische und wirtschaftliche Entscheidungen im Alltag zustande kommen.

**1. Vorbereitung**
In dieser Phase wird zunächst das Problem verdeutlicht, das im Planspiel durchgespielt werden soll. Man sagt auch, die Ausgangslage wird geklärt. Die Spielregeln werden besprochen. Anschließend werden die Gruppen gebildet.

**2. Durchführung**
Die Gruppen arbeiten sich in ihre Spielrolle ein und suchen dabei nach Argumenten für ihren Standpunkt. Sie planen, wie sie vorgehen wollen.
Danach wird das Planspiel begonnen. Im weiteren Verlauf muss jede Gruppe auf die Entscheidung der anderen Gruppen reagieren.

**3. Auswertung**
Das Spielergebnis und der Spielablauf werden gemeinsam besprochen. Die einzelnen Spielgruppen berichten über ihre Absichten und Handlungen. Falls es eine „Beobachtergruppe" gibt, berichten auch die Mitglieder dieser Gruppe.

## Ergänzende Hinweise zu diesem Planspiel

### 1. Vorbereitung

**a) Ausgangslage**
Ihr seid Geschäftsführer eines Unternehmens, das industriell eine neue Art von Sahnetorten herstellt und kistenweise verkauft. Auf dem von euch belieferten Markt konkurriert ihr mit drei anderen Unternehmen, die das gleiche Produkt herstellen. Die von eurer Firma hergestellten Sahnetorten sind verderblich und können nicht gelagert werden. Euer Ziel ist es, einen möglichst hohen Gewinn zu erzielen. Die Spieldauer beträgt vier Perioden. In jeder Periode sind zwei Entscheidungen zu treffen.

**Mengenentscheidung:** Wie viele Kisten Sahnetorten werden von eurem Unternehmen hergestellt? Die maximale Produktionsmenge eures Unternehmens in jeder Spielperiode beträgt 20 Kisten.
**Preisentscheidung:** Zu welchem Preis wird eine Kiste Sahnetorten von eurem Unternehmen angeboten? Der Preis pro Kiste kann zwischen 500 und 3000 € liegen, jeweils in ganzen Hunderten. Wenn euer Preis über dem Preis eurer Konkurrenten liegt, verliert ihr nicht alle Kunden. Die Anzahl eurer Kunden und somit die Anzahl der verkauften Kisten Sahnetorten geht jedoch zurück.
Bei eurer Mengenentscheidung und Preisentscheidung müsst ihr eure Kosten und den Absatzmarkt beachten. Auf dem Absatzmarkt konkurriert ihr mit den drei anderen Unternehmen.
**Kosten:** Fixe Kosten, z. B. für Verwaltung, Miete. Sie sind unabhängig von eurer hergestellten Anzahl der Kisten. Sie betragen in jeder Spielperiode 2000 €. Variable Kosten, z. B. für Material, Löhne. Sie verändern sich mit der Anzahl der von euch hergestellten Kisten. Je Kiste fallen 500 € variable Kosten an.

**Absatzmarkt:**

| | 1. Spielperiode | 2. Spielperiode | 3. Spielperiode | 4. Spielperiode |
|---|---|---|---|---|
| maximale Absatzmenge für alle vier Unternehmen | 30 Kisten | 40 Kisten | 40 Kisten | 20 Kisten |
| Verhalten der Nachfrager auf dem Markt | Die Reaktion der Verbraucher auf unterschiedliche Preise ist nicht bekannt. | Die Verbraucher zeigen großes Interesse an dem Produkt; höhere Preise werden eher akzeptiert. | Das Interesse an dem Produkt stagniert; höhere Preise werden weniger akzeptiert. | Das Interesse an dem Produkt geht stark zurück; höhere Preise werden noch weniger akzeptiert. |

**b) Gruppenbildung**

Bildet vier Gruppen. Jede Gruppe sucht für ihr Unternehmen einen Namen und schreibt ihn auf ein Kärtchen. Die Kärtchen können dann an der Tafel oder einer Pinnwand angebracht werden.

## 2. Durchführung

Trefft mithilfe des „Spielblattes" eure Mengen-und Preisentscheidungen. Von eurer Lehrerin bzw. eurem Lehrer bekommt ihr dann mitgeteilt, wie viele Kisten ihr verkaufen konntet. Errechnet dann eure Kosten, den Umsatz und den Gewinn. Habt ihr mehr Kisten hergestellt, als ihr verkaufen konntet, fallen dafür Kosten an. Ihr könnt natürlich auch nur die Anzahl der Kisten verkaufen, die ihr hergestellt habt.
Da auf Märkten die Unternehmen wissen, wie hoch die Preise ihrer Mitanbieter sind, erfahrt ihr nach jeder Spielperiode vom Spielleiter die Preise eurer Konkurrenten. Sie werden an der Tafel oder der Pinnwand festgehalten.

**Spielblatt**
Mithilfe dieses Blattes werden die Entscheidungen in jeder Spielperiode getroffen und der Gewinn bzw. Verlust ermittelt.

**Unternehmen:** ..........................................................................

| | 1. Spielperiode | 2. Spielperiode | 3. Spielperiode | 4. Spielperiode |
|---|---|---|---|---|
| maximale Absatzmenge in Kisten<br>**Mengenentscheidung** Anzahl der produzierten Kisten | 30 | 40 | 40 | 20 |
| **Preisentscheidung** Verkaufspreis (in ganzen Hunderten) | | | | |
| Anzahl der zugeteilten Aufträge (Kisten) durch den Spielleiter | | | | |
| **Kosten**<br>• Fixe Kosten<br>• Variable Kosten (Anzahl der produzierten Kisten x 500 €)<br>**Gesamtkosten** | 2 000 € | 2 000 € | 2 000 € | 2 000 € |
| **Umsatz** Anzahl der zugeteilten Aufträge x Verkaufspreis | | | | |
| **Gewinn oder Verlust** (Umsatz minus Gesamtkosten) | | | | |

*Führt das Planspiel durch. Beachtet dabei die ergänzenden Hinweise.*

## Das Stabilitätsgesetz

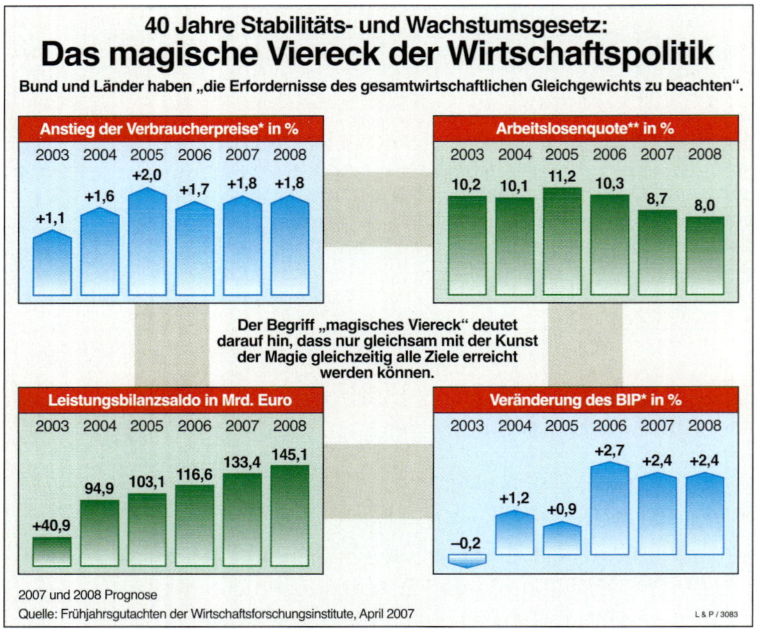


**Gesetz zur Förderung der Stabilität und des Wachstums (Stabilitätsgesetz)**

**§ 1**

Bund und Länder haben bei ihren wirtschafts- und finanzpolitischen Maßnahmen die Erfordernisse des gesamtwirtschaftlichen Gleichgewichts zu beachten. Die Maßnahmen sind so zu treffen, dass sie im Rahmen der marktwirtschaftlichen Ordnung gleichzeitig zur Stabilität des Preisniveaus, zu einem hohen Beschäftigungsstand und außenwirtschaftlichem Gleichgewicht bei stetigem und angemessenem Wirtschaftswachstum beitragen.

**Erläuterungen**

1 Eine wachsende Wirtschaft bringt den Menschen mehr Wohlstand. Maßstab für das Wirtschaftswachstum ist das Bruttoinlandsprodukt. Es ist der Wert aller Güter und Dienstleistungen, die in einem Jahr hergestellt wurden. Das reale Bruttoinlandsprodukt (ohne Preissteigerung) sollte um zwei bis drei Prozent pro Jahr steigen.

2 Die Preise sollen stabil bleiben, dann bleibt der Wert des Geldes, die Kaufkraft, erhalten. Maßstab für die Preissteigerung ist die Inflationsrate. Sie sollte zwei Prozent nicht übersteigen.

3 Zwischen den Exporten und den Importen sollte es kein Ungleichgewicht geben. Maßstab für ein außenwirtschaftliches Gleichgewicht ist der Unterschied zwischen den Einnahmen aus den Exporten und den Ausgaben für Importe. Diese Differenz sollte möglichst klein sein.

4 Alle Arbeitswilligen sollten einen Arbeitsplatz bekommen, dann herrscht Vollbeschäftigung. Maßstab für die Vollbeschäftigung ist die Arbeitslosenquote. Sie sollte unter drei Prozent liegen.

| Wirtschaftspolitische Ziele | Erläuterung | 2003 | 2004 | 2005 | 2006 | 2007 | 2008 |
|---|---|---|---|---|---|---|---|
| Preisniveaustabilität | | | | | | | |
| hoher Beschäftigungsstand | | | | | | | |
| außenwirtschaftliches Gleichgewicht | | | | | | | |
| angemessenes Wirtschaftswachstum | | | | | | | |

1 *Welche Erläuterung gehört zu welchem wirtschaftspolitischen Ziel?*
2 *Stelle fest, ob in den Jahren 2003 bis 2008 die einzelnen wirtschaftspolitischen Ziele erreicht wurden.*
3 *Notiere auf deinem Arbeitsblatt in der Jahresspalte dann „ja" oder „nein". Was fällt dir auf?*

# Methode: Zusammenhänge visualisieren

## Thema: Die Ziele des Stabilitätsgesetzes

Durch Unterstreichen bzw. Markieren oder das Herausschreiben von Schlüsselwörtern kann man Informationen aus Texten herausholen. Die so gefundenen Stichwörter zeigen jedoch nicht automatisch den inneren Zusammenhang auf, in dem die Informationen stehen. Oft helfen einfache Skizzen, die Verbindungen zwischen den Teilinformationen zu verdeutlichen, also die Struktur des beschriebenen Sachverhalts zu visualisieren.

**Beispiel 1**
Es geht um einen Sachverhalt, der vier verschiedene Ursachen hat. Die Strukturskizze verdeutlicht dies durch die Pfeilrichtung. Welche Formen zum Notieren der Stichwörter gezeichnet werden, ist beliebig. Es muss nur darauf geachtet werden, dass für Stichwörter der gleichen Kategorie die gleiche Form innerhalb der Strukturskizze verwendet wird. So könnten in dieser Darstellung für die Ursachen auch vier Dreiecke oder vier Quadrate verwendet werden – sie dürfen nur nicht beliebig gemischt werden.

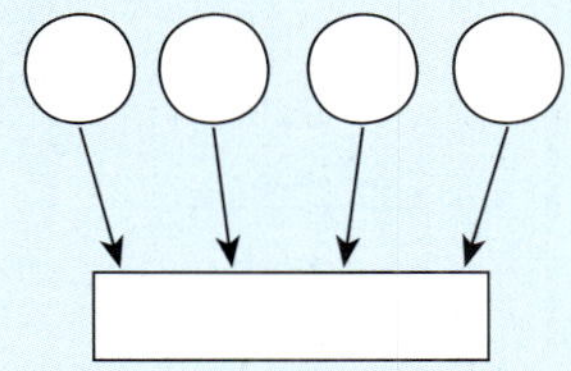

**Beispiel 2**
Es wird im Text ein Sachverhalt beschrieben, der drei verschiedene Auswirkungen hat. Die Skizze visualisiert diesen Zusammenhang so, dass im Zentrum ein Kreis mit dem Stichwort für den Sachverhalt steht. Von ihm führen drei Pfeile zu Rechtecken, in die stichwortartig die Auswirkungen notiert werden. Die unterschiedliche Formgebung (Kreis, Rechtecke) macht die unterschiedliche Bedeutung (Vorgang, Auswirkung) deutlich. Die Pfeilrichtung gibt die logische Folge an.

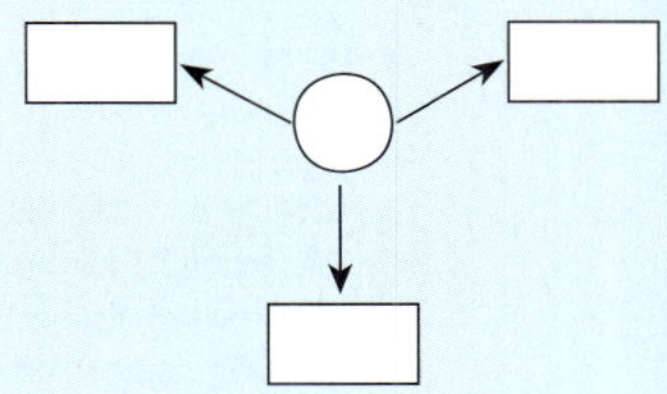

**Beispiel 3**
Es wird ein Vorgang beschrieben, der mehrere Stationen durchläuft. Die Strukturskizze zum Ordnen der Stichwörter veranschaulicht den Vorgang durch eine Abfolge gleicher Formen, die durch die Pfeilrichtung verbunden sind. Diese Abfolge kann waagerecht oder senkrecht angeordnet werden. Hat im Ablauf eine bestimmte Station eine besondere Bedeutung, kann man sie durch eine andere Formgebung hervorheben.

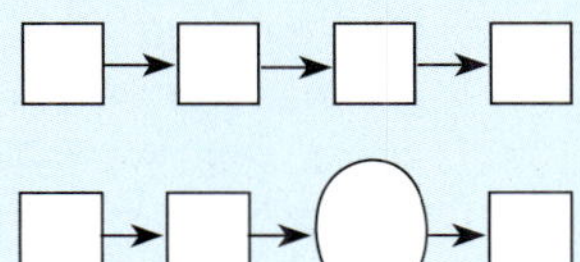

**Beispiel 4**
Es gibt Vorgänge, die sich gegenseitig beeinflussen. In der Visualisierung kann man dies durch Doppelpfeile darstellen. Führt die Beeinflussung über mehrere Stationen zum Ausgangspunkt zurück, kann man dies als Kreislauf veranschaulichen.

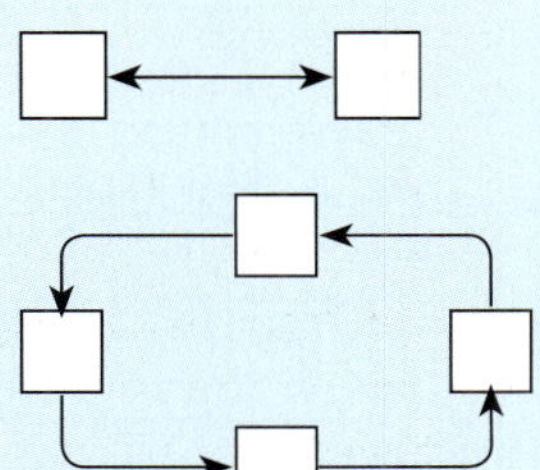

Eine Strukturskizze kann durch Symbole oder einfache Zeichnungen optisch angereichert werden, was natürlich vom zeichnerischen Geschick und vom Thema abhängt. So könnten die links abgebildeten Symbole in einer Strukturskizze für die Bereiche „Staat", „Wirtschaft" und „Parlament" stehen.

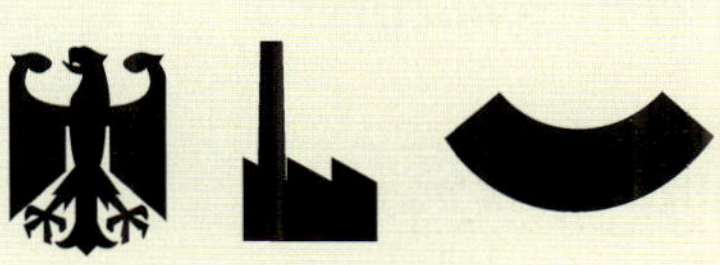

*Visualisiere die Ziele des Stabilitätsgesetzes.*

## Tarifparteien und Tarifvertrag

Nur durch die Leistung der Arbeitnehmer entstehen die Gewinne der Unternehmen. Für eine gute Arbeitsleistung müssen sie daher auch gut bezahlt werden. Daher fordern wir einen gerechten Anteil am Gewinn. In den letzten Jahren ist die Belastung am Arbeitsplatz ständig gestiegen. Die Herstellungstechniken werden immer komplizierter und der Arbeitsdruck nimmt zu. Wo früher drei Arbeiter eine Aufgabe erledigten, sind es heute zwei. Das geht nicht ohne Mehrbelastung und dafür wollen wir einen Ausgleich. Hinzu kommt, dass nur durch ein höheres Einkommen der Lebensstandard der Arbeitnehmer gesichert wird. Die Steuern und Abgaben sind in den letzten Jahren gestiegen. Auch die Preise für Waren und Dienstleistungen steigen. Die Arbeitnehmer brauchen einen Ausgleich. Es darf doch nicht sein, dass die Unternehmen mehr Gewinne machen und die Arbeitnehmer weniger Geld in ihrer Tasche haben als im Vorjahr.

Wir wissen doch alle: Höhere Löhne bedeuten höhere Kosten und höhere Kosten bedeuten weniger Gewinn. Wenn die Unternehmen weniger Gewinn machen, können sie auch nicht mehr so viel investieren, z. B. in neue Techniken und neue Produkte. Da Investitionen Arbeitsplätze schaffen, gibt es bei weniger Investitionen auch weniger Arbeitsplätze. Hinzu kommt, dass viele mittelständische und kleine Unternehmen keine weiteren Lohnerhöhungen verkraften. Sie können höhere Lohnkosten nicht durch höhere Verkaufspreise ausgleichen. Wir dürfen nicht teurer sein als die ausländische Konkurrenz. Wenn unsere Preise nicht konkurrenzfähig sind, bekommen wir weniger Aufträge. Und wenn wir Aufträge verlieren, müssen wir Arbeitnehmer entlassen. Zu hohe Lohnkosten führen auch dazu, dass immer mehr Unternehmen die Produktion ins Ausland verlagern, um kostengünstiger herzustellen. Dadurch gehen bei uns auch Arbeitsplätze verloren.

- ***Ab Dienstag wird in der Stahlindustrie gestreikt***
- *IG METALL FORDERT 6 %*
- Urabstimmung über Verhandlungskompromiss
- Schlichter erfolglos – Stahlindustrie steht vor dem Streik
- Arbeitgeber **2 % – mehr ist nicht drin**
- Tarifpartner kehren wieder an den Verhandlungstisch zurück
- URABSTIMMUNG ÜBER STREIK
- Arbeitgeber sperren aus – Stahl-Streik verschärft sich drastisch
- **Warnstreiks in der Stahlindustrie**
- ***Tarifverhandlungen gescheitert – Ruf nach dem Schlichter***
- 70 % stimmen für Streik-Ende
- **Einigung: 4 % mehr**

## Wie Tarifverhandlungen ablaufen

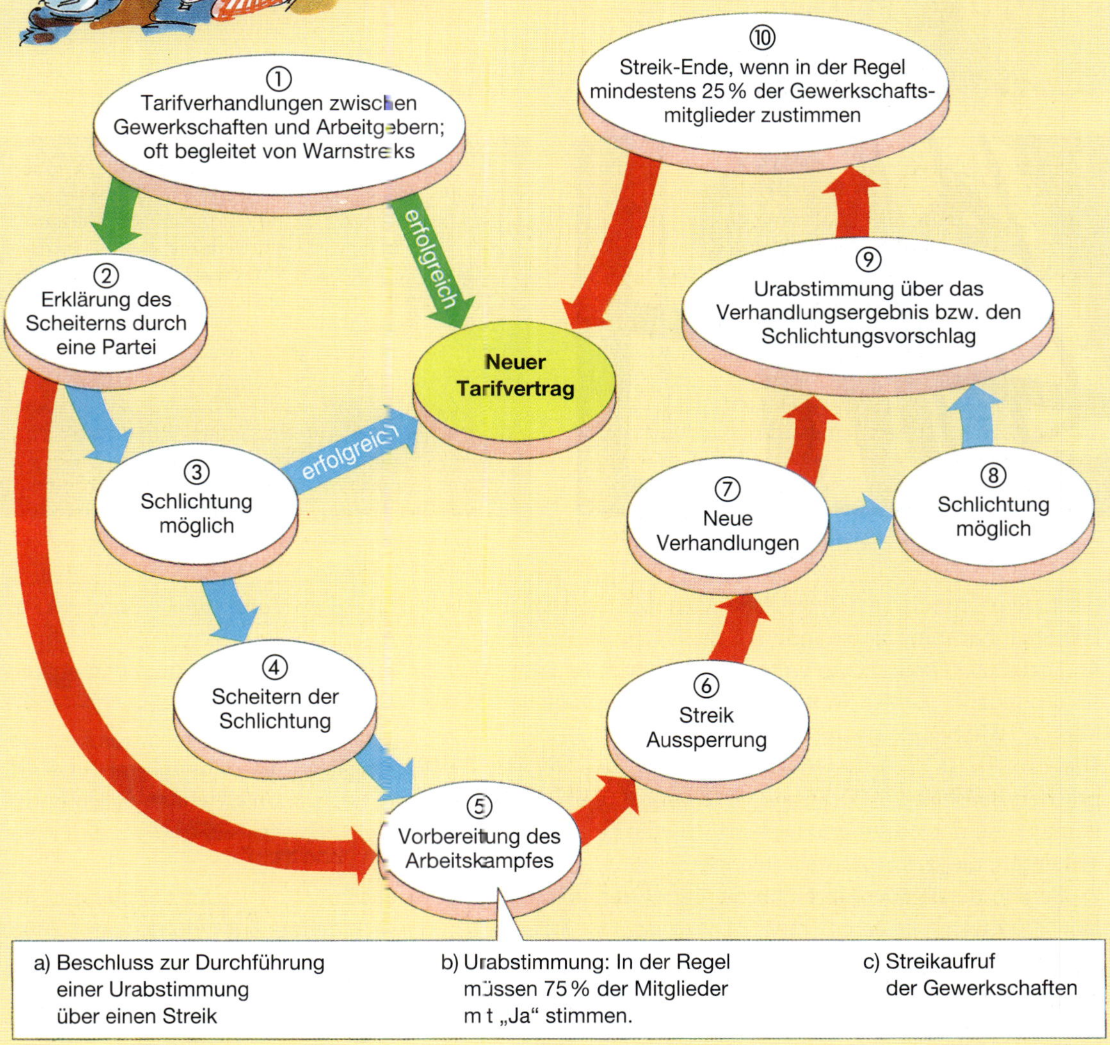


**1** *Welche Meinungsäußerung stammt von einem Vertreter einer Gewerkschaft, welche von einem Vertreter eines Arbeitgeberverbandes? Warum argumentieren die beiden Vertreter so unterschiedlich?*

**2** *Bringe die Schlagzeilen in die zeitlich richtige Reihenfolge. Stelle dabei fest, zu welcher Phase der Tarifverhandlungen die jeweilige Schlagzeile gehört.*

## Sozialstaat Deutschland

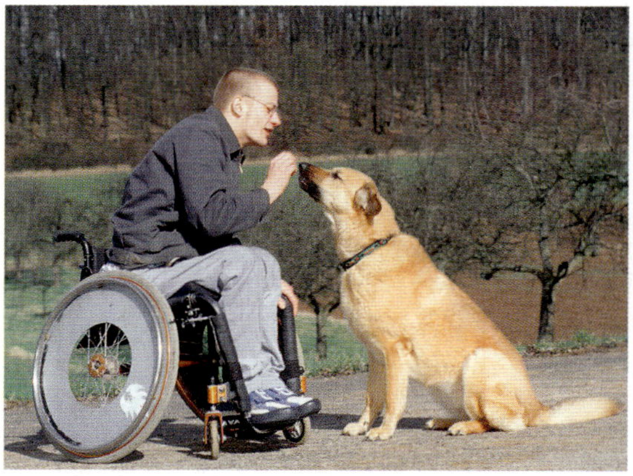

Nach dem Grundgesetz ist die Bundesrepublik Deutschland ein demokratischer und sozialer Bundesstaat. Der Staat hat somit unter anderem die Pflicht, die …(1)… zu fördern.
Im Sozialstaat Deutschland wurde das sogenannte …(2)… in den vergangenen Jahrzehnten immer weiter ausgebaut. „Große Knoten" im sozialen Netz wie beispielsweise die …(3)… wurden durch „kleinere Knoten" wie beispielsweise die …(4)… ergänzt.
Drei große …(5)… sorgen dafür, dass das soziale Netz nicht reißt: der Staat, die Unternehmen und die privaten Haushalte. Da der Staat seinen Anteil über Steuern finanziert und die Unternehmen ihren Anteil in die Preise der Waren und Dienstleistungen einkalkulieren, sind es letztlich allein die …(6)… und Konsumenten, die den Sozialstaat finanzieren.
Zu Beginn der 1960er-Jahre gab die Bundesrepublik etwa 20 Prozent ihrer …(7)… für Soziales aus, im Jahr 2006 waren es bereits etwa 31 Prozent. Fast jeder …(8)… erwirtschaftete Euro wurde somit 2006 für Sozialleistungen ausgegeben. Rechnet man die Sozialleistungen auf den einzelnen Einwohner um, so waren dies im Jahr 1961 etwa 650 Euro und im Jahr 2006 etwa 8540 Euro. Damit haben sich die …(9)… innerhalb von 45 Jahren mehr als …(10)…. Damit das soziale Netz nicht reißt und die wirklich …(11)… ausreichend finanzielle Hilfe erhalten, muss reformiert werden.

verdreizehnfacht · soziale Gerechtigkeit · Steuerzahler · Wirtschaftsleistung · Pflegeversicherung · dritte · Bedürftigen · soziale Netz · Geldgeber · Rentenversicherung · Pro-Kopf-Ausgaben

**A**

Grundlage ist die Mitgliedschaft des Versicherten, in deren Rahmen er sich verpflichtet, Beiträge an die Versicherung zu erbringen. Durch diese Beiträge erwirbt der Versicherte einen Rechtsanspruch auf die Leistungen. Bei Vorliegen bestimmter Voraussetzungen (Versicherungsfall) erhält er dann Leistungen aus der Versicherung. Bedürftigkeit ist dabei keine Voraussetzung. Die Versicherung kann freiwillig oder als Pflichtversicherung geführt werden, Träger dieser Versicherungen können private oder staatliche Organisationen sein. Kennzeichnend für das … ist, dass der Versicherte innerhalb bestimmter Grenzen selbst den Umfang der Leistungen und damit die Höhe seiner Beiträge bestimmen kann. Während Letzteres bei privaten Anbietern (z. B. Lebensversicherungen, private Krankenversicherungen) durchaus üblich ist, sind entsprechende Elemente in der gesetzlichen Sozialversicherung bisher nur ansatzweise eingeführt worden. Das … entspricht am ehesten der Marktwirtschaft. Nur hier kann es einen Wettbewerb zwischen mehreren Anbietern geben, die Leistungen sind selbst erworbene Ansprüche, und deren Umfang kann in einem gewissen Rahmen selbst bestimmt werden.

**B**

Grundlage ist die Zugehörigkeit zu einer bestimmten Gruppe und/oder die Einbringung von nichtgeldlichen Vorleistungen. Es kommt vor allem im staatlichen Bereich zur Anwendung. Beispiele für dieses Prinzip sind die Pensionen, Beihilfen und ähnliche Leistungen für Beamte oder die Leistungen für die Kriegsopfer und Hinterbliebenen. Diese Leistungen werden nicht aus Beiträgen, sondern aus dem allgemeinen Haushalt finanziert. Auch hier besteht ein Rechtsanspruch, der unabhängig von der individuellen Bedürftigkeit ist.

**C**

Das … setzt keinerlei Vorleistungen für den Bezug von Leistungen voraus. Ausschlaggebend ist hierbei nur der Grad der Bedürftigkeit. Dabei wird in der Regel das Vermögen des Betreffenden und das seiner engsten Familienangehörigen berücksichtigt. Ein Rechtsanspruch besteht oft nicht oder nur dem Grunde nach, d. h., über den Umfang der Leistungen entscheidet meist die entsprechende Behörde, wenn auch im Rahmen entsprechender Richtlinien. Die Sozialhilfe ist das typische Beispiel für soziale Leistungen nach dem …. Das … ist das leistungsfeindlichste, aber auch das flexibelste Prinzip einer sozialen Absicherung. Aufgrund seines starken Almosencharakters eignet es sich vor allem für die Fälle, die durch die anderen Maschen des sozialen Netzes nicht aufgefangen werden.

**1** *Betrachte die vier Fotos auf Seite 184. Warum bedürfen diese Menschen der Hilfe des Staates?*

**2** *Ordne die Begriffe den Nummern im Lückentext zu. Benutze dein Heft oder das Arbeitsblatt.*

**3** *Ordne die Erläuterungstexte A–C den Prinzipien in der Grafik zu. Notiere dir einige typische Merkmale für jedes Prinzip.*

## Das soziale Netz

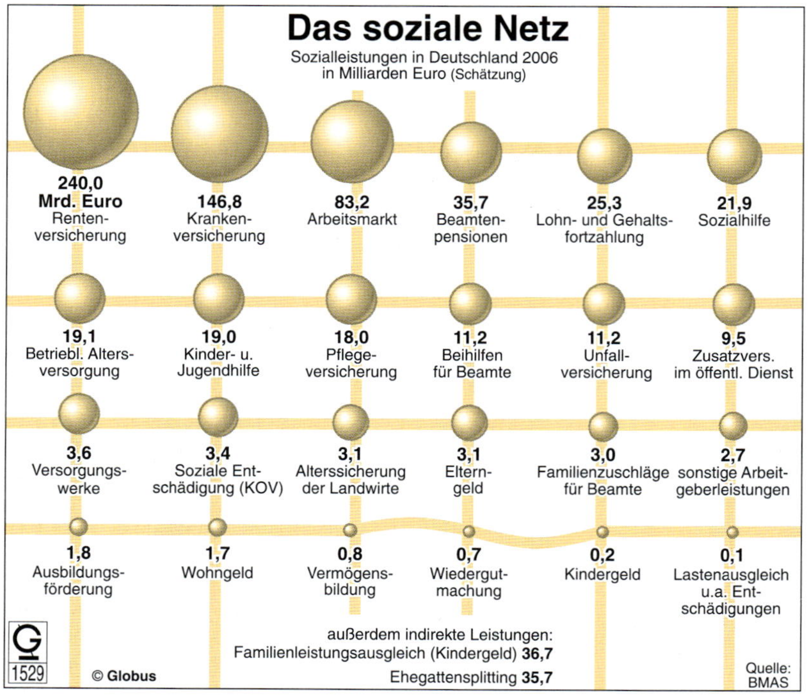


**Grundgesetz Artikel 20**
Die Bundesrepublik Deutschland ist ein demokratischer und sozialer Bundesstaat.

Das soziale Netz in Deutschland ist aus vielen Knoten geknüpft – großen und kleinen. Größter Knoten ist die Rentenversicherung mit 240 Milliarden Euro. Es folgen die Krankenversicherung mit 147 Milliarden Euro und die Leistungen für den Arbeitsmarkt (also auch die Zahlungen für Arbeitslose) mit gut 83 Milliarden Euro. Wesentlich kleinere Knoten – dennoch für viele Menschen wichtig – sind beispielsweise das Wohngeld, das Erziehungsgeld oder die Ausbildungsförderung.

*Globus, 6. 8. 2007*

| | Behauptung | richtig | falsch |
|---|---|---|---|
| 1 | Die Sozialleistungen betrugen 2006 insgesamt weniger als 600 Milliarden Euro. | | |
| 2 | Den größten Anteil an der Gesamtsumme der Sozialleistungen hatte die Jugendhilfe. | | |
| 3 | Die Rentenversicherung machte ca. ein Drittel aller Sozialleistungen aus. | | |
| 4 | Die Sozialleistungen aus der Unfallversicherung betrugen etwas mehr als die Hälfte der Sozialhilfe. | | |
| 5 | Rentenversicherung und Krankenversicherung machten zusammen mehr als die Hälfte aller Sozialleistungen aus. | | |
| 6 | Neben den direkten gibt es noch die indirekten Sozialleistungen. Dazu zählen z. B. Steuererleichterungen für Verheiratete. | | |
| 7 | Für Familien mit Kindern gibt es keine Sozialleistungen. | | |
| 8 | Allein die Sozialhilfe betrug mehr als die 12 kleinsten Sozialleistungen zusammen. | | |
| 9 | Unter den vielen Sozialleistungen gibt es auch mehrere, die Kindern und Jugendlichen zugute kommen. | | |
| 10 | Sozialleistungen werden nur von staatlichen Einrichtungen erbracht. | | |
| 11 | Staatsdiener, z. B. Beamte, erhalten keine Sozialleistungen. | | |
| 12 | Das Ehegattensplitting ist eine direkte Sozialleistung. | | |

A

Herr Bauer ist körperbehindert und arbeitsunfähig. Er hat kein Vermögen und auch keine Rente.

B

Christian macht seine berufliche Ausbildung in Berlin und kann daher nicht mehr bei seinen Eltern in Koblenz wohnen. Mit seiner Ausbildungsvergütung allein kann er seinen Unterhalt nicht bestreiten.

C
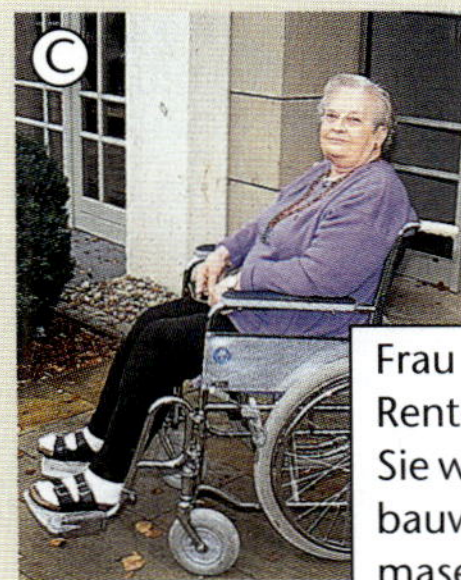
Frau Lang hat eine Rente von 450 Euro. Sie wohnt in einer Altbauwohnung in Pirmasens. Ihre Miete kann sie nicht in vollem Umfang von ihrer Rente bezahlen.

D

Familie Brauer hat ein Kind. Frau Brauer ist nicht erwerbstätig, weil sie sich ganz der Betreuung ihres Sohnes widmen möchte.

E

Herr und Frau Mathies haben zwei Töchter im Alter von 11 und 13 Jahren sowie einen Sohn, der 14 Jahre alt ist.

F

Der Unternehmer Herr Hemker besitzt eine mittelständische Firma und einige große Grundstücke. Eines Tages verspielt er sein ganzes Bargeld in einer Spielbank.

G

Frau Geldermann trinkt am Ende ihrer Arbeitszeit aus Ärger über ihren Chef in der Kantine einige Gläser Wein. Auf dem Nachhauseweg hat sie mit ihrem Auto einen selbst verschuldeten Unfall und erleidet einen komplizierten Armbruch.

H

Die Eheleute Donner sind beide berufstätig und kinderlos. Sie verdienen zusammen ca. 6000 Euro pro Monat. Eines Tages entscheiden sie sich, ein großes Haus zu bauen. Die Bausumme von 800 000 Euro können sie aber nicht aufbringen.

?

Sozialhilfe
Rente
Ausbildungsförderung
Elterngeld
Wohngeld
Kindergeld
Begleichung der Arztkosten
Arbeitslosengeld

**1** *Entscheide, ob die Behauptungen in der Tabelle auf Seite 186 richtig oder falsch sind. Kreuze dazu auf dem Arbeitsblatt an oder notiere von 1 bis 12 auf einem Blatt. Benutze zur Beantwortung die Grafik „Das soziale Netz".*

**2** *Entscheide in den acht oben beschriebenen Fällen, ob und wenn ja, welche finanziellen Leistungen des Staates die Personen jeweils erhalten können.*

## Reform des Sozialstaats

In seiner Regierungserklärung vom 14. März 2003 hat der frühere Bundeskanzler Gerhard Schröder (SPD) die Pläne der Bundesregierung zur Reform der sozialen Sicherungssysteme, des Arbeitsmarktes und der öffentlichen Finanzen unter dem Namen „Agenda 2010" vorgestellt. Schröder fasste die Zielsetzungen wie folgt zusammen: „Wir werden die Leistungen des Staates kürzen, Eigenverantwortung fördern und mehr Eigenleistung von den Einzelnen fordern".

Die Agenda 2010 besteht aus insgesamt 30 Einzelvorhaben. Sie sieht ein milliardenschweres Investitionsprogramm sowie Kürzungen bei Sozialleistungen vor. Am 1. Januar 2005 sind Gesetze, die unter dem Namen „Hartz IV" bekannt geworden sind, in Kraft getreten. Sie stellen die größte Arbeitsmarkt- und Sozialreform in der Geschichte der Bundesrepublik Deutschland dar. Kernpunkt ist die Zusammenlegung von Arbeitslosen- und Sozialhilfe zum sogenannten Arbeitslosengeld II. Viele Betroffene treibt die Sorge vor dem sozialen Abstieg um. Doch künftig soll nicht nur gefordert, sondern auch gefördert werden. Die folgende Übersicht enthält nähere Informationen.

### FÖRDERN

**Persönliche Ansprechpartner.** Personal Service Agenturen (PSA) / Job Center – ein Fallmanager betreut nicht mehr als 75 Arbeitslose.
**Neue Leistungen.** Trainingsmaßnahmen, Arbeitskleidung oder Führerschein.
**Arbeit für junge Menschen.** Schnelle Vermittlung in Arbeit, Ausbildung oder befristete Jobs.
**Arbeit lohnt sich.** Hinzuverdienstmöglichkeit mit Ein-Euro-Jobs: Wer arbeitet, hat mehr in der Tasche.
**Einstiegsgeld.** Zuschüsse, wenn der Lohn den Lebensunterhalt nicht deckt.
**Kinderzuschlag.** Zuschlag für Eltern, wenn das Einkommen nicht für den Lebensunterhalt des Kindes reicht.
**Soziale Sicherung.** Beiträge zur Gesundheits-, Pflege-, Rentenversicherung werden übernommen.

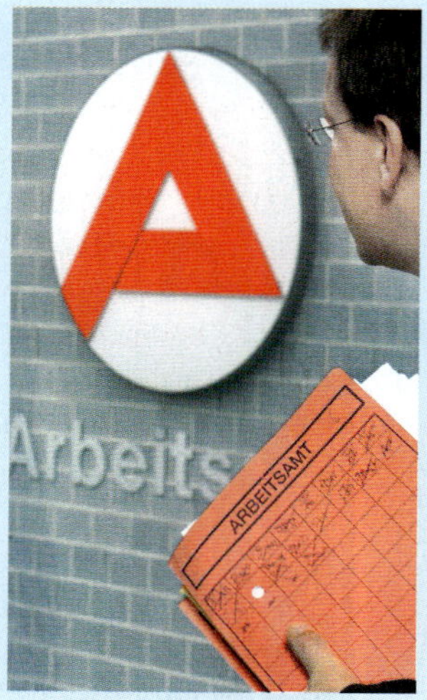


### FORDERN

**Zumutbare Arbeit.** Zuweisung von Arbeit ist möglich, wenn diese nicht gegen Gesetze oder die guten Sitten verstößt.
**Kürzungen des ALG II bei Ablehnung.** Bei Ablehnung von zumutbarer Arbeit wird das ALG II gekürzt.
**Streichung für drei Monate.** Lehnen Jugendliche einen Job ab, erhalten sie für drei Monate kein Geld.
**Vermögen wird angerechnet.** Wenn Vermögen und Geldreserven einen bestimmten Freibetrag übersteigen, müssen diese erst verbraucht werden.
**Wohnraum muss angemessen sein.** Als angemessen gelten z. B. rund 60 m² für zwei Personen.
**Auto ist Vermögen.** Ein Auto bis 5000 Euro gilt als angemessen.
**Kleingarten ist Vermögen.** Kleingärten müssen nur verkauft werden, wenn dies wirtschaftlich sinnvoll ist.

(Klaus Stuttmann / CCC, www.c5.net)

1 *Welche Gründe könnte es haben, dass der Staat Arbeitslose nicht nur fördern, sondern auch fordern will? Was verspricht sich der Staat davon?*

2 *Welcher Widerspruch wird in der Karikatur deutlich?*

# Das Wichtige in Kürze

**Marktwirtschaft**

In der Marktwirtschaft befinden sich die Unternehmen in Privateigentum, d.h. sie gehören Privatpersonen. Jedes Unternehmen entscheidet für sich, welche Güter es produzieren möchte und zu welchen Preisen es sie anbietet. Es richtet sich dabei nach dem Markt. Auf ihm steht es in Wettbewerb mit anderen Unternehmen.

**Planwirtschaft**

In der Planwirtschaft befinden sich die Betriebe in Staatseigentum. Eine zentrale Behörde legt fest, welche Güter die Betriebe herzustellen haben und zu welchen Preisen diese Güter angeboten werden. Die Planungsbehörde richtet sich dabei nach politischen Vorgaben der Regierung. Die Planungsbehörde koordiniert und kontrolliert die Pläne. Zwischen den Betrieben gibt es in der Planwirtschaft keinen Wettbewerb.

**Merkmale der sozialen Marktwirtschaft**

Die soziale Marktwirtschaft verbindet das Prinzip der Freiheit auf dem Markt mit dem Prinzip des sozialen Ausgleichs. Produzenten planen ihre Produktion, die Konsumenten ihre Käufe. Die Preise bilden sich aufgrund von Angebot und Nachfrage. Die Gewerkschaften und die Arbeitgeberverbände legen gemeinsam die Höhe der Entgelte und die Arbeitsbedingungen fest.

**Stabilitätsgesetz**

Als Stabilitätsgesetz wird das „Gesetz zur Förderung der Stabilität und des Wachstums" bezeichnet. Dieses Gesetz hat das Ziel, die Stabilität des Preisniveaus, einen hohen Beschäftigungsstand, ein außenwirtschaftliches Gleichgewicht sowie ein stetiges und angemessenes Wirtschaftswachstum in Deutschland zu sichern.

**Tarifpartner**

Die Gewerkschaften sind die Interessenvertretung der Arbeitnehmer; die Arbeitgeberverbände die Interessenvertretung der Arbeitgeber. In Tarifverträgen regeln die Gewerkschaften und die Arbeitgeberverbände Fragen des Lohnes und der Arbeitsbedingungen. Die Tarifpartner haben dabei volle Selbstständigkeit, d.h. der Staat, die Regierung, mischt sich nicht in die Tarifverhandlungen ein. Diese Tarifautonomie ist im Grundgesetz verankert.

**Sozialordnung**

Nach dem Grundgesetz ist die Bundesrepublik Deutschland ein Sozialstaat. Er ist darauf ausgerichtet, die soziale Gerechtigkeit zu fördern. Daher gibt es bei uns das so genannte soziale Netz. Ein wichtiger Bestandteil des sozialen Netzes sind die verschiedenen Zweige der gesetzlichen Sozialversicherung: die Kranken-, Unfall-, Arbeitslosen-, Pflege- und Rentenversicherung. Das soziale Netz wurde in den vergangenen Jahrzehnten immer weiter ausgebaut.

**Soziales Netz**

Der sozialen Sicherung liegen drei Prinzipien zugrunde. Die Sozialversicherung erhalten die Arbeitnehmer, die Versicherungsbeiträge gezahlt haben (Versicherungsprinzip). Aus Steuermitteln erhalten Personen eine Versorgung, wenn sie besondere Opfer oder Leistungen für die Gemeinschaft erbracht haben (Versorgungsprinzip). Sozialhilfe aus Steuermitteln erhalten Personen, wenn sie bedürftig sind (Fürsorgeprinzip). Die gesetzliche Sozialversicherung ist eine Pflichtversicherung für fast alle Arbeitnehmer, d. h. sie müssen ihr angehören. Das soziale Netz und die gesetzliche Sozialversicherung müssen ständig der gesellschaftlichen Entwicklung angepasst werden.

## Nutzungsmöglichkeiten der Umwelt

*Mülldeponie*

*Indianer in einem durch Brandrodung zerstörten Waldstück in Brasilien*

*Reklametafel am Stadtrand*

*Wasserski*

Wirtschaftliches Handeln – also die Produktion von Gütern, ihr Vertrieb und ihr Verbrauch – ist nicht möglich, ohne die Umwelt zu benutzen und damit zu belasten. Denn ohne Rohstoffe und ohne Energie können keine Produkte hergestellt werden. Industrielle Anlagen können nicht betrieben, Büros nicht unterhalten, Verkehrs- und Transportmittel nicht benutzt werden. Luft, Wasser und Boden werden in vielfältiger Weise gebraucht und verbraucht.
Die dabei häufig entstehenden Verschmutzungen, Verunreinigungen usw. belasten die Umwelt in erheblichem Maße. Wie stark die wirtschaftliche Nutzung der Umwelt und damit letztlich auch dem Menschen schaden kann, ist erst in den letzten Jahrzehnten ins öffentliche Bewusstsein gelangt.
Mittlerweile ist anerkannt, dass die Umweltpolitik eine wesentliche Voraussetzung für wirtschaftliche Entwicklung und gesellschaftliche Stabilität ist. Es gibt keine wirtschaftliche Entwicklung ohne Investitionen in das Umweltkapital. Denn die Atmosphäre und die Weltmeere, Trinkwasser und Ackerböden sind letztlich „nur" endliche Güter der Natur.

| | |
|---|---|
| Die Nutzung der Umwelt geschieht auf unterschiedliche Weise:<br>Die Umwelt wird wie ein ...①... ge- oder verbraucht. Im Winter erfreuen sich z. B. viele alpine Skifahrer im Gebirge, oft ohne zu bedenken, dass dieser Wintersport zunehmend zur Zerstörung des Gebirgsbodens führt.<br>Die Wirtschaft benötigt Platz, z. B. für Fabriken, Büros, Kaufhäuser, Verkehrsanbindungen usw. Die Umwelt wird hier als ...②... benutzt.<br>Die Umwelt ist ...③... für alle möglichen Schadstoffe, die bei der Produktion und beim Konsum anfallen. Der Hausmüll gehört hier ebenso dazu wie der Rauch aus den Schloten der Stahlwerke.<br>Und nicht zuletzt dient die Umwelt als Reservoir für ...④..., die in der Produktion eingesetzt werden. | Ⓐ Rohstoffe/ Ressourcen<br>Ⓑ Standort<br>Ⓒ Konsumgut<br>Ⓓ Auffangbecken. |

1 *Beschreibe für jedes Foto, wie die Umwelt durch eine entsprechende Nutzung geschädigt werden kann.*
2 *Setze die vier Begriffe Ⓐ bis Ⓓ an den richtigen Stellen in dem Lückentext ein.*

## „Raumschiff Erde"

Stellen wir uns die Erde als riesiges Raumschiff vor. Mit Menschen an Bord rast es durch das Weltall. Die Verbindungen zum Heimatplaneten sind abgebrochen. Es gibt keine Rückkehr mehr. Die Passagiere müssen mit den vorhandenen Vorräten an Nahrung, Wasser, Sauerstoff und Energie auskommen. Während die Zahl der Menschen an Bord steigt, verringern sich die Vorräte. Gleichzeitig steigen Abfall- und Schadstoffmengen an. Das Leben wird immer schwieriger, die Luft zum Atmen immer knapper. Einige Bewohner des Raumschiffes geraten in Panik. Sie prophezeien einen baldigen Tod durch Ersticken, Verdursten, Verhungern oder Erfrieren. Andere beuten die zu Ende gehenden Vorräte aus, schlagen Warnungen in den Wind, maßvoller damit umzugehen. Sie vertrauen darauf, dass jemandem noch in letzter Minute etwas zur gemeinsamen Rettung einfallen werde.

Um den nebenstehenden Text vom „Raumschiff Erde" zu lesen, benötigt man etwa eine Minute. In dieser Minute geschieht – statistisch gesehen – auf der Erde Folgendes:

- Es werden zwei Tonnen Fluorchlorkohlenwasserstoffe (FCKW) freigesetzt.
- Der Kohlendioxidausstoß beträgt fast 40 000 Tonnen.
- Über 3,5 Quadratkilometer Wald fallen der Motorsäge zum Opfer.
- Die Menschen produzieren über 15 000 Tonnen Müll.
- 100 neue Autos belasten die Umwelt.
- 60 000 Tonnen Erde werden weggeschwemmt oder abgetragen.
- Die Erdbevölkerung nimmt um 170 Menschen zu.
- Ein Quadratkilometer Naturfläche geht verloren, z. B. durch Bebauung.
- Ungefähr 50 Menschen sterben an Hunger.

*(Freimut Wössner / CCC, www.c5.net)*

*(Reinhold Löffler / CCC, www.c5.net)*

1 *Was verdeutlicht der Text „Raumschiff Erde"?*
2 *Was passiert – statistisch gesehen – während einer Schulstunde auf der Erde? Beziehe dich auf den Text oben.*
3 *Was bringen die Karikaturen zum Ausdruck?*
4 *Was meinst du zu der Aussage der Frau?*

## Problem: Umweltschutz – Beispiel Luftverschmutzung

| Schadstoffe | Hauptverursacher |
|---|---|
| Kohlenmonoxid (CO) entsteht überwiegend bei unvollständiger Verbrennung in Motoren und kleineren Feuerungsanlagen.<br>Eingeatmetes Kohlenmonoxid blockiert die Sauerstoffaufnahme in das Blut. Es verursacht je nach Konzentration Kopfschmerzen bis Bewusstlosigkeit und ist in sehr hohen Konzentrationen tödlich. | A |
| Schwefeldioxid ($SO_2$) entsteht überwiegend bei Verbrennungsvorgängen durch Oxidation des im Brennstoff, z. B. Kohle, enthaltenen Schwefels.<br>Schwefeldioxid führt in Kombination mit Staub zu Atembeschwerden und reizt die Haut. Es schädigt den Wald. | B |
| Kohlendioxid ($CO_2$) entsteht bei der Verbrennung fossiler Energieträger.<br>Der steigende Kohlendioxidgehalt in der Luft ist eine wesentliche Ursache für den Treibhauseffekt. | C |
| Stickstoffoxide ($NO_x$) entstehen fast ausschließlich bei Verbrennungsvorgängen durch Oxidation des im Brennstoff und der Verbrennungsluft enthaltenen Stickstoffs. Der geregelte 3-Wege-Katalysator in Autos senkt die Stickstoffoxide um 90 Prozent.<br>Stickstoffoxide verursachen die Entstehung des sauren Regens und führen zu Atemwegserkrankungen. | D |
| Organische Verbindungen sind chemische Verbindungen mit einem Kohlenstoffgrundgerüst. Sie stammen vor allem aus dem Kfz-Verkehr (z. B. Benzol) und dem Lösungsmittelverbrauch.<br>Benzol ist gesundheitsschädlich und kann sogar Leukämie (Blutkrebs) verursachen. | E |

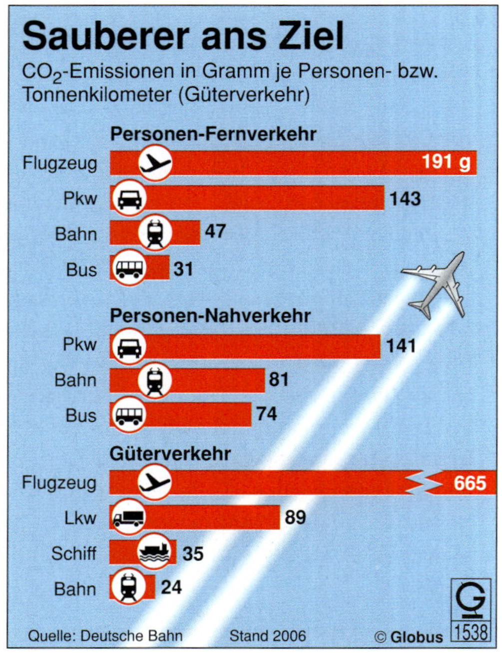

*Völlig zerstörter Wald – solch katastrophale Auswirkungen kann die Luftverschmutzung haben.*

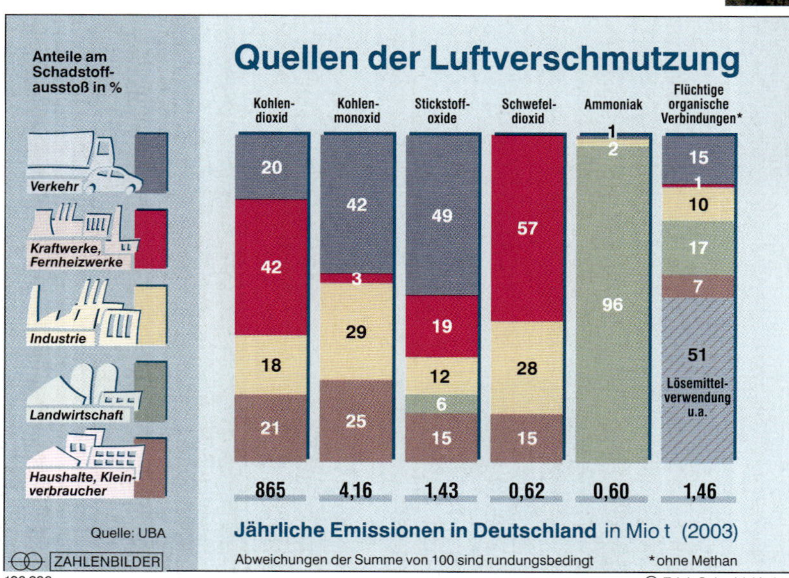


126 296

© Erich Schmidt Verlag

*1* *Wer ist bei den Luftschadstoffen jeweils der Hauptverursacher? Notiere von A bis E. Beziehe dabei die Grafik „Quellen der Luftverschmutzung" ein.*

*2* *Erläutere die Grafik „Sauberer ans Ziel". Was fällt dir auf?*

## Persönliche $CO_2$-Bilanz

Kohlendioxid ($CO_2$) entsteht bei der Verbrennung fossiler Energieträger wie Holz, Öl oder Gas. Der steigende Kohlendioxidgehalt in der Luft ist eine wesentliche Ursache für den Treibhauseffekt Die Pflanzen der Erde können insgesamt 13 bis 14 Milliarden Tonnen Kohlendioxid pro Jahr aufnehmen. Diese Menge dürfte die Menschheit also durch die Verbrennung fossiler Energieträger freisetzen, wenn die Kohlendioxidkonzentration in der Lufthülle stabil bleiben soll. Verteilt man diese Menge auf alle heute lebenden Menschen, so hätte jeder das Recht, pro Jahr etwa 2 Tonnen $CO_2$ freizusetzen.

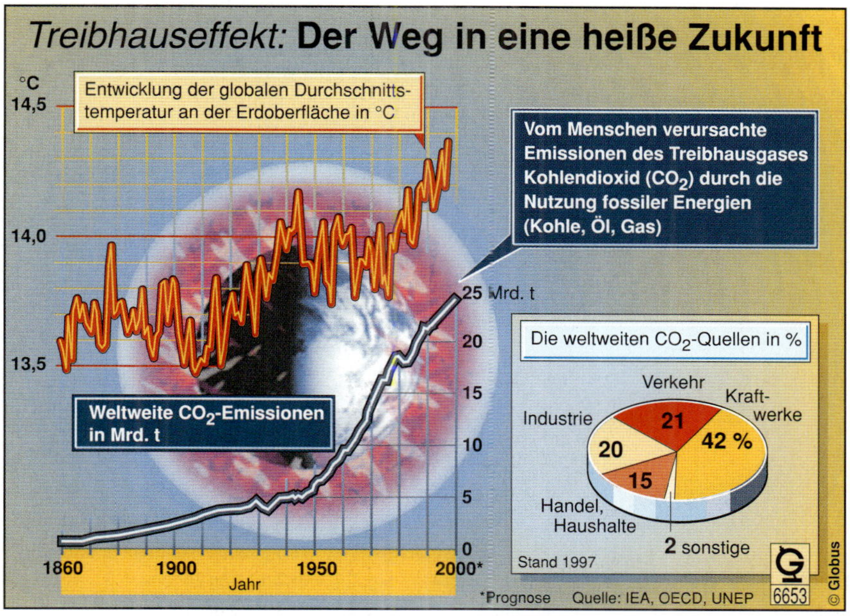


Die wirtschaftliche Entwicklung eines Landes führt in aller Regel zu einem steigenden Energieverbrauch, da für die Produktion von mehr Gütern auch mehr Energie benötigt wird. Deshalb setzen die Industriestaaten am meisten Kohlendioxid frei. In Europa ist Deutschland der größte Verursacher. Würden alle Menschen auf der Erde so viel Energie verbrauchen wie wir Deutschen, dann müsste es fünfmal so viele Pflanzen geben.

Mithilfe dieser Übersicht kannst du die $CO_2$-Emission einer Person, eines Haushalts oder eines Unternehmens ermitteln. So kannst du feststellen, wie viel zusätzlicher Wald notwendig wäre, um die $CO_2$-Mengen wieder zu binden.

| Der $CO_2$-Wert ist mit dem Jahresverbrauch zu multiplizieren, d.h.: | $CO_2$-Wert pro verbrauchte Einheit (in kg) | X | Jahresverbrauch (Einheit) | = | kg $CO_2$ insgesamt |
|---|---|---|---|---|---|
| Heizöl | 2,8 | x | ............ *l* | = | ........... |
| Erdgas | 1,8 | x | ............ m³ | = | ............ |
| Flüssiggas | 2,39 | x | ............ kg | = | ............ |
| Steinkohle | 2,7 | x | ............ kg | = | ............ |
| Rohbraunkohle | 0,93 | x | ............ kg | = | ............ |
| Braunkohlenbriketts | 2,15 | x | ............ kg | = | ............ |
| Holz | 1,15 | x | ............ kg | = | ............ |
| Fernwärme | 0,22 | x | ............ $kWh_{th}$ | = | ............ |
| Strom | 1,0 | x | ............ $kWh_e$ | = | ............ |
| PKW-Benzin | 2,8 | x | ............ *l* | = | ............ |
| Bus-/Bahn-Personen-km | 0,06 | x | ............ km | = | ............ |
| Flugzeug-Personen-km | 0,25 | x | ............ km | = | ............ |

= Summe kg $CO_2$ .................

*Mithilfe dieser Übersicht könnt ihr den $CO_2$-Jahresverbrauch eures Haushalts oder eurer Schule errechnen.*

**1** *Ermittle den $CO_2$-Jahresverbrauch für folgenden Zwei-Personen-Haushalt: Heizölverbrauch: 2200 Liter, Stromverbrauch: 3392 kWh, Benzinverbrauch: 22000 km Fahrleistung, Verbrauch 6,5 Liter auf 100 km, Bahnkilometer: 1200 km, Flugzeugkilometer – Flug auf die Kanarischen Inseln: 3200 km einfache Entfernung, zwei Personen.*

**2** *Ein Quadratmeter Wald kann pro Jahr ca. 1 kg $CO_2$ aufnehmen. Welche Waldfläche ist notwendig, um den $CO_2$-Ausstoß des Haushalts aufzunehmen?*

## Umweltbewusstsein – Umweltverhalten

Das Thema Umweltschutz gewinnt in Deutschland wieder an Bedeutung, nachdem das Interesse daran über Jahre eher rückläufig war. Probleme wie Arbeitslosigkeit, Alters- und Gesundheitsvorsorge, Bildung und Ausbildung hatten die Umwelt vom Spitzenplatz der Themen verdrängt. Nach der Studie „Umwelt 2006" ist für 25 Prozent der Befragten der Schutz der Umwelt das wichtigste Problem. Hinter dem Thema Arbeitsmarkt rangiert der Umweltschutz damit auf Platz 2. Dem relativ hohen Bewusstsein für Umweltprobleme entspricht das tatsächliche Verhalten allerdings oft nicht.

### The story about four people

This is a story about four people: Everybody, Somebody, Anybody, and Nobody.
There was an important job to be done and Everybody was asked to do it.
Everybody was sure Somebody would do it.
Anybody could have done it, but Nobody did it.
Somebody got angry about that because it was Everybody's job.
Everybody thought Anybody could do it, but Nobody realized that Everybody would do it.
It ended up that Everybody blamed Somebody when actually Nobody asked Anybody.

*(unbekannter Verfasser, zit. nach: Udo E. Simonis (Hg.): Ökologische Umorientierung der Industriegesellschaft. Beilage zur Wochenzeitung Das Parlament, B 7/96, S. 3)*

*(Horst Haitzinger / CCC, www.c5.net)*

### Sparsame Autos sind Ladenhüter

**Das Drei-Liter Auto Lupo 3L ist ein Ladenhüter, dem Sparmobil A2 der VW-Tochter Audi geht die Puste aus. Von einem Ein-Liter-Auto erwartet VW nun auch nichts mehr und gibt seine Entwicklung auf, berichtet eine Zeitung. (...)**

Hamburg – „Das Fahrzeug lässt sich nicht zu vernünftigen Kosten produzieren", sagte VW-Konzernchef Pischetsrieder der „Financial Times Deutschland". Vom Lupo 3L habe VW seit der Einführung des Modells 1999 rund 27000 Fahrzeuge gebaut. Der Konzern hätte mit mindestens dem Doppelten gerechnet. Audi stellte sein Sparmobil A2 wegen der enttäuschenden Nachfrage noch im laufenden Jahr ein. „Wir hatten uns für den A2 höhere Stückzahlen versprochen", sagte ein Audi-Sprecher (...).

*(http://www.spiegel.de/auto/aktuell/0,1518,351253,00.html)*

*Es regnet schon wieder. Da fahre ich lieber mit dem Auto.*

*Müll trennen? Das bringt doch eh nichts. Deshalb macht das auch keiner.*

*Energiesparlampen finde ich gut, aber sie sind mir zu teuer.*

*Ich würde ja mit dem Bus fahren, aber der kommt nur einmal die Stunde, und die Fahrpreise sind auch schon wieder gestiegen.*

*Wie soll ich denn Kompost sammeln, wenn ich gar keinen Garten habe?*

1 *Vermute, aus welchen Gründen es vielen Menschen schwer fällt, ihre guten Vorsätze umzusetzen. Beziehe dabei auch die Sprechblasen mit ein.*

2 *Auf welche Einstellung macht „The story about four people" aufmerksam? Welche Auswirkung hat diese Einstellung auf das Verhalten gegenüber der Umwelt?*

3 *Was will die Karikatur zum Ausdruck bringen? Wie sollte man sich ihr zufolge verhalten?*

## Prinzipien der Umweltpolitik

Viele Menschen denken so oder ähnlich: „Solange mich mein umweltschädigendes Verhalten keinen Cent kostet, ich also die Umwelt zum Nulltarif benutzen kann, sehe ich doch nicht ein, warum ich mich anders verhalten soll als bisher." Dennoch fallen für Umweltschäden und deren Beseitigung Kosten in beträchtlichem Umfang an. Doch wer übernimmt diese Kosten? In der Umweltpolitik werden fünf Prinzipien unterschieden, die Kosten zu decken oder zu vermeiden: Gemeinlastprinzip, Kooperationsprinzip, Geschädigtenprinzip, Vorsorgeprinzip, Verursacherprinzip.

① Dieses Prinzip fordert, dass jeder, der die Umwelt belastet oder schädigt, für die entstandenen Kosten aufkommen muss. Das bedeutet, dass die Kosten für die Beseitigung der Umweltschäden auf die Preise der Produkte bzw. Dienstleistungen aufgeschlagen werden. Bezogen auf die Umweltpolitik heißt das: Wird dieses Prinzip nicht angewendet, könnten umweltbelastende Produkte zu niedrigeren Preisen angeboten werden. Die Kosten, die aus der Belastung der Umwelt entstehen, müssen aber andere tragen.

② Nach diesem Prinzip werden die Kosten, die durch Umweltschäden entstehen, nach außen, auf andere oder die Allgemeinheit, d. h. die Gesellschaft, abgeschoben (z. B. Luftverschmutzung durch private Verbraucher, Entsorgung von radioaktivem Müll). Man spricht deshalb auch von sozialen Kosten. Damit ist gemeint, dass sie nicht von denen getragen werden, die sie verursacht haben – nämlich den Produzenten oder den Konsumenten, sondern nach außen hin abgewälzt werden. Die Kosten übernimmt der Steuerzahler.

③ Dieses Prinzip besagt, dass die Kosten aus Umweltbelastungen der dadurch Geschädigte zu tragen hat. Wem also im Garten ein Baum wegen der Umweltbelastung eingeht, der muss für den Schaden selbst aufkommen.

④ Befolgt man dieses Prinzip, wird nicht erst dann reagiert, wenn Umweltschäden eingetreten sind, sondern man versucht, Umweltschäden möglichst schon im Ansatz zu verhindern. Das Prinzip hat seine besondere Bedeutung vor allem hinsichtlich der Langfristwirkung vieler Umweltschädigungen und sich heute schon abzeichnender Grenzen einer kurzfristigen Umweltpolitik, die erst dann aktiv wird, wenn die Umwelt bereits geschädigt ist (z. B. durch Müllbeseitigung, Entsorgung von Altlasten, Klärwerke, Entschwefelungsanlagen).

⑤ Nach diesem Prinzip arbeiten gesellschaftliche Gruppen im Umweltschutz zusammen, oft freiwillig. Die Bereitschaft zur Zusammenarbeit umfasst Staat, Wirtschaft und Bürger. Ein Beispiel: Die Automobilindustrie in Deutschland hat sich freiwillig verpflichtet, Autos, die ab Herbst 2006 zugelassen wurden, wieder kostenlos zurückzunehmen und wieder zu verwerten. Die Fahrzeuge dürfen dann aber nicht älter als zwölf Jahre sein.

**1** *Ordne jeder der fünf Beschreibungen das jeweils zutreffende Prinzip zu.*

**2** *Überlege, welche Vor- und Nachteile jedes Prinzip für Unternehmen, Verbraucher und Umwelt hat. Notiere auf dem Arbeitsblatt oder richte auf einem Blatt eine Tabelle nach dem nebenstehenden Muster ein.*

**3** *Kosten/Preise – Umwelt – Wirksamkeit: Stelle einen Zusammenhang zwischen den Begriffen her. Welchem Prinzip sollte in der Umweltpolitik Vorrang eingeräumt werden?*

| Prinzip | Unternehmen | Verbraucher | Umwelt |
|---|---|---|---|
| Gemeinlast-prinzip | Vorteil:<br>Nachteil: | Vorteil:<br>Nachteil: | Vorteil:<br>Nachteil: |
| Kooperations-prinzip | | | |
| Geschädigten-prinzip | | | |
| Vorsorge-prinzip | | | |
| Verursacher-prinzip | | | |

## Umweltschutzgesetze

**Grundgesetz Artikel 20 a:** Der Staat schützt auch in Verantwortung für die künftigen Generationen die natürlichen Lebensgrundlagen im Rahmen der verfassungsmäßigen Ordnung durch die Gesetzgebung und nach Maßgabe von Gesetz und Recht durch die vollziehende Gewalt und die Rechtsprechung.

### Bereiche des Umweltschutzes

- Schutz des Wassers
- Schutz der Luft
- Lärmschutz
- Strahlenschutz
- Schutz von Landschaft, Natur, Boden
- Vermeidung von Abfall und Abfallentsorgung

### Gesetze und Verordnungen

- Bundesnaturschutzgesetz
- Atomgesetz
- Verpackungs-Verordnung
- Abwasserabgabengesetz
- Abfallgesetz
- Großfeuerungsanlagen-Verordnung
- Waschmittelgesetz
- Fluglärmgesetz

**A** Diese Verordnung schreibt bestimmte Mindestverwertungsquoten für Verkaufsverpackungen vor. Diese Verwertungsquoten müssen vom Dualen System Deutschland (DSD), das den Grünen Punkt vergibt, eingehalten werden.

**B** Nach diesem Gesetz müssen die Einleiter schädlichen Abwassers eine Abgabe zahlen. Die Höhe der Abgabe richtet sich nach der Schädlichkeit des Abwassers.

**C** Nach diesem Gesetz sind Abfälle möglichst schon bei der Produktion zu vermeiden. Dennoch anfallende Abfälle sind mit Vorrang zu verwerten.

**D** Nach diesem Gesetz werden für Flughäfen Lärmschutzbereiche festgelegt und der Flugverkehr auf bestimmte Tageszeiten beschränkt.

**E** Dieses Gesetz sieht die Einrichtung von Landschaftsschutzgebieten und Nationalparks vor, um die Funktionsfähigkeit der Naturhaushalte zu sichern.

**F** Nach diesem Gesetz wird der Betrieb von Atomkraftwerken überwacht.

**G** Diese Verordnung bestimmt, dass beim Betrieb von Kraftwerken bestimmte Grenzwerte für Luftschadstoffe, z.B. für Kohlenmonoxid, Stickoxide, einzuhalten sind.

**H** Nach diesem Gesetz können bestimmte gewässerschädigende Stoffe in Waschmitteln verboten werden.

1. *Ordne die Gesetze und Verordnungen ihren Beschreibungen zu. Notiere dann, welcher Bereich des Umweltschutzes durch diese Regelung betroffen ist.*
2. *Warum erlässt der Staat Gesetze und Verordnungen zum Schutze der Umwelt?*

## Klimaschutzprogramm der Bundesregierung

### Zu kurz gesprungen

**Umweltminister Gabriel und Wirtschaftsminister Glos haben sich auf ein Milliardenprogramm zum Klimaschutz geeinigt. Doch die eigenen Ziele erreicht die Regierung damit nicht.**

Sigmar Gabriel (SPD) spricht von einem Quantensprung. Kurz vor der Regierungsklausur im brandenburgischen Meseberg hatten er und Wirtschaftsminister Michael Glos am Mittwoch ihren wochenlangen Streit beigelegt und sich auf ein umfassendes Klimaschutzpaket geeinigt. Noch nie habe es so weitreichende Beschlüsse in der deutschen Klimapolitik gegeben, sagte Gabriel.

Allerdings reicht das Paket nicht aus, um das Klimaschutzziel der Regierung zu erreichen, das Bundeskanzlerin Angela Merkel ausgegeben hat. Statt der angestrebten Senkung des Ausstoßes von Treibhausgasen um 40 Prozent im Vergleich zu 1990 werden nur 36 Prozent erreicht. Für den Rest ist die Finanzierung nicht gesichert.

Gabriel rang Glos eine stärkere Förderung der umweltfreundlichen Kraft-Wärme-Kopplung ab. Dafür sollen nach Angaben aus Regierungskreisen 750 Millionen Euro im Jahr bereitstehen – rund 150 Millionen Euro mehr als von Glos ursprünglich zugestanden.

In anderen Bereichen war die Kompromissbereitschaft des Umweltministers gefragt. So bleibt unklar, ob es zu der von ihm geforderten höheren Besteuerung von Dienstwagen mit einem besonders hohen Verbrauch kommt. Die Beratung darüber wird auf frühestens Ende dieses Jahres verschoben. Erst sollen die Vorschläge der EU-Kommission zur Senkung des Treibhausgas-Ausstoßes bei Neuwagen abgewartet werden. (...)

Im Bundeshaushalt sollen künftig 2,6 Milliarden Euro für den Klimaschutz bereitgestellt werden, im Vergleich zu 800 Millionen Euro 2005. (...)

© ZEIT online, Reuters, dpa, 23.8.2007

*(http://www.zeit.de/online/2007/34/klimaschutzpaket-einigung 08. 10. 2007)*

### Ziele des Klimaschutzprogramms der Bundesregierung (Auswahl)

- Ausbau der erneuerbaren Energien
- Förderung der Kraft-Wärme-Kopplung (KWK)
- Umstellung der Kfz-Steuer von der Hubraum-Basis auf den $CO_2$-Ausstoß der Kraftfahrzeuge
- Maßnahmen zur Energieeffizienz bei Wohngebäuden (→ Wärmedämmung)
- Effizienzberatung für energieintensive Unternehmen

### Effizient und klimafreundlich

**Kraft-Wärme-Kopplung**

Wer kurz- und mittelfristig Klimaschutzziele erreichen will, kommt an einem massiven Ausbau der Kraft-Wärme-Kopplung (KWK) nicht vorbei. Das behaupten Umweltverbände und fordern die Bundesregierung auf, unverzüglich ein Gesetz für die Modernisierung und den Ausbau der Kraft-Wärme-Kopplung auf den Weg zu bringen. (...)
Kraft-Wärme-Kopplung sei die effizienteste Art und Weise, einen Brennstoff in Nutzwärme umzusetzen. (...)
Kraft-Wärme-Kopplung bedeutet, dass die Wärme, die bei der Stromerzeugung als Abfall entsteht, zusätzlich zum Heizen oder für Warmwasser verwendet wird. Während bei herkömmlichen Kraftwerken zwei Drittel der Energie als Abwärme verloren gehen, wird bei der Kraft-Wärme-Kopplung fast die gesamte Energie des Energieträgers genutzt. (...)
Es ist bekannt, dass konventionelle Öl-, Kohle- oder Gaskraftwerke nur 30 bis 40 Prozent der eingesetzten fossilen Energie nutzen, moderne Kraft-Wärme-Kopplungsanlagen hingegen bis zu 90 Prozent. (...)
Regenerative Energie, deren Kosten weitaus höher sind als die der Kraft-Wärme-Kopplung kann sich hingegen im freien Markt behaupten, da sie durch diverse Gesetze geschützt ist. Die Kraft-Wärme-Kopplung wurde vom Gesetzgeber bisher schlicht vergessen. Experten laufen Sturm. (...)

*(http://www.3sat.de/nano/bstuecke/19913/index.html 08. 10. 2007)*

1. *Berechne die Erhöhung des Klimaschutz-Etats in Euro und in Prozent. Was erreicht die Regierung damit?*
2. *Beschreibe die Vorteile der Kraft-Wärme-Kopplung.*
3. *Überlege und begründe, welche der genannten Maßnahmen dir besonders sinnvoll erscheinen.*

## Erneuerbare Energien

Erneuerbare Energien stehen theoretisch zeitlich unbegrenzt zur Verfügung. Dazu gehören
- die Sonnenstrahlen, die auf Sonnenkollektoren bzw. Photovoltaik-Anlagen treffen und in Strom oder Wärme umgewandelt werden,
- die Erdwärme (Geothermie), mit der sich Strom und nutzbare Wärme erzeugen lassen,
- die Gezeitenkraft und die Wasserkraft, die durch die Wasserströmung Strom erzeugen können,
- die Biomasse, die aus Raps, Kuhmist, Holzabfällen usw. entweder Strom, Wärme oder auch Biodiesel entstehen lässt,
- der Wind, der durch Windkraftanlagen in Strom umgewandelt wird.

Fossile Brennstoffe sind Energieträger, die in Millionen von Jahren aus Biomasse entstanden sind. Dazu zählen Erdöl, Erdgas, Stein- und Braunkohle. Ihr Vorrat ist begrenzt und die abbaubaren Reserven werden nur noch eine bestimmte Anzahl von Jahren reichen, wie die Grafik zeigt. Ein weiteres Problem ist, dass fossile Brennstoffe bei der Umwandlung in Energie die Umwelt stark belasten, z. B. durch den Ausstoß von $CO_2$. Im Gegensatz zu den fossilen Energieträgern entsteht bei der Erzeugung von Kernenergie kein $CO_2$. Es fallen aber radioaktive Abfälle an, die über einen sehr langen Zeitraum sicher gelagert werden müssen, damit sie Mensch und Umwelt nicht gefährden.

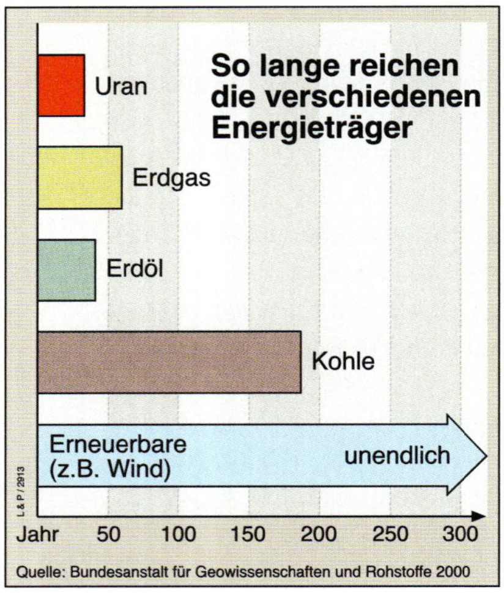


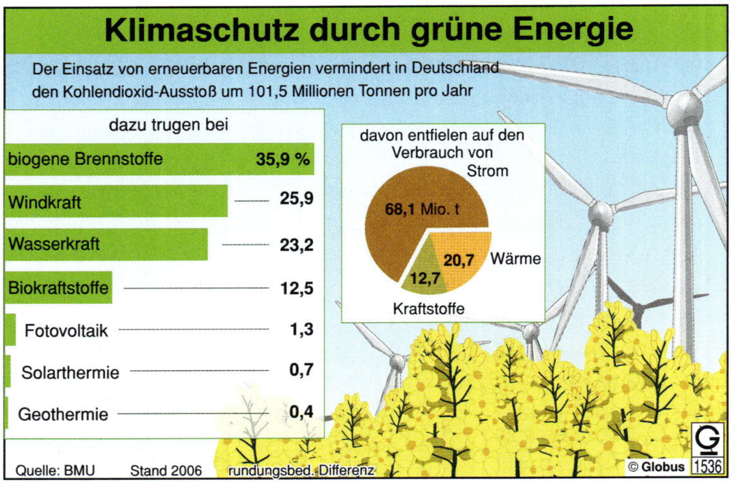


**Gestehungskosten elektrischer Energie in Deutschland**

| | |
|---|---|
| Kernenergie* | 3 Cent/kWh |
| Braunkohlekraftwerk* | 2,5 Cent/kWh |
| Steinkohlekraftwerk* | 3 Cent/kWh |
| Wasserkraft (abhängig von Alter und Größe der Anlage) | 9–20 Cent/kWh |
| Windenergie | 9 Cent/kWh |
| Solarstrom | 50 Cent/kWh |

**Nicht eingerechnet sind externe Kosten = Kosten, die nach außen abgewälzt, d. h. in der Regel von der Allgemeinheit getragen werden, z. B. Umweltschädigungen durch den Ausstoß von $CO_2$.*

*(nach: www.wasserkraft.org)*

*Solaranlage auf dem Dach eines Einfamilienhauses*

## Richtig oder falsch? Drei Fragen zu erneuerbaren Energien

SOLARSTROM FÜR DIE ELEKTRIZITÄTSWIRTSCHAFT FÄLLT NUR DANN AN, WENN DIE SONNE SCHEINT. IST ER DESHALB WERTLOS?

◯ Ja ◯ Nein

Erstens liefern Photovoltaik-Anlagen Strom nicht nur bei direktem Sonnenschein, sondern auch bei hellem, bedecktem Himmel. Zweitens besteht gerade tagsüber im Stromnetz hoher Bedarf, und Solarstrom, der ins Stromnetz eingespeist wird, trägt zur Deckung der Lastspitzen in der Mittagszeit bei. Es geht auch nicht darum, allein mit Solarstrom Kohlekraftwerke zu ersetzen. Solarstrom vermindert jedoch den $CO_2$-Ausstoß. Jede kWh Solarstrom, die ins Netz eingespeist wird, spart beim Ersatz von Kohlestrom ca. 1 kg $CO_2$ ein! Und schließlich ist ein Energiemix aller erneuerbaren Energien zum Ersatz von Kraftwerken geeigneter als eine einzige Technik. So liefert Sonne Energie vorwiegend an Sommertagen, Wind im Winterhalbjahr. Auch der Biomasse kommt zukünftig eine hohe Bedeutung zu, denn sie ist speicherbar und kann die Zeiten mit weniger Wind und Sonne überbrücken. Schließlich müssen fossile Kraftwerke nicht kurzfristig vollständig ersetzt werden, aber ihr Anteil muss wegen der notwendigen Verringerung des $CO_2$-Ausstoßes langfristig geringer werden.

KANN DIE WASSERKRAFT ÜBERHAUPT WEITER AUSGEBAUT WERDEN UND KOMMT SIE NICHT IN KONFLIKT MIT DEM NATURSCHUTZ?

◯ Ja ◯ Nein

Wasserkraft ist in Deutschland eine der ältesten Formen der Energieerzeugung überhaupt. Die meisten deutschen Kraftwerke liegen – wegen des erforderlichen Gefälles – im Süden Deutschlands (z. B. an Rhein, Neckar, Donau, Lech und Isar). Neue Wasserkraftwerke werden kaum noch errichtet, obwohl hier noch Potenzial besteht. Vor allem ältere Wasserkraftwerke können jedoch erheblich ausgebaut werden, etwa durch die Reaktivierung und umweltschonende Modernisierung bereits bestehender Anlagen. Dieses Potenzial wird auf 500 bis 800 MW Leistung geschätzt. Hinzu kommt, dass moderne Wasserkraftwerke so gestaltet werden, dass die Turbinen kaum eine Gefahr für Fische darstellen. Auch mit Umgehungsgewässern und Fischtreppen hat man – wie beim Kraftwerk Ruppoldingen an der Aare/ Schweiz – sehr gute Erfahrungen gemacht, sodass Naturschutzbedenken weitgehend ausgeräumt werden können.

BELASTET DIE VERBRENNUNG VON BIOMASSE DIE ATMOSPHÄRE NICHT ZUSÄTZLICH?

◯ Ja ◯ Nein

Die Verbrennung, Vergasung oder Vergärung nachwachsender Biomasse zur Energienutzung setzt Kohlendioxid frei. Sie stellt jedoch keine zusätzliche Belastung des Klimas dar, weil nur das $CO_2$ abgegeben wird, das von der Pflanze zuvor aus der Luft aufgenommen wurde. Der Entzug von $CO_2$ aus der Atmosphäre durch die Pflanzen und die Freisetzung von $CO_2$ bei der Verbrennung heben sich in der Bilanz auf – vorausgesetzt, dass vernünftig gewirtschaftet wird und es keinen Raubbau am Wald gibt. Wenn Biomasse also fossile Brennstoffe ersetzen kann, bedeutet dies insgesamt eine Verringerung der $CO_2$-Emissionen.

*(aus: Zeitbild, Jg. 45 Februar 2004)*

1 *Überlege, welche Folgen eine Verknappung des Angebots an fossilen Energieträgern haben wird. Welche Bereiche des täglichen Lebens könnten davon besonders betroffen sein?*

2 *Untersuche die Angaben zu den Kosten der Stromerzeugung. Was fällt dir dabei auf?*

3 *Beantworte die drei Fragen zu den erneuerbaren Energien.*

4 *Erneuerbare Energien haben Vorteile, aber auch Nachteile. Welche kannst du dir denken?*

# Methode: Pro-Kontra-Diskussion

## Thema: Windkraft

Im Leben gibt es viele Dinge, zu denen man unterschiedliche Meinungen haben kann. Der eine ist dafür (lateinisch: pro), der andere dagegen (lateinisch: contra). Oft ist es notwendig, die eigene Meinung, also die eigene Position, ganz klar zu machen. Dies ist die Voraussetzung dafür, dass man andere überzeugen kann. Andererseits muss man für die Argumente anderer offen sein. Man muss bereit sein, sie anzunehmen, wenn man von ihrer Richtigkeit überzeugt wird.

Für ein solches Gespräch ist es notwendig, die eigene Meinung möglichst gut zu begründen, ihre Richtigkeit zu beweisen, also überzeugend zu argumentieren. Dieses Argumentieren könnt ihr in einer Pro-Kontra-Diskussion trainieren.

### Vorbereitung

Nicht jedes Thema ist für die Pro-Kontra-Diskussion geeignet. Es muss sich um eine Streitfrage handeln, für die es ein klares Für (pro) oder Dagegen (kontra) gibt und die sich klar formulieren lässt (z. B.: Bist du für oder gegen eine Abschlussprüfung?). Die Streitfrage muss, bevor die Diskussion beginnt, herausgestellt werden. Wesentliche Informationen müssen bekannt sein oder jetzt vermittelt werden.

Dann erfolgt die erste Abstimmung: Wer ist dafür (pro)? Wer ist dagegen (kontra)? Das Ergebnis wird zahlenmäßig festgehalten.

Jede Gruppe überlegt sich dann ihre Argumente und bereitet sich auf die zu erwartenden Argumente der anderen Seite vor. Dann wird von jeder Gruppe ein Teilnehmer für das Gespräch ausgewählt. Das Gespräch soll geordnet ablaufen. Deshalb müsst ihr einen Gesprächsleiter wählen.

### Durchführung

Die beiden ausgewählten Schüler führen das Pro-Kontra-Gespräch durch. Die Gesprächsleiterin oder der Gesprächsleiter nennt am Anfang nochmals die Frage, um die es geht und erteilt dann abwechslungsweise das Wort. Die Gesprächsleitung achtet dabei darauf, dass jedem der beiden Schüler insgesamt zum Argumentieren die gleiche Zeit zukommt. Beim Austausch der Meinungen sollte man die Regeln einhalten, mit denen man einen Konflikt zwischen den Gesprächspartnern vermeiden kann.

### Auswertung

Nach dem Gespräch erfolgt die zweite Abstimmung: Wer ist jetzt dafür? Wer ist jetzt dagegen? – Es wird festgestellt, ob sich die Zahlen gegenüber der ersten Abstimmung verändert haben.
Es kann gefragt werden: Wer hat besonders geschickt argumentiert? Wer ist auf den anderen eingegangen? Wer ist sachlich geblieben? … Wer seine Meinung geändert hat, kann, wenn er will, mitteilen, welche Argumente ihn überzeugt haben.

## PRO: Windkraft – Energie mit Zukunft!

Die Windenergie muss weiter gefördert werden. Sie ist ein wichtiger Bestandteil des alternativen Energiekonzeptes mit den drei Säulen „Energiesparen", „rationelle Energieverwendung" und „Einsatz erneuerbarer Energien".

Jede Gemeinde oder jeder Kreis kann seine Energie selbst erzeugen. Sie sind nicht mehr von irgendwelchen Kraftwerken abhängig.

Damit auch in Zukunft noch Energie zur Verfügung steht, muss der Einsatz fossiler Energieträger bis Mitte diesen Jahrhunderts um 80 bis 90 Prozent reduziert werden. Die Energiegewinnung aus erneuerbaren Quellen müsste in den nächsten Jahrzehnten um jährlich drei bis fünf Prozent ausgeweitet werden. Dieses Ziel ist nur dann zu erreichen, wenn weitere Windkraftanlagen gebaut werden.

Durch den Aufbau und die Wartung der Windkraftanlagen werden wichtige Arbeitsplätze geschaffen.

Mehr Energie aus Wind zu gewinnen, bedeutet die Natur und die Umwelt zu schützen. Der $CO_2$-Verbrauch wird gemindert und wertvolle Rohstoffe und Ressourcen, wie Kohle, werden gespart.

Mit Emissionen von fast 474 Millionen Tonnen $CO_2$ behauptet Deutschland im Vergleich mit anderen Staaten der Europäischen Union immer noch einen traurigen Spitzenplatz. Es wird höchste Zeit, dass auf erneuerbare Energien umgestellt wird, zum Beispiel auf Energie aus Windkraftanlagen.

## KONTRA: Stoppt die Windkraft!

Wenn die Flügel einer Anlage brennen, kann man sie nicht löschen, sondern nur kontrolliert brennen lassen. Alles andere ist zu gefährlich. In dieser Höhe kann keiner einen Brand löschen.

Die weitere Errichtung von Windkraftanlagen in Rheinland-Pfalz sollte unterbleiben. So ist zum Beispiel der Vogelschutz ein Grund, warum keine weiteren Anlagen mehr aufgestellt werden sollten.

Das Landschaftsbild wird durch Windkraftanlagen oft verschandelt und in manchen Regionen regelrecht zerstört. An der Nordseeküste gibt es kaum noch ein Gebiet, bei dem der Blick in die Ferne nicht auf ein Windrad fällt. Touristen beklagen zunehmend, dass sie die vielen Windkraftanlagen als störend empfinden, weil dadurch die beruhigende Wirkung der Küstenlandschaft verloren geht. In einer Region, in der die Einnahmen aus dem Tourismus eine der Haupteinnahmequellen sind, kann dies nicht hingenommen werden.

Windrädern können nur einen Bruchteil der erforderlichen Energie erzeugen.

Nicht zu vergessen ist die Lärmbelastung, die die Windkraftanlagen verursachen.

Man hört auch immer wieder von Unfällen, die im Zusammenhang mit diesen Anlagen geschehen. Ein Flügel ist erst neulich auf eine Bundesstraße abgestürzt. Wie durch ein Wunder wurde niemand verletzt.

In Winter fallen Eisbrocken von den Flügeln. Das ist gefährlich für vorbeigehende Passanten.

*Führt die Pro-Kontra-Diskussion durch. Beschafft euch dazu weitere Informationen.*

# Das Wichtige in Kürze

**Umweltbelastung**

Die Umwelt wird durch wirtschaftliche Tätigkeit der Unternehmen in Industrie, Handel und Landwirtschaft belastet. Die Qualität von Boden, Wasser und Luft wird durch die Herstellung und Verteilung der Güter beeinträchtigt. Auch die privaten Haushalte belasten durch Konsum, Verkehr und Tourismus die Umwelt. Umweltschäden beschränken sich nicht auf ein Land. Daher muss Umweltschutz weltweit geschehen.

**Treibhauseffekt**

Der Treibhauseffekt entsteht einerseits durch die natürlichen Spurengase in der Erdatmosphäre, die die Wärmeabstrahlung der Erde verringern, sodass unsere Atmosphäre erwärmt wird. Andererseits wird dieser Effekt seit einigen Jahrzehnten durch den vom Menschen verursachten Schadstoffausstoß, die sogenannten Emissionen, verstärkt. Dadurch wird die Atmosphäre zusätzlich aufgeheizt.

**Klimawandel**

Durch die anhaltende Rodung der Wälder und die Luftverschmutzung wird die Erwärmung der Erdatmosphäre verstärkt. Die Gletscher und Polkappen beginnen abzutauen und Naturkatastrophen häufen sich. Daraus kann sich eine Klimakatastrophe entwickeln.

**Umweltbewusstsein**

Umweltbewusstsein gründet auf der Verantwortung des Menschen für die Schöpfung. Umweltbewusstes Handeln ist die Erfüllung des ökologischen Generationenvertrages. Umweltbewusstsein entwickelt sich in der Familie, Schule und Gesellschaft. Auch der Staat nimmt z. B. durch Lehrpläne auf die Umwelterziehung Einfluss. Obwohl das Umweltbewusstsein in den letzten 20 Jahren gestiegen ist, entwickelt sich ein umweltverträglicher Konsum nur langsam.

**Umweltschutz**

Nach dem Grundgesetz hat der Staat für die künftigen Generationen die natürliche Lebensgrundlage zu schützen. Man spricht von einem ökologischen Generationenvertrag. Zum Schutz der Umwelt hat der Staat viele Gesetze und Verordnungen erlassen. Es gibt staatliche Gebote, z. B. die Einhaltung bestimmter Grenzwerte für Luftschadstoffe. Daneben gibt es auch staatliche Verbote, z. B. das Verbot schädliche Stoffe in Gewässer abzuleiten. Diese staatlichen Regelungen sollen dafür sorgen, dass der Umweltschutz auch bei wirtschaftlichen Entscheidungen berücksichtigt wird. Ein wichtiges umweltpolitisches Ziel ist die Reduzierung des Kohlendioxidausstoßes. Der steigende Kohlendioxidanteil in der Luft ist eine wesentliche Ursache für den Treibhauseffekt. Deutschland will den $CO_2$ Ausstoß bis 2012 um 21 % gegenüber 1990 verringern.

**Erneuerbare Energien**

Erneuerbare Energien stehen uns für unbegrenzte Zeit zur Verfügung. Zu den erneuerbaren Energien gehören die Sonnenstrahlen, die Erdwärme (Geothermie), die Gezeiten- und die Wasserkraft, die Biomasse und der Wind.

*Windkraftanlagen*

# Weißt du Bescheid?

**Löse das Rätsel.** Benutze dazu das Arbeitsblatt oder notiere die gesuchten Begriffe von 1 bis 19 auf einem gesonderten Blatt. Die Buchstaben in den gelb unterlegten Kästchen ergeben von oben nach unten gelesen die Lösung. Es ist die Bezeichnung einer für Käuferinnen und Käufer wichtigen Einrichtung.

1. Die ________________ ist der größte „Knoten" im sozialen Netz.
2. Die Stiftung __________ soll Verbraucher über die Qualität von Produkten informieren.
3. Das Streben nach Nutzenmaximierung wird als ______________ bezeichnet.
4. In der Marktwirtschaft herrscht __________ zwischen den Unternehmen.
5. Der ______ sind die Bedürfnisse, die finanziell erfüllbar sind.
6. Nach dem Grundgesetz ist die Bundesrepublik Deutschland ein ___________.
7. Als _________________ gelten Wünsche nach Büchern, Musik, Reisen ...
8. Die ______________ sind die Interessenvertretung der Arbeitnehmer.
9. Dem Fürsorgeprinzip entsprechend erhalten in Deutschland bedürftige Personen ____________ aus Steuermitteln.
10. Zum Schutz der ______ hat der Staat viele Gesetze und Verordnungen erlasen, z. B. das Fluglärmgesetz oder die Verpackungsverordnung.
11. Die soziale _______________ ist die Wirtschaftsordnung der Bundesrepublik Deutschland.
12. Der Wind und die Sonnenstrahlen zählen zu den ____________ Energien.
13. In ______________ regeln Gewerkschaften und Arbeitgeberverbände Fragen des Lohns und der Arbeitsbedingungen.
14. Nach dem __________________ soll derjenige, der die Umwelt belastet oder schädigt, für die dadurch entstandenen Kosten aufkommen.
15. Mit _________ ist der Geldwertverlust durch Preissteigerungen gemeint.
16. In einer Marktwirtschaft sind die Unternehmen in ______________.
17. Kinder und Jugendliche sind eine wichtige __________ für Werbung.

18. Wer ein vorgegebenes Ziel mit möglichst geringem Aufwand erreichen will, handelt nach dem ______________.
19. Die wirtschaftspolitischen Ziele des Staates sind im _________________ festgelegt.

# Weißt du Bescheid?

*(Erik Liebermann / CCC, www.c5.net)*

*(Klaus Boehle / CCC, www.c5.net)*

*(3 Karikaturen in der linken Spalte: Gerhard Mester / CCC, www.c5.net)*

**Werte jede der fünf Karikaturen unter den folgenden Fragestellungen aus:**

1. Um welchen Sachverhalt, welches Problem geht es?
2. Welche Ansicht verfolgt der Zeichner? Welche Meinung bringt er zum Ausdruck?
3. Welcher Meinung bist du?

# Die politische Ordnung der Bundesrepublik Deutschland

Die Bundesrepublik Deutschland ist eine Demokratie. Das klingt so selbstverständlich, dass viele sich gar nicht mehr fragen, was eine demokratische Gesellschaft ausmacht. Damit eine Demokratie im Alltag funktioniert, müssen jedoch viele zusammenarbeiten und gemeinsam Verantwortung tragen. Eine besondere Rolle spielen dabei Parteien und Politiker und Politikerinnen. Denn von den Politikern wird zum Beispiel im Bundestag und im Landtag über vieles entschieden, was uns alle betrifft. Wichtig ist außerdem, Probleme in der Demokratie zu erkennen und die Demokratie vor ihren Feinden zu schützen. Um all dies geht es auf den folgenden Seiten. Dabei erhaltet ihr zum Beispiel Antworten auf diese Fragen:

- Welche Grundprinzipien kennzeichnen unsere Demokratie? Welche Rolle spielen die Parteien?
- In welcher Weise können sich die Bürgerinnen und Bürger politisch beteiligen?
- Was sind Verbände? Welche Ziele verfolgen sie? Was versteht man unter Lobbyismus?
- Welche Aufgaben haben die verschiedenen Verfassungsorgane? Wie wirken sie zusammen?
- Worin besteht die Tätigkeit einer Abgeordneten oder eines Abgeordneten?
- Welchen Gefährdungen ist unsere Demokratie ausgesetzt? Welche Ziele verfolgen Rechtsextremisten?
- Wie kann die Demokratie vor ihren Feinden geschützt werden?

## „Demokratie!?"

1

König Ludwig XIV. (Gemälde von H. Rigaud)

2

(Zeichnung: Holger Appenzeller, Stuttgart)

3

(Zeichnung: Birgit Schmidt, Karlsruhe)

4

Briefmarke

5

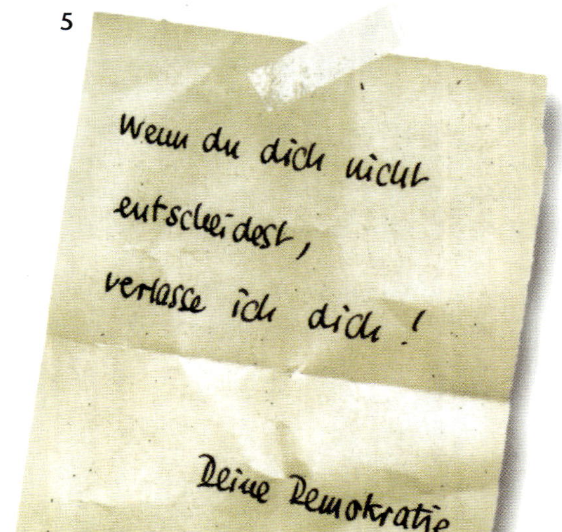


(Quelle: Zeitungs Marketing Gesellschaft, Frankfurt.
Design: Twice Advertising, Mainz-Kastel)

6

7

(Zeichnung: Holger Appenzeller, Stuttgart)

8

9

1 *Die Abbildungen haben alle mit Demokratie zu tun. Versuche, dies für jede Abbildung zu erklären.*

2 *Welche Abbildung beschreibt für dich am besten, was Demokratie bedeutet?*

## Kennzeichen unseres Staates

### Grundgesetz: Artikel 20

(1) Die Bundesrepublik Deutschland ist ein demokratischer und sozialer Bundesstaat.

(2) Alle Staatsgewalt geht vom Volke aus. Sie wird vom Volke in Wahlen und Abstimmungen und durch besondere Organe der Gesetzgebung, der vollziehenden Gewalt und der Rechtsprechung ausgeübt.

(3) Die Gesetzgebung ist an die verfassungsmäßige Ordnung, die vollziehende Gewalt und die Rechtsprechung sind an Gesetz und Recht gebunden.

**Demokratie** **Bundesstaat** **Rechtsstaat** **Sozialstaat**

1 *Die Bundesrepublik Deutschland besteht aus 16 Bundesländern.*

2 *Die Verwaltung hat sich bei allem, was sie tut, an die gesetzlichen Grundlagen zu halten.*

3 *Bei Wahlen hat jeder gleichviel Stimmen, unabhängig von Herkunft, Geschlecht, Religion, Beruf, Einkommen oder politischem Informationsstand.*

4 *Bei der Verabschiedung von Bundesgesetzen sind die Länder durch den Bundesrat beteiligt.*

5 *Die Gerichte entscheiden ohne Beeinflussung durch die Regierung oder andere Staatsorgane allein nach den Gesetzen.*

6 *Zwischen dem Bund und den Bundesländern sind die Aufgaben aufgeteilt.*

7 *Bei Wahlen und Abstimmungen ist maßgebend, was die Mehrheit will.*

8 *Menschen, die z. B. wegen Arbeitslosigkeit oder zu geringer Rente ihren Lebensunterhalt nicht bestreiten können, haben Anspruch auf Sozialhilfe.*

9 *Niemand darf für eine Tat bestraft werden, die vorher nicht durch Gesetz verboten war.*

10 *Wohngeld ermöglicht es einkommensschwachen Familien in einer angemessenen Wohnung zu leben.*

11 *Das Volk oder dessen gewählte Vertreter entscheiden in der Politik.*

12 *In der gesetzlichen Krankenversicherung sind 90 Prozent aller Arbeitnehmer versichert. Sie übernimmt weitgehend die Kosten für Arzt, Zahnarzt, Arzneimittel, Krankenhaus usw.*

*Drei Aussagen gehören jeweils zu „Demokratie", „Bundesstaat", „Rechtsstaat", „Sozialstaat". Ordne jedem Begriff die zugehörigen Aussagen zu.*

## Aufgaben der Parteien

*Der frühere SPD-Vorsitzende Kurt Beck*

*Die CDU-Vorsitzende Angela Merkel*

**Parteiengesetz §1:** (1) Die Parteien sind ein verfassungsrechtlich notwendiger Bestandteil der freiheitlichen demokratischen Grundordnung (...) Sie erfüllen mit ihrer freien, dauernden Mitwirkung an der politischen Willensbildung des Volkes eine ihnen nach dem Grundgesetz obliegende und von ihm verbürgte öffentliche Aufgabe.
(2) Die Parteien wirken an der Bildung des politischen Willens mit, indem sie insbesondere ...

**Beispiele für Aufgaben**

| | |
|---|---|
| ... auf die Gestaltung der öffentlichen Meinung Einfluss nehmen, 1 | Die Mitgliederversammlung einer Partei wählt die Kandidatin, die dann zur Landtagswahl aufgestellt wird. A |
| ... die politische Bildung anregen und vertiefen, 2 | Die Bundestagsfraktion einer Partei wendet sich in einer Pressemitteilung gegen einen Gesetzentwurf der Regierung, um damit die Gesetzgebung zu beeinflussen. B |
| ... die aktive Teilnahme der Bürger am politischen Leben fördern, 3 | Im Bürgerbüro eines Bundestagsabgeordneten können Bürgerinnen und Bürger ihre Anregungen und Beschwerden vorbringen. C |
| ... zur Übernahme öffentlicher Verantwortung befähigte Bürger heranbilden, 4 | Die Parteien werben in der Öffentlichkeit um Zustimmung für ihre Programme und Argumente. D |
| ... sich durch Aufstellung von Bewerbern an den Wahlen in Bund, Ländern und Gemeinden beteiligen, 5 | Eine von einer Partei eingerichtete Stiftung führt Seminare für Schulklassen zu politischen Themen durch. E |
| ... auf die politische Entwicklung in Parlament und Regierung Einfluss nehmen, 6 | Eine Partei wirbt dafür, dass die Bürgerinnen und Bürger bei der nächsten Bundestagswahl auf jeden Fall ihre Stimme abgeben. F |
| ... die von ihnen erarbeiteten politischen Ziele in den Prozess der staatlichen Willensbildung einführen und 7 | Der Kreisverband einer Partei führt ein Rhetorikseminar für Gemeinderatskandidatinnen und -kandidaten durch. G |
| ... für eine ständige lebendige Verbindung zwischen dem Volk und den Staatsorganen sorgen. 8 | Eine Partei setzt die Aussagen ihres Programms zur Umweltpolitik in einen konkreten Vorschlag für eine Ökosteuer um. H |

*Ordne auf deinem Arbeitsblatt der jeweiligen Textstelle das entsprechende Beispiel zu:*

## Aus den Parteiprogrammen

**A** Liberale treten für mehr Freiheit für mehr Menschen ein und wissen, dass sie damit mehr Verantwortungsbereitschaft verlangen. Liberalismus vertraut auf den Willen und die Fähigkeit des Menschen, in eigener Verantwortung zu entscheiden und zu handeln. Für jeden Einzelnen gibt es Situationen, in denen er auf Hilfe angewiesen ist. Die Hilfe zur Selbsthilfe greift in die eigene Freiheit und Verantwortung am wenigsten ein. Sie ist daher die menschlichste und menschenwürdigste Form der Hilfe. Liberale setzen auf den mündigen Bürger, nicht auf den Vormundschaftsstaat mit Rundumbetreuung. Liberale muten den Bürgern mehr zu, weil sie ihnen mehr zutrauen.

3

1

**Wolfgang Schäuble**

**B** Unsere Geschichte ist geprägt von der Idee des demokratischen Sozialismus, einer Gesellschaft der Freien und Gleichen, in der unsere Grundwerte verwirklicht sind. Sie verlangt eine Ordnung von Wirtschaft, Staat und Gesellschaft, in der die bürgerlichen, politischen, sozialen und wirtschaftlichen Grundrechte für alle Menschen garantiert sind, alle Menschen ein Leben ohne Ausbeutung, Unterdrückung und Gewalt, also in sozialer und menschlicher Sicherheit führen können ... Der demokratische Sozialismus bleibt für uns die Vision einer freien, gerechten und solidarischen Gesellschaft, deren Verwirklichung für uns eine dauernde Aufgabe ist.

**C** Wachsende Arbeitslosigkeit, soziale Unsicherheit und Armut, Hunger und Kriege, Fremdbestimmung und Gewalt sind Angriffe auf die Würde des Menschen. ... Sozialismus ist für uns ein notwendiges Ziel – eine Gesellschaft, in der die freie Entwicklung einer und eines jeden zur Bedingung der freien Entwicklung aller geworden ist. Sozialismus ist für uns eine Bewegung gegen die Ausbeutung des Menschen durch den Menschen, gegen patriarchale Unterdrückung, gegen die Ausplünderung der Natur, für die Bewahrung und Entwicklung menschlicher Kultur, für die Durchsetzung der Menschenrechte, für eine Gesellschaft, in der Bürgerinnen und Bürger ihre Angelegenheiten demokratisch regeln.

4

2

**D** Im Mittelpunkt unserer Politik steht der Mensch mit seiner Würde und seiner Freiheit. Die Unantastbarkeit der menschlichen Würde ist unser Ausgangspunkt. Sie ist der Kern unserer Vision von Selbstbestimmung und Parteinahme für die Schwächsten ... Als Teil der Natur kann der Mensch nur leben, wenn er die natürlichen Lebensgrundlagen bewahrt und sich selbst demgemäß Grenzen setzt. Der Schutz der Natur und ihrer Lebensformen ist auch um ihrer selbst willen geboten. ... Unsere Grundposition heißt: Wir verbinden Ökologie, Selbstbestimmung, erweiterte Gerechtigkeit und lebendige Demokratie. ... Wir laden alle zur Mitarbeit ein, die sich diesen Zielen verpflichtet fühlen. Wir wollen die Ideen, die Kritik und den Protest von Bürgerinnen und Bürgern aufnehmen, sie zu Aktivität ermutigen und ganzheitliche Konzepte entwickeln.

**E** Die … ist die Volkspartei der Mitte. … Wir orientieren uns am christlichen Bild vom Menschen und seiner unantastbaren Würde und davon ausgehend an den Grundwerten Freiheit, Solidarität und Gerechtigkeit. Wir streben nach dem richtigen Verhältnis der Grundwerte zueinander. In einer sich ändernden Welt bleibt es unser Auftrag, Werte und Wirklichkeit zusammen zu denken und entsprechend zu handeln. Die Einsicht in die Fehlbarkeit des Menschen bewahrt uns vor der Gefahr, Politik zu ideologisieren und zeigt uns die Grenzen der Politik auf. … Die … ist für jeden offen, der Würde, Freiheit und Gleichheit aller Menschen anerkennt und die hieraus folgenden Grundüberzeugungen unserer Politik bejaht.

7

**Frank-Walter Steinmeier**

SPD
www.spd.de

CSU
www.csu.de

8

5

FDP
Die Liberalen
www.fdp.de

CDU
www.cdu.de

BÜNDNIS 90
DIE GRÜNEN
www.gruene.de

**Horst Seehofer**

**Angela Merkel**

**Franz Müntefering**

**Guido Westerwelle**

**Claudia Roth**

DIE LINKE.
www.die-linke.de

**Gregor Gysi**

6

**F** Mittelpunkt der Politik sind weiterhin der Mensch und seine Freiheit. Denn der Mensch ist nach dem christlichen Menschenbild zur Freiheit, zur Selbstverantwortung bestimmt. Er lebt in der Spannung zwischen Selbstbestimmung und Solidarität. … Christliches Menschenbild, Selbstverantwortung in Solidarität und Subsidiarität als Markenzeichen christlich-sozialer Politik sind als Grundlagen und Ordnungsprinzipien für Staat und Gesellschaft aktueller denn je. … In einer Zeit wachsender Internationalisierung unseres Lebens ist es notwendig, bayerisches Lebensgefühl und bayerische Staatlichkeit zu stärken. Nur aus der kulturellen und landsmannschaftlichen Verwurzelung erwächst gefestigte Weltoffenheit.

*Notiere jeweils das Zusammengehörige: abgekürzter Name der Partei, Auszug aus dem Parteiprogramm der Partei, Foto mit Name.*

# Methode: Ampelspiel

## Thema: Politik und Parteien

Wenn man über ein Thema mit mehreren diskutiert, stimmt der eine einer Aussage zu, der andere lehnt sie jedoch ab und ein Dritter kann sich vielleicht noch nicht entscheiden. Mit dem Ampelspiel kann man für alle Teilnehmer gut sichtbar machen, welche Aussagen zu einem Thema Zustimmung, Ablehnung oder Enthaltung finden. So erhält man ein Stimmungsbild, in das auch Teilnehmer einbezogen sind, die sich mündlich nicht äußern würden.

**Vorbereitung**
Jede Schülerin und jeder Schüler erhält eine rote, eine gelbe und eine grüne Karte in Postkartengröße. Die Farbkarten könnt ihr aus farbigem Papier oder Karton ausschneiden.

**Durchführung**
Die Lehrerin, der Lehrer oder ein gewählter Schüler liest die einzelnen Aussagen langsam und deutlich vor. Nach jeder Aussage zeigen die Schülerinnen und Schüler mit ihrer Farbkarte an, ob sie der Aussage zustimmen (grüne Karte), sie ablehnen (rote Karte) oder ob sie sich enthalten bzw. noch keine abschließende Meinung gefunden haben (gelbe Karte). Die Zahl der Zustimmungen, Ablehnungen und Enthaltungen wird festgehalten. Es erfolgt jedoch keine Diskussion.

**Auswertung**
Anhand der festgehaltenen Aussagen ergibt sich das Meinungsbild der Klasse. Es kann auch festgestellt werden, bei welcher Aussage die größte Übereinstimmung bzw. die größte Meinungsverschiedenheit besteht. Man könnte außerdem noch nachfragen, bei welcher Aussage die Entscheidung besonders schwer fiel.

1. *Es gibt keine Partei, die die Interessen von Jugendlichen vertritt.*
2. *Politiker und Politikerinnen denken nur an ihre eigenen Interessen.*
3. *Aktivitäten von Jugendlichen werden von Politikern gewünscht.*
4. *Manchmal sind politische Ereignisse spannend.*
5. *Mit dem Begriff „Demokratie" verbinde ich keine besondere Bedeutung.*
6. *Jugendliche werden von der Politik stark vernachlässigt.*
7. *Die Politiker und Politikerinnen kennen die Probleme der Jugendlichen viel zu wenig.*
8. *Ohne Politiker und Politikerinnen gäbe es keine Demokratie.*
9. *Es ist von Bedeutung, welche Partei man wählt.*
10. *Die Interessen des kleinen Mannes zählen in der Politik doch gar nicht.*
11. *Die Parteien haben den Kontakt zu den Bürgerinnen und Bürgern doch völlig verloren.*

*Führt das Ampelspiel durch.*

## Wahlgrundsätze

### Grundgesetz Artikel 38

(1) Die Abgeordneten des Deutschen Bundestages werden in allgemeiner, freier, gleicher und geheimer Wahl gewählt.

### Verfassung von Rheinland-Pfalz Artikel 76

(1) Wahlen und Volksentscheide aufgrund dieser Verfassung sind allgemein, gleich, unmittelbar, geheim und frei.

### Wahlgrundsätze: Erklärungen und Beispiele

A Die Wählerinnen und Wähler wählen selbst die Abgeordneten. Es gibt keine Zwischeninstanz, die dann die Abgeordneten wählt.

B Die Wählerinnen und Wähler können ihre Stimme ohne staatlichen Druck und ohne Angst vor Nachteilen abgeben.

C Jede Bürgerin und jeder Bürger darf wählen. Keine Gruppe ist von der Wahl ausgeschlossen.

D Alle Wählerinnen und Wähler haben gleich viele Stimmen und alle Stimmen haben gleiches Gewicht.

E Die Wählerin bzw. der Wähler muss seine Stimme unbeobachtet abgeben.

1 Frauen durften im Deutschen Reich bis 1918 nicht wählen.

2 In Diktaturen ist eine solche Stimmabgabe nicht oder kaum möglich. Oft fehlen Wahlkabinen.

3 In Diktaturen wird oft eine bestimmte Stimmabgabe erzwungen.

4 In Preußen hatte bis 1918 ein Wähler, der viel Steuern bezahlte, mehr Stimmen als ein Wähler, der wenig Steuern bezahlte.

5 Bei der Präsidentschaftswahl in den USA werden zunächst Wahlmänner gewählt, die dann den Präsidenten wählen.

1 *Notiere zu jedem Wahlgrundsatz den Buchstaben der Erklärung und die Ziffer des Beispiels.*

2 *Wie zeigt sich in der Zeichnung „Der Wahlvorgang im Wahllokal", dass Wahlen geheim sind?*

3 *„Aktives" und „passives" Wahlrecht: Was ist damit jeweils gemeint?*

## Funktionen der Wahl

**1. Legitimation der politischen Herrschaft**

In der Wahl der Abgeordneten des Deutschen Bundestages, die wiederum den Bundeskanzler oder die Bundeskanzlerin wählen, kommt der Wille der Wählerinnen und Wähler zum Ausdruck. Für vier Jahre erhalten die Abgeordneten das Recht (die Legitimation), das Volk im Parlament zu vertreten. Allgemeine Wahlen dienen somit der Legitimation (Rechtmäßigkeit) für die Machtausübung durch die Volksvertreter und Volksvertreterinnen.

**2. Kontrolle und Abwahl der Mandatsträger**

Die demokratische Wahl bedeutet immer Herrschaftsbestellung auf Zeit. Die Abgeordneten sind nicht Erwählte, sondern Gewählte. Periodisch wiederkehrende Kommunal-, Landtags-, Bundestags- und Europawahlen geben den Bürgerinnen und Bürgern die Möglichkeit, die Politik von Regierung und Opposition zu beurteilen. Amts- und Mandatträger können abgewählt, bestätigt oder neu gewählt werden.

**3. Entscheidung über personelle und sachliche Alternativen**

In Wahlen wird auch über Personen und Parteien, über unterschiedliche Programme und Ideen abgestimmt.

**4. Repräsentation und Integration von Interessen**

Die Mandatsträger sollen im Parlament die Meinungen und Interessen der Bürgerinnen und Bürger vertreten (repräsentieren) und diese in politische Entscheidungen umsetzen.

**5. Bildung einer funktionsfähigen Regierung**

Die Bürgerinnen und Bürger sollen mit ihrer Stimmabgabe dafür sorgen, dass eine zur Regierungsbildung und zum Regieren fähige parlamentarische Mehrheit geschaffen wird. Zugleich ist eine Opposition zur Kontrolle notwendig.

1

**Wechsel in Bonn – Helmut Kohl ist Bundeskanzler**
256 Abgeordnete unterstützen das konstruktive Misstrauensvotum (235 Nein-Stimmen, 4 Enthaltungen) – Lange und bewegte Debatte.

*(02. 10. 1982)*

2

*(28. 09. 1998)*

3

**Schröder zum Bundeskanzler gewählt**

*(08. 10. 1998)*

4

Kanzler wischt Vermögensabgabe vom Tisch
**Schröder leitet mit Sparpaket Politikwechsel ein**

*(24. 06. 1999)*

5

**Umweltschutzverbände: Naturschutz muss in den Koalitionsvertrag**

*(02. 11. 2005)*

6

**DGB: Elterngeld jetzt nicht scheitern lassen**

*(03. 11. 2005)*

7

Arbeitgeberpräsident Hundt: „Eine Menge richtiger Reformen und Schritte“ im Koalitionsvertrag

*(21. 11. 2005)*

8

*Zu den ersten Gratulanten Angela Merkels zur Kanzlerwahl gehörte der Vorgänger Gerhard Schröder*

9

**Angela Merkel Bundeskanzlerin**

*(23. 11. 2005)*

10

**FDP kündigt konstruktive Opposition an**

*(23. 11. 2005)*

*Die Schlagzeilen und Fotos zeigen an Beispielen aus den vergangenen Jahren, wie die fünf Funktionen der Wahl im politischen Alltag zum Tragen kommen. Wähle für jede der fünf Funktionen eine Schlagzeile bzw. ein Foto aus und begründe deine Auswahl.*

# Wahlsysteme

Alle Wähler haben das gleiche Stimmrecht. Doch welche Wirkung die angegebene Stimme hat, wie sie die Wahl beeinflusst, das hängt vom Wahlsystem ab. Es gibt zahlreiche Wahlsysteme. Sie lassen sich aber alle auf zwei Grundmodelle zurückführen, und zwar auf die Mehrheitswahl oder auf die Verhältniswahl.

## Mehrheitswahl

Das gesamte Wahlgebiet wird in so viele Wahlkreise eingeteilt, wie Mandate zu vergeben sind. In den einzelnen Wahlkreisen stellen sich verschiedene Kandidaten zur Wahl. Gewählt ist der Kandidat, der die Stimmenmehrheit auf sich vereinigt. Die Zahl der Sitze, die eine Partei erhält, bestimmt sich nach der Zahl der von ihren Bewerbern gewonnenen Wahlkreise. Splitterparteien haben bei einer Mehrheitswahl kaum eine Chance, es sei denn, sie verfügen über regionale Schwerpunkte. Zu unterscheiden sind die relative Mehrheitswahl und die absolute Mehrheitswahl.

### Relative Mehrheitswahl

Der Abgeordnete ist gewählt, der mehr Stimmen als jeder seiner Mitbewerber erhält, auch wenn sein Vorsprung nur eine einzige Stimme beträgt. (Beispiel: In einem Wahlkreis bewerben sich drei Kandidaten. Es werden 76 000 Stimmen abgegeben. Kandidat A erhält 28 000, Kandidat B 28 100 und Kandidat C 19 900 Stimmen. Kandidat B ist gewählt.)

### Absolute Mehrheitswahl

Gewählt ist hierbei der Abgeordnete, der mehr als die Hälfte der in seinem Wahlkreis abgegebenen Stimmen auf sich vereint. Gelingt das im ersten Wahlgang keinem der Kandidaten, dann findet zwischen den beiden erfolgreichsten Bewerbern des ersten Wahlganges eine Stichwahl statt. Gewählt ist dann der Kandidat, der die meisten Stimmen erhält.

## Verhältniswahl

Bei der Verhältniswahl fallen keine Stimmen wirkungslos weg, sondern die Abgeordnetensitze im Parlament werden den Parteien proportional zu den Stimmenzahlen, das heißt entsprechend ihrem Anteil am Wahlergebnis, zugeteilt. Der Wähler gibt seine Stimme für die Liste (deswegen auch „Listenwahl" genannt) einer bestimmten Partei ab, nicht für einzelne Personen. Die gewonnenen Sitze werden den Wahlbewerbern in der Regel entsprechend der Reihenfolge auf den von den Parteien aufgestellten Kandidatenlisten zugeteilt. Das Verhältniswahlrecht führt dazu, dass das Parlament das genaue Spiegelbild der abgegebenen Stimmen darstellt.

**Wahlsystem bei der Bundestagswahl**

Auf Bundesebene wird zunächst errechnet, wie viele Sitze jeder Partei aufgrund der auf sie entfallenden Zweitstimmen zustehen. Dann werden diese entsprechend ihrem Stimmenanteil in den einzelnen Ländern auf die jeweiligen Landeslisten verteilt. Damit weiß man, wie viele Abgeordnete der Partei A beispielsweise aus Rheinland-Pfalz einen Sitz im Bundestag erhalten. In einer letzten Rechenstufe wird die Zahl der direkt gewählten Abgeordneten einer Partei in den Wahlkreisen abgezogen. Die verbleibenden Sitze werden den Kandidaten entsprechend der Reihenfolge auf der Landesliste zugeteilt. Der Bundestag wird daher nach dem Verhältniswahlrecht gewählt, in das Elemente des Mehrheitswahlrechts (Wahlkreissieger) integriert sind.

1 *Notiere deine Meinung zu den beiden Wahlsystemen unter den folgenden vier Gesichtspunkten:*
- *Gerechtigkeit*
- *Vertretung verschiedener gesellschaftlicher Gruppen*
- *Verständlichkeit des Wahlrechts*
- *Verbindung von Wählern und Abgeordneten*

2 *Warum spricht man bei der Bundestagswahl von einer „personalisierten Verhältniswahl"? Formuliere eine Begründung.*

## Bundestagswahl

*Wahlplakate zur Bundestagswahl 2005*

Leon darf dieses Jahr zum ersten Mal wählen. Zwischen ihm und seiner Mutter kommt es vor der Wahl zu folgendem Gespräch:

**L:** *Ich habe in der Zeitung einen Stimmzettel gesehen. Danach habe ich zwei Stimmen. Warum das?*
**M:** Es gibt 598 Mandate im Bundestag. Davon werden 299 über Wahlkreise gewählt. Mit der Erststimme entscheiden die Wähler direkt darüber, welcher Kandidat aus ihrem Wahlkreis in den Bundestag kommt. Gewählt ist, wer die meisten Erststimmen erhält. Mit der Zweitstimme wählt man eine Partei bzw. deren Landesliste.

**L:** *Dann könnte ich meine Erststimme dem CDU-Kandidaten und meine Zweitstimme der Partei der GRÜNEN geben?*
**M:** Ja, das nennt man Stimmen-Splitting.

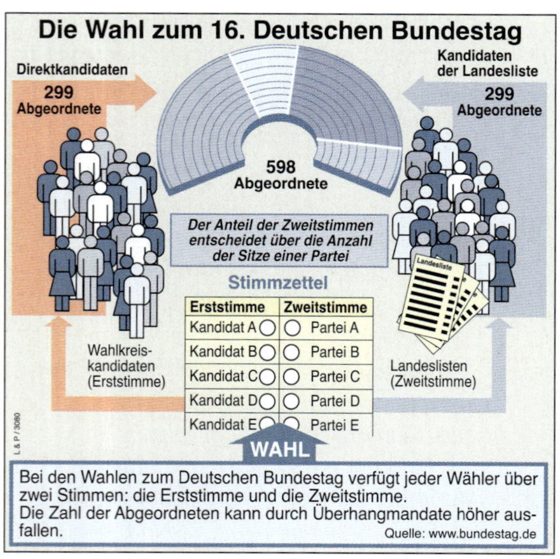


**L:** *Und wie wird nun ausgezählt?*
**M:** Die 598 Mandate werden nach dem Verhältnis der Zweitstimmen auf die Parteien verteilt. Man spricht daher von einer Verhältniswahl. Wenn eine Partei 50 % der Zweitstimmen erhält, stehen ihr 299 Mandate zu.

**L:** *Welche Kandidaten erhalten diese 299 Mandate?*
**M:** Zunächst kommen die Wahlkreiskandidaten zum Zuge, die ihren Wahlkreis gewonnen haben. Dies sind die sogenannten Direktmandate. Die verbleibenden Mandate werden an die Kandidaten auf der Landesliste vergeben.

**L:** *Wenn also einer Partei 250 Mandate zustehen und sie in 100 Wahlkreisen ein Direktmandat bekam, erhält sie noch 150 Sitze über die Landesliste?*
**M:** Ja, so ist es.

**L:** *Du sagtest, es gibt 598 Mandate, der letzte Bundestag hatte aber mehr Mandate.*
**M:** Dies kommt dann vor, wenn eine Partei z. B. 12 Direktmandate erringt, ihr aber nach dem Verhältnis der Zweitstimmenauszählung nur 9 Mandate zustehen. Dann gibt es für diese Partei 3 Überhangmandate. Die Gesamtzahl der Sitze im Bundestag erhöht sich damit.

**L:** *Und was besagt die 5 %-Klausel?*
**M:** Dass bei der Zuteilung der Mandate nach der Zweitstimmenauszählung nur solche Parteien berücksichtigt werden, die mindestens 5 % der Stimmen oder drei Direktmandate erreicht haben.

**L:** *Wenn also eine Partei nur 4 % der Stimmen erhält, kommt sie nicht in den Bundestag.*
**M:** Ja. Wenn sie jedoch Direktmandate erringt, kommen diese Kandidaten in den Bundestag.

| Aussagen: 5-mal richtig – 5-mal falsch | richtig | falsch |
|---|---|---|
| 1. Es werden bei jeder Wahl immer genau 598 Abgeordnete in den Bundestag gewählt. | | |
| 2. Die Erststimmen sind für eine Partei wichtiger als die Zweitstimmen, denn nach den Erststimmen wird bestimmt, wie viele Abgeordnete die Partei überhaupt in den Bundestag bringt. | | |
| 3. Jeder Wähler kann seine Erststimme nur dem Wahlkreiskandidaten geben, dessen Partei bzw. Landesliste er mit der Zweitstimme wählt. | | |
| 4. Wegen der Zweitstimmen ist die Wahl eine Verhältniswahl, durch die Erststimmen wird sie personalisiert. | | |
| 5. Ein Kandidat, der in einem Wahlkreis direkt gewählt wird, kommt auf jeden Fall in den Bundestag. | | |
| 6. Eine Partei kann auch in den Bundestag gelangen, wenn keiner ihrer Kandidaten seinen Wahlkreis gewinnt. | | |
| 7. Will ein Wahlkreiskandidat seinen Wahlkreis gewinnen, muss er mehr als 50% der Stimmen erhalten. | | |
| 8. Wer kein Direktmandat gewinnt, kann über eine Landesliste in den Bundestag gelangen. | | |
| 9. Höchstens 320 Mandate können an die Gewinner in den Wahlkreisen vergeben werden. | | |
| 10. Wenige Stimmen können darüber entscheiden, ob eine Partei in den Bundestag kommt oder nicht. | | |

| Ergebnisse der Bundestagswahl 2005 | Zweitstimmen | Prozent |
|---|---|---|
| Wahlberechtigte | 61 870 195 | 100,0 |
| Wahlbeteiligung | 48 044 841 | 77,7 |
| gültige Zweitstimmen | 47 288 456 | – |
| Christlich Demokratische Union/Christlich Soziale Union (CDU/CSU) | 16 631 301 | 35,2 |
| Sozialdemokratische Partei Deutschlands (SPD) | 16 194 757 | 34,2 |
| Freie Demokratische Partei (FDP) | 4 648 133 | 9,8 |
| Die Linke | 4 118 248 | 8,7 |
| Bündnis 90/DIE GRÜNEN | 3 838 349 | 8,1 |
| Sonstige | 1 857 668 | 4,0 |

| Partei | CDU/CSU | SPD | FDP | Linke.PDS | B'90/GRÜNE | insgesamt |
|---|---|---|---|---|---|---|
| Direktmandate | 150 | 145 | – | 3 | 1 | 299 |
| über Landeslisten | 76 | 77 | 61 | 51 | 50 | 315 |
| insgesamt | 226* | 222** | 61 | 54 | 51 | 614 |

** davon 7 Überhangmandate* *** davon 9 Überhangmandate*

**1** *Notiere auf einem Blatt oder kreuze auf deinem Arbeitsblatt zu jeder Aussage an, ob sie richtig oder falsch ist. Stelle die falschen Aussagen richtig.*

**2** *Was fällt dir bei den Ergebnissen der Bundestagswahl 2005 auf?*

## Was Politiker und Politikerinnen verdienen

*(Gerhard Mester / CCC, www.c5.net)*

### CHRISTIAN LANGE
MITGLIED DES DEUTSCHEN BUNDESTAGES

Was ist die Arbeit eines Bundestagsabgeordneten wert? So viel wie die eines 29-jährigen Polizisten in Darmstadt (2.343 Euro)? Die eines 33-jährigen Börsenanalysten in Frankfurt (8.950 Euro)? Oder die 7.009 Euro monatlich, die das Gesetz zurzeit für die Höhe der Diäten vorschreibt? Der Polizist würde sein Einkommen sicherlich gern mit dem der Politiker tauschen. Aber auch den Stress in 70- bis 120-Stunden-Wochen? Die Verantwortung für Entscheidungen über Krieg und Frieden und für Milliarden-Haushalte? Würde auch der Börsenprofi auf ein Viertel seines Gehaltes verzichten, um noch mehr arbeiten zu müssen – auch am Wochenende? Um dabei stets Zielscheibe der Kritik zu sein? Und sich nach vier Jahren vielleicht einen neuen Job suchen zu müssen? Viele Fragen auf einem stets umstrittenen Feld. Wenn aus Kandidaten Abgeordnete werden, dann sollen sie Vertreter des ganzen Volkes sein und nur ihrem Gewissen folgen. Nicht ihrem bisherigen Arbeitgeber. Nicht irgendwelchen Geldgebern, die sich davon Vorteile versprechen. Parlamentarier sollen nicht käuflich sein. Das heißt auf der anderen Seite aber auch, dass eine neutrale Stelle sie angemessen bezahlen muss. Am besten kann dies natürlich der Staat, so wie er es bei unabhängigen Beamten und neutralen Richtern auch tut. (...)

*(http://www.lange-spd.de/index.php?idcat=29 04.09.2007)*

**Bundesverfassungsgericht 1975:** Diese Bezahlung – auch „Diäten" genannt – muss „für sie und ihre Familien eine ausreichende Existenzgrundlage abgeben können. Sie muss außerdem der Bedeutung des Amtes unter Berücksichtigung der damit verbundenen Verantwortung und Belastung und des diesem Amt im Verfassungsgefüge zukommenden Ranges gerecht werden."

**Bundesverfassungsgericht 2007:** Bundestagsabgeordnete müssen künftig ihre Nebeneinkünfte offen legen, sobald diese 1000 Euro übersteigen. Neun Politiker, die das verhindern wollten, scheiterten mit ihren Klagen.

### CHRISTIAN LANGE
MITGLIED DES DEUTSCHEN BUNDESTAGES

SPD

**Offenlegung der Einkünfte vom Okt. 05 bis Okt. 06**

| Einnahmen | | |
|---|---|---|
| Diäten (priv. Gehalt) | (monatl. 6.989,80 €) steuerpflichtig | 83.877,60 EURO |
| Aufwandspauschale | (monatl. 3.633,17 €) netto, steuerfrei | 43.598,00 EURO |

Sonst keine Einnahmen.

| Ausgaben für Mandatstätigkeit: | | |
|---|---|---|
| Miete (Bürgerbüros) | Backnang<br>Schwäbisch Gmünd | 2.512,94 EURO<br>2.392,80 EURO |
| Telefon | (Backnang + Gmünd + Handy | 4.253,72 EURO |
| Zeitungen | Backnanger Zeitung, Murrhardter Zeitung, Stuttgarter Zeitung, Gmünder Tagespost, Gaildorfer Zeitung, Remszeitung, Handelsblatt | 2.037,99 EURO |
| Fachpresse | -- | 567,49 EURO |
| Bücher | -- | 106,15 EURO |
| Wohnung (Berlin) | (Miete, Nebenkosten, Anschaffungen) | 7.742,45 EURO |
| Hotel | -- | 397,00 EURO |
| Bürokosten für laufenden Betrieb | Berlin (monatl. 204,52 EURO)<br>Backnang (monatl. 153,39 EURO)<br>Schwäbisch Gmünd (monatl. 153,39 EURO) | 2.454,24 EURO<br>1.840,68 EURO<br>1.840,68 EURO |
| Veranstaltungen | -- | 3.093,62 EURO |
| PKW-Kosten | einschl. Reparatur, Steuer, Versicherung | 1.679,42 EURO |
| Benzin | (Wahlkreis) | 1.662,94 EURO |
| P+R-Gebühren | -- | 162,50 EURO |
| Kontogebühren | -- | 327,75 EURO |
| Versicherung | -- | 70,64 EURO |

Darüber hinaus bezahlte Christian Lange Mitgliedsbeiträge von insgesamt 4.654,39 Euro (u. a. für SPD-Parteimitgliedschaft (256,50 Euro/Monat), sowie an: Eurosolar, ASB, AWO, Bund, Europa-Union, Naturfreunde, Verdi, Parl. Gesellschaft, TSG Backnang, usw.), Sonderbeiträge in Höhe von 5.652 Euro (Fraktion (130 Euro/Monat), Landesgruppe (72 Euro/Jahr), Landesverband (155 Euro/Monat), Rücklagen für den Wahlkampf (90 Euro/Monat) und Beiträge zur laufenden Parteiarbeit (90 Euro/Monat) sowie Spenden in Höhe von 200,– Euro im Offenlegungszeitraum.

Die Mitarbeiterinnen und Mitarbeiter werden über den Deutschen Bundestag bezahlt.



*(http://www.lange-spd.de/index. ... 04. 09. 2007)*

*Die Politik, das Geld und der Neid*

# Eine unehrliche Debatte

(…) Die Debatte über die Politiker und das Geld wird weitergehen, solange sich keine Partei an die Grundsatzdebatte heranwagt, nach welchen Maßstäben diese Republik ihre Politiker bezahlen will.

Beispiel: der Bundeskanzler. Der Vorstandsvorsitzende der Deutschland AG, wie Helmut Schmidt seinen Job einmal ironisch genannt hat, bezieht ein Amtsgehalt von rund 220000 Euro im Jahr. So viel bekommt auch der Vorstandsvorsitzende der DAK. Die Gehälter der Bundesminister liegen bei etwa 165000 Euro. So viel wirft beispielsweise die Gmünder Ersatzkasse für ihren Chef aus. Manager, die Verantwortung für große Konzerne tragen, verdienen wesentlich mehr. Das Einkommen des Chefs der Deutschen Bank, Josef Ackermann, beispielsweise wird auf sieben Millionen Euro geschätzt. Ist seine Verantwortung wirklich so viel größer als die des Kanzlers der drittstärksten Wirtschaftsnation der Welt? (…)

Beispiel: Bundestagsabgeordneter. Die Abgeordneten verdienen nach Abzug aller mandatsbedingten Ausgaben etwa so viel wie ein Sachbereichsleiter in einer Sparkasse. Ist das angemessen? Auch darüber muss nachgedacht werden. Aber die Höhe ihrer Diäten ist ja kein Grund zur Empörung, empörend ist ihre Überversorgung fürs Alter. Paradebeispiel ist immer wieder Staatsminister Hans Martin Bury, der mit seinen 38 Jahren bereits eine Pension von fast 6000 Euro sicher hat. Das ist geeignet Neid zu wecken. (…)

Solange die Grundfrage der angemessenen Bezahlung unserer Politiker ausgeklammert bleibt, wird es immer wieder ein Aufregerthema sein, wenn die Diäten erhöht werden sollen, wenn wieder ein Politiker (…) bei Nebentätigkeiten erwischt wird, die zumindest Fragezeichen angebracht erscheinen lassen, oder wenn Abgeordnete – wie der frühere Forschungsminister Heinz Riesenhuber – Aufsichtsrats- und Beiratssitze sammeln wie andere Leute Briefmarken und sich zudem noch als Unternehmensberater und Geschäftsführer ein stattliches Zubrot verdienen. (…)

Ein Land wie Deutschland sollte selbstbewusst und stolz genug sein, seinen Kanzler anständig zu bezahlen und ihn nicht am Einkommensniveau von Krankenkassenchefs zu messen. Es sollte seine Volksvertreter angemessen ausstatten, ihnen aber unangemessene Privilegien streichen, sie bestrafen, wenn sie ihr Mandat ausnutzen – und ihnen sagen: Wer gewählt ist, hat für sein Mandat zu arbeiten und nicht für irgendwelche anderen Auftraggeber.

*(K.-L. Günsche, in: Stuttgarter Zeitung, 21. 1. 2005, S. 1)*

*Man kann doch das Einkommen eines Abgeordneten nicht mit dem einer Friseurin vergleichen. Ein Politiker hat doch eine viel größere Verantwortung!*

*Wenn Parlamentarier mit so wenig Geld auskommen müssten wie ein Durchschnittsbürger, dann würden sie sich ihre Gesetze mit Kürzungen von finanziellen Leistungen genauer überlegen!*

*Es ist doch in unser aller Interesse, dass Abgeordnete sehr gut verdienen. Nur dann sind sie wirtschaftlich unabhängig und damit auch wirklich frei in ihren Entscheidungen.*

*Es ist ein Skandal, dass die Abgeordneten selbst beschließen können, wie hoch ihre Einkünfte sein sollen. Ein Parlament darf doch kein Selbstbedienungsladen sein!*

*Eigentlich sollten Abgeordnete gar kein Geld für ihre Tätigkeit bekommen. Die Ehre, als Volksvertreter für das ganze Land Gesetze beschließen zu dürfen, sollte mehr als genügen.*

*Gute Leute verdienen in der Wirtschaft das Zigfache eines Abgeordneten! Wenn wir unsere Volksvertreter nur mittelmäßig bezahlen, dann dürfen wir uns auch nicht wundern, wenn wir auch nur mittelmäßige Leute in den Parlamenten haben!*

1. *Notiere Gesichtspunkte, die bei der Frage der Bezahlung von Politikern eine Rolle spielen.*
2. *Welche Meinung kommt in der Karikatur auf Seite 218 zum Ausdruck?*
3. *Welche Meinung vertritt der Kommentar „Eine unehrliche Debatte“? Notiere stichwortartig.*
4. *Welche der Aussagen in den Sprechblasen entsprechen deiner Meinung? Was kannst du den anderen entgegenhalten? Berücksichtige dabei die Aufstellung des Abgeordneten Christian Lange.*

## Verbände, Verbände, Verbände

**A** Dieser Verband vertritt die wirtschaftspolitischen Interessen der Industrie gegenüber Parlament und Regierung, den Parteien, Gewerkschaften und anderen wichtigen gesellschaftlichen Gruppen.

**B** Dieser Verband setzt sich für den Schutz der Lebensgrundlagen vor allem im Umweltschutzbereich ein, manchmal durch spektakuläre Aktionen. Er ist unabhängig von Regierungen, Parteien und wirtschaftlichen Interessengruppen.

**C** Dieser Verband vertritt die Interessen von Frauen, Männern, Jugendlichen und Kindern auf dem Gebiet der Sexualität und Familienplanung. Die Schwangerschaftskonfliktberatung ist ein wichtiger Teil seiner Arbeit.

**D** Dieser Verband unterstützt obdachlose Kinder und Jugendliche. Straßenkinder sollen wieder in die Gesellschaft, in Schule, Beruf und Privatbereich eingegliedert werden.

**E** Diesem Dachverband gehören viele Sportverbände an, vom Deutschen Fußballbund (DFB) bis zum Deutschen Tauzieh-Verband. Er vertritt die Interessen der Sportvereine in Deutschland.

**F** Dieser Verband vertritt die Interessen der Verbraucher in der Öffentlichkeit, gegenüber Gesetzgeber, Verwaltung und Wirtschaft. Er gibt vielfältige Informationen zum Verbraucherschutz.

**G** Dieser Verband vertritt die Interessen der Arbeitnehmer, der Arbeitslosen und Rentner. Er streitet für eine solidarische Gesellschaft, in der Einkommen, Vermögen und Lebenschancen gerecht verteilt sind.

**H** Dieser Verband arbeitet für die Freilassung von gewaltlosen politischen Gefangenen und wendet sich gegen Folter und Todesstrafe.

OFF ROAD KIDS

PRO FAMILIA

DGB

GREENPEACE

AgV

BDI
Bundesverband der Deutschen Industrie e.V.

ai

www.dgb.de
www.bdi-online.de
www.agv.de
www.dsb.de
www.offroadkids.de
www.profamilia.de
www.greenpeace.de
www.amnesty.de

*Falls du dich für einen dieser Verbände interessierst, kannst du dich im Internet informieren.*

*Welcher Verband vertritt welche Interessen?*

# Methode: Pro-Kontra-Diskussion

## Thema: Lobbyismus – nützlich oder schädlich?

In seinem ursprünglichen Sinn meint das Wort Lobby die Vorhalle eines Parlaments, in der sich Abgeordnete mit Bürgern zu Gesprächen treffen können. Daraus entstand der politische Begriff „Lobby", der Personen und Organisationen meint, die im Vorfeld politischer Entscheidungen die gewählten Volksvertreter und die Regierungsbeamten in ihrem Sinne zu beeinflussen versuchen. Verbände und viele große Unternehmen unterhalten heute eigene Lobby-Vertretungen in Berlin, dem Sitz von Bundestag und Bundesregierung. Zugang zu den Abgeordneten, zur Ministerialbürokratie und zu den Anhörungen im Bundestag haben die Vertreter von Interessenverbänden, die sich in einem vom Deutschen Bundestag eingerichteten Verzeichnis („Lobby-Liste") haben registrieren lassen. Während diese Liste in den 1970er-Jahren nur etwa 700 Eintragungen aufwies, sind es derzeit etwa 1800.

### Argumente: PRO

- Verbände vertreten die Interessen ihrer Mitglieder. Verbandsvertreter sind Experten auf ihrem Gebiet. Dieses Expertenwissen wird bei der Vorbereitung von Gesetzen und Regierungsentscheidungen benötigt. Nur durch die Mitarbeit von Verbandsvertretern können überhaupt praktikable Gesetze zustande kommen.
- Durch die Lobbyarbeit sollen Abgeordnete und Mitarbeiter der Behörden von den Argumenten überzeugt werden. Dies ist keine Vetternwirtschaft oder Bestechung. Um im Bundestag gehört zu werden, muss sich der Verband beim Bundestagspräsidenten registrieren lassen. Mit der Registrierung gibt er bekannt, dass er politischen Einfluss nehmen will.
- Die Vielzahl der Verbände entspricht unserer freiheitlichen und pluralistischen Gesellschaft. Es kommen alle wichtigen Interessen zu Wort. In vielen Fragen des politischen Lebens erweisen sich die Verbände als „Motoren" von notwendigen Veränderungen. So wird erreicht, dass das Gemeinwohl am besten gefördert wird.
- Verbände stehen in gegenseitigem Wettbewerb. Sie konkurrieren um Mitglieder und haben dabei die gleichen Chancen. Es kommt zu einem Machtausgleich zwischen den Verbänden. Kein Verband kann so zu stark werden.
- Verbände interpretieren die staatlichen Maßnahmen gegenüber ihren Mitgliedern und der Öffentlichkeit. So helfen sie, dass die Bürgerinnen und Bürger die entsprechenden Regelungen besser verstehen.

### Argumente: KONTRA

- Verbände vertreten egoistisch nur ihre eigenen Interessen. Sie nehmen zu wenig Rücksicht auf die Interessen der Allgemeinheit. Bei einer machtvollen Vertretung von Einzelinteressen leidet das Gemeinwohl.
- Verbände haben einen unterschiedlich großen Einfluss. Die Lobby der Autofahrer ist mächtiger als die der Fußgänger oder die der Hausfrauen. Deshalb setzen sich die Interessen der Autofahrer in unserer Gesellschaft eher durch als die der Fußgänger oder Hausfrauen.
- Verbände machen bei wichtigen Entscheidungen politischen Druck. Sie versuchen, die Abgeordneten in den Parlamenten zu beeinflussen. Wenn ihnen das gelingt, siegt das Interesse einer bestimmten Gruppe zulasten des Gemeinwohls.
- Nur etwa jeder vierte Bundestagsabgeordnete hat keine bezahlte Nebentätigkeit. Alle anderen beziehen zusätzliche Einkünfte von Privatfirmen oder Verbänden. Der Einfluss von Interessengruppen muss deshalb durch eine strikte Trennung von Mandat und bezahlter Nebentätigkeit reduziert werden.
- Verbände sind nicht von den Bürgern und Bürgerinnen durch Wahlen demokratisch legitimiert. Dennoch haben sie einen großen Einfluss auf die Vorbereitung von Gesetzen und Regierungsentscheidungen. Große Verbände drohen gar mit einer Mobilisierung ihrer Anhänger. Dies kann dazu führen, dass wichtige politische Entscheidungen aufgeschoben werden.

*Führt eine Pro-Kontra-Diskussion „Lobbyismus – nützlich oder schädlich?" durch. Beachtet dabei die Hinweise auf Seite 200.*

# Das Wichtige in Kürze

**Repräsentative Demokratie**

Nach Artikel 20 des Grundgesetzes ist die Bundesrepublik Deutschland ein demokratischer Staat und alle Staatsgewalt geht vom Volke aus. Die Bürgerinnen und Bürger entscheiden durch Wahlen, welche Abgeordneten sie in den Parlamenten auf Zeit repräsentieren, also vertreten. Man bezeichnet dies als parlamentarische oder repräsentative Demokratie.

**Bundesstaat, Rechtsstaat, Sozialstaat**

Die Bundesrepublik Deutschland ist ein Bundesstaat. Dieser besteht aus 16 Bundesländern. Die Zuständigkeiten sind zwischen dem Bund und den Ländern aufgeteilt. Die Bundesrepublik Deutschland ist ein Rechtsstaat. Dieser sorgt dafür, dass Gesetze demokratisch zustande kommen. Die Bundesrepublik Deutschland ist ein Sozialstaat. Dieser strebt an, die soziale Gerechtigkeit zu fördern.

**Parteien**

Die Parteien haben den wichtigen Auftrag, bei der politischen Willensbildung des Volkes mitzuwirken. Eine Demokratie kann ohne Parteien nicht funktionieren. Die Parteien legen ihre politischen Zielvorstellungen in Grundsatzprogrammen fest. So bündeln sie die unterschiedlichen Interessen und Zielvorstellungen der Bürgerinnen und Bürger. Die Parteien werben in der Öffentlichkeit um Zustimmung für ihre Programme und Standpunkte. Über die Beteiligung an den Wahlen konkurrieren sie um die Macht im Staat.

**Wahlen**

Nach unserem Wahlrecht müssen die Wahlen allgemein, unmittelbar, frei, gleich und geheim sein. Die Bundestagswahl ist eine personalisierte Verhältniswahl. Jeder Wahlberechtigte hat zwei Stimmen. Die Zweitstimmen allein bestimmen darüber, mit wie viel Sitzen die Parteien im Bundestag vertreten sind. Mit der ersten Stimme wird ein Wahlkreiskandidat gewählt. Ein Stimmen-Splitting ist möglich. Eine Bundestagswahl findet normalerweise alle vier Jahre statt.

**Politik als Beruf**

Die Abgeordneten im Bundestag und in den meisten Länderparlamenten sind Berufspolitiker, müssen also mit dieser Tätigkeit ihren Lebensunterhalt verdienen. Dass Abgeordnete mit Steuergeldern bezahlt werden, ist unumstritten. Diskutiert wird jedoch immer wieder über die Höhe dieser als „Diäten" bezeichneten Bezahlung. Viele Abgeordnete üben zusätzlich noch andere Tätigkeiten aus, z. B. als Berater für Unternehmen, als Anwalt, als Aufsichtsrat. Die so erzielten Nebeneinkünfte sind in der Öffentlichkeit sehr umstritten.

**Interessengruppen**

In einer demokratischen Gesellschaft gibt es Interessengruppen, z. B. Verbände, Gewerkschaften, Vereine, Bürgerinitiativen. Diese Gruppen sind wichtig für das soziale und politische Leben in unserer demokratischen Gesellschaft. Wer sich nicht in einer Partei politisch engagieren will, hat die Möglichkeit, seinen Interessen gemäß in solchen Gruppen mitzuarbeiten.

**Lobbyismus**

Die Interessengruppen beeinflussen auch politische Entscheidungen, die mit ihren Interessen zu tun haben. Bei Gesetzesvorhaben werden oft Vertreter dieser Gruppen als Experten gefragt. Sie versuchen dabei, Abgeordnete für ihre Interessen zu gewinnen. Früher geschah dies vor allem in den Wandelhallen der Parlamentsgebäude (engl. lobby), daher spricht man von Lobbyismus, wenn man Beeinflussung von Abgeordneten durch Interessengruppen meint.

# Gewaltenteilung

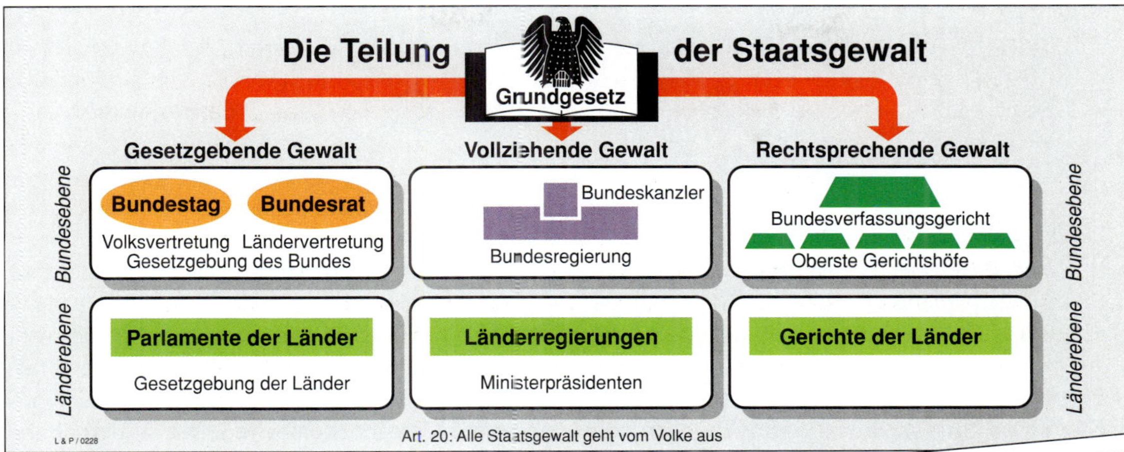




„Demokratie" kommt aus dem Griechischen und bedeutet übersetzt „Herrschaft des ...(1)...". Eigentlich müsste das ganze ...(2)... sich selbst die Regeln des Zusammenlebens, also die Gesetze, geben und sie vollziehen. Da dies nicht möglich ist, entscheiden die Bürgerinnen und Bürger durch ...(3)..., welche Abgeordneten sie in den ...(4)... repräsentieren, also vertreten. Man bezeichnet dies auch als parlamentarische oder repräsentative Demokratie.

...(5)..., also Volksentscheide, sind nach dem Grundgesetz nur dann vorgesehen, wenn das Bundesgebiet neu gegliedert werden soll. Dies ist z. B. der Fall, wenn ...(6)... zusammengelegt werden sollen. 1996 wurde in den beiden Bundesländern Berlin und Brandenburg durch eine ...(7)... gegen die geplante Zusammenlegung dieser beiden Länder entschieden. Nach der Verfassung von Rheinland-Pfalz ist ein Volksentscheid herbeizuführen, wenn mindestens 300 000 der Stimmberechtigten das Begehren durch ihre Unterschrift unterstützen.

Als ...(8)... ist die Bundesrepublik Deutschland in 16 Bundesländer gegliedert. Die Aufgaben und Zuständigkeiten sind also zwischen dem Bund und den ...(9)... aufgeteilt. Man nennt dies auch die vertikale, also senkrechte Gewaltenteilung.

Organe der ...(10)..., der vollziehenden Gewalt und der ...(11)... gibt es auf Bundesebene und auf Länderebene. Die Teilung in gesetzgebende, ...(12)... und rechtsprechende Gewalt auf jeder Ebene bezeichnet man auch als horizontale, also waagerechte Gewaltenteilung.

Durch den ...(13)... sind die Länder sogar an der ...(14)... auf der Bundesebene beteiligt.

*C. de Montesquieu (1689–1755)*

Die Teilung der Gewalten und ihre gegenseitige Kontrolle ist das wichtigste Kennzeichen der Demokratie. Schon im 17. Jahrhundert entwarf der französische Staatsdenker Charles de Montesquieu in seinem Hauptwerk „Vom Geist der Gesetze" das Modell der Gewaltenteilung und der gegenseitigen Machtkontrolle. Die staatliche Macht sollte nicht mehr zusammengeballt und damit missbraucht werden können. Deshalb soll sie auf verschiedene Organe verteilt werden.

*Setze in den Lückentext Begriffe aus Artikel 20 des Grundgesetzes (siehe Seite 208) oder der Grafik oben ein. Dabei können sich Wortendungen ändern, weil du z. B. die Einzahl statt der Mehrzahl brauchst usw. Notiere zur jeweiligen Nummer den passenden Begriff oder benutze dein Arbeitsblatt und trage ein.*

## Bundesstaat oder Einheitsstaat?

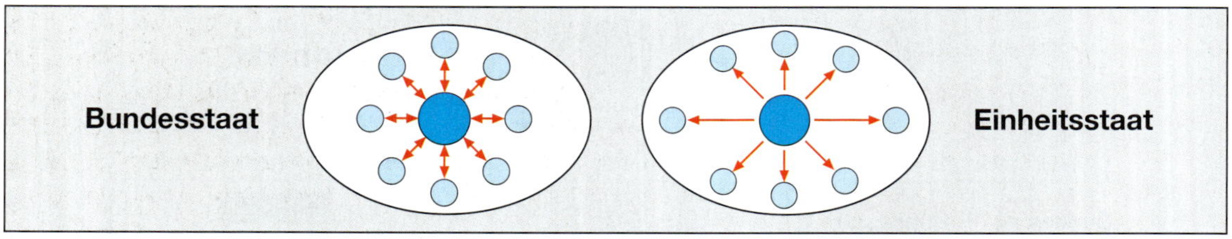


Nicht jeder Staat ist ein Bundesstaat. Beispielsweise ist unser Nachbarland Frankreich ein sogenannter Einheitsstaat, in dem sich die politische Macht auf einen Ort (Paris) konzentriert. Von hier ausgehend werden alle Angelegenheiten des Staates bestimmt oder den örtlichen politischen Behörden zur Ausführung übertragen, wobei letztere keine eigenen politischen Rechte haben. In einem Einheitsstaat gibt es auch keine Länder mit eigener politischer Selbstständigkeit.

Außerdem gibt es andere Formen von Zusammenschlüssen von Staaten, zum Beispiel die Vereinten Nationen oder die Europäische Union. Dabei behalten die Staaten ihre politische Selbstständigkeit und Unabhängigkeit – auch wenn sie Mitglieder dieser Zusammenschlüsse sind.

| Merkmale des bundesstaatlichen Systems | | Vorteil | Nachteil |
|---|---|---|---|
| 1 | Nicht nur auf der Bundesebene gibt es eine Aufteilung der Staatsgewalten (Legislative, Exekutive, Judikative), sondern auch zwischen dem Bund und den Ländern. Machtverteilung bedeutet Machtkontrolle und Schutz vor Machtmissbrauch. | | |
| 2 | Die Bürgerinnen und Bürger können des Öfteren von ihrem Wahlrecht Gebrauch machen. Sie haben die Möglichkeit, auf Gemeindeebene (Kommunalwahlen), Landesebene (Landtagswahlen) und Bundesebene (Bundestagswahl) zu wählen. | | |
| 3 | Die Aufteilung in kleinere staatliche Einheiten erleichtert es den Bürgerinnen und Bürgern, politische Entscheidungen und staatliches Handeln zu überschauen und zu verstehen. | | |
| 4 | Die Eigenstaatlichkeit der Länder fördert die Entwicklung von Selbstständigkeit und Selbstbewusstsein. Der Wettbewerb der Länder untereinander belebt den Fortschritt in ganz Deutschland und beugt bundesweiten Fehlentwicklungen vor. | | |
| 5 | Bei der Vielzahl von Behörden, Ämtern und sonstigen politischen Einrichtungen ist oft unklar, wer für welche Politikbereiche und Fragen zuständig ist. | | |
| 6 | Die Bürgerinnen und Bürger haben kurze Wege zu den staatlichen Stellen. Sie können eher Kontakte zu Behörden, Politikern und Politikerinnen bekommen als im Einheitsstaat mit einer anonymen, fernen Zentrale. | | |
| 7 | Föderalismus kostet viel Geld. Denn jedes Bundesland hat sein eigenes Parlament, eine eigene Regierung und eigene Verwaltungen. | | |
| 8 | Parlamente, Regierungen und Verwaltungen von Bund und Ländern müssen gegenseitig auf Anstöße, Entscheidungen und Zustimmungen warten und langwierige Verhandlungen miteinander führen, um zu gemeinsamen Lösungen zu kommen. Das kostet viel Zeit. | | |
| 9 | Die Gliederung des Bundes in Länder ermöglicht, dass viele wirtschaftliche, politische und kulturelle Eigenheiten und Zentren erhalten bleiben und weiterentwickelt werden können. Diese Vielfalt kann zu mehr persönlicher Freiheit führen. | | |
| 10 | Die vielen politischen Entscheidungszentren im Bund und in den Ländern müssen zusammenarbeiten und aufeinander Rücksicht nehmen. Dabei begrenzen sie sich bisweilen untereinander, was für die Bürger und Bürgerinnen oft schwer zu verstehen ist. | | |

1 *Erläutere die Unterschiede zwischen einem Bundesstaat und einem Einheitsstaat.*

2 *Beschreiben die Aussagen in der Tabelle jeweils einen Vorteil oder einen Nachteil des Föderalismus? Kreuze auf dem Arbeitsblatt an oder notiere von 1 bis 10 auf einem Blatt.*

## Aufgabenverteilung zwischen Bund und Ländern

Nach dem Zweiten Weltkrieg stellten die Alliierten eine wichtige Bedingung für die Gründung eines neuen deutschen Staates: er sollte föderal aufgebaut sein. In einem föderalen Staat (lat. foedus = Bündnis) schließen sich mehrere Gliedstaaten zu einem Bündnis zusammen. Man wollte so verhindern, dass sich in Deutschland noch einmal eine Alleinherrschaft bzw. Diktatur bildet. Die Terrorherrschaft der Nationalsozialisten war unter anderem deshalb möglich geworden, weil sich die Macht in der Hand Hitlers und seiner Gefolgsleute konzentrierte. So kam es zu einem bis dahin ungekannten Machtmissbrauch, der letztlich den Tod von vielen Millionen Menschen zur Folge hatte. In einem föderalen Staat dagegen werden die politische Macht und die Verwaltung des Staates auf mehrere Ebenen verteilt.

Die 16 deutschen Bundesländer bilden den Bundesstaat Bundesrepublik Deutschland. Die Zuständigkeiten sind zwischen dem Bund und den Ländern aufgeteilt. Der Bund ist vor allem für Aufgaben zuständig, die in allen Bundesländern einheitlich geregelt sind (z. B. Passwesen) oder für Bereiche, in denen es um das Verhältnis zu anderen Staaten geht (z. B. Außenpolitik). Die Länder sind für Aufgaben zuständig, die nicht in allen Ländern einheitlich geregelt sind (z. B. Schulwesen, Hochschulen, Kultur, Polizei). Deshalb kann es passieren, dass eine Abschlussprüfung in Bayern anders bewertet wird als in Rheinland-Pfalz. So ist in der Bundesrepublik vieles einheitlich, vieles aber auch unterschiedlich.

*Bundesflagge und Landesflagge von Rheinland-Pfalz*

Der Bundesrat ist das Bindeglied zwischen dem Bund und den Ländern. Er ist die Interessenvertretung der Länder auf Bundesebene. Über ihn können die Länder die Gesetzgebung des Bundes beeinflussen. Der Bundesrat kann eigene Gesetzentwürfe einbringen und die Gesetzentwürfe der Bundesregierung gehen ihm zur Stellungnahme zu. Wenn Gesetzentwürfe die Finanzen der Länder berühren, in ihre Verwaltung eingreifen oder das Grundgesetz ändern, hat der Bundesrat ein Vetorecht. Deshalb spricht man von zustimmungspflichtigen Gesetzen.

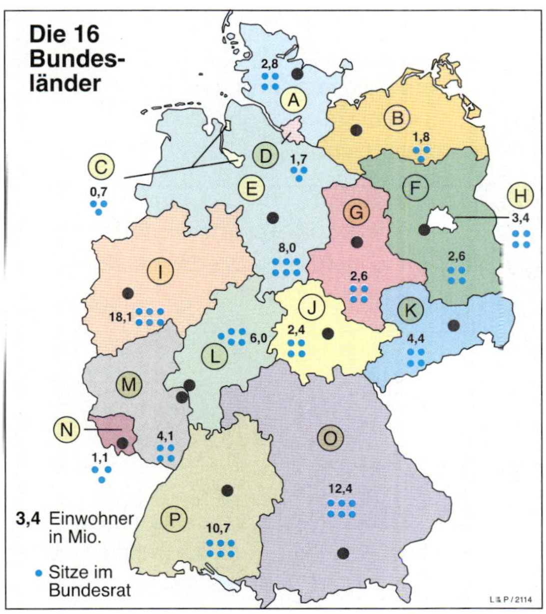


- 1 Baden-Württemberg (Stuttgart)
- 2 Bayern (München)
- 3 Berlin
- 4 Brandenburg (Potsdam)
- 5 Bremen
- 6 Hamburg
- 7 Hessen (Wiesbaden)
- 8 Mecklenburg-Vorpommern (Schwerin)
- 9 Niedersachsen (Hannover)
- 10 Nordrhein-Westfalen (Düsseldorf)
- 11 Rheinland-Pfalz (Mainz)
- 12 Saarland (Saarbrücken)
- 13 Sachsen (Dresden)
- 14 Sachsen-Anhalt (Magdeburg)
- 15 Schleswig-Holstein (Kiel)
- 16 Thüringen (Erfurt)

1 *Beschreibe in eigenen Worten, warum die Bundesrepublik Deutschland ein föderaler Staat ist.*

2 *Ordne die Bundesländer und ihre Hauptstädte der Karte zu. Benutze dazu das Arbeitsblatt oder notiere zum jeweiligen Buchstaben die zugehörige Ziffer.*

## Regierungsbildung und Bundesregierung

| | |
|---|---|
| Parteien, deren Programme nicht allzu stark voneinander abweichen, … | … führen dann die eigentlichen Koalitionsverhandlungen. |
| Wenn keine Partei bei der Wahl die absolute Mehrheit gewinnt, … | … haben oft schon im Wahlkampf eine Koalitionsaussage gemacht. |
| Wenn sich die Parteien im Wahlkampf nicht auf einen Koalitionspartner festgelegt haben, … | … die dann vom Bundespräsidenten ernannt werden und vor dem Bundestag ihren Amtseid leisten. |
| Die Parteien, die zusammen regieren wollen, … | … müssen sich Parteien zu einer Koalition zusammenschließen. |
| Die Verhandlungsdelegationen der Koalitionsparteien einigen sich auf ein Sachprogramm der künftigen Regierung, … | … führt die Partei, die die meisten Sitze errungen hat, als erste Gespräche mit anderen. |
| Gegen Ende der Koalitionsverhandlungen spricht man auch ab, … | … und anschließend ernannt sowie vor dem Bundestag vereidigt. |
| Der Bundeskanzler oder die Bundeskanzlerin wird auf Vorschlag des Bundespräsidenten vom Bundestag ohne Aussprache gewählt … | … wobei jede versucht, viel von ihrem Parteiprogramm und ihren Wahlaussagen durchzusetzen. |
| Der Bundeskanzler oder die Bundeskanzlerin schlägt dem Bundespräsidenten die Bundesminister und Bundesministerinnen vor, … | …, welche Koalitionsparteien in der neuen Regierung welche Ministerien erhalten. |

*Bundeskanzlerin Angela Merkel bei der Vereidigung*

### Der Amtseid des Bundeskanzlers

„Ich schwöre, dass ich meine Kraft dem Wohle des deutschen Volkes widmen, seinen Nutzen mehren, Schaden von ihm wenden, das Grundgesetz und die Gesetze des Bundes wahren und verteidigen, meine Pflichten gewissenhaft erfüllen und Gerechtigkeit gegen jedermann üben werde. So wahr mir Gott helfe."

(Der Eid kann auch ohne religiöse Beteuerung geleistet werden.)

*Konrad Adenauer*
*CDU (1949–1963)*

*Ludwig Erhard*
*CDU (1963–1966)*

*Kurt Georg Kiesinger*
*CDU (1966–1969)*

*Willy Brandt*
*SPD (1969–1974)*

*Helmut Schmidt*
*SPD (1974–1982)*

*Helmut Kohl*
*CDU (1982–1998)*

*Gerhard Schröder*
*SPD (1998–2005)*

*Die ehemaligen Bundeskanzler der Bundesrepublik Deutschland*

*Das Bundeskanzleramt in Berlin, Amtssitz der Bundeskanzlerin. Im Vordergrund eine Stahlplastik des baskischen Bildhauers Eduardo Chillida, die von vielen als Symbol für die wiedererlangte deutsche Einheit gesehen wird.*

*Die Bundeskanzlerin an ihrem Schreibtisch im Bundeskanzleramt: Von hier aus wird die Bundesrepublik Deutschland regiert.*

## Aus dem Grundgesetz

Die Bundesregierung besteht aus dem Bundeskanzler und aus den Bundesministern. **(A)**

Der Bundeskanzler bestimmt die Richtlinien der Politik und trägt dafür die Verantwortung. **(B)**

Innerhalb dieser Richtlinien leitet jeder Bundesminister seinen Geschäftsbereich selbstständig und unter eigener Verantwortung. **(C)**

Über Meinungsverschiedenheiten zwischen den Bundesministern entscheidet die Bundesregierung. **(D)**

Der Bundestag kann dem Bundeskanzler das Misstrauen nur dadurch aussprechen, dass er mit der Mehrheit seiner Mitglieder einen Nachfolger wählt ... **(E)**

Findet ein Antrag des Bundeskanzlers, ihm das Vertrauen auszusprechen, nicht die Zustimmung der Mehrheit der Mitglieder des Bundestages, so kann der Bundespräsident auf Vorschlag des Bundeskanzlers binnen einundzwanzig Tagen den Bundestag auflösen. **(F)**

**Richtlinienkompetenz**
**Vertrauensfrage**
**Kollegialprinzip**
**Misstrauensvotum**
**Kabinett**
**Ressortprinzip**

**1** *Verbinde auf Seite 226 die Teile der Sätze so, dass sich ein Bericht über den Ablauf der Regierungsbildung ergibt. Benutze dazu das Arbeitsblatt.*

**2** *Zu jeder Textstelle aus dem Grundgesetz passt ein Fachbegriff. Ordne zu.*

**3** *Führt eine Internetrecherche zum Thema „Bundesministerien" durch und erstellt zu jedem Ministerium einen Steckbrief: Bezeichnung des Ministeriums, Name des Ministers/der Ministerin, Hauptaufgaben, aktuelle Nachrichten (www.bundesregierung.de).*

## Gesetzgebung im Bund: ein Beispiel

### Der Weg eines Gesetzes

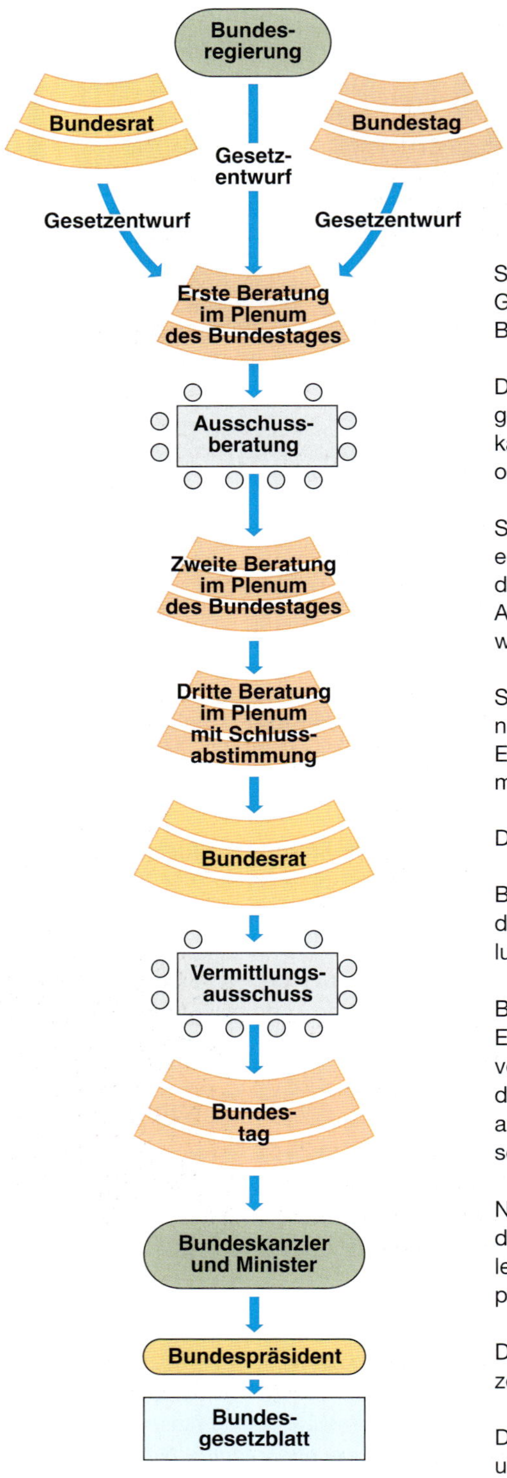


| | PHASE |
|---|---|
| Gesetzentwürfe können von der Bundesregierung, aus dem Bundestag oder vom Bundesrat eingebracht werden. | 1 |
| Sie dient der Darlegung und der Erörterung der Grundsätze der Vorlage. Es erfolgt noch kein Beschluss. | 2 |
| Der Gesetzentwurf wird in dem fachlich zuständigen Bundestagsausschuss beraten. Der Ausschuss kann dem Plenum eine Abänderung, Annahme oder Ablehnung des Gesetzentwurfs empfehlen. | 3 |
| Sie erfolgt auf der Grundlage der Ausschussempfehlung. Über die einzelnen Bestimmungen des Entwurfs wird beraten und abgestimmt. Bei Ablehnung aller Teile einer Vorlage findet keine weitere Beratung statt. | 4 |
| Sie erfolgt auf die zweite Beratung und beginnt noch einmal mit einer Grundsatzaussprache. Am Ende dieser Beratung steht die Schlussabstimmung. | 5 |
| Der Bundesrat berät über das Gesetz. | 6 |
| Bei Meinungsverschiedenheiten zwischen Bundestag und Bundesrat wird versucht, im Vermittlungsausschuss einen Kompromiss zu finden. | 7 |
| Bei einfachen Gesetzen kann der Bundestag den Einspruch des Bundesrats und den Vermittlungsvorschlag zurückweisen. Bei zustimmungsbedürftigen Gesetzen muss nach dem Bundestag auch noch der Bundesrat den Vermittlungsvorschlag annehmen. | 8 |
| Nach der Verabschiedung eines Gesetzes wird es dem zuständigen Minister und dem Bundeskanzler vorgelegt, die durch ihre Unterzeichnung die politische Verantwortung dafür übernehmen. | 9 |
| Das Gesetz wird vom Bundespräsidenten unterzeichnet. | 10 |
| Das Gesetz wird im Bundesgesetzblatt verkündet und tritt somit in Kraft. | 11 |

## Beispiel: Gesetz zur Reform des Staatsangehörigkeitsrechts

**Regelung vorher:** Kinder, die deutsche Eltern hatten oder bei denen ein Elternteil deutsch war, erhielten mit der Geburt die deutsche Staatsangehörigkeit. Ausländer konnten erst ab acht, zehn bzw. 15 Jahren Aufenthalt in Deutschland einen Antrag auf Einbürgerung stellen.

**Zeitungsausschnitte:**

**A** Der Bundestag debattierte in zweiter und dritter Beratung vier Stunden lang über die Reform des Staatsbürgerschaftsrechts. Zur Debatte lagen auch der Bericht und die Beschlussempfehlung des Innenausschusses vor. Bundesinnenminister Otto Schily (SPD) bezeichnete das neue Gesetz als einen Kompromiss von „historischer Dimension". Am Schluss sprachen sich in namentlicher Abstimmung 365 Abgeordnete dafür, 184 dagegen aus; 39 Parlamentarier enthielten sich.

**B** Der Bundesrat hat die Reform des Staatsbürgerrechts beraten. In der Diskussion gaben Bayerns Ministerpräsident Edmund Stoiber und Bundesinnenminister Otto Schily zu dem Gesetz unterschiedliche Erklärungen ab.

**C** Bundespräsident Johannes Rau hat das Gesetz zur Reform des Staatsbürgerrechts unterzeichnet, teilte das Bundespräsidialamt in Berlin mit. Vorgänger Roman Herzog hatte das Gesetz aus Zeitgründen nicht mehr ausgefertigt.

**D** Wie einer Pressemitteilung zu entnehmen ist, hat sich der Innenausschuss des Bundestags bei seiner letzten Sitzung zum neuen Staatsbürgerschaftsrecht vor allem mit Klärungen bei Verfahrensfragen befasst, sodass den Ländern im Bundesrat die Zustimmung voraussichtlich noch leichter fallen wird.

**E** Der Bundestag debattierte über den gemeinsamen Gesetzentwurf der Regierungsfraktion von SPD und BÜNDNIS 90/DIE GRÜNEN und den Entwurf der CDU/CSU-Fraktion zur Neuregelung des Staatsangehörigkeitsrechts in erster Beratung. Anschließend wurden die Vorlagen an die zuständigen Ausschüsse zur Weiterberatung überwiesen.

**F** Unbemerkt von der Öffentlichkeit wurde das neue Gesetz zur Staatsbürgerschaftsreform im Bundesgesetzblatt verkündet. Das neue Gesetz trat am 1. Januar 2000 in Kraft.

**Neuerungen:**

Durch die Geburt in Deutschland erhält auch ein Kind ausländischer Eltern automatisch die deutsche Staatsangehörigkeit neben derjenigen der Eltern (Doppel-Pass). Voraussetzung ist, dass ein Elternteil seit acht Jahren rechtmäßig seinen Hauptwohnsitz im Inland hat und eine Aufenthaltsberechtigung oder seit drei Jahren eine unbefristete Aufenthaltserlaubnis besitzt. Zwischen dem 18. und 23. Geburtstag muss sich das Kind für eine der beiden Staatsbürgerschaften entscheiden. Diese Regelung gilt auch für Kinder, die nach 1990 in Deutschland geboren wurden. Nachträglich können alle Ausländer ab acht Jahren Aufenthalt in Deutschland den Antrag auf Einbürgerung stellen.

1. *Die Zeitungsausschnitte sind, über ein knappes Vierteljahr verteilt, in Tageszeitungen erschienen. Stelle zu jedem Ausschnitt fest, zu welcher Phase der Gesetzgebung er gehört und bringe die Ausschnitte in die richtige zeitliche Reihenfolge.*
2. *Worin siehst du das Besondere, Neue an der neuen Regelung für die deutsche Staatsangehörigkeit?*
3. *„Es dauert viel zu lange, bis bei uns ein Gesetz gemacht ist!" – Was meinst du zu dieser Aussage?*

## Die Arbeit im Bundestag

*Plenum des Bundestages*

**Fraktionen:**

**CDU/CSU**
Fraktionsgemeinschaft
224 Abgeordnete

**SPD**
222 Abgeordnete

**FDP**
61 Abgeordnete

**DIE LINKE**
53 Abgeordnete

**BÜNDNIS 90/ DIE GRÜNEN**
51 Abgeordnete

2 fraktionslose Abgeordnete

*(Stand: September 2007)*

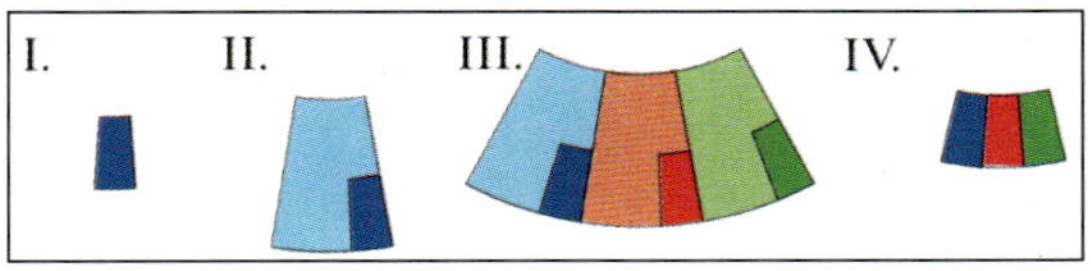


**Ausschuss** | **Plenum** | **Arbeitskreis** | **Fraktion**

**A** In ihr sind die Abgeordneten, die der gleichen Partei angehören, zusammengeschlossen. Aus ihr geht ein großer Teil der politischen Vorschläge für die Parlamentsarbeit hervor. Die Sitzordnung des Parlaments sieht vor, dass die Abgeordneten der gleichen Partei beieinander in einem Block sitzen. Vor Sitzungen lässt sich meistens abschätzen, welcher Anteil dieser Abgeordneten zustimmen oder ablehnen wird.

**B** Er ist der Ort für gründliche und ins Einzelne gehende Beratungen unter den Fachleuten aller Fraktionen. Er befasst sich nur mit Angelegenheiten, die ihm vom Plenum überwiesen worden sind. Die Beschlüsse des Plenums bereitet er mit vor, sodass Mehrheiten zustande kommen können. In „Hearings" werden auch außerparlamentarische Sachverständige und Betroffene angehört.

**C** Es ist die Vollversammlung des Parlaments. Von ihm werden die Beschlüsse gefasst. Es ist auch der Ort für die öffentlichen politischen Debatten sowie für Regierungserklärungen. Wichtige Debatten werden im Fernsehen gezeigt. In der Regel finden alle vier Wochen jeweils zwei oder drei Sitzungen statt, die vom Präsidenten oder einem Vizepräsidenten geleitet werden. Die Beschlüsse werden in den Fraktionen und Ausschüssen vorbereitet.

**D** Er wird innerhalb der Fraktion für die verschiedenen Sachgebiete gebildet, für die es auch Ausschüsse und Ministerien gibt. In ihm bereiten sich die Fachleute der Fraktion auf die Sitzungen des entsprechenden Ausschusses vor, denn sie vertreten auch die Fraktion im jeweiligen Ausschuss. Diese Fachleute bereiten auch Beschlüsse der Fraktion im jeweiligen Sachgebiet vor.

*Ein zeichnerisches Element, ein Begriff und eine Beschreibung gehören jeweils zusammen. Ordne zu.*

# Methode: Expertenbefragung

## Thema: Abgeordneter – ein Traumjob?

*Wir haben einen Bundestagsabgeordneten aus unserem Wahlkreis zur Befragung in den Unterricht eingeladen. Wir hatten dazu im Internet unter www.bundestag.de nachgeschaut und dort den Link „Abgeordnete nach Wahlkreis" angeklickt. So erfuhren wir, welche Abgeordneten uns im Bundestag vertreten. Wenn man dann den Namen eines Abgeordneten oder einer Abgeordneten anklickte, öffnete sich ein Fenster mit Angaben zur Person und Hinweisen, wie man Kontakt aufnehmen kann.*

*Wir haben auch mittels Internet die Namen unserer Wahlkreisabgeordneten herausgefunden und dann deren Homepages angeschaut. Bei einer Abgeordneten war der Hinweis zu lesen, dass man sie auch in Berlin im Reichstag besuchen und dort mit ihr sprechen könne. Dazu war die Adresse des Besucherdienstes des Deutschen Bundestages, 11011 Berlin, angegeben. So kam uns die Idee, die Klassenfahrt nach Berlin zu unternehmen, dort den Reichstag zu besichtigen und das Gespräch mit der Bundestagsabgeordneten „vor Ort" zu führen.*

*Wir haben ebenfalls im Internet nachgesehen und dabei festgestellt, dass unser Wahlkreis von Abgeordneten aus verschiedenen Parteien im Bundestag vertreten wird. Das brachte uns auf die Idee, dass es interessant wäre, die unterschiedlichen Meinungen von Abgeordneten aus verschiedenen Parteien zu den gleichen Fragen kennenzulernen. Deswegen haben wir Briefe mit den gleichen Fragen an Bundestagsabgeordnete von verschiedenen Parteien geschickt. Die Anschriften der Abgeordneten hatten wir im Internet recherchiert.*

1. *Die Schüler berichten über unterschiedliche Wege, einen Abgeordneten zu befragen, also eine Expertenbefragung durchzuführen. Welchen Vorteil oder Nachteil hat jeder dieser Wege?*
2. *Nehmt mit einer Abgeordneten oder einem Abgeordneten Kontakt auf und führt die Expertenbefragung durch.*
3. *Sammelt Fragen für eure Expertenbefragung. Die Beispiele unten können eine Anregung sein. Wie man eine Expertenbefragung durchführt, ist auf Seite 64 genauer beschrieben.*

*1 Warum wollten Sie Bundestagsabgeordneter werden?*

*2 Haben Sie schon einmal anders als Ihre Fraktion gestimmt?*

*Eine Klasse im Gespräch mit einem Bundestagsabgeordneten*

*3 Haben Sie sich schon als Schüler für Politik interessiert?*

*4 Welche Eigenschaften und Fähigkeiten braucht man als Politiker?*

*5 Wie ist Ihre Arbeitsbelastung als Abgeordneter?*

*6 Müssen Sie immer so abstimmen, wie Ihre Fraktion es will?*

## Zum Rollenverständnis der Opposition

Die klassische Lehre von der Gewaltenteilung entspricht heute nicht mehr der Wirklichkeit. Das Parlament steht nicht mehr als Ganzes der Regierung gegenüber. Vielmehr wird die Regierung von der Regierungsmehrheit im Parlament unterstützt. Die Kontrolle muss daher vorrangig von der Minderheit im Parlament, die in Opposition zu der Regierung steht, ausgeübt werden. Das Bundesverfassungsgericht hat das „Recht auf Bildung und Ausübung einer Opposition" zu den grundlegenden Prinzipien einer freiheitlich-demokratischen Grundordnung erklärt.

*Norbert Lammert (CDU)*

**Auszug aus der Rede von Bundestagspräsident Dr. Norbert Lammert bei der ersten Sitzung des 16. Deutschen Bundestages am 18. 10. 2005**

*Liebe Kolleginnen und Kollegen, für die Arbeit wie für das Ansehen des Parlaments ist die Opposition im Übrigen nicht weniger wichtig als die Regierung. Regiert wird überall auf der Welt, von wem und unter welchen Bedingungen auch immer. Was ein politisches System als Demokratie qualifiziert, ist nicht die Existenz einer Regierung, sondern die Existenz eines Parlamentes und seine gefestigte Rolle im Verfassungsgefüge wie in der politischen Realität.*

*(http://www.bundestag.de/cgibin/druck.pl 27. 08. 2007)*

**Auszug aus der Antwort von Dr. Guido Westerwelle zur Regierungserklärung der Bundeskanzlerin – Rede im Deutschen Bundestag am 30. 11. 2005**

*„Eine Opposition ist in ihren Qualitäten nicht dann staatstragend, wenn sie eine wohlwollende Beurteilung durch die Bundesregierung oder durch ihre Parteien findet. ... Die Opposition ist die Begrenzung der Regierungsmacht und die Verhütung der Totalherrschaft."*

*Das waren die Worte des Oppositionsführers Kurt Schumacher am 21. September 1949 im Deutschen Bundestag. Was damals galt, bei einer Stimme Mehrheit, das gilt umso mehr bei der Begrenzung der Regierungsmacht einer sogenannten großen Koalition. Gerade in Zeiten einer großen Koalition kommt auch auf die Opposition eine besondere Verantwortung zu. Diese werden wir wahrnehmen.*

*Guido Westerwelle (FDP)*

*(http://www.fdp-fraktion.de/... 27. 08. 2007 / *Kurt Schumacher, Parteivorsitzender der SPD, 1946–1952)*

*Peter Müller (CDU)*

**Aus einem Brief des saarländischen Ministerpräsidenten Peter Müller an die CDU-Vorsitzende Angela Merkel, in: Welt am Sonntag vom 06. 08. 2000**

*Von der CDU als der größten Oppositionspartei erwarten die Menschen nicht Widerspruch zur Regierung als Selbstzweck, sondern klare, konstruktive Antworten auf die drängenden Fragen der politischen Tagesordnung.*

*(aus: Welt am Sonntag, 6. 8. 2000, S. 3)*

*Beschreibe anhand der Aussagen der drei Politiker die Aufgaben einer parlamentarischen Opposition. Welche Aufgabe hältst du für besonders wichtig? Begründe deine Meinung.*

## Kontrolle der Bundesregierung durch den Bundestag

**Vorgang**

**A** Eine Oppositionsfraktion verlangt von der Bundesregierung eine ausführliche schriftliche Antwort zu einem Thema. Über die Antwort gibt es dann eine Aussprache im Bundestag.

**B** Eine Oppositionspartei schlägt in der Beratung in einem Ausschuss eine Änderung des Gesetzentwurfs der Regierung vor.

**C** Es wird aufgeklärt, ob der Verdacht stimmt, dass ein Minister sich unkorrekt verhalten hat.

**D** Nach der Regierungserklärung des Kanzlers wirft der Oppositionsführer der Regierung vor, sie habe sich zu wenig für die politische Stärkung des Europäischen Parlaments eingesetzt.

**E** Mitglieder einer Oppositionspartei beantragen schriftlich bei der Regierung, die finanziellen Mittel des Bundespresseamts für Informationsschriften erheblich zu kürzen. Über den Antrag wird von der Regierung eine schriftliche Stellungnahme vorgelegt. Dann wird über die Angelegenheit im Bundestag diskutiert und abgestimmt.

**F** In der Aussprache über ein bestimmtes aktuelles Thema wird in Kurzbeiträgen eine bestimmte Zeit lang diskutiert.

**G** Verschiedene Abgeordnete erhalten von der Bundesregierung eine mündliche Antwort auf Fragen, die sie in der Vorwoche formuliert hatten. Die Abgeordneten können jeweils Zusatzfragen stellen.

**H** Eine Fraktion lässt beim Bundesverfassungsgericht prüfen, ob ein Gesetz, das gegen ihre Stimmen zustande kam, mit dem Grundgesetz ganz übereinstimmt.

**I** Mehrere Abgeordnete einer Fraktion verlangen schriftlich zu einem bestimmten Thema eine kurze Auskunft der Bundesregierung, die als Bundestagsdrucksache veröffentlicht wird.

**J** Der Oppositionsführer verlangt in einer Rede im Plenum, dass die Bundesregierung noch mehr Geldmittel für den sozialen Wohnungsbau vorsehen soll.

**K** Abgeordnete können in den Sitzungswochen mittwochs um 13 Uhr 30 Minuten lang die Bundesregierung vor allem zu deren vorangegangener Kabinettsitzung befragen.

**Mittel zur Kontrolle**

1 Grundsatzdebatte im Plenum
2 Beratung in den Ausschüssen
3 Aktuelle Stunde
4 Fragestunde
5 Große Anfrage
6 Befragung der Bundesregierung
7 Antrag
8 Untersuchungsausschuss
9 Verfassungsklage
10 Verabschiedung des Bundeshaushalts
11 Kleine Anfrage

*Der Abgeordnete Josef Winkler (Bündnis 90 / Die Grünen) eröffnet eine Aktuelle Stunde im Bundestag, 28.3.2007*

*Welcher Vorgang gehört zu welchem „Mittel zur Kontrolle"?*

Weitere Informationen im Internet unter: www.bundestag.de

## Das Bundesverfassungsgericht

*Senat des Bundesverfassungsgerichts bei einer Urteilsverkündung*

### Aufgabe

Das Bundesverfassungsgericht in Karlsruhe wacht über die Einhaltung des Grundgesetzes.
Alle staatlichen Stellen sind zur Beachtung der Grundrechte verpflichtet. Kommt es dabei zum Streit, kann das Bundesverfassungsgericht angerufen werden. Seine Entscheidung ist unanfechtbar. An seine Rechtsprechung sind alle übrigen Staatsorgane gebunden.
Die Arbeit des Bundesverfassungsgerichts hat auch politische Wirkung. Das wird besonders deutlich, wenn das Gericht ein Gesetz für verfassungswidrig erklärt. Sein Maßstab ist allein das Grundgesetz. Bei seinen Entscheidungen darf nicht maßgebend sein, ob sie politisch zweckmäßig sind.

### Organisation

Das Bundesverfassungsgericht wird nur auf Antrag tätig. Ein Katalog von Verfahrensarten schreibt vor, wann das Gericht angerufen werden kann. Die wichtigsten Verfahrensarten sind die Verfassungsbeschwerde, das Normenkontrollverfahren und der Verfassungsstreit. Außerdem ist das Bundesverfassungsgericht für Wahlprüfungsbeschwerden und Parteiverbote zuständig.
Das Bundesverfassungsgericht besteht aus sechzehn Richterinnen und Richtern. Die eine Hälfte wählt der Bundestag, die andere der Bundesrat, jeweils mit Zweidrittelmehrheit. Die Amtszeit beträgt zwölf Jahre.

Das Gericht setzt sich aus zwei Senaten mit jeweils acht Mitgliedern zusammen. Die Zuständigkeit für Verfassungsbeschwerden und Normenkontrollen ist auf beide Senate verteilt. In allen übrigen Verfahren entscheidet nur der Zweite Senat des Bundesverfassungsgerichts.
In jedem Senat gibt es drei Kammern mit jeweils drei Mitgliedern. Die Kammern entscheiden vor allem darüber, ob eine Verfassungsbeschwerde überhaupt angenommen wird. Die Arbeit der Kammern entlastet die Senate. Denn jährlich gehen mehr als 5000 Verfassungsbeschwerden beim Bundesverfassungsgericht ein. Geleitet wird das Bundesverfassungsgericht von einer Präsidentin bzw. einem Präsidenten.

**Verfassungsbeschwerde**
Wenn man sich durch eine Behörde, ein Gericht oder ein Gesetz in seinen Grundrechten verletzt fühlt, kann man eine Verfassungsbeschwerde erheben. Allerdings kann man das erst, wenn man vorher die zuständigen Gerichte erfolglos angerufen hat. Eine Verfassungsbeschwerde kann abgelehnt werden, wenn die geltend gemachte Grundrechtsverletzung kein besonderes Gewicht hat.

**Normenkontrollverfahren**
Nur das Bundesverfassungsgericht darf feststellen, dass ein Gesetz, also eine Norm, mit dem Grundgesetz nicht vereinbar ist (z. B. das Luftsicherheitsgesetz). Wenn also ein anderes Gericht ein Gesetz für verfassungswidrig hält und es deshalb nicht anwenden will, muss es die Entscheidung des Bundesverfassungsgerichts einholen. Darüber hinaus können die Bundesregierung, eine Landesregierung oder ein Drittel der Mitglieder des Bundestages überprüfen lassen, ob ein Gesetz verfassungsgemäß ist.

**Verfassungsstreit**
Das Bundesverfassungsgericht kann auch dann angerufen werden, wenn zwischen Verfassungsorganen oder zwischen Bund und Ländern Meinungsverschiedenheiten über die Auslegung des Grundgesetzes bestehen.

1. *Verfolge anhand des Schemas auf Seite 228 den Gang der Gesetzgebung beim Luftsicherheitsgesetz.*
2. *Welche Aufgabe obliegt dem Bundespräsidenten am Ende eines Gesetzgebungsverfahrens? Warum hat er empfohlen, das Gesetz vom Bundesverfassungsgericht überprüfen zu lassen?*
3. *Wie hat das höchste Gericht die Frage, ob es unter Umständen zulässig ist, unschuldige Flugzeuginsassen zu töten, entschieden?*
4. *Welche Verfahrensart war Grundlage für die Entscheidung des Bundesverfassungsgerichts?*

## Luftsicherheitsgesetz ist verfassungswidrig

Den Hintergrund der Neuregelungen bildeten u.a. die terroristischen Anschläge auf das Word Trade Center in New York vom 11. 09. 2001. Konkreter Anlass des Gesetzentwurfs war allerdings erst die Entführung eines Kleinflugzeugs in Frankfurt am Main im Januar 2003.

*Die erste Beratung (Lesung) des Gesetzentwurfes der Bundesregierung erfolgte am 30. 01. 2004.*

Strittigster Punkt der Neuregelung war der § 14 Absatz 3. Danach sollte der Verteidigungsminister ermächtigt werden können, als äußerste Maßnahme den Abschuss von entführten Flugzeugen anzuordnen, wenn diese als „fliegende Waffen" gegen Menschen eingesetzt werden sollten.

*Nach Abschluss der 1. Beratung wurde der Entwurf an die zuständigen Ausschüsse überwiesen.*

*Die 2. und 3. Beratung fand am 18. 06. 2004 statt. Mit den Stimmen von SPD und Bündnis 90 / Die Grünen folgte das Parlament der Beschlussempfehlung des Innenausschusses und stimmte dem Entwurf zu.*

*Der Bundesrat rief den Vermittlungsausschuss an. Ein Einigungsvorschlag kam nicht zustande.*

*Der Bundesrat legte noch Einspruch ein. Dieser wurde aber vom Bundestag am 24. 09. 2004 mit den Stimmen von SPD und Bündnis 90 / Die Grünen zurückgewiesen.*

*Der Bundespräsident unterzeichnete das Gesetz. Es wurde verkündet und trat am 15. 01. 2005 in Kraft.*

Bundespräsident Horst Köhler unterzeichnete zwar das umstrittene Gesetz, machte aber gleichzeitig verfassungsrechtliche Bedenken geltend und empfahl, das Gesetz vom Bundesverfassungsgericht überprüfen zu lassen. Der Bundespräsident bezweifelte vor allem die Vereinbarkeit der Bestimmungen mit dem Grundrecht auf Leben und körperliche Unversehrtheit. Einzelne Bürger legten Verfassungsbeschwerde ein. Klage erhoben auch einzelne Bundesländer.

Am 15.02.2006 verkündete das Bundesverfassungsgericht sein Urteil. Danach ist der Abschuss gekaperter Passagierflugzeuge zur Abwehr eines Terroranschlages mit dem Grundgesetz, insbesondere mit der Menschenwürdegarantie des Artikel 1 und dem Recht auf Leben nach Artikel 2 nicht vereinbar.

Mit dem Urteil war das Gesetz gescheitert. Es ist nun Aufgabe der Bundesregierung und des Parlamentes, auf der Grundlage des Urteils ein neues, verfassungskonformes Gesetz zu schaffen.

## Die Wahl des Bundespräsidenten

### Bundesversammlung
### Wie der Bundespräsident gewählt wird

(...) Die Bundesversammlung tritt alle fünf Jahre ausschließlich zur Wahl des Bundespräsidenten zusammen, traditionell am Tag der Verabschiedung des Grundgesetzes, dem 23. Mai. Sie besteht derzeit aus 1206 Mitgliedern – 604 Bundestagsabgeordneten und ebenso vielen Wahlmännern und –frauen. Diese werden von den 16 Landtagen der Bundesländer je nach Fraktionsstärke entsandt. (...)
Für die Wahl des Staatsoberhauptes ist die absolute Mehrheit erforderlich. Bleiben zwei Wahlgänge ergebnislos, genügt im dritten die einfache Mehrheit. Auch Bürger ohne politisches Mandat können von den Parteien zu Delegierten ernannt werden. In den vergangenen Jahren waren darunter auch immer wieder einige Prominente. (...)

**Schwergewichte aus allen Bereichen**
Zu den bekanntesten Persönlichkeiten in der kommenden Bundesversammlung gehören Schwergewichte aus der Wirtschaft wie der von der bayerischen CSU nominierte Siemens-Chef Heinrich von Pierer und die von der brandenburgischen CDU entsandte Verlegerin Friede Springer. Mit dem DGB-Vorsitzenden Michael Sommer sind auch die Gewerkschaften prominent vertreten. Sommer verdankt seinen Platz der Berliner SPD. Bauernpräsident Gerd Sonnleitner wird – für die bayerische CSU – ebenso seine Stimme abgeben wie Paul Spiegel, der Präsident des Zentralrats der Juden, der von der CDU in Nordrhein-Westfalen nominiert wurde. Die Designerin Jette Joop darf ihre Stimme im Namen der niedersächsischen CDU abgeben, Fürstin Gloria von Thurn und Taxis wiederum namens der CSU.

Besonders viele der Delegierten sind aktive oder ehemalige Spitzensportler, darunter etwa die Eisschnellläuferin Claudia Pechstein für die Berliner CDU und die Biathletin Kati Wilhelm für die thüringische SPD. Die früheren Top-Wintersportler Rosi Mittermaier (für die CSU) und Jens Weißflog (für die sächsische CDU) gehören ebenso zu den Delegierten wie der Skispringer Michael Uhrmann (für die CSU) und der Präsident des VfB Stuttgart, Erwin Staudt, ebenso wie der Präsident des Deutschen Turnerbundes, Rainer Brechtken, von der baden-württembergischen SPD.

**Auch Schauspieler unter den Delegierten**
Auch mindestens drei bekannte Schauspieler werden nach den bisher bekannten Nominierungslisten unter den Delegierten für die Bundesversammlung sein: Nina Hoss für die baden-württembergischen Grünen, Uwe Friedrichsen und Manfred Zapatka für die niedersächsische SPD. Der Berliner Kunstmäzen Peter Raue wird ebenso wie der Intendant des Friedrichstadt-Palastes, Alexander Iljinskij, von der Hauptstadt-CDU vorgeschickt. Auch aus Mecklenburg-Vorpommern entsenden die Christdemokraten mit dem Schweriner Theaterintendanten Joachim Kümmritz eine Persönlichkeit aus der Kulturszene. (...)

*(http://www.stern.de/politik/deutschland/520029.html?eid=520042&nv=pr&pr=1 26. 08. 2007/Artikel vom 9. 2. 2004)*

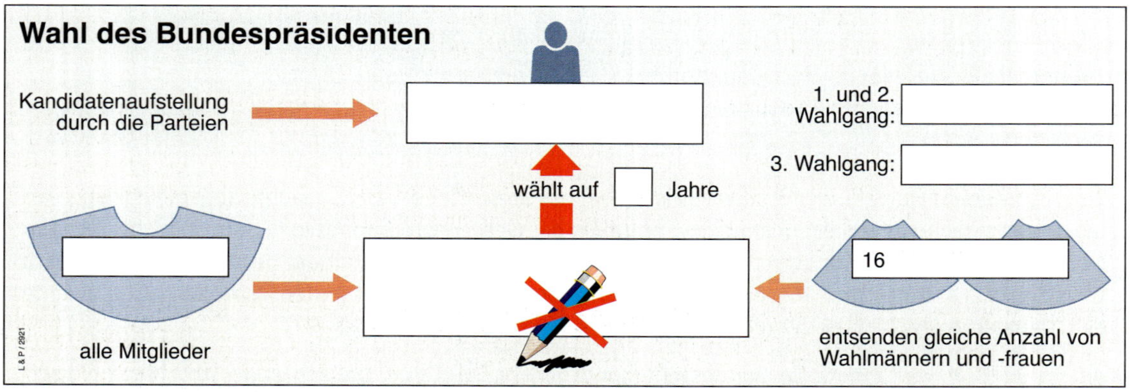


1 *Wie wird die Bundespräsidentin oder der Bundespräsident gewählt? Ergänze das Schaubild.*
2 *Warum schlagen die Parteien wohl bekannte Sportler, Schauspieler, Manager und andere Prominente für die Bundesversammlung vor?*
3 *Das Grundgesetz schreibt vor, dass der Bundespräsident „ohne Aussprache" gewählt wird. Warum wohl?*

## Die Aufgaben des Bundespräsidenten

**A** Der Bundespräsident wirkt bei der Regierungsbildung mit: Er schlägt dem Bundestag den Bundeskanzler vor und ernennt ihn nach erfolgter Wahl. Auf Vorschlag des Bundeskanzlers ernennt und entlässt er die Minister.

**B** Der Bundespräsident oder sein Bevollmächtigter, z. B. der Außenminister, unterschreibt Verträge mit anderen Staaten. Die Verträge kommen vorher durch politische Verhandlungen der Regierungen zustande. Der Bundestag muss ihnen zugestimmt haben.

*Bundespräsident Horst Köhler beim Besuch seiner Heimat. Das Foto zeigt ihn mit Ehefrau Eva vor dem Rathaus von Markkleeberg bei Leipzig. Hier wuchs Horst Köhler auf, bevor die Familie 1953 aus der damaligen DDR in die Bundesrepublik flüchtete.*

**C** Der Bundespräsident unterzeichnet die Gesetze und lässt sie im Bundesgesetzblatt verkünden. Bei verfassungsrechtlichen Bedenken kann er die Unterschrift verweigern. Vor ihm müssen die zuständigen Minister und der Bundeskanzler bzw. die Bundeskanzlerin unterschreiben.

**D** Der Bundespräsident übt für den Bund das Begnadigungsrecht aus. Er kann also Strafen beseitigen oder mildern bei bestimmten Strafverfahren, z. B. bei Verurteilungen wegen Spionage oder wegen Terrorismus.

**E** Wenn ein anderer Staat einen Diplomaten als Botschafter nach Deutschland entsenden möchte, fragt er beim Bundespräsidenten nach, ob die Bundesrepublik dieser Entsendung zustimmt. Der Bundespräsident empfängt dann auch den Diplomaten und nimmt sein Beglaubigungsschreiben entgegen.

**F** Der Bundespräsident mahnt durch Reden und in Gesprächen zu parteipolitischer Neutralität. So kann er die Aufmerksamkeit auf langfristige politische Probleme lenken, die gelöst werden müssen.

**G** Der Bundespräsident vertritt die Bundesrepublik Deutschland völkerrechtlich. Er empfängt und besucht ausländische Politiker und Politikerinnen, Staats- und Regierungschefs und führt politische Gespräche. Dabei stimmt er sich mit der Bundesregierung ab.

**H** Der Bundespräsident vertritt die Ehrenhoheit des Bundes. Deshalb verleiht er Orden und Ehrenzeichen, z. B. das Bundesverdienstkreuz. Durch die Künstlerhilfe und die Übernahme von Ehrenpatenschaften hilft er vielen Menschen in der Bundesrepublik Deutschland.

*Weitere Informationen über den Bundespräsidenten gibt es im Internet unter: www.bundespraesident.de*

*Der Bundespräsident hat Aufgaben im Inland und Aufgaben gegenüber dem Ausland. Welche der genannten acht Aufgaben gehören zur ersten Gruppe, welche zur zweiten?*

*Die ehemaligen Bundespräsidenten*

*Theodor Heuss 1949–1959*

*Heinrich Lübke 1959–1969*

*Gustav Heinemann 1969–1974*

*Walter Scheel 1974–1979*

*Karl Carstens 1979–1984*

*Richard von Weizsäcker 1984–1994*

*Roman Herzog 1994–1999*

*Johannes Rau 1999–2004*

# Das Wichtige in Kürze

**Gewaltenteilung**

Auf Bundesebene wie auf Landesebene ist die Macht zwischen der gesetzgebenden, der vollziehenden und der rechtsprechenden Gewalt aufgeteilt. Diese drei Gewalten kontrollieren sich auch gegenseitig.

**Föderalismus**

Das lateinische Wort „foedeus" bedeutet so viel wie Bündnis. Von Föderalismus spricht man, wenn sich mehrere Bundesländer zu einem Bundesstaat zusammenschließen und die Regierungen von Bund und Ländern eng zusammenarbeiten. Die Bundesrepublik besteht aus 16 Bundesländern, die über den Bundesrat an der Gesetzgebung mitwirken. Die Zuständigkeit bei der Gesetzgebung zwischen Bund und Ländern ist im Grundgesetz festgelegt. Im alleinigen Kompetenzbereich der Länder liegen z. B. die Bildung und die Polizei. Auf kommunaler Ebene werden die Fragen entschieden, die Bürger vor Ort direkt betreffen.

**Gesetzgebung**

Der Bundestag hat die gesetzgebende Gewalt (Legislative). Bevor ein Gesetzentwurf zum Bundesgesetz wird, müssen drei Beratungen im Bundestag stattfinden und der zuständige Ausschuss muss sich damit befassen. Auch der Bundesrat muss beteiligt werden; dabei wird zwischen einfachen und zustimmungsbedürftigen Gesetzen unterschieden. Der Bundespräsident unterzeichnet das Gesetz. Erst wenn das Gesetz im Bundesgesetzblatt verkündet wurde, tritt es in Kraft.

**Regierungsbildung**

Wenn bei der Bundestagswahl keine Partei eine absolute Mehrheit der Bundestagssitze erreicht hat, müssen sich Parteien zu einem Bündnis für die Regierungsbildung (Koalition) zusammenschließen. Die Koalitionsparteien einigen sich auf das Sachprogramm der künftigen Regierung.

**Bundesregierung**

Die Bundesregierung hat mithilfe der Verwaltung die Gesetze zu vollziehen (Exekutive). Bei wichtigen politischen Fragen fällt die Bundeskanzlerin bzw. der Bundeskanzler die Grundsatzentscheidung (Richtlinienkompetenz). Innerhalb der Richtlinien leitet jede Ministerin und jeder Minister sein Ministerium in eigener Verantwortung.

**Parlamentarische Kontrolle**

Die Bundesregierung wird durch den Bundestag kontrolliert. Dies geschieht vor allem durch Anfragen, Anträge, Fragestunden, Aktuelle Stunden, Debatten sowie bei der Verabschiedung des Haushalts. Die Kontrolle wird insbesondere von den Fraktionen wahrgenommen, die nicht die Regierung tragen, also von der Opposition.

**Bundesverfassungsgericht**

Das Bundesverfassungsgericht in Karlsruhe wacht über die Einhaltung des Grundgesetzes. Wenn Meinungsverschiedenheiten im Zusammenhang mit dem Grundgesetz entstehen, entscheidet das Bundesverfassungsgericht.

**Bundespräsident**

Der Bundespräsident ist das Staatsoberhaupt der Bundesrepublik Deutschland. Er hat insbesondere Aufgaben, bei denen er den Staat repräsentiert. So vertritt er die Bundesrepublik Deutschland völkerrechtlich gegenüber dem Ausland. In seinem Handeln und seinem Auftreten steht der Bundespräsident über den Parteien, er ist parteipolitisch neutral. Die Amtszeit des Bundespräsidenten dauert fünf Jahre; eine Wiederwahl ist einmal möglich.

## Was ist Extremismus?

Wenn einseitige, bis an die Wurzel (*radix* = Wurzel) gehende Lösungen politischer, sozialer oder anderer Probleme gefordert werden, spricht man von …(1)…. Im engeren Sinne wird diese Einstellung oft mit …(2)… gleichgesetzt. Gemeint ist damit ein kompromissloses Beharren auf Grundpositionen, das sich gegenüber den Einstellungen und Werten anderer intolerant verhält, demokratische Grundwerte (insbesondere Gleichheit und Vielfalt) letztlich ablehnt und sogar gewaltsame Handlungen befürwortet. Mit dem Begriff werden alle Bestrebungen bezeichnet, die darauf ausgerichtet sind, die freiheitliche demokratische Grundordnung bzw. das Grundgesetz der Bundesrepublik Deutschland zu beseitigen oder in wichtigen Teilen zu beeinträchtigen.
Man unterscheidet zwischen …(3)…extremismus und …(4)…extremismus. Die politischen Richtungsangaben zeigen an, dass die Extremisten auf den beiden äußersten Seiten des politischen Spektrums angesiedelt sind.
Fremdenfeindlichkeit, Rassismus und Antisemitismus (das heißt Verfolgung von Juden) sind grundlegende Kennzeichen des …(5)…. Weitere Merkmale sind die Einschränkung von Grund- und Menschenrechten sowie die Vorstellung eines Staates ohne Opposition, der seine Bürger restlos kontrolliert und einer strengen Ordnung unterwirft.
Zu den Rechtsextremisten gehören die…(6)…. Diese haben aus den Gräueln des Dritten Reichs nichts gelernt. Im Gegenteil: Einige von ihnen leugnen oder preisen sogar die Verbrechen der Deutschen unter Hitler und wünschen sich einen starken Führer zurück. Sie nehmen sich das System des Nationalsozialismus zum Vorbild einer Gesellschaft. Ihr Name leitet sich vom Griechischen *neo* (= neu) und Nazis als Kurzform für Nationalsozialisten ab.
Zu den Linksextremen zählen die …(7)…. Diese wollen herrschaftsfrei und selbstständig leben und lehnen staatliche Gesetze und Regelungen ab. Sie haben kein klares, festes Programm. Es gibt zwischen ihnen aber ein paar Gemeinsamkeiten: Sie kämpfen gegen Neonazis, Rassismus, Großverdiener („Bonzen") und die „Großmachtpolitik" z. B. der USA. Darüber hinaus greifen sie das gesellschaftliche und politische System der Bundesrepublik Deutschland an, das auch die demokratischen politischen Parteien mit einschließt.
Eine besondere Form des Extremismus ist der …(8)…. Darunter werden vor allem Bestrebungen von Ausländern verstanden, die ihre politischen Ziele unter Missachtung der deutschen Rechtsordnung durchsetzen wollen, wobei sie auch auswärtige Belange Deutschlands gefährden können. Nur eine Minderheit der in Deutschland lebenden Ausländer unterstützt extremistische Organisationen, wie zum Beispiel die verbotene „Arbeiterpartei Kurdistans" (PKK).
Nicht alle Extremisten sind zugleich auch …(9)…. Man spricht erst dann von Terrorismus, wenn Extremisten versuchen, ihre Ziele mit gewaltsamen Mitteln durchzusetzen.

- Links
- Rechtsextremismus
- Radikalismus
- Neonazis
- Extremismus
- Terroristen
- Autonomen
- Rechts
- Ausländerextremismus

(Reiner Schwalme / CCC, www.c5.net)

**1** *Ergänze den Lückentext mit den Begriffen in den Kästchen. Benutze dazu das Arbeitsblatt oder notiere von (1) bis (9) auf einem Blatt.*

**2** *Worauf will der Karikaturist mit seiner Karikatur hinweisen?*

## Rechtsextremismus

Der Begriff „Rechtsextremismus" bezeichnet ein vielschichtiges politisches und soziales Glaubens- und Handlungssystem. Als historisches Vorbild dient der nationalsozialistische Staat. Der Nationalsozialismus wird verherrlicht und seine Verbrechen, z. B. die Vernichtung der Juden, werden verharmlost oder sogar geleugnet. Alle Einstellungen und Verhaltensweisen sind auf die Beseitigung oder nachhaltige Beeinträchtigung demokratischer Rechte und Prozesse gerichtet. Der Rechtsextremismus stellt eine Beeinträchtigung der inneren Sicherheit dar und ist oft mit der Begehung von Straftaten verbunden. Rechtsextremisten repräsentieren die radikale Verneinung von Freiheit und Demokratie, Humanität und Toleranz, Frieden und Völkerverständigung. Rechtsextremisten bekämpfen die Demokratie und lehnen es ab, Menschen grundsätzlich als gleichwertig und gleichberechtigt anzusehen.

Es gibt ganz verschiedene Strömungen in der rechten Szene. Sie reichen von unreflektierter, dumpfer Gewaltbereitschaft bis hin zu intellektuellem, eiskalt berechnendem Vorgehen. Bei aller Unterschiedlichkeit haben alle Strömungen die folgenden Merkmale gemeinsam, die sich aber unterschiedlich ausdrücken können.

**Nationalismus:** Die Nation wird in ihrer Bedeutung unangemessen übersteigert. Bisweilen ist dieser übersteigerte Nationalismus mit einem Großmachtstreben oder zumindest mit einer feindseligen Haltung gegenüber anderen Staaten oder Völkern verbunden.

**Führerprinzip und Gehorsam:** Rechtsextremisten wollen eine autoritäre Herrschaftsform (Diktatur). Das Volk wird z. B. von einem Führer regiert und steht „wie ein Mann hinter dem Führer". Die Freiheit des Einzelnen ist nichts mehr wert.

**Rassistische Sichtweisen:** Die Zugehörigkeit zum eigenen Volk steht im Mittelpunkt. Das eigene Volk steht über den anderen Völkern. Gesellschaftliches Leitbild des Rechtsextremismus ist eine ethnisch gleichförmige („reinrassige") „Volksgemeinschaft".

**Ablehnung von Fremden und Andersdenkenden:** Ausländer, Farbige, Juden und andere Minderheiten gelten als minderwertig. Häufig wird diesen Minderheiten die Schuld an Arbeitslosigkeit, Kriminalität und weiteren sozialen Missständen zugeschrieben.

**Verhöhnung der Demokratie/Antipluralismus:** Die Rechtsextremen wollen eine Einheit der Gedanken herstellen. Die Meinungen von Einzelnen oder verschiedenen Interessengruppen (Parteien, Gewerkschaften, Presse) zählen nicht mehr bzw. sollen nicht mehr geäußert werden. Statt einer Vielfalt von Ansichten (Pluralismus) gibt es nur noch die Meinung der Rechtsextremen.

**Abschaffung der Grundrechte/Menschenrechte:** In wesentlichen Teilen werden demokratische Grundrechte abgeschafft. Dazu gehören das Recht auf Leben und körperliche Unversehrtheit, Freizügigkeit und soziale Sicherheit, das Recht auf Gedanken-, Gewissens- und Religionsfreiheit, das Recht auf freie Meinungsäußerung, das Recht auf freie Entfaltung der eigenen Persönlichkeit usw.

**Gewalt:** Statt andere Menschen durch Argumentation zu überzeugen, sind Rechtsextreme häufig bereit, zur Gewalt zu greifen, um ihre eigenen Ziele durchzusetzen. Rechtsextreme zeichnen sich dabei nicht selten durch Kampfbereitschaft und Härte gegenüber ihren politischen Gegnern aus.

| | Aussagen zum Rechtsextremismus | richtig | falsch |
|---|---|---|---|
| 1 | Rechtsextreme Vorstellungen beziehen sich auf den Nationalsozialismus. | | |
| 2 | Für Rechtsextreme sind alle Menschen gleichwertig. | | |
| 3 | Die Meinungsfreiheit wird im Rechtsextremismus garantiert. | | |
| 4 | Rechtsextreme versuchen auch mit Gewalt, ihre Ziele zu erreichen. | | |
| 5 | Die Ursachen für Missstände suchen Rechtsextreme beim eigenen Volk. | | |
| 6 | Rechtsextreme wünschen sich eine „reinrassige Volksgemeinschaft". | | |
| 7 | Für Rechtsextreme ist eine demokratische Herrschaftsform wichtig. | | |
| 8 | Rechtsextreme stellen andere Völker auf eine Stufe mit dem eigenen Volk. | | |
| 9 | Rechtsextreme fordern eine plurale Gesellschaft. | | |

*Entscheide, welche Aussagen zutreffen. Stelle die falschen Aussagen richtig.*

## Rechtsextremismus: Beispiel Fußballstadion

**Cai Tore Philippsen:** Seit Anthony Yeboah Anfang der neunziger Jahre von Fans beleidigt wurde, sind sechzehn Jahre vergangen, jetzt passiert dem deutschen Nationalspieler Gerald Asamoah das gleiche. Haben die Fans nichts dazugelernt?

**Gunter A. Pilz:** Es haben sich in der Tat seit damals immer wieder solche Dinge ergeben. Allerdings beobachten wir, dass es in den letzten Jahren zumindest nicht zugenommen hat. In den alten Bundesländern hat der offene Rassismus abgenommen, Sie hören dort viel weniger Urwaldrufe, wie es sie in den neuen Bundesländern immer noch gibt. Es hat sich etwas geändert, aber das Problem ist nicht vom Tisch. Den Rassismus wird man nie ganz beseitigen können. Es bedarf einer kontinuierlichen Aufmerksamkeit und Bemühung, um dieses Problem in den Griff zu bekommen.

**Philippsen:** Wie äußert sich diese Veränderung?

**Gunter A. Pilz:** Es hat eine Verlagerung stattgefunden in sozial weniger kontrollierte Bereiche. Aus dem Stadion hin zu den Fahrten der Fans. Oder aus den Bundesligastadien hin in die niedrigeren Spielklassen, wo die soziale Kontrolle nicht so stark ist. Das ist auch ein Grund, dass das Problem im Osten größer ist als im Westen. Dort sind mehr Spiele in niedrigeren Klassen, dort ist die Kontrolle geringer. Dazu kommen die gravierenden gesellschaftlichen und sozialen Problemlagen. Wir sehen dort eine besondere Empfänglichkeit und ein ausgeprägteres Ausleben. Wir haben in unseren Befragungen erlebt, dass die Fans sagen, „wir haben nichts zu befürchten, schlechter kann es uns nicht gehen“. Sanktionen alleine wirken daher nicht sehr abschreckend.

**Philippsen:** Asamoah hat seinen Rücktritt aus der Nationalmannschaft angedroht. Wäre das nicht kontraproduktiv?

*Gerald Asamoah, Nationalspieler*

**Gunter A. Pilz:** Das wäre das falsche Zeichen. Damit hätten die Rechten ein Erfolgserlebnis, sie hätten genau das erreicht, was sie wollten. Ich glaube, er hat das als Warnschuss gemeint. Ich wünsche mir von seinen Nationalmannschaftskollegen, dass die alle aufstehen und sagen: Wir wollen das nicht. Wir bekennen uns ganz klar gegen diesen Rassismus und verurteilen ihn.
(...)

**Philippsen:** Ist die Angst begründet, dass die Fanszene von rechtsextremen Gruppierungen unterwandert wird, oder bereits unterwandert ist?

**Gunter A. Pilz:** Richtig ist, dass sich rechtsradikale Gruppierungen die gesellschaftlichen Bereiche aussuchen, von denen sie glauben, dass ihre Botschaften dort ankommen. In den neuen Bundesländern gibt es viele Menschen, die man als Wiedervereinigungsverlierer bezeichnen kann und [die] solchen Argumenten gegenüber offen sind. Aber, dass es eine gezielte und flächendeckende Unterwanderung gibt, würde ich nicht sagen. Dieses Problem gibt es nicht nur im Fußball und nicht nur in den neuen Bundesländern, sondern überall da, wo es den Leuten schlecht geht.

*(Auszug aus einem Interview des FAZ.NET mit dem Fanforscher Gunter A. Pilz. www.faz.net vom 12. Oktober 2006)*

**1** *Erkläre, wie Rechtsextremismus und Fußball zusammenhängen können. Was macht einige Fußballfans anfällig für rechtsextremes Denken?*

**2** *In welchen weiteren Bereichen des Alltags zeigt bzw. äußert sich rechtsextremes Verhalten außerdem noch?*

## Zivilcourage zeigen

### Eine Mutprobe …

**Jana bekommt mit, dass Ralf bei der Klassenfete ein Lied von der rechtsextremistischen Gruppe „Die Härte" überspielen will. Darin geht es um den Ku-Klux-Klan und die nächtliche Hinrichtung eines Schwarzen. Es endet mit den Zeilen: „Das ist geil, das ist geil, hurra, hurra, ein Nigger brennt."**

**Versetzt euch in Janas Lage. Wie würdet ihr reagieren?**

1. **„Wenn Ralf das machen will, ist das seine Sache."**
2. **„Ich bin gespannt, wie das ausgeht, und wie die Schüler und Lehrer darauf reagieren."**
3. **„Ich halte mich da besser raus, am Ende bekomme ich noch als ‚Niggerfreundin' Ärger mit Ralfs Kumpanen."**
4. **„Ich versuche ihm zu erklären, dass er sich damit viel Ärger einhandeln wird und dass das auch strafbar ist."**
5. **„Ich bitte den Diskjockey, keine Musik von Ralf abzuspielen."**
6. **„Ich sage ihm, dass ich den Lehrer informiere, wenn er den Blödsinn nicht lässt."**
7. **„Ich versuche ihm klarzumachen, dass das ‚rassistische Scheiße' ist, was er da mitbringt."**
8. **„Ich rate ihm, die Musik erst bei der Abschlussfete in vier Wochen abzuspielen. Da kann ihm nichts mehr passieren."**

**► Beantwortet mit „ja" oder „nein", ob ihr so reagieren könntet. Stellt in Gruppenarbeit die nach eurer Auffassung drei besten und die drei schlechtesten Reaktionen heraus und begründet das vor der Klasse.**

### Strafbestimmungen gegen Rechtsextremismus

Von Rechtsextremisten verwandte Symbole sind grundsätzlich dann verboten, wenn es sich um Kennzeichen des Nationalsozialismus oder um Symbole verbotener rechtsextremistischer Vereine und Organisationen handelt.
*(nach § 86a Strafgesetzbuch)*

Der Volksverhetzung macht sich strafbar, wer zu Hass, Gewalt oder Willkürmaßnahmen gegen Bevölkerungsgruppen – etwa Ausländer oder Juden – aufstachelt, sie beschimpft oder diffamiert. Ferner wer den Holocaust leugnet, billigt oder verharmlost. Die Tat kann öffentlich, in einer Versammlung oder durch das Verbreiten in Schriften – das heißt auch auf Bild- oder Tonträgern, im Internet, über Computer oder Videospiel – erfolgen.
*(nach § 130 Strafgesetzbuch)*

*(Zeichnung: Gerhard Mester / CCC, www.c5.net)*

*(Text „Eine Mutprobe …" aus: basta. Nein zur Gewalt. Ein Heft für Jugendliche 2001/2002. Hg.: Arbeitsgemeinschaft Jugend & Bildung e.V., Wiesbaden, in Zusammenarbeit mit dem Bundesministerium des Innern, S. 16)*

1 *Bearbeitet in der Gruppe das Fallbeispiel „Eine Mutprobe …".*
2 *Worauf will die Karikatur aufmerksam machen?*

## Linksextremismus in Deutschland: Beispiel RAF

Linksextremisten sind erklärte Gegner der Staats- und Gesellschaftsordnung der Bundesrepublik Deutschland, die sie als von „Rassismus" und „Faschismus" geprägten „Kapitalismus" verleumden. Die Aktionsformen der Linksextremisten sind vielfältig. Sie umfassen öffentliche Kundgebungen, offene Agitation mit Flugblättern und Versuche der verdeckten Einflussnahme in gesellschaftlichen Gruppen.

Einige Linksextremisten sehen in Gesetzesverletzungen einen Weg zur Durchsetzung ihrer politischen Ziele. Sie verüben Straftaten wie z. B. Sachbeschädigungen, „militante Zusammenrottungen" oder Körperverletzungen. Seit Jahren bedrohen militante Linksextremisten die Innere Sicherheit Deutschlands.
Die bekannteste linksextreme Gruppe war die RAF (Rote Armee Fraktion), die zwischen 1971 und 1993 über 30 Menschen ermordete.

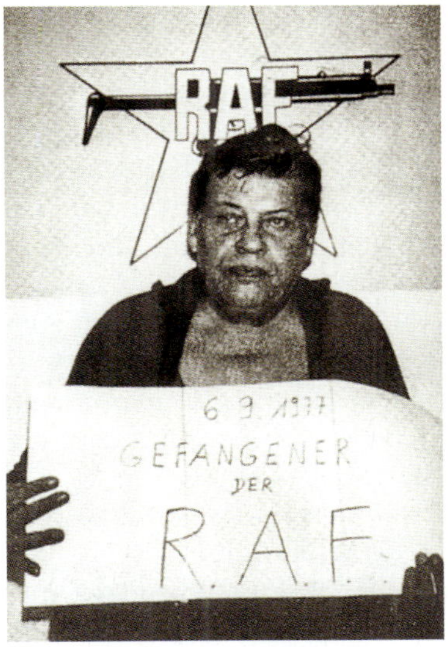


*Der entführte Hanns-Martin Schleyer in der Gewalt der „Roten Armee Fraktion"*

Für die RAF war Deutschland (...) ein Staat, der die Menschen unterdrückte und in dem vor allem die Banken und Großkonzerne das Sagen hatten. Dem wollte die RAF ein Ende setzen. Sie legte Bomben, nahm Geiseln und brachte hohe Vertreter des Staates und der Wirtschaft um. Allein 1977 ermordete die RAF (...) Generalbundesanwalt Siegfried Buback und zwei seiner Begleiter, erschoss den Chef der Dresdner Bank, Jürgen Ponto, kidnappte und tötete den Präsidenten des Arbeitgeberverbandes, Hanns-Martin Schleyer. Arabische Freunde der RAF entführten ein Lufthansa-Flugzeug, um inhaftierte Terroristen freizupressen. Der Kapitän wurde erschossen, (später befreiten) Anti-Terror-Polizisten die Passagiere im somalischen Mogadischu. Polizei und Justiz reagierten (...) mit harten Sondergesetzen. Oft wurden dabei Menschen, die dem Staat kritisch gegenüberstanden, vorschnell in die Nähe der Terroristen gerückt. Die RAF ist längst aufgelöst. Der Kampf gegen sie stellte den demokratischen Rechtsstaat aber auf eine schwere Probe. Es galt, die Freiheitsrechte für alle zu erhalten, obwohl einige wenige diese Rechte für verfassungswidrige Ziele ausnutzten und dabei sogar Menschen umbrachten.

*(Christine Schulz-Reiss: Nachgefragt Politik. Bindlach: Loewe Verlag 2005, S. 77)*

Am 1. April 1991 verübte ein „Kommando Ulrich Wessel" einen Mordanschlag auf den Leiter der Treuhandanstalt, Dr. Detlef Karsten Rohwedder. Die Täter schossen aus etwa 60 Meter Entfernung auf Dr. Rohwedder, der sich bei erleuchtetem Fenster im Arbeitszimmer seines Wohnhauses in Düsseldorf aufhielt. Er wurde tödlich getroffen, seine Ehefrau verletzt. In einer Taterklärung bezichtigte die Rote Armee Fraktion (RAF) den Leiter der Treuhandanstalt, die ehemalige DDR dem „Diktat des Kapitals" zu unterwerfen.

*(aus: Verfassungsschutzbericht 1991. Hg. vom Bundesministerium des Innern)*

*Die Einschusslöcher im Fenster des Arbeitszimmers nach dem Attentat auf Karsten Rohwedder*

**1** *Notiere die wichtigsten Zielsetzungen der linksextremistischen Gruppierungen.*

**2** *Erläutere, inwiefern das Attentat auf Karsten Rohwedder typisch für die Vorgehensweise und die Ziele der RAF ist.*

*Weitere Informationen zu extremen Gruppierungen findest du unter http://www.verfassungsschutz.de*

## Der SED-Staat

### Entstehung der DDR

Nach dem 2. Weltkrieg versuchten die beiden Großmächte USA und Sowjetunion in ihrem jeweiligen Einflussbereich des besiegten Deutschlands ihre gesellschaftliche Ordnung durchzusetzen. So kam es 1949 zur Gründung der beiden deutschen Staaten. Die Sowjetunion hatte sich zum Ziel gesetzt, in ihrem Machtbereich, der DDR, einen sozialistischen Staat aufzubauen. Damit verbunden war die Durchsetzung einer Weltanschauung, die auf Marx, Engels und Lenin zurückgeht. Dieser Marxismus-Leninismus galt als einzig richtige, allgemeingültige Weltanschauung.

### Lehre des „Marxismus-Leninismus"

Nach Marx und Engels entwickelt sich die menschliche Gesellschaft nach ganz bestimmten Gesetzen. Wenn Produktionsmittel in Privateigentum seien, entstehe der Klassenkampf zwischen den Eigentümern und den Arbeitenden. Dadurch werde jeweils

*Karl Marx (1818–1883), sein Freund und Mitarbeiter Friedrich Engels (1820–1895) sowie der russische Revolutionär Wladimir Iljitsch Lenin (1870–1924) galten in der DDR als die Vordenker des Sozialismus bzw. Kommunismus. Lenin wandelte die Theorien von Marx so ab, dass sie auf die russischen Verhältnisse angewandt werden konnten.*

eine neue Gesellschaft mit einer neuen Produktionsweise erreicht. So seien in der Vergangenheit die Sklavenhaltergesellschaft, der Feudalismus und der Kapitalismus entstanden.
Der Kapitalismus müsse durch den Sozialismus als Vorform des Kommunismus abgelöst werden. Dabei müsse eine Arbeiterpartei die führende Rolle übernehmen und den Kampf organisieren. Wenn die arbeitende Klasse die Macht erobert habe, komme

> **Verfassung der DDR, Artikel 1**
>
> Die Deutsche Demokratische Republik ist ein sozialistischer Staat der Arbeiter und Bauern. Sie ist die politische Organisation der Werktätigen in Stadt und Land unter Führung der Arbeiterklasse und ihrer marxistisch-leninistischen Partei. …

es darauf an, sie durch die Diktatur des Proletariats zu behaupten. Das sei eine Diktatur der Arbeiterklasse über die ehemals herrschende Klasse, für die Arbeiterklasse eine sozialistische Demokratie.
Im Kommunismus gebe es nur noch gesellschaftliches Eigentum an Produktionsmitteln und die endgültige Übereinstimmung von Produktivkräften und Produktionsverhältnissen. Das erste Lebensbedürfnis der Menschen sei dann die Arbeit zum Wohle aller. In dieser klassenlosen Gesellschaft sei die Menschheit von Ausbeutung, Unterdrückung und Krieg befreit und der ideale Endzustand der Menschheit erreicht.

### Demokratischer Zentralismus

In Partei und Staat galt als grundlegendes Organisations- und Leitungsprinzip der demokratische Zentralismus. „Demokratisch" bedeutete dabei, dass alle Partei- und Staatsorgane von unten bis oben gewählt wurden und dass die gewählten Organe regelmäßig über ihre Tätigkeit denjenigen berichten mussten, von denen sie gewählt waren. „Zentral" bedeutete, dass alle Beschlüsse der höheren Organe von den nachgeordneten Organen und von den Einzelnen befolgt werden mussten. Nach dem Marxismus-Leninismus konnte es gar keinen Interessenunterschied zwischen den Werktätigen (Arbeiterklasse, Bauern und andere Werktätige) geben, und die höheren Organe wussten am besten, was für die Werktätigen notwendig und möglich ist.

### Aufbau

Nach der Verfassung war die Volkskammer das oberste staatliche Machtorgan der DDR. Sie wurde auf fünf Jahre gewählt und bestand aus 500 Abgeordneten. Laut Verfassung war sie das einzige gesetzgebende Organ und hatte die Einheit von Beschlussfassung und Durchführung der Gesetze zu verwirklichen. Die Volkskammer kam im Jahr zu vier bis fünf Sitzungen zusammen. Die Abgeordneten waren ehrenamtlich tätig, also auch erwerbstätig. Die Volkskammer wählte für fünf Jahre den Ministerrat. Jeder Minister war für ein bestimmtes Aufgabengebiet verantwortlich.

Die Volkskammer wählte auch für fünf Jahre den Staatsrat. Der Staatsrat beaufsichtigte das Oberste Gericht, den Generalstaatsanwalt und den Nationalen Verteidigungsrat. Der erste Mann der Partei, der Generalsekretär der SED, war Vorsitzender des Staatsrats und zugleich Vorsitzender des Nationalen Verteidigungsrats. Er vertrat also auch die DDR nach außen.

Da die DDR nach der Verfassung ein sozialistischer Staat unter Führung der marxistisch-leninistischen Partei war, war die SED stark verflochten mit dem Staatsapparat. Der Parteitag der SED fand alle fünf Jahre statt. Er legte das Parteiprogramm fest und wählte die Mitglieder des Zentralkomitees der SED. Das Zentralkomitee (ZK) tagte mindestens halbjährlich und war für die Ausführung der Parteitagsbeschlüsse zuständig. Es entsandte auch die Vertreter der Partei in die höchsten leitenden Organe des Staatsapparats sowie der Wirtschaft und bestätigte die Kandidaten der Partei für die Volkskammer. Das ZK lenkte die Arbeit der gewählten staatlichen Organe durch die in ihnen bestehenden Parteigruppen.

*Parteisymbol der SED*

Die laufende Arbeit zwischen den Tagungen des ZK wurde in dessen Abteilungen geleistet. Das vom ZK gewählte Sekretariat leitete die laufende Arbeit. Es wählte auch die für die hohen Ämter in Partei und Staat geeigneten Personen (Kader) aus.

Zur politischen Leitung der Arbeit wählte das ZK das Politbüro, das wöchentlich tagte. Seine Sitzungen wurden vom Generalsekretär des Zentralkomitees geleitet.

*Staatswappen der DDR*

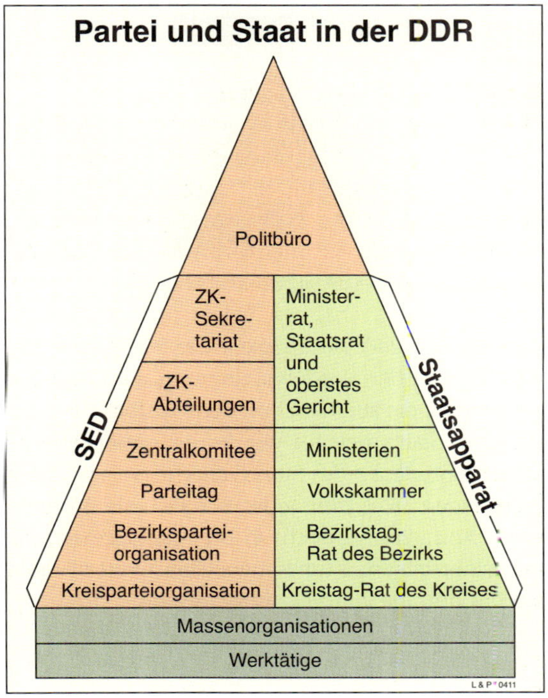


| **Personelle Verflechtung zwischen Partei- und Staatsapparat** (Stand: 1. 9. 1987) | Politbüro | Sekretariat des ZK | Zentralkomitees (ZK) | Volkskammer | Staatsrat | Ministerrat |
|---|---|---|---|---|---|---|
| AXEN, Hermann | • | • | • | • | | |
| BÖHME, Hans-J. | • | | • | • | | |
| DOHLUS, Horst | • | • | • | • | | |
| EBERLEIN, Werner | • | | • | • | | |
| FELFE, Werner | • | • | • | • | • | |
| HAGER, Kurt | • | • | • | • | • | |
| HERRMANN, Joachim | • | • | • | • | | |
| HONECKER, Erich | • | •[1] | • | • | •[3] | |
| JAROWINSKY, Werner | • | • | • | • | | |
| KESSLER, Heinz | • | | • | • | | • |
| KLEIBER, Günther | • | | • | • | | • |
| KRENZ, Egon | • | • | • | • | • | |
| KROLIKOWSKI, Werner | • | | • | • | | • |
| LORENZ, Siegfried | • | | • | • | | |
| MIELKE, Erich | • | | • | • | | • |
| MITTAG, Günther | • | • | • | • | • | |
| MÜCKENBERGER, Erich | • | | • | • | | |
| NEUMANN, Alfred | • | | • | • | | • |
| SCHABOWSKI, Günter | • | • | • | • | | |
| SINDERMANN, Horst | • | | • | •[2] | • | |
| STOPH, Willi | • | | • | • | • | •[4] |
| TISCH, Harry | • | | • | • | • | |

[1] Generalsekretär [2] Präsident [3] Vorsitzender [4] Vorsitzender

1 *Staat und Weltanschauung: Wie war es in der DDR, wie ist es in der Bundesrepublik?*

2 *Worin unterscheidet sich eine „sozialistische Demokratie" von einer freiheitlichen Demokratie, wie sie z. B. in der Bundesrepublik besteht?*

3 *Wer hatte wohl das Sagen in der DDR? Wie kam das zustande?*

## Die Staatssicherheit der DDR

Die Macht der SED zu sichern, war die Hauptaufgabe des Ministeriums für Staatssicherheit. Die „Staatssicherheit" (kurz: „Stasi") mit ihren rund 90 000 hauptamtlichen Mitarbeitern war eine militärische Einrichtung, vor allem aber ein Geheimdienst. An der Spitze stand der Armeegeneral Erich Mielke.

Die Staatssicherheit war in der ganzen DDR durchorganisiert: die Zentrale in Ostberlin, in jedem DDR-Bezirk eine Bezirksverwaltung und in jedem Kreis eine Kreisdienststelle.

Im Gegensatz zu Geheimdiensten anderer Staaten hatte die Staatssicherheit die Aufgabe, die Bevölkerung im Sinne der Erziehung zum Sozialismus zu beeinflussen. Sie ermittelte auch im Auftrag der Staatsanwaltschaft gegen DDR-Bürger, die im Verdacht standen, gegen den Sozialismus eingestellt zu sein. So war diese Geheimpolizei „Schild und Schwert" der SED.

Über sogenannte Führungsoffiziere warb die Stasi „Inoffizielle Mitarbeiter" (IM) an; im Jahre 1989 gab es über 150 000. Diese trafen mit der Stasi eine Vereinbarung. Sie arbeiteten dann konspirativ, d. h. verschwörerisch und geheim, mit ihr zusammen. Dabei berichteten sie z. B. über andere DDR-Bürger, oft aus deren Privatsphäre: über kritische politische Bemerkungen, über Besuche aus der Bundesrepublik usw. Viele DDR-Bürger brachten den Mut auf, den Anwerbeversuchen der Stasi zu widerstehen, auch wenn sie dadurch Nachteile befürchten mussten.

Insgesamt fertigte die Stasi Aufzeichnungen über etwa fünf Millionen DDR-Bürger und etwa zwei Millionen Bundesbürger an.

In Einzelfällen warb die Staatssicherheit auch Minderjährige als „Inoffizielle Mitarbeiter" an. Die Führungsoffiziere führten also auch unmündige jungen Menschen in ihre Abhängigkeit und machten sie zu Spitzeln im Freundeskreis, in der Jungen Gemeinde, in ihrer Punk-Gruppe o. Ä.

Nach dem Zusammenbruch der DDR wurde die Öffentlichkeit durch immer neue Enthüllungen über Verbrechen der Staatssicherheit schockiert. So wurde bekannt, dass sie Isolierungslager für politische Gegner vorbereitet hatte. Die Stasi hatte auch Terroristen aus der Bundesrepublik Deutschland aufgenommen, ihnen Papiere mit anderen Namen ausgestellt und sie versteckt.

*Blick in das Archiv, in dem die Stasi-Akten aufbewahrt werden*

Zur Aufarbeitung der Tätigkeit der Staatssicherheit wurde nach der Wiedervereinigung eine Behörde geschaffen, die zunächst von dem Rostocker Pfarrer Joachim Gauck geleitet wurde. An diese Behörde für die Unterlagen des Staatssicherheitsdienstes der ehemaligen DDR kann jeder Bürger, jede Bürgerin einen Antrag auf Einsicht in die Akten stellen, die mit seiner Person zu tun haben. Über zwei Millionen solcher Anträge wurden bisher gestellt.

1 *Warum waren „Inoffizielle Mitarbeiter" (IM) typisch für den SED-Staat?*

2 *Was meinst du zu der Aussage in der Sprechblase?*

# Methode: Zeitzeugenbefragung

## Thema: „Der Weg zur Wiedervereinigung"

Für Schülerinnen und Schüler kann es interessant sein, jemanden zu befragen, der als Erwachsener oder Jugendlicher die Zeit vor der Wiedervereinigung erlebt hat und über den Weg dorthin berichten kann.

Manche Unterrichtsthemen beschäftigen sich mit geschichtlichen Ereignissen, über die sogenannte Zeitzeugen berichten können. Als Zeitzeugen bezeichnet man eine Person, die die betreffende Zeit miterlebt hat und aus eigener Erfahrung darüber berichten kann. Eine Zeitzeugin oder ein Zeitzeuge kann in den Unterricht eingeladen werden. Die Klasse kann den Zeitzeugen aber auch an seinem Wohnort aufsuchen, z. B. wenn es sich um eine ältere Person handelt.

**Vorbereitung**
Zeitzeugen kann man in der Familie, in der Verwandtschaft, im Bekanntenkreis, bei Parteien, Gewerkschaften und Kirchen finden. Möglichst frühzeitig sollte bei dem Zeitzeugen/der Zeitzeugin angefragt werden, ob und wann er/sie zu einer Befragung bereit ist. Dabei wird auch besprochen, welcher Zusammenhang zwischen Befragung und Unterrichtsthema besteht, worum es der Klasse vor allem geht, ob der Zeitzeuge/die Zeitzeugin Fotos oder Dokumente mitbringen kann, ob er/sie in die Schule oder die Klasse zu ihm/ihr kommt usw. Die Klasse sammelt Fragen und stellt fest, wer sie bei der Befragung stellt. Es wird verabredet, wie die Antworten festgehalten werden, z. B. mit dem Kassettenrekorder oder durch Notizen. Es wird geprüft, ob das Gespräch auf Video aufgezeichnet werden kann.

**Durchführung**
Die Befragung sollte mit einer Begrüßung beginnen und mit dem Dank enden. Wichtig ist es nachzufragen, wenn man etwas nicht verstanden hat oder näher erläutert haben möchte. Sehr persönliche Fragen sollten erst gestellt werden, wenn eine vertrauensvolle Gesprächssituation entstanden ist.

**Auswertung**
Die Erkenntnisse der Zeitzeugenbefragung werden zusammengefasst und mit dem verknüpft, was ihr zu diesem Thema bereits gelernt habt. Dabei wird besprochen, was euch besonders beeindruckt hat, welche Aspekte der Zeitzeuge/die Zeitzeugin ausführlich dargestellt und welche er/sie weggelassen hat. Die Ergebnisse werden zusammengefasst und festgehalten. Die Dokumentation der Zeitzeugenbefragung kann z. B. als Wandplakat, Dokumentationsmappe, Ausstellung oder Videobericht erfolgen.

*Führt die Zeitzeugenbefragung zum Thema „Der Weg zur Wiedervereinigung" durch.*

*Die Mauer in Berlin 1988 – Blick von West nach Ost*

*(Haus der Geschichte, Bonn – Walter Hanel)*

*Die Mauer nach der Grenzöffnung am 9. 11. 1989*

# Das Wichtige in Kürze

**Extremismus**

Parteien, Organisationen und Gruppen, welche die freiheitliche demokratische Grundordnung beseitigen wollen, werden als extremistisch bezeichnet. Da sie sich mit demokratischen Mitteln nicht durchsetzen können, neigen sie zur Anwendung von Gewalt. Man kann zwischen Rechtsextremismus und Linksextremismus unterscheiden.

**Rechtsextremismus**

Rechtsextremisten sind der Auffassung, dass zur Durchsetzung ihrer politischen Vorstellungen auch Gewalt eingesetzt werden dürfe. Anstelle der freiheitlichen demokratischen Grundordnung wollen die Rechtsextremisten die autoritäre Regierung durch die Stärkeren. Die Gesellschaft wollen sie zu einer „reinrassigen Volksgemeinschaft" umgestalten. Die aggressive Fremdenfeindlichkeit ist Ausdruck von Rassismus und Antisemitismus. Rechtsextremisten bekämpfen die Demokratie sowie deren Institutionen und diffamieren ihre Repräsentanten. Der Holocaust und die Verbrechen im „Dritten Reich" werden geleugnet oder relativiert. Zu den rechtsextremistischen Bestrebungen gehören rechtsextremistische Parteien wie die NPD und die DVU sowie die rechtsextremistische Szene, der sich z. B. die Skinheads zurechnen lassen.

**Linksextremismus**

Linksextremisten lehnen die demokratische Staats- und Gesellschaftsordnung der Bundesrepublik Deutschland ab, die sie für rassistisch, faschistisch und kapitalistisch halten. Durch öffentliche Kundgebungen, Veröffentlichungen und Parteien versuchen sie Einfluss auf die Gesellschaft zu nehmen. Die bekannteste linksextreme Gruppe war die RAF, die zwischen den 1970er- und 1990er-Jahren zahlreiche terroristische Anschläge und Morde verübte.

**Die Rolle der SED**

Die Sozialistische Einheitspartei Deutschlands (SED) in der ehemaligen Deutschen Demokratischen Republik (DDR) erhob den Anspruch, mit dem Marxismus-Leninismus die einzig richtige, allgemeingültige Weltanschauung zu haben. Nach dem Statut der SED sollte der Parteitag das höchste Organ sein. In Wirklichkeit war das Politbüro die Machtzentrale.

**Staatsaufbau in der DDR**

Nach Artikel 1 der Verfassung war die DDR ein sozialistischer Staat „unter Führung der Arbeiterklasse und ihrer marxistisch-leninistischen Partei". Damit waren der alleinige Machtanspruch der SED und die Einheit von Staat und Partei festgeschrieben. Die Mitglieder des Politbüros waren auch auf den Organisationsebenen des Staatsapparates vertreten, z. B. in der Volkskammer, im Staatsrat, im Ministerrat. Das Politbüro war also die Machtzentrale auch für den Staat. Es traf die grundsätzlichen politischen und personellen Entscheidungen für alle Lebensbereiche. Es hatte die uneingeschränkte Macht. Die DDR war somit eine Diktatur.

**Staatssicherheit**

Die Macht der SED zu sichern, war Aufgabe des Ministeriums für Staatssicherheit. Die „Staatssicherheit", kurz „Stasi" genannt, war ein Geheimdienst und hatte rund 90 000 hauptamtliche Mitarbeiter. Die Stasi-Offiziere warben 150 000 „Inoffizielle Mitarbeiter" (IM) an. Diese bespitzelten Verwandte, Freunde und Arbeitskollegen im Auftrag der Stasi. Viele DDR-Bürger und Bürgerinnen widerstanden den Anwerbeversuchen der Stasi, auch wenn sie dann Nachteile befürchten mussten.

# Weißt du Bescheid?

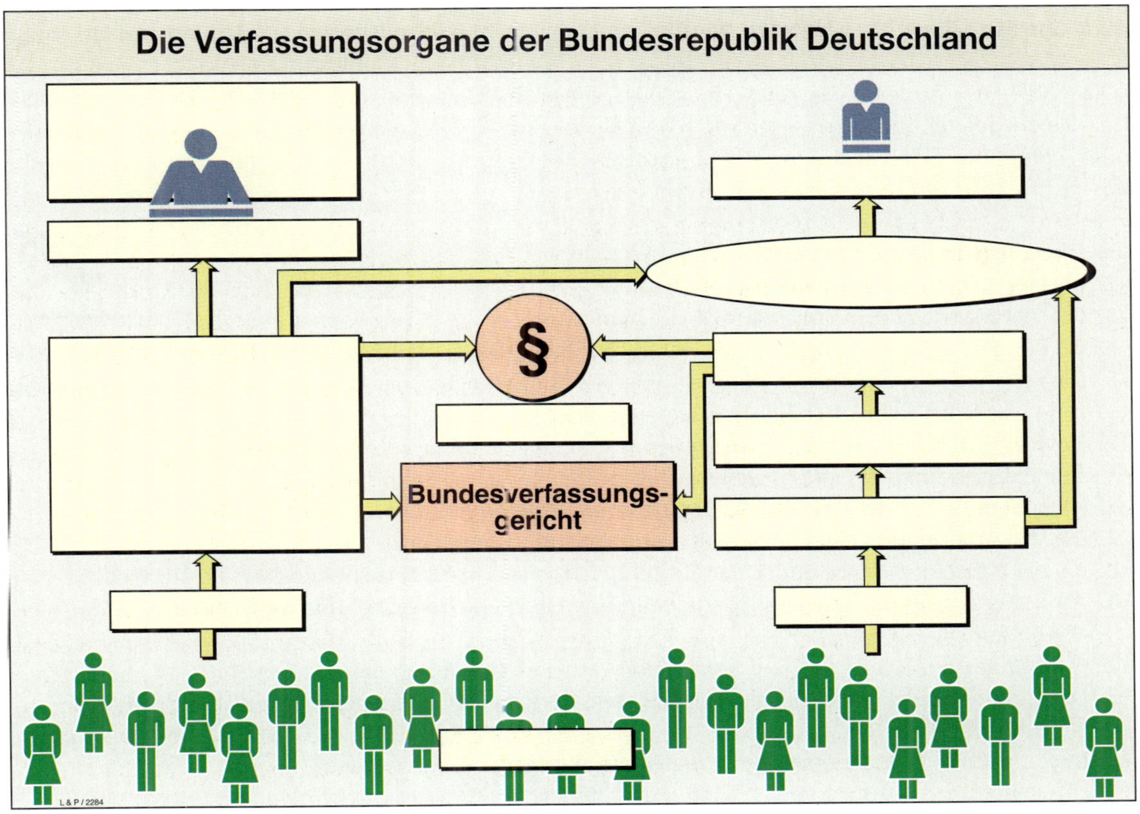

**Setze die folgenden Begriffe in die Grafik ein:** Volk, Bundeskanzler, Bundesregierung, Bundespräsident, Bundestag, Bundesrat, Bundesversammlung, Länderparlamente, Länderregierungen, Gesetze beschließen, Wahl. Benutze dazu das Arbeitsblatt. Hinweis: Ein Begriff taucht in der Grafik zweimal auf.

**Was wollen die Karikaturen jeweils zum Ausdruck bringen?**

*(Gerhard Mester / Baaske Cartoons, Müllheim)*

*(Klaus Stuttmann, Berlin)*

# Weißt du Bescheid?

**Bilde aus den Silben die fehlenden Begriffe.** Notiere von 1 bis 17 oder trage auf dem Arbeitsblatt ein.

a – ä – Ab – Aus – Aus – be – bi – Bun – Bür – Bür – che – che – dat – De – den – des – Di – Di – en – ex – fas – fas – feind – ge – ge – geh – ger – ger – hen – i – Ka – kal – kra – li – lo – man – men – mis – mo – ne– nett – ni – num – ord – Par – Ple – rekt – ren – richt – schuss – stim – spra – sungs – sungs – tei – ten – ten – ti – ti – tie – tisch – tre – ven – ver – ver – voll – Wahl – zie – Zweit

1. Die … wirken an der politischen Willensbildung mit.
2. In einer … geht die Staatsgewalt vom Volk aus.
3. Die Stimmabgabe bei Wahlen erfolgt in einem ….
4. Bei Bundestagswahlen erhält ein …, wer im Wahlkreis die meisten Stimmen bekommt.
5. Die Anzahl der … entscheidet darüber, wie viele Abgeordnete einer Partei in den Bundestag kommen.
6. Das … und der Volksentscheid sind Elemente direkter Demokratie.
7. Einwohner schließen sich in … zusammen, wenn sie eine bestimmte Forderung durchsetzen oder eine Entscheidung verhindern wollen.
8. Nach dem Prinzip der Gewaltenteilung gehören Regierungen zur … Gewalt.
9. Die Vollversammlung eines Parlaments wird auch als … bezeichnet.
10. Bei der Gesetzgebung ist der … der Ort für gründliche und ins Einzelne gehende Beratungen.
11. Als … bezeichnet man die Regierungschefin bzw. den Regierungschef und die Minister und Ministerinnen.
12. Der Bundeskanzler bzw. die Bundeskanzlerin wird vom Bundestag ohne … gewählt.
13. Das … in Karlsruhe entscheidet, wenn Meinungsverschiedenheiten im Zusammenhang mit dem Grundgesetz entstehen.
14. Mit … sind die Gelder gemeint, mit denen Abgeordnete bezahlt werden.
15. Über die Nebeneinkünfte von … wird in der Öffentlichkeit immer wieder heftig gestritten.
16. Parteien und Gruppierungen, die die freiheitliche demokratische Grundordnung beseitigen wollen, werden als … bezeichnet.
17. Das Bundesverfassungsgericht kann … Parteien verbieten.

**Was wollen die Karikaturen jeweils zum Ausdruck bringen?**

*(Burkhard Mohr / CCC, www.c5.net)*

*(Jan Tomaschoff / Baaske Cartoons, Müllheim)*

# Der Prozess der europäischen Einigung

Noch im letzten Jahrhundert tobten auf europäischem Boden vernichtende Kriege. Deutsche und Franzosen kämpften gegeneinander, Polen wurde von Deutschland überfallen und unterdrückt. Heute sind Frankreich, Deutschland, Polen und viele andere Staaten Partner in einem vereinten Europa. Die europäische Einigung ist inzwischen für viele so selbstverständlich geworden, dass sie den Blick dafür verloren haben, welche Fortschritte im Vergleich zu früher erreicht wurden. Die Europäische Union beeinflusst zunehmend den Alltag der Menschen. Wer sich über die europäische Einigung nicht informiert, ist häufig gefühlsmäßig dagegen. Er lehnt es ab, dass unser Staat immer mehr Rechte an die EU abgibt und weitere Staaten aufgenommen werden. Nur wer informiert ist, kann sich eine begründete Meinung bilden. Das folgende Kapitel vermittelt Informationen und Hilfen für die Meinungsbildung.

- Warum und wie ist es zur europäischen Einigung gekommen? Welche Staaten gehören heute der EU an? Welche wollen noch hinzukommen?
- Welche wirtschaftlichen Gründe sprechen für die europäische Einigung? Gibt es in diesem Zusammenhang auch Probleme?
- Worin besteht die Einigung eigentlich? Was haben die Bürger und Bürgerinnen davon? Welche Chancen bietet die EU jungen Leuten?
- Welche Aufgaben haben die verschiedenen Organe der Europäischen Union? Wie wirken sie zusammen?
- Welche Änderungen soll der Vertrag von Lissabon bringen? Vor welchen Herausforderungen steht die EU in nächster Zeit?

# Methode: Erkundung

## Thema: Europa im Alltag

Wo begegnet uns „Europa" im Alltag? Mit einer Erkundung könnt ihr dieser Frage auf den Grund gehen. Hinweise, wie eine Erkundung vorbereitet und durchgeführt werden kann, findet ihr auf Seite 50.

1

4

2

5

3

6

7

*Bei uns leben sicher Menschen aus anderen europäischen Staaten. Ich werde im Rathaus nachfragen, ob die etwas darüber wissen.*

*Europa im Alltag? Das sieht man doch in erster Linie an der tagtäglichen Berichterstattung in den Medien. Wir sollten eine Zeit lang in Zeitungen nach Meldungen suchen, die mit Europa zu tun haben.*

*Im Fernsehen sollten wir auch nachschauen, wann Sendungen oder Berichte über Europa kommen.*

*In welche europäischen Länder reisen die Menschen aus unserem Ort eigentlich am liebsten? Ich werde in einem Reisebüro nachfragen, welche europäischen Urlaubsziele besonders gefragt sind.*

*Ich finde, wir sollten einmal in einem Supermarkt nachschauen, welche Waren aus den Staaten Europas bei uns angeboten werden.*

*Das ist eine gute Idee! Besonders in der Obst- und Gemüseabteilung wird es bestimmt vieles aus anderen europäischen Ländern geben.*

*Mich interessiert, was die Älteren über Europa denken. Viele von ihnen haben das Ende des Zweiten Weltkrieges noch miterlebt. Wie denken sie über die europäische Einigung? Dazu werde ich eine Umfrage machen.*

1 *„Europa im Alltag": Was fällt dir dazu ein? Notiere.*
2 *Auf welche Gesichtspunkte für eine Erkundung „Europa im Alltag" weisen die Materialien hin? Gibt es noch weitere Gesichtspunkte?*
3 *Führt die Erkundung durch.*

## Der Weg der Europäischen Union

*Winston S. Churchill*

**Aus einer Rede des britischen Politikers Winston S. Churchill am 19. 9. 1946 in Zürich:**

„In welcher Lage befindet sich Europa heute? Einige der kleineren Staaten haben sich bereits recht gut erholt, aber in weiten Gebieten starrt eine riesige, geängstigte Menge geschundener, hungriger, sorgenvoller und bestürzter Menschen die Ruinen ihrer Städte und Wohnungen an und sucht am dunklen Horizont nach einer neuen Gefahr, einer neuen Tyrannei, einem neuen Schrecknis ... Doch es gibt ein Heilmittel, das ... wie durch ein Wunder die ganze Szene verwandeln und innerhalb weniger Jahre ganz Europa, oder wenigstens dessen größeren Teil, ebenso frei und glücklich machen könnte, wie es die Schweiz heute ist. Worin besteht dieses Allheilmittel? Darin, dass man die europäische Familie, oder doch einen möglichst großen Teil davon, wieder aufrichtet und ihr eine Ordnung gibt, unter der sie in Frieden, Sicherheit und Freiheit leben kann. Wir müssen eine Art Vereinigte Staaten von Europa schaffen."

*(aus: Hagen Schulze, Ina Ulrike Paul (Hg.): Europäische Geschichte. Dokumente und Materialien. München 1994, S. 398 f.)*

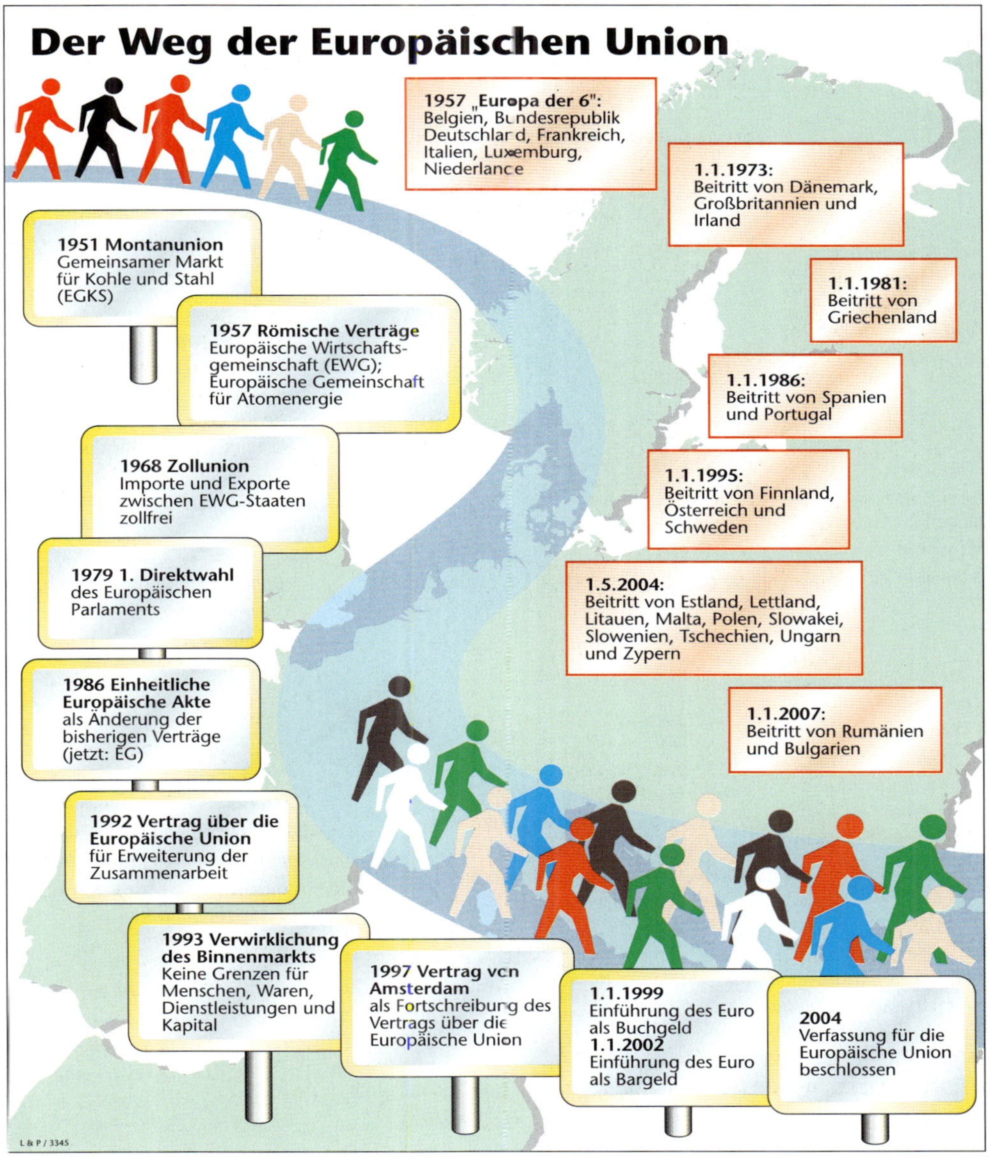

Die **Europaflagge** ist das Symbol der Europäischen Union, aber auch der Einheit und der Identität Europas im weiteren Sinn. Der Kreis der zwölf goldenen Sterne steht für die Solidarität und Harmonie zwischen den Völkern Europas. Die Anzahl der Sterne hat nichts mit der Anzahl der Mitgliedstaaten zu tun. Es gibt zwölf Sterne, da die Zahl Zwölf seit jeher Vollendung, Vollkommenheit und Einheit verkörpert. Die Flagge bleibt daher auch bei künftigen Erweiterungen der Europäischen Union unverändert bestehen.

1 *Warum wollte Churchill die europäische Einigung?*

2 *Was macht die Übersicht „Der Weg der Europäischen Union" deutlich?*

## Die Staaten der Europäischen Union

**A** *Das Land, in dem ich lebe, ist eine konstitutionelle Monarchie mit parlamentarischem Regierungssystem. Das Staatsoberhaupt ist der König, die Königin stammt aus Deutschland. Die Hauptstadt ist Sitz der Königlichen Akademie der Wissenschaften, die alljährlich die Nobelpreise vergibt.*

**B** *Mein Land war einst ein bedeutendes Kolonialreich, für das berühmte Entdecker den Grundstein legten. 1976 führte eine Revolution zu einer demokratischen Staatsordnung anstelle der vorangegangenen Militärdiktatur.*

**C** *Bei der Entwicklung des Vertrages über die Europäische Union spielten zwei Städte in meinem Heimatland eine bedeutende Rolle. In unserer Hauptstadt befindet sich der Internationale Gerichtshof.*

**D** *Ich lebe in einem Land der Gegensätze, mit reichen Regionen im Norden und armen Gegenden im Süden. In unserer Hauptstadt wurde die Europäische Wirtschaftsgemeinschaft beschlossen.*

**E** *Das Land, in dem ich lebe, wird auch als „grüne Insel" bezeichnet. Ein Teil dieser Insel gehört zu einem anderen Mitgliedstaat der EU. Mitte des letzten Jahrhunderts zwangen Hungersnöte viele Staatsbürger zur Auswanderung. Die meisten Auswanderer gingen in die USA.*

**F** *Die freundschaftliche Zusammenarbeit zwischen meinem Heimatland und der Bundesrepublik Deutschland ist eine wichtige Grundlage für die europäische Einigung. Eine Stadt ganz im Osten ist Hauptsitz des Europäischen Parlaments.*

**G** *In meinem Land begann vor 2500 Jahren die Demokratie. Ruinen zeugen von frühen Hochkulturen. Die zahlreichen Sehenswürdigkeiten, herrliche Inseln und Strände locken jedes Jahr viele Besucher in mein Heimatland.*

**H** *In unserer Hauptstadt haben wichtige Organe der Europäischen Union ihren Sitz. Die beiden Volksgruppen der Flamen und Wallonen bilden den Hauptteil der Bevölkerung.*

**I** *Der Staat, in dem ich lebe, grenzt im Süden an Deutschland. Er besteht aus einer Halbinsel und rund 400 Inseln. Auf einer dieser Inseln liegt die Hauptstadt.*

**J** *Hoch im Norden gelegen, ist mein Heimatland der am dünnsten besiedelte Staat der EU.*

*Die Flaggen der 27 EU-Staaten*

**Die 27 Mitgliedstaaten der Europäischen Union**

**(rechts die jeweilige Einwohnerzahl in Mio., Stand 2007)**

| | |
|---|---|
| Belgien | 10,5 |
| Bulgarien | 7,7 |
| Dänemark | 5,4 |
| Deutschland | 82,4 |
| Estland | 1,3 |
| Finnland | 5,3 |
| Frankreich | 62,9 |
| Griechenland | 11,1 |
| Großbritannien | 60,4 |
| Irland | 4,2 |
| Italien | 58,8 |
| Lettland | 2,3 |
| Litauen | 3,4 |
| Luxemburg | 0,5 |
| Malta | 0,4 |
| Niederlande | 16,3 |
| Österreich | 8,3 |
| Polen | 38,2 |
| Portugal | 10,6 |
| Rumänien | 21,6 |
| Schweden | 9,0 |
| Slowakei | 5,4 |
| Slowenien | 2,0 |
| Spanien | 43,8 |
| Tschechien | 10,3 |
| Ungarn | 10,1 |
| Zypern | 0,8 |

**Ä** *Mein Land liegt am Schwarzen Meer; im Norden bildet die Donau die Grenze zu einem anderen EU-Staat.*

**Z** *Ich komme aus einem Land im Osten Europas, in dem eine Sprache gesprochen wird, die auf die Römer zurückgeht.*

**Y** *Mein Heimatland bildete früher mit der Tschechei zusammen einen Staat. Seit 1993 sind wir selbstständig.*

**X** *Die Hauptstadt meines Landes ist als „goldene Stadt" bekannt und wird von vielen Touristen besucht.*

**W** *Der Staat, aus dem ich stamme, grenzt an die Ostsee und an Deutschland. Bei uns gibt es viele Katholiken.*

**V** *Mein Land ist das südlichste der drei baltischen Staaten.*

**U** *Ich lebe in einem Land, das zum Baltikum gehört. Unsere Hauptstadt war früher eine Hansestadt.*

**T** *Mein Land gehörte früher zum kommunistischen Ostblock. 1956 gab es bei uns einen Aufstand, der von sowjetischen Truppen blutig niedergeschlagen wurde.*

**S** *Ich komme von einer Insel, deren nördlicher Teil seit 1974 von einem anderen Staat besetzt ist.*

**R** *Ich lebe in dem nördlichsten der drei baltischen Staaten.*

**Q** *Mein Land wurde ein eigener Staat, als das frühere kommunistische Jugoslawien zerfiel.*

**P** *Ich komme von einer kleinen Insel, die früher eine englische Kolonie war. Wir sind der kleinste EU-Staat.*

**M** *Ich lebe in einem Land mit großer und langer Tradition. Hier wurden schon im Jahre 1215 die Freiheitsrechte des Einzelnen und die Menschenrechte schriftlich niedergelegt.*

**O** *Flächenmäßig ist mein Heimatland der zweitgrößte Staat der EU. Als beliebtes Urlaubsland wird es jedes Jahr von vielen Millionen Touristen besucht.*

**K** *Der Einwohnerzahl nach ist mein Heimatland das größte Land der EU, der Fläche nach das viertgrößte. Es hat die meisten Grenznachbarn, nämlich neun.*

**N** *Bei uns haben verschiedene Institutionen der EU ihren Sitz, z. B. auch der Europäische Gerichtshof. Unser Land ist klein und über dreißig Prozent seiner Einwohner sind Ausländer.*

**L** *Ich stamme aus einem Land im Herzen Europas, in dessen neun Bundesländern deutsch gesprochen wird und das insbesondere auch als Urlaubsland bekannt ist.*

1 *Lies die Sprechblasentexte: Um welchen Mitgliedstaat der EU handelt es sich jeweils?*

2 *Ordne die Flaggen den EU-Staaten zu.*

## Die drei Säulen der EU

Drei Säulen stellen die Politikbereiche der EU dar. Die mittlere Säule steht für die Europäischen Gemeinschaften, also EG und Euratom. In diesen Politikbereichen wird die Zusammenarbeit vom Grundsatz der überstaatlichen Befugnis bestimmt. Der EG-Vertrag ist das Kernelement der supranational ausgerichteten europäischen Einigung. Die Mitgliedstaaten haben Hoheitsrechte auf Organe der Gemeinschaft (Kommission, Rat, Parlament, Gerichtshof) übertragen. Die Mitgliedstaaten sind an Entscheidungen dieser Organe gebunden.

Für die Politikbereiche in den beiden flankierenden Säulen gilt der Grundsatz der Regierungszusammenarbeit. Die Regierungen der Mitgliedstaaten sind für diese Politikfelder, die noch nicht vergemeinschaftet wurden, weiterhin verantwortlich. Sie verpflichten sich jedoch zur zwischenstaatlichen Zusammenarbeit bzw. gegenseitigen Abstimmung auf Regierungsebene. Diese Art der Zusammenarbeit wird auch als „intergouvernementale" Zusammenarbeit bezeichnet. Die Mitgliedstaaten haben hier ihre Hoheitsrechte nicht an die EU übertragen.

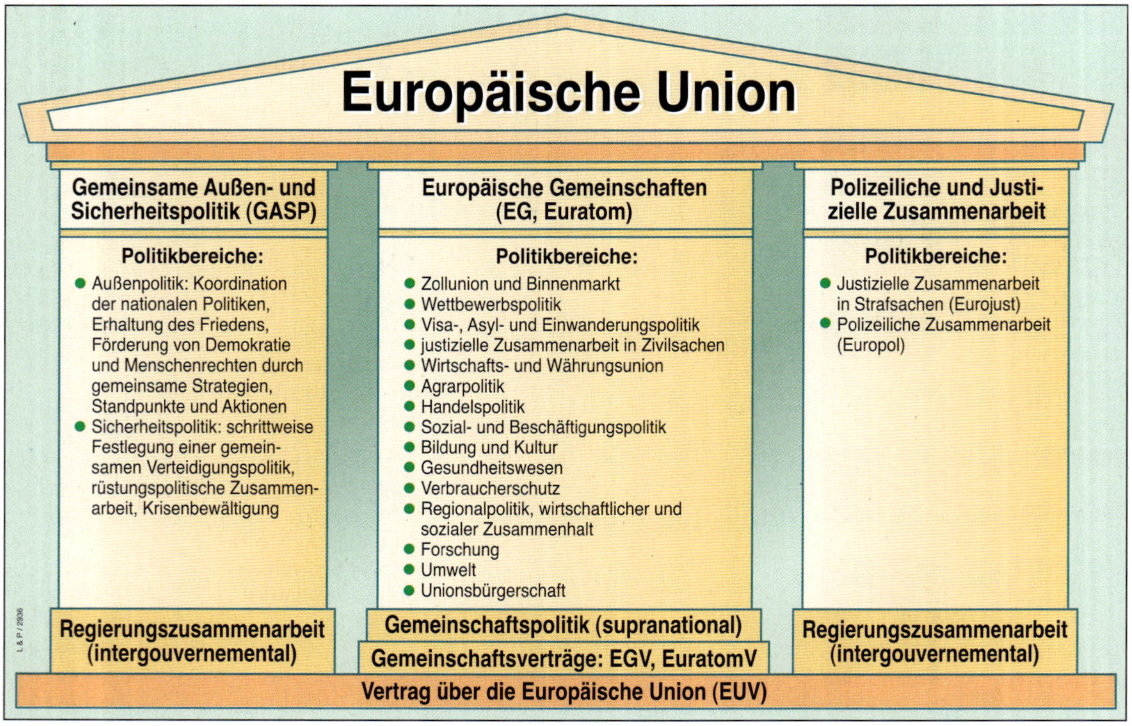


**A** Bei Gemeinderatswahlen in Rheinland-Pfalz dürfen auch hier wohnhafte Ausländer aus EU-Staaten wählen.

**B** Im Jahr 1995 wurde die Verwendung von Land- und Seeminen geächtet.

**C** Die Kriminalpolizei Koblenz ruft in Den Haag an, ob im Computer Informationen über zwei Festgenommene vorliegen, die einer gesuchten Dealer-Bande angehören könnten.

**D** Landwirte erhalten Geld dafür, dass sie einen Teil ihrer Ackerflächen stilllegen.

**E** Die Europäische Kommission verbietet den Zusammenschluss eines deutschen mit einem französischen Großunternehmen, da diese Fusion dem neuen Unternehmen eine so starke Stellung im europäischen Markt einräumen würde, dass kleine Unternehmen nicht mehr konkurrenzfähig wären.

1 *Begründe, warum die mittlere Säule grafisch breiter dargestellt ist als die anderen beiden.*

2 *Zu welcher Säule und zu welchen Stichwörtern dort gehören die Beispiele A bis E jeweils?*

3 *Sollte in Zukunft auch in Politikbereichen der ersten und dritten Säule supranational entschieden werden? Begründe deine Meinung.*

## Europäischer Binnenmarkt

Seit 1993 ist die Europäische Union ein Binnenmarkt, also ein Raum ohne Grenzen für das wirtschaftliche Geschehen. Der Handel zwischen den Staaten der EU gilt nicht mehr als Ein- und Ausfuhr, sondern als Binnenhandel.

Wenn Waren im Binnenmarkt an jeden Ort gebracht werden dürfen, darf es auch keine Beschränkungen bei Dienstleistungen und im grenzüberschreitenden Personen- und Kapitalverkehr geben. Daher spricht man von den „vier Freiheiten", die im Binnenmarkt gelten.

Für die neuen Mitgliedstaaten wurde eine Reihe von Sonderregelungen vereinbart, durch die sie nach und nach an die Freiheiten des Binnenmarktes herangeführt werden. So wird ihnen z. B. die Niederlassungs- und Beschäftigungsfreiheit noch nicht in vollem Umfang gewährt. Dadurch soll verhindert werden, dass in der Zeit des Übergangs zu viele Arbeitskräfte aus den neuen Beitrittsländern den einheimischen Arbeitskräften Konkurrenz machen.

1 Frau Schneider aus Mainz sieht bei ihrem Aufenthalt in Mailand eine Espresso-Maschine, die ihr besonders gut gefällt. Deshalb kauft sie sie. Sie kann guten Gewissens an der Grenze mit der Maschine im Kofferraum durchfahren. Früher hätte sie an der Grenze anhalten, die Espresso-Maschine anmelden und dafür Zoll bezahlen müssen.

2 Mister Livington in Liverpool ist im Internet auf die Bedingungen der deutschen Corola-Lebensversicherung gestoßen. Er hält sie für besonders günstig. Ohne jegliche Genehmigung einer britischen Behörde kann die deutsche Versicherung mit dem Engländer einen Versicherungsvertrag abschließen, auch wenn sie keine Zweigniederlassung in England hat.

3 Herr Mädler aus Trier erhält ein attraktives Angebot, bei einer Firma in Dublin (Irland) zu arbeiten. Die Tätigkeit im Ausland reizt ihn sehr. Er kann den Arbeitsvertrag unterschreiben, ohne eine Behörde in Deutschland oder Irland fragen zu müssen. Auf die Aufenthaltserlaubnis, die er dann in Irland beantragen muss, hat er einen Rechtsanspruch.

4 Herr Dr. Beck aus Kaiserslautern hat bei einem Ärztekongress den Italiener Guiseppe Gucci kennen gelernt. Er will in dessen Arzneimittelunternehmen 200 000 Euro investieren. Dies kann er tun – ohne jegliche staatliche Genehmigung, die früher notwendig gewesen wäre.

1 *Mit welcher der vier Freiheiten hat das jeweilige Beispiel zu tun? Notiere auch den entsprechenden Unterpunkt.*

2 *Die Freiheiten des Binnenmarktes bieten viele Vorteile. Welche Nachteile könnte es geben?*

3 *„Jetzt nehmen uns die Osteuropäer die Arbeitsplätze weg!" – Was meinst du zu dieser Aussage?*

## Der Europäische Rat

Der Europäische Rat besteht aus den Staats- und Regierungschefs aller EU-Staaten sowie dem Präsidenten der Europäischen Kommission. Da er das oberste Entscheidungsgremium in der Europäischen Union ist, werden seine Tagungen oft als „Gipfeltreffen" bezeichnet. Der Europäische Rat tagt grundsätzlich viermal jährlich.
Weil die Europäische Union kein Staat, sondern eine besondere Art von Staatenverbindung ist, haben die 27 Staats- und Regierungschefs die Aufgabe, Grundsatzentscheidungen für die europäische Entwicklung zu treffen. Sie müssen die Impulse für die Weiterentwicklung der EU geben und die allgemeinen Leitlinien der europäischen Politik festlegen. Sie bilden also eigentlich kein Organ der EU, sondern stehen vielmehr über den Organen.
Manchmal versuchen die Staats- und Regierungschefs auch schwierige Probleme zu lösen, mit denen der Ministerrat nicht fertig geworden ist. Zu Beginn jeder Tagung bespricht sich der Europäische Rat mit dem Präsidenten des Europäischen Parlaments.
In der Europäischen Union hat derzeit noch jeweils ein Mitgliedstaat für ein halbes Jahr die sogenannte Ratspräsidentschaft inne und bestimmt in dieser Zeit die Schwerpunkte der europäischen Politik. Die Gipfeltreffen finden jeweils in diesem Staat statt. Dessen Regierungschefin oder Regierungschef leitet die Sitzungen. Der Staat, der die Ratspräsidentschaft inne hat, führt auch den Vorsitz bei allen Ministertreffen. Er ist außerdem für die Gemeinsame Außen- und Sicherheitspolitik der Europäischen Union in dieser Zeit zuständig und vertritt die Gemeinschaft nach außen.
Österreich und Finnland hatten 2006 die Ratspräsidentschaft inne, Deutschland und Portugal folgten 2007. Im Jahr 2008 stellen Slowenien und Frankreich die Ratspräsidentschaften.
Der halbjährliche Wechsel in der Ratspräsidentschaft endet, wenn der Vertrag von Lissabon in Kraft tritt. Dann soll es einen gewählten Präsidenten des Europäischen Rates geben, der diesen zweieinhalb Jahre lang leitet.

*Die Teilnehmer an einem EU-Gipfeltreffen 2007 – in der Mitte Bundeskanzlerin Angela Merkel*

1. *Warum kann der Europäische Rat auch Probleme lösen, bei denen die Minister nicht weitergekommen sind?*
2. *Warum wechselt die Ratspräsidentschaft nach verhältnismäßig kurzer Zeit? Warum sieht hier der Vertrag von Lissabon eine Änderung vor?*

## Die Europäische Kommission

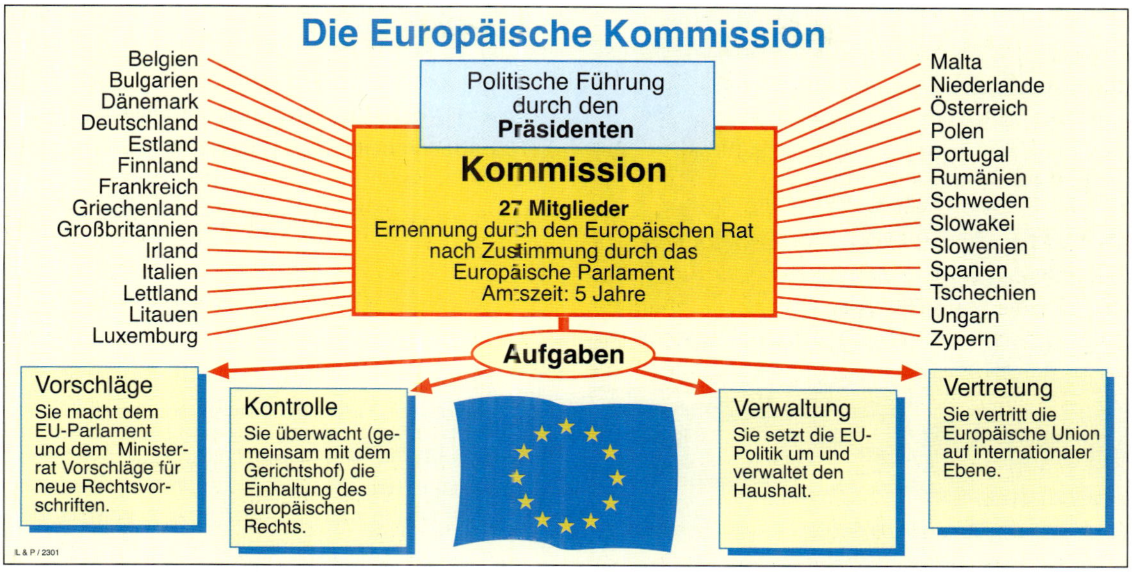


### Beschreibungen

**A** Der Vertrag räumt der Kommission das „Initiativrecht" ein. Mit anderen Worten: Sie allein ist für die Ausarbeitung von Vorschlägen für neue europäische Rechtsvorschriften verantwortlich, die sie dem Parlament und dem Ministerrat vorlegt.

**B** Die Kommission ist die „Hüterin der Verträge". Das bedeutet, dass sie gemeinsam mit dem Gerichtshof über die ordnungsgemäße Anwendung des EU-Rechts in allen Mitgliedstaaten wacht. Wenn die Kommission feststellt, dass ein EU-Staat europäische Rechtsvorschriften nicht anwendet und somit seine rechtlichen Verpflichtungen nicht erfüllt, ergreift sie Schritte, um diesen Verstoß abzustellen.

**C** Die Kommission ist das Exekutivorgan der EU, d.h. sie führt die vom Parlament und vom Ministerrat beschlossenen Maßnahmen durch und verwaltet die EU-Gelder. Ein Beispiel für einen Politikbereich, den die Kommission aktiv verwaltet, sind die Wettbewerbsregeln. Die Kommission überwacht Kartelle und Fusionen und stellt sicher, dass die EU-Staaten ihren Industriebetrieben keine Subventionen gewähren, die den Wettbewerb verfälschen.

**D** Die Kommission ist für das Aushandeln völkerrechtlicher Verträge im Namen der EU verantwortlich.

**E** Die Kommission schlägt nur dann etwas vor, wenn sie der Ansicht ist, dass ein Problem dadurch wirksamer gelöst werden kann als durch nationale, regionale oder lokale Maßnahmen.

**F** Unter den wachsamen Augen des Rechnungshofes verwaltet die Kommission den Haushalt. Das Europäische Parlament erteilt der Kommission nur dann die Entlastung für die Durchführung des Haushaltsplans, wenn es mit dem Jahresbericht des Rechnungshofes zufrieden ist.

**G** Die Kommission ist eine wichtige Sprecherin der EU auf internationaler Ebene. Dadurch können die 27 Mitgliedstaaten in internationalen Foren wie der Welthandelsorganisation „mit einer Stimme" sprechen.

**H** Wenn der Verstoß eines Staates gegen EU-Verträge nicht abgestellt wird, muss die Kommission die Angelegenheit dem Gerichtshof übergeben, der Strafen verhängen kann. Die Urteile des Gerichtshofes sind für die Mitgliedstaaten und die Organe der EU bindend.

**1** *Jeweils zwei Beschreibungen gehören zu einer Aufgabe der Kommission. Ordne zu.*
**2** *Warum bezeichnet man die Kommission wohl als „Motor der Europäischen Union"?*
**3** *Die Kommission wird oft auch als „Regierung der EU" bezeichnet. Was spricht dafür, was dagegen?*

## Das Europäische Parlament

*Das Europäische Parlament in Straßburg*

*(Gerhard Mester / CCC, www.c5.net)*

Die Abgeordneten des Europäischen Parlaments werden alle .....1..... Jahre direkt gewählt. Sie schließen sich übernational zu .....2..... zusammen. Derzeit besteht das Europäische Parlament aus 785 Abgeordneten. Die Plenartagungen finden in .....3..... statt.

Das Europäische Parlament hat drei wesentliche Aufgaben:

1. Es teilt sich die .....4..... Gewalt mit dem Ministerrat. Bei etwa 80 Prozent der Verordnungen und Richtlinien entscheidet es .....5..... mit dem Ministerrat. Das Parlament kann die .....6..... auffordern, Gesetzesvorlagen einzubringen.
2. Es übt die demokratische .....7..... über alle Organe der EU und insbesondere über die Kommission aus. Es bestätigt zum Beispiel die Kommission oder kann sie zum .....8..... zwingen. Nach dem Vertrag von Lissabon ist das Parlament künftig für die .....9..... des Kommissionspräsidenten zuständig.
3. Das Parlament teilt sich das Haushaltsrecht mit dem Ministerrat und kann daher Einfluss auf die .....10..... der Europäischen Union nehmen. Die Abgeordneten haben das „letzte Wort" über den Gesamthaushalt: Das Parlament kann ihn .....11..... oder ablehnen.

**Kontrolle – fünf – annehmen – Fraktionen – Rücktritt – Ausgaben – gesetzgebende – gleichberechtigt – Wahl – Kommission – Straßburg**

### EUROPAWAHL: ERGEBNISSE FÜR DEUTSCHLAND

| Europawahl | 13.06.2004 | 13.06.1999 |
|---|---|---|
| | in Prozent | |
| Wahlbeteiligung | 43,0 | 45,2 |
| CDU/CSU | 44,5 | 48,7 |
| SPD | 21,5 | 30,7 |
| GRÜNE | 11,9 | 6,4 |
| PDS | 6,1 | 5,8 |
| FDP | 6,1 | 3,0 |
| Sonstige | 9,8 | 5,4 |

**Verteilung der Sitze**

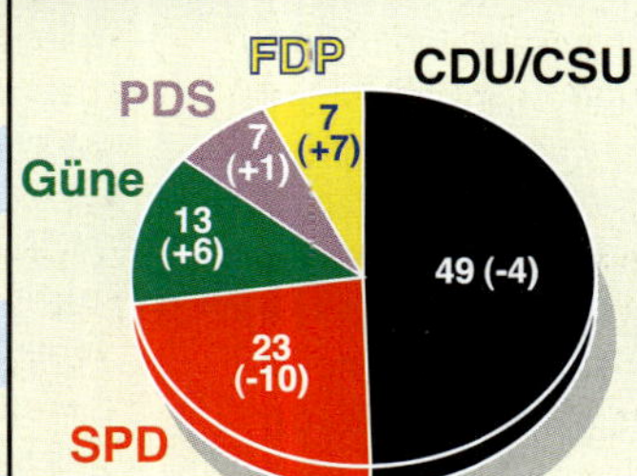


**Sitze Deutschlands im EU-Parlament: 99**

Differenz zu 1999 in Klammern

Quelle: Bundeswahlleiter

L&P/1780

1. *Ergänze den Lückentext.*
2. *Werte die Übersicht mit den Ergebnissen der Europawahl für Deutschland aus und notiere einige Beobachtungen.*
3. *Was will die Karikatur zum Ausdruck bringen?*
4. *Welche Aussagen des Parlamentspräsidenten sind für dich besonders bedeutsam? Begründe deine Auswahl*

## Interview mit dem Präsidenten des Europäischen Parlaments

***Hans-Gert Pöttering***
*Präsident des Europäischen Parlaments*

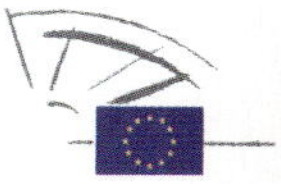

*Emblem des Europäischen Parlaments*

**1 Seit wann sind sie Abgeordneter des Europäischen Parlaments und welche Motive haben Sie veranlasst zu kandidieren?**

Als einer von sechs Abgeordneten gehöre ich dem Europäischen Parlament ohne Unterbrechung seit 1979 an. Damals fand die erste Direktwahl des Parlamentes statt, das heißt Bürgerinnen und Bürger der Europäischen Union hatten vor 28 Jahren zum ersten Mal die Gelegenheit, ihre Europa-Abgeordneten selbst zu wählen. Vorher setzte sich das Europäische Parlament aus Vertretern zusammen, die von den jeweiligen nationalen Parlamenten entsandt wurden, also nicht unmittelbar durch die Bevölkerung gewählt wurden.

Seit meiner Jugend bin ich fest davon überzeugt, dass Europapolitik auch Friedenspolitik ist. Damit sich die schrecklichen Katastrophen der beiden Weltkriege, aber auch die Teilung unseres Kontinents in zwei gegnerische Blöcke niemals wiederholen können, müssen die Völker Europas zusammenwachsen. Im Europäischen Parlament kann ich zu diesem Prozess einen wichtigen Beitrag leisten. Auf dem Weg zur Europäischen Einigung sind wir noch nicht in allen Bereichen am Ziel angekommen, aber wir haben heute Vieles erreicht, was 1979 noch unmöglich erschien.

**2 Nennen Sie einige politische Ereignisse, die für Sie als Europaabgeordneter bedeutsam waren.**

Natürlich sind mir der Fall der Berliner Mauer und die deutsche Wiedervereinigung besonders deutlich im Gedächtnis geblieben. In der Folgezeit hat der Zusammenbruch des Kommunismus das Zusammenwachsen beider Teile Europas erst möglich gemacht. Als ich 1979 meine Arbeit als Europaabgeordneter begann, bestand die damalige EWG (Europäische Wirtschaftsgemeinschaft) aus neun Mitgliedsländern. Heute gehören der EU 27 Staaten an, zehn davon aus dem früheren Machtbereich des Warschauer Paktes.

Seither hat auch das Europäische Parlament stetig an Bedeutung gewonnen. In mehreren Schritten, vom Vertrag von Maastricht, über den Vertrag von Amsterdam bis zum Nizza-Vertrag wurden die Mitentscheidungsbefugnisse des Parlaments auf zahlreiche Felder der Gesetzgebung ausgedehnt. Auch mit dem Vertrag von Lissabon soll der Einfluss des Parlaments – als der demokratisch gewählten Vertretung von nahezu 500 Millionen EU-Bürgern – auf die europäische Politik weiter zunehmen.

**3 Nennen Sie einige Ihrer wichtigsten Aufgaben als Präsident des Europäischen Parlamentes.**

Als Präsident leite ich die Arbeiten des Parlaments, das heißt ich führe den Vorsitz während der Plenarsitzungen, die zwölfmal jährlich in Straßburg und sechsmal in Brüssel stattfinden, und vertrete das Parlament nach außen im Rahmen seiner internationalen Kontakte. (...)

**4 Zeigen Sie an einigen Beispielen auf, dass die Europäische Union den Bürgerinnen und Bürgern Vorteile in ihrem alltäglichen Leben gebracht hat.**

Jeder Bürger kann in seinem Alltag die Vorteile spüren, welche die Europäische Union uns allen bringt. Die allermeisten EU-Bürger haben sicher schon einmal von einer der sogenannten „Grundfreiheiten" der Europäischen Union profitiert, beispielsweise von der Möglichkeit, sich innerhalb der EU frei zu bewegen. Wer in ein anderes Mitgliedsland der EU reisen möchte, benötigt im Gegensatz zu früher keinen Reisepass, kein Visum oder keine Aufenthaltserlaubnis mehr.

Ganz konkret spürt man die Errungenschaften der EU auch, wenn man den Euro, die gemeinsame Währung in 15 der Mitgliedsländer der Union in der Hand hält. (Am 1. Januar 2008 werden auch Zypern und Malta den Euro einführen.) Der Euro erleichtert für die Wirtschaft den Zahlungsverkehr in der EU und für Reisende macht er in vielen Ländern das Umtauschen von Bargeld vor dem Urlaub überflüssig. Auch die Einführung günstiger Flug- oder Telefontarife als Folge des Europäischen Binnenmarkts ist der europäischen Gesetzgebung zu verdanken.

**5 Wie sehen Sie die Zukunft Europas? Gibt es Grenzen für die Erweiterung?**

Es ist wichtig, dass wir uns in den nächsten Jahren darauf konzentrieren, dass die schnell gewachsene Europäische Union in ihrem Inneren besser funktioniert und dass die Verwurzelung der europäischen Idee auch bei den Menschen, in deren Städten und Gemeinden, gelingt. (...) Unser Ziel muss sein, die EU intern, aber auch nach außen handlungsfähiger zu machen. (...)

**6 Geben Sie einige Gründe an, warum die Europäische Union gerade jungen Menschen eine Chance für die Gestaltung ihrer Zukunft geben könnte.**

Die Europäische Union bietet jungen Menschen viele Chancen für die Zukunft. Immer mehr junge Menschen nehmen zum Beispiel an Programmen wie ERASMUS teil und nutzen die Chance, bei einem Auslandsaufenthalt ein anderes Land, eine andere Kultur, vielleicht auch eine neue Sprache kennenzulernen. Diesen Studienaustausch fördert die EU, denn er bringt die Mitgliedsländer einander näher. Auch wurde in der Bologna-Erklärung vereinbart, bis 2010 einen gemeinsamen Europäischen Hochschulraum zu schaffen, damit Studienleistungen innerhalb der EU vergleichbar werden und damit untereinander anerkannt werden können.

Jeder EU-Bürger hat das Recht, sich in jedem Mitgliedsland der EU niederzulassen, um dort zu arbeiten. Vielleicht werden eines Tages auch viele Schüler aus Rheinland-Pfalz von dieser Möglichkeit Gebrauch machen.

*(Auszüge aus einem eigens für diese Schulbuchreihe geführten Interview mit Dr. Hans-Gert Pöttering. Brüssel, 11. 09. 2007)*

## Der Rat der Europäischen Union

Der Rat der Europäischen Union – kurz Ministerrat genannt – beschließt die Verordnungen und Richtlinien, also die Gesetze der EU. An seinen Tagungen nimmt je ein Minister aus den nationalen Regierungen der EU-Staaten teil. Je nach anstehender Entscheidung sind es die Landwirtschaftsminister, die Umweltminister, die Finanzminister usw.

Der Ministerrat hat sechs zentrale Aufgaben:

1. Er beschließt europäische Rechtsvorschriften. In vielen Bereichen kann der Rat die Gesetze nur unter gleichberechtigter Mitwirkung des Europäischen Parlaments verabschieden. In anderen Bereichen muss das Parlament nur angehört werden.
2. Er sorgt für die Abstimmung der Grundzüge der Wirtschaftspolitik in den Mitgliedstaaten.
3. Er schließt internationale Übereinkünfte zwischen der EU und einem oder mehreren Staaten oder internationalen Organisationen ab.
4. Gemeinsam mit dem Europäischen Parlament genehmigt er den Haushaltsplan der EU.
5. Auf der Grundlage der vom Europäischen Rat festgelegten allgemeinen Richtlinien entwickelt er die Gemeinsame Außen- und Sicherheitspolitik der EU (GASP).
6. Er koordiniert die Zusammenarbeit der nationalen Gerichte und Polizeikräfte in Strafsachen.

### Beschlussfassung

In einigen für die Mitgliedstaaten besonders sensiblen Bereichen wie Außen-, Sicherheits-, Steuer-, Asyl- und Einwanderungspolitik müssen die Beschlüsse des Ministerrats einstimmig gefasst werden. Das bedeutet, dass jedes EU-Mitglied in diesen Bereichen ein Veto einlegen kann.

Die meisten Beschlüsse werden im Ministerrat mit „qualifizierter Mehrheit" gefasst. Das bedeutet, dass für die Annahme eines Vorschlags eine bestimmte Mindestanzahl von Stimmen erforderlich ist. Die genauen Bestimmungen dazu haben sich im Laufe der Zeit mehrmals geändert, z. B. wegen des Beitritts weiterer Staaten. Zurzeit gilt, dass die 27 EU-Staaten insgesamt 345 Stimmen haben, die großen wie Deutschland und Frankreich z. B. jeweils 29, das kleine Malta nur drei. Die qualifizierte Mehrheit ist erreicht, wenn ein Gesetzentwurf der Kommission mindestens 255 befürwortende Stimmen erhält.

Nach dem Vertrag von Lissabon soll ab 1. 11. 2014 im Ministerrat das Abstimmungsprinzip der „doppelten Mehrheit" gelten. Das bedeutet: Entscheidungen im Ministerrat kommen dann zustande, wenn 55 % der Staaten, die gleichzeitig 65 % der EU-Bevölkerung vertreten, zustimmen.

*(Gerhard Mester / CCC, www.c5.net)*

1. *Wie unterscheidet sich der „Rat der Europäischen Union" vom „Europäischen Rat"?*
2. *Der Ministerrat wird häufig als „Gesetzgeber der EU" bezeichnet. Wie kann das begründet werden?*
3. *Was muss jede Regelung zur Beschlussfassung im Ministerrat berücksichtigen?*
4. *Was will die Karikatur zum Ausdruck bringen?*

## Der Europäische Gerichtshof

CVRIA
www.curia.eu.int

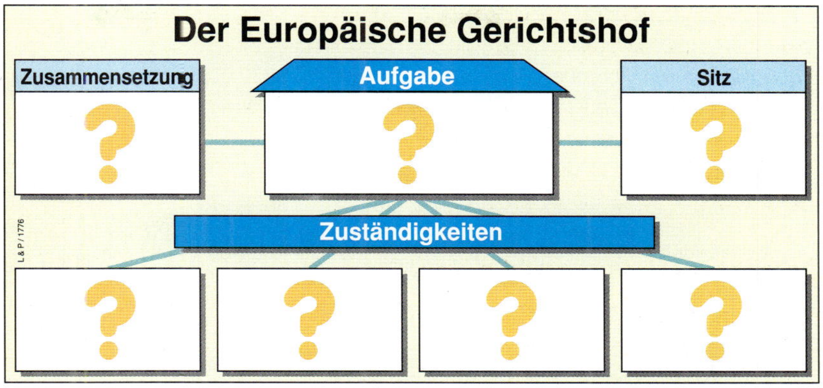


Der Gerichtshof der Europäischen Gemeinschaft – oft nur als „der Gerichtshof" oder als „Europäischer Gerichtshof" bezeichnet – hat die Aufgabe dafür zu sorgen, dass die Rechtsvorschriften der EU (das „Gemeinschaftsrecht") in allen Mitgliedstaaten einheitlich ausgelegt und angewandt werden. Der Gerichtshof ist befugt, in Rechtsstreitigkeiten zwischen Mitgliedstaaten, Organen der EU, Unternehmen und Privatpersonen zu entscheiden. Er verfügt über einen Richter je Mitgliedstaat, sodass alle nationalen Rechtsordnungen der EU vertreten sind. Die Richter werden von den Regierungen der Mitgliedstaaten in gegenseitigem Einvernehmen auf sechs Jahre ernannt.

Die Gerichte jedes EU-Staates müssen für eine ordnungsgemäße Anwendung des EU-Rechts in ihrem Land sorgen. Wenn ein nationales Gericht Zweifel über die Auslegung oder Gültigkeit einer Rechtsvorschrift der EU hat, so kann es – und muss es in manchen Fällen – den Gerichtshof zu Rate ziehen. Dieser Rat wird in Form einer „Vorabentscheidung" erteilt.

Von der Kommission kann Klage erhoben werden, wenn sie Grund zur Annahme hat, dass ein Mitgliedstaat seinen Verpflichtungen gemäß dem EU-Recht nicht nachkommt. Wenn der Gerichtshof feststellt, dass der Vertrag tatsächlich verletzt wurde, so muss der beschuldigte Mitgliedstaat diesen Verstoß sofort abstellen.

Wenn ein Mitgliedstaat, der Rat, die Kommission oder unter bestimmten Umständen das Parlament meinen, dass ein bestimmter Rechtsakt der EU rechtswidrig ist, können sie beantragen, dass der Gerichtshof ihn für nichtig erklärt. Wenn der Gerichtshof feststellt, dass der betreffende Rechtsakt nicht korrekt verabschiedet wurde oder sich nicht auf die richtige Rechtsgrundlage in den Verträgen beruft, kann er ihn für null und nichtig erklären.

Das Europäische Parlament, der Ministerrat und die Kommission sind durch den Vertrag verpflichtet, unter gewissen Umständen bestimmte Entscheidungen zu treffen. Wenn sie das unterlassen, kann der Gerichtshof angerufen werden, um die Unrechtmäßigkeit dieser Untätigkeit feststellen zu lassen.

*Der Europäische Gerichtshof in Luxemburg*

### Altautorichtlinie: EU verklagt Deutschland

BERLIN (luß/dpa). Die EU-Kommission verklagt Deutschland vor dem Europäischen Gerichtshof in Luxemburg wegen Mängeln im Gesetz zur kostenlosen Rückgabe von Altautos. Wie die Behörde mitteilte, hat das deutsche Altfahrzeuggesetz von 2002 Lücken und lässt Ausnahmen zu. (…)

*(aus: Stuttgarter Zeitung, 20. 1. 2005)*

1. *Benutze das Arbeitsblatt oder zeichne die grafische Darstellung oben vergrößert ab. Ergänze die mit Fragezeichen versehenen Stellen durch stichwortartige Informationen. Die Texte helfen dir dabei.*
2. *Lies die Zeitungsmeldung: Warum wird Deutschland verklagt? Mit welcher Zuständigkeit des Gerichtshofs hat diese Klage zu tun?*

## Zusammenwirken der EU-Organe

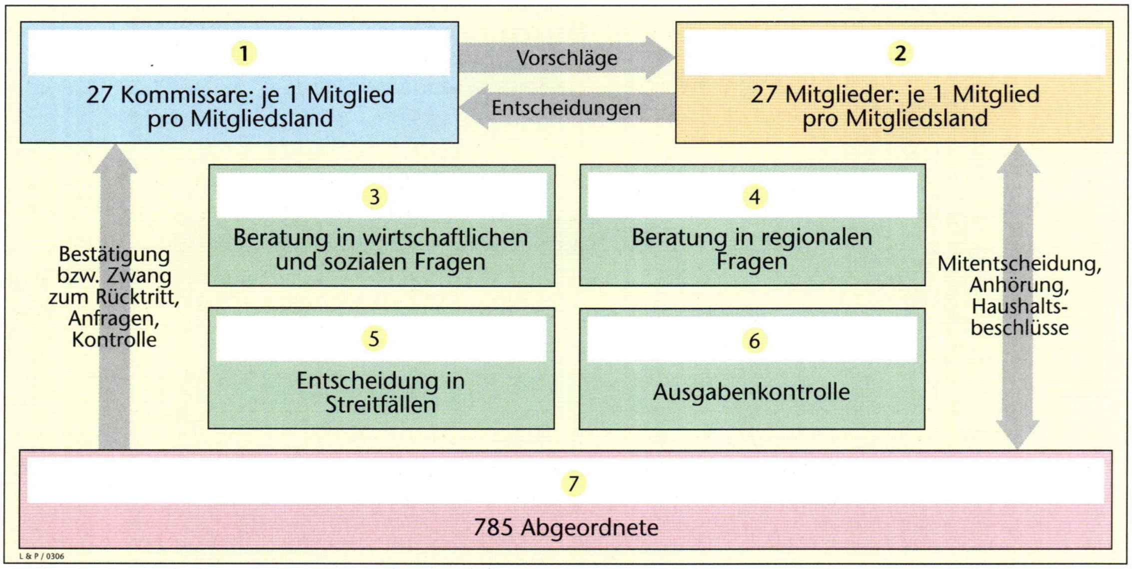


**Organe der EU**

- Ministerrat
- Europäisches Parlament
- EU-Kommission
- Europäischer Gerichtshof
- Wirtschafts- und Sozial- ausschuss
- Regional- ausschuss
- Europäischer Rechnungshof

**Aufgabenbeschreibungen**

**A** ... kann von anderen EU-Organen, von Mitgliedstaaten oder Einzelpersonen angerufen werden, wenn Zweifel in der Anwendung von Verträgen, Verordnungen oder Richtlinien der EU bestehen.

**B** ... muss angehört werden und berät die EU-Kommission und den Ministerrat in regionalen Fragen, z. B. bei der regionalen Förderung oder in Fragen der Bildungspolitik.

**C** ... entscheidet bei der Gesetzgebung in wichtigen Bereichen gleichberechtigt mit dem Ministerrat. ... beschließt gemeinsam mit dem Ministerrat den Haushalt. ... muss die Kommission bestätigen und kann sie zum Rücktritt zwingen. ... muss völkerrechtlichen Verträgen, z. B. Beitrittsbeschlüssen, zustimmen.

**D** ... berät die Kommission und den Ministerrat in wirtschaftlichen und sozialen Fragen.

**E** ... macht die Vorschläge für Verordnungen und Richtlinien sowie für den Haushaltsplan. ... führt sie im Bereich gemeinschaftlicher Politik auch aus. ... stellt den Haushaltsplan auf und verwaltet ihn. ... wacht über Einhaltung der EU-Verträge.

**F** ... prüft alle Ausgaben und Einnahmen der EU. ... legt nach jedem Haushaltsjahr einen Bericht vor. ... erstellt Sonderberichte zu speziellen Fragen.

**G** ... erlässt die Verordnungen und Richtlinien der EU, in wichtigen Bereichen gleichberechtigt mit dem Europäischen Parlament, sonst nach dessen Anhörung. ... genehmigt den Haushalt zusammen mit dem Europäischen Parlament.

1 *Notiere zu jeder Kurzbeschreibung, welches Organ gemeint ist.*
2 *Ordne die sieben Organe den Nummern in der Grafik zu.*
3 *In der Übersicht fehlt der Europäische Rat. Warum?*

# Das Wichtige in Kürze

**Einigungsprozess**

Eine Grundlage für die europäische Einigung war die deutsch-französische Versöhnung nach dem 2. Weltkrieg. Die EU soll dauerhaften Frieden sichern, die Demokratie festigen und die wirtschaftliche Zusammenarbeit fördern.

**Vertrag über die Europäische Union**

Im Vertrag über die Europäische Union sind alle Beschlüsse zusammengefasst, die im bisherigen Verlauf der europäischen Einigung gefasst worden sind. Er wird also fortgeschrieben. In dem Vertrag werden drei nebeneinander bestehende Aufgabenbereiche unterschieden: Europäische Gemeinschaft (EG), Gemeinsame Außen- und Sicherheitspolitik (GASP), Zusammenarbeit in der Innen- und Justizpolitik.

**Europäischer Binnenmarkt**

Der Europäische Binnenmarkt gewährleistet zwischen den Mitgliedstaaten vier Freiheiten: den freien Verkehr von Personen, Waren, Dienstleistungen und Kapital. Die Verbraucher können in der Europäischen Union einkaufen und von dem größeren Wettbewerb profitieren. Die Unternehmen haben bessere Exportmöglichkeiten in die anderen EU-Staaten. Die Arbeitnehmer können Arbeit in anderen EU-Staaten finden und durch Auslandserfahrungen ihre Berufschancen verbessern.

**Europäischer Rat**

Der Europäische Rat besteht aus den Staats- und Regierungschefs und kommt mindestens einmal im Halbjahr zu einem Gipfeltreffen zusammen. Er trifft die Grundsatzentscheidungen für die europäische Entwicklung.

**Europäisches Parlament**

Die Abgeordneten werden alle fünf Jahre gewählt. Sie schließen sich übernational zu Fraktionen zusammen. Das Europäische Parlament entscheidet bei Verordnungen und Richtlinien in wichtigen Bereichen gleichberechtigt mit dem Ministerrat. Allerdings kann es noch nicht selbst Gesetzentwürfe vorlegen.

**Europäische Kommission**

Jeder Mitgliedstaat entsendet in die Europäische Kommission für jeweils fünf Jahre eine Kommissarin oder einen Kommissar. Die Ernennung erfolgt nach eingehender Prüfung durch das Europäische Parlament. Eine oder einer ist der Präsident, der die Richtlinienkompetenz hat und auch Mitglied des Europäischen Rates ist. Die anderen Kommissarinnen und Kommissare sind jeweils für einen bestimmten Aufgabenbereich (Ressort) zuständig. Während ihrer Amtszeit sind sie völlig unabhängig von den Regierungen ihrer Staaten.

**Ministerrat**

Der Ministerrat (Rat der Europäischen Union) beschließt die Verordnungen und Richtlinien, also die Gesetze der EU. In vielen Politikbereichen kann der Rat die Gesetze nur unter gleichberechtigter Mitwirkung des Europäischen Parlaments verabschieden. In anderen Bereichen muss das Parlament nur angehört werden. Bei den einzelnen Zusammenkünften bilden diejenigen Minister den Rat, aus deren Fachbereich Entscheidungen anstehen.

**Europäischer Gerichtshof**

Der 1952 eingerichtete Gerichtshof der Europäischen Gemeinschaft hat dafür zu sorgen, dass die Rechtsvorschriften der EU (das „Gemeinschaftsrecht") in allen Mitgliedstaaten einheitlich ausgelegt und angewendet werden. Er ist befugt, in Rechtsstreitigkeiten zwischen Mitgliedstaaten, Organen der EU, Unternehmen und Privatpersonen zu entscheiden.

## Der Vertrag von Lissabon

Im Dezember 2001 beschlossen die Staats- und Regierungschefs, einen Konvent einzuberufen. Er setzte sich aus Vertretern der Mitgliedstaaten, der EU-Kommission, des EU-Parlaments und der nationalen Parlamente sowie aus nicht stimmberechtigten Vertretern der Beitrittsländer zusammen. Dieser 105 Mitglieder starke Konvent hatte die Aufgabe, den Entwurf einer europäischen Verfassung vorzulegen. Er sollte Vorschläge für eine Reform der EU erarbeiten, die es ihr u. a. ermöglicht, auch nach der Erweiterung handlungsfähig zu bleiben.

Es folgte ein mehrjähriger Diskussionsprozess. Im Oktober 2004 wurde der Verfassungsvertrag von den Staats- und Regierungschefs feierlich unterzeichnet. Damit war die Debatte über die Zukunft Europas aber nicht beendet. In allen Mitgliedstaaten musste der Verfassungsvertrag durch Parlamentsbeschluss oder Volksentscheid gebilligt werden. Bei den Volksabstimmungen in Frankreich im Mai 2005 und in den Niederlanden im Juni 2005 wurde die EU-Verfassung von den Bürgerinnen und Bürgern abgelehnt. Sie fürchteten zu sehr den Verlust ihrer Eigenstaatlichkeit.

Die Verfassung sah u. a. vor, die Werte und Ziele der EU sowie die Rechte ihrer Bürger in der europäischen Charta der Grundrechte festzuschreiben. Die Rechte des Parlaments sollten gestärkt werden, und die neuen Ämter eines Präsidenten des Europäischen Rates (für 2 ½ Jahre) und eines EU-Außenministers sollten die Geschlossenheit der EU in der Außenpolitik ermöglichen.

Der umstrittenste Vorschlag im Verfassungsvertrag war die neue Regelung für Abstimmungen im Ministerrat. Das Prinzip der „doppelten Mehrheit" sollte eingeführt werden. Demnach kommt diese qualifizierte Mehrheit dann zustande, wenn mindestens 55 Prozent der Mitgliedstaaten zustimmen, die zugleich 65 Prozent der Bevölkerung der EU auf sich vereinigen. Diese Regelung sollte Blockaden von „Großen" und „Kleinen" verhindern.

Bisher gilt im Ministerrat die im Jahre 2000 in Nizza festgelegte Stimmengewichtung für die einzelnen Länder. Die Spanne reicht von drei bis 29 Stimmen. Für die meisten Beschlüsse ist die „qualifizierte Mehrheit" erforderlich. Diese ist erreicht, wenn a) die Mehrheit der Mitglieder zustimmt, die b) zugleich mindestens 255 Stimmen auf sich vereinigt. Schließlich kann ein Mitgliedstaat beantragen, zu überprüfen, ob die qualifizierte Mehrheit mindestens 62 Prozent der Gesamtbevölkerung der EU repräsentiert. Beschlüsse zu den politisch brisantesten Themen wie Steuerpolitik, Gemeinsame Außen- und Sicherheitspolitik und justizielle Zusammenarbeit müssen die Mitglieder einstimmig fassen.

| Mitgliedstaat | Stimmen |
|---|---|
| Deutschland, Frankreich, Großbritannien, Italien je | 29 |
| Polen, Spanien je | 27 |
| Rumänien | 14 |
| Niederlande | 13 |
| Belgien, Griechenland, Portugal, Tschechien, Ungarn je | 12 |
| Bulgarien, Österreich, Schweden je | 10 |
| Dänemark, Finnland, Irland, Litauen, Slowakei je | 7 |
| Estland, Lettland, Luxemburg, Slowenien, Zypern je | 4 |
| Malta | 3 |

Nach der Ablehnung des Verfassungsvertrages in Frankreich und in den Niederlanden im Jahre 2005 begann in den EU-Staaten eine Zeit des Nachdenkens – mit Beteiligung der Bürgerinnen und Bürger, der nationalen Parlamente, der Parteien – über die Verfassung und die Zukunft Europas. In der Berliner Erklärung vom 24./25. März 2007 verpflichteten sich die Staats- und Regierungschefs der EU, die Europäische Union bis zu den nächsten Wahlen zum Europäischen Parlament 2009 auf eine „erneuerte gemeinsame Grundlage" zu stellen. Auf dem EU-Gipfeltreffen im Juni 2007 in Brüssel wurde unter der Ratspräsidentschaft der Bundeskanzlerin Angela Merkel die längjährige Krise der EU zunächst überwunden. Beim EU-Gipfel in Lissabon im Oktober 2007 einigten sich die Staats- und Regierungschefs schließlich auf einen neuen EU-Reformvertrag, der an die Stelle der gescheiterten EU-Verfassung treten und wesentliche Elemente des Verfassungsentwurfs übernehmen soll. Nach dem Tagungsort wird der Vertrag als „Vertrag von Lissabon" bezeichnet. Bei einem zweiten Treffen haben die 27 Staats- und Regierungschefs den Vertrag am 13. Dezember 2007 in Lissabon unterzeichnet.

Die Umsetzung des Vertrages ist zurzeit ungewiss, da die Iren in einer Volksabstimmung im Juni 2008 den Vertrag abgelehnt haben. Eine Mehrheit von nur knapp 100 000 Iren hat den EU-Reformprozess mit ihrem „Nein" erneut ins Stocken gebracht.

## Die wichtigsten Bestimmungen des Vertrags von Lissabon

**Grundrechtecharta**
Die Grundrechtecharta wird erstmals durch einen Verweis im Reformvertrag rechtsverbindlich. Die Charta garantiert etwa das Recht auf Meinungsfreiheit, auf Datenschutz, auf Bildung, auf die Vereinbarkeit von Beruf und Familie sowie das Recht auf eine gute Verwaltung. Diese Rechte sind in letzter Instanz vor dem EU-Gerichtshof einklagbar. Für Polen und Großbritannien bestehen Ausnahmeregelungen.

**Europäische Kommission**
Die EU-Kommission wird verkleinert. Von 2014 an sind in Brüssel nicht mehr 27, sondern abwechselnd nur noch zwei Drittel der Mitgliedstaaten mit einem Kommissar vertreten (Rotationsverfahren). Der Präsident der Kommission wird – auf Vorschlag des Europäischen Rates – vom EU-Parlament gewählt.

**EU-„Außenminister"**
Um Großbritannien nicht zu verärgern, erhält der künftige EU-Chefdiplomat den Titel „Hoher Repräsentant für die Außen- und Sicherheitspolitik". Er ist zugleich Chef des EU-Außenministerrates und Vizepräsident der EU-Kommission.

**Europäischer Rat**
Die Amtszeit des künftigen Ratspräsidenten beträgt zweieinhalb Jahre. Er bereitet die Sitzungen der 27 Staats- und Regierungschefs vor und leitet sie.

**EU-Parlament**
Das EU-Parlament wird von 2009 an nur noch 750 statt bisher 785 Sitze umfassen. Es erhält erstmals ein Mitspracherecht in wichtigen Fragen der Justizzusammenarbeit, der inneren Sicherheit und der illegalen Einwanderung. Das Mitentscheidungsverfahren wird zur Regel, das heißt, Parlament und Rat entscheiden gemeinsam über europäische Gesetze.

**Petitionsrecht**
Mit mindestens einer Million Unterschriften können Bürger künftig die EU-Kommission auffordern, Gesetzesvorschläge zu machen.

**Abstimmungen im Ministerrat**
Künftig müssen nicht mehr alle EU-Beschlüsse einstimmig beschlossen werden. Die Entscheidungen mit qualifizierter Mehrheit werden auf zahlreiche neue Bereiche ausgedehnt, vor allem bei der Polizei- und Justizzusammenarbeit. Bei der Außen-, Steuer- und Sozialpolitik sowie bei Änderungen von EU-Verträgen ist weiterhin Einstimmigkeit erforderlich.
Das Abstimmungsprinzip der doppelten Mehrheit wird erst zum 01. 11. 2014 eingeführt. Für einen Beschluss ist dann die Zustimmung von 55 Prozent der Mitgliedstaaten nötig, die gleichzeitig mindestens 65 Prozent der Bevölkerung der EU vertreten müssen. In Streitfällen können sich Mitgliedstaaten noch bis 2017 auf den bisher geltenden Nizza-Vertrag berufen, der höhere Hürden für eine Mehrheitsentscheidung festlegt. Bis 2014 hat z. B. Polen mehr Stimmrechte, als es seiner Bevölkerungszahl entspricht. Vor allem bestand Polen auf der sogenannten „Joannina-Klausel", die es einer Minderheit von Staaten ermöglicht, dass bei einer knappen Mehrheit im Ministerrat die Minderheit verlangen kann, dass der Rat noch einmal nachverhandelt.

**Nationale Parlamente**
Die nationalen Parlamente werden künftig acht statt bisher sechs Wochen vor einem geplanten Rechtsakt der EU informiert und können Einspruch erheben, wenn sie nationale Zuständigkeiten gefährdet sehen.

### Iren stoppen EU-Reform mit Nein zum Lissabon-Vertrag

*Dublin/Brüssel* – Die Iren haben mit ihrem Nein zum Lissabon-Vertrag eine tiefgreifende Reform der Europäischen Union vorerst gestoppt. Die Volksabstimmung über den Vertrag ergab nach der Auszählung am Freitag eine eindeutige Ablehnung von 53,4 Prozent. Für den Vertrag stimmten 46,6 Prozent.
Irland hatte als einziger der 27 EU-Staaten die Bürger um ihre Meinung gefragt. Insgesamt 862415 Iren stimmten mit Nein, 752451 mit Ja. Aus den europäischen Hauptstädten kamen angesichts der aufziehenden schweren politischen Krise Trotzreaktionen und Durchhalteparolen. (...)
Bundeskanzlerin Angela Merkel, die den Vertrag maßgeblich mit ausgehandelt hatte, verlangte ebenso wie Frankreichs Staatspräsident Nicolas Sarkozy, dass die Ratifizierung in den restlichen acht Mitgliedstaaten weitergehen müsse. (...)
Es war letztlich nur eine Minderheit der drei Millionen irischen Wahlberechtigten, die über die politische Zukunft der Europäischen Union mit ihren fast 500 Millionen Bürgern entschieden hatte. (...)
Irland, einst ein Armenhaus in Europa, gehört zu den größten Profiteuren der EU-Mitgliedschaft, die dem Land noch immer Milliarden von Euro aus den Brüsseler Subventionstöpfen beschert. Die Iren hatten bereits 2001 den Vertrag von Nizza abgelehnt, der nach ihrer Zustimmung im zweiten Anlauf nun weiter die gültige Rechtsgrundlage für die EU ist. (...)

*(Quelle: DPA/www.tz-online.de/de_2/aktuelles/welt/artikel_41047.html 02. 08. 2008)*

1 *Warum scheiterte der vom Konvent vorgelegte Entwurf einer EU-Verfassung?*

2 *War die in Nizza festgelegte Stimmengewichtung gerecht? Welche Länder wurden im Vergleich zu ihrer Bevölkerungszahl (siehe Seite 255) begünstigt?*

3 *Nach dem Treffen in Lissabon sagte der EU-Parlamentspräsident, dass das Parlament der Gewinner des neuen Reformvertrages sei. Überprüfe anhand der Bestimmungen des Vertrages diese Aussage.*

4 *Umsetzung des Vertrags von Lissabon: Recherchiere den augenblicklichen Stand.*

## Migration – Chance oder Gefahr für Europa?

Immer wieder berichten die Medien von afrikanischen Flüchtlingen, die in überfüllten Booten versuchen, ein europäisches Land zu erreichen. Von der wirtschaftlichen Not in ihren Heimatländern getrieben, riskieren sie dabei ihr Leben in der Hoffnung, in Europa Arbeit und ein besseres Leben zu finden. Das Foto zeigt Flüchtlinge, die auf Teneriffa (Spanien) von Sicherheitskräften in Empfang genommen werden. Neben Spanien sind es vor allem Italien und Malta, die von den illegalen Migranten angesteuert werden.

**Fragen an UN-Untergeneralsekretär José Antonio Ocampo**

### „Europa braucht Migranten"

*In Europa versucht man, den Zustrom von Einwanderern zu bremsen. Bei den UN schwärmt man von den Chancen, die Migranten bieten. Weshalb?*
Europa braucht Migranten. Ihre Zahl wird nicht ab-, sondern zunehmen. Die Bevölkerung altert. Deutschland droht eine demografische Katastrophe. Die europäischen Länder müssen sich erst daran gewöhnen, dass ihre Bevölkerung ethnisch unterschiedlich zusammengesetzt ist, wie das in Amerika der Fall ist. Aber ich bin überzeugt, dass die internationale Migration eine positive Kraft ist, von der Herkunfts- wie Aufnahmeländer profitieren.

*Aber in Europa ist oft die Sorge zu hören, dass Migranten anderen die Arbeit wegnehmen?*
Das stimmt so nicht. Allenfalls Migranten, die früher gekommen sind, haben unter dieser Konkurrenzsituation zu leiden. Migranten ergänzen meist die einheimischen Arbeitskräfte, sie übernehmen Aufgaben, die diese nicht mehr machen wollen, bieten neue Dienstleistungen an, werden zu Unternehmern und tragen so zu mehr Wachstum bei. Internationale Migration ist eine große Chance für die Entwicklung. Zudem wachsen die Überweisungen der Migranten nach Hause ständig. (…)

*Verlieren denn nicht ihre Heimatländer Fachleute wie Ärzte und Schwestern, die sie dringend brauchen?*
Wenn jemand auswandern will, ist es schwer, ihn davon abzuhalten. Jeder sollte entscheiden können, wo er leben will. Aber es trifft zu, die Herkunftsländer investieren in diese Menschen, bilden sie als Mediziner oder Lehrer aus. Die Aufnahmeländer profitieren dann davon. Hier sollte international stärker zusammengearbeitet werden. (…)

*(aus: Frankfurter Allgemeine Zeitung, 14. 7. 2006, S. 5. Das Gespräch führte Hans-Christian Rößler)*

### Wie will Europa die Migranten integrieren?

Unter dem Eindruck Tausender afrikanischer Flüchtlinge, die nach Europa drängen, hat es in diesem Jahr gleich zwei Konferenzen der Europäischen Union mit der Afrikanischen Union gegeben. Nun trägt die politische Annäherung erste Früchte. EU-Kommissar Franco Frattini stellte eine neue Strategie vor, mit der die Einwanderung zu einer „gemeinsamen Sache" der Europäer und Afrikaner gemacht werden soll.
(…) So soll es zwischen afrikanischen und europäischen Ländern präzise ausgehandelte *Mobilitätspakete* geben. EU-Länder sollen ihren Bedarf an Arbeitskräften in bestimmten Sektoren melden. Afrikanische Länder sollen Arbeitskräfte anbieten können. Gemanagt werden soll das ganze mit Hilfe von *Migrationszentren* in Afrika. Die sollen nicht nur über die Jobs in Europa informieren, sondern auch Sprach- und Trainingskurse anbieten.
Damit Angebot und Nachfrage zueinander passen, müssen auch EU-Länder, wenn sie sich an dem Programm beteiligen, *Migrationsprofile* entwickeln. Sie sollen bei Bedarf bestimmte Zuwandererquoten an die EU-Kommission melden, die sich dann zu Europas zentraler Schaltstelle für die neue Migrationspolitik entwickeln will. Frattini stellte noch einmal klar, dass Brüssel nicht die Absicht habe, den EU-Staaten bestimmte Quoten vorzuschreiben. (…)
Die *zirkuläre Migration* soll besonders gefördert werden. Europäische und afrikanische Länder müssten zusammenarbeiten, damit Migration nicht zu einer Schicksalsentscheidung fürs ganze Leben werde, sondern Menschen sich auch für jeweils begrenzte Zeiträume zwischen den Kontinenten bewegen können. Die Abwerbung von Fachkräften wie Ärzten oder Krankenschwestern müsse auf jeden Fall so geregelt werden, dass Afrika davon profitieren könne. (…)

*(Cornelia Bolesch, in: Süddeutsche Zeitung, 1. 12. 2006, S. 7)*

1 *Wie begründet José Antonio Ocampo seine Aussage, dass Europa Migranten brauche?*
2 *Welche Vorschläge macht EU-Kommissar Frattini? Erläutere in diesem Zusammenhang die Begriffe „Mobilitätspakete", Migrationszentren", „Migrationsprofile" und „zirkuläre Migration".*
3 *„Migration – Chance oder Gefahr für Europa?" Was meint ihr? Diskutiert in der Klasse.*

## Im Meinungsstreit: Soll auch die Türkei EU-Mitglied werden?

### Argumente für und Argumente gegen den Beitritt der Türkei

**A** *„Wer die 67 Millionen Türken nur als Einwanderer und die Türkei nicht als einen viel versprechenden Markt betrachtet, wird seine eindimensionale Sicht in zehn bis 15 Jahren gründlich revidieren müssen."*

**B** *„Der Beitritt der Türkei in die EU wäre eine radikale Neudefinition Europas. Nicht nur nach innen, sondern vor allem mit gewaltigen Folgen nach außen. Der geografische Schwerpunkt Europas und damit auch seine politische, strategische Interessenlage würde folgenschwer verschoben."*

**C** *„Eine politische Union verlangt ein europäisches Wir-Gefühl. Dieses setzt gemeinsame historische Erfahrungen und Prägungen voraus. Eine EU, die auch die Türkei umfasst, könnte an ein europäisches Wir-Gefühl nicht mehr appellieren, dazu sind die kulturellen Prägungen der Türkei und Europas zu unterschiedlich."*

**D** *„In der Türkei gibt es Strömungen, die wir als dem politischen Islam zugehörig betrachten. Diese Kräfte sind sicher nicht dafür, dass das Land schließlich Mitglied der EU wird. Diese Kräfte müssen unbedingt überwunden werden – wobei die europäische Perspektive ein entscheidendes Mittel dafür ist."*

**E** *„Die Aufnahme der Türkei würde die bisherigen Machtstrukturen in der Union grundlegend verändern. Rechnet man das gegenwärtige Bevölkerungswachstum hoch, wäre die Türkei bei einem Beitritt im Jahr 2013 vermutlich das größte Land in der Gemeinschaft – mit allen Konsequenzen bei der Verteilung von Einfluss und Macht in Brüssel."*

**F** *„Jetzt die Türkei wegen ihrer islamischen Bevölkerung auszugrenzen wäre verheerend. Wenn wir uns gegen einen Beitritt entscheiden, würden wir eine entscheidende Brücke zur immer wichtiger werdenden islamischen Welt, in den nahen Osten und nach Asien abbrechen."*

Seit 2004 hat die EU zwölf neue Mitglieder in die Gemeinschaft aufgenommen. Die Türkei hatte erstmals 1959 die Aufnahme beantragt. Erst 1999 wurde der islamische Staat als Beitrittskandidat offiziell anerkannt. Ende 2004 beschloss die EU, mit der Türkei Beitrittsverhandlungen aufzunehmen. Diese begannen im Oktober 2005. In den EU-Mitgliedsländern ist ein möglicher Beitritt der Türkei umstritten.

### EU ist mit der Türkei noch lange nicht zufrieden

Brüssel. (...) Im neuesten Fortschrittsbericht, dem Jahresgutachten für alle Kandidatenländer, lobte Erweiterungskommissar Olli Rehn einerseits die wirtschaftliche Entwicklung des Landes, beklagte aber andererseits das nach wie vor erhebliche Demokratiedefizit am Bosporus. (...) Menschenrechtsverletzungen sind zwar seltener geworden, kommen aber immer noch vor", heißt es in seinem Bericht. Außerdem: Der Rechtsrahmen zur Bekämpfung von Folter und Misshandlung sei zwar inzwischen vorhanden, jedoch müsse „energischer für die tatsächliche Ahndung dieser Straftaten gesorgt werden". Die Gewalt gegen Frauen biete „weiterhin Anlass zu ernster Sorge". (...) Rehn sei stark irritiert über Ankaras Umgang mit dem Schriftsteller Orhan Pamuk, der sich wegen „Herabsetzung des Türkentums" verantworten muss, weil er das militärische Vorgehen gegen Kurden und den historischen Völkermord an den Armeniern kritisiert hatte. Auch sorgen in Brüssel Berichte für Unruhe, wonach in der Türkei religiöse Minderheiten wie die 100 000 Christen in der Ausübung ihres Glaubens weiterhin gegängelt würden. (...) Beifall erntete die Türkei dagegen für ihre ökonomische Entwicklung. Das Land sei eine „funktionierende Marktwirtschaft" und schon „mittelfristig in der Lage, dem Wettbewerbsdruck und den Marktkräften innerhalb der Union standzuhalten". (...)

*(Tobias Blasius, Brüssel, in: Marbacher Zeitung, 10. 11. 2005, S. 4)*

*(Gerhard Mester/ CCC/www.c5.net)*

1 *Formuliere zu jeder der Aussagen A bis F eine treffende Überschrift.*
2 *Welche Aussagen enthalten Argumente für, welche Argumente gegen einen EU-Beitritt der Türkei?*
3 *Werte den Zeitungsbericht aus: Notiere wesentliche Aussagen stichpunktartig.*
4 *Was will die Karikatur aussagen?*
5 *Wie denkst du über einen EU-Beitritt der Türkei? Notiere deine Meinung.*

## Der Europarat

Der Europarat wurde 1949 ursprünglich von zehn westeuropäischen Staaten gegründet. Er war die erste politische Organisation nach dem Zweiten Weltkrieg mit dem Ziel, Einheit und Zusammengehörigkeit in Europa zu fördern. Ausgangspunkt seiner Gründung waren Initiativen verschiedener Gruppen, die aus den schrecklichen Erfahrungen des Krieges heraus für eine Verständigung zwischen den europäischen Völkern eintraten. Mit dem Ende des Ost-West-Konflikts erhielt der Europarat zunehmend eine gesamteuropäische Funktion.

Fälschlicherweise wird der Europarat, der den Anfang des europäischen Einigungswerkes markiert, oft mit dem Europäischen Rat oder dem Rat der Europäischen Union (Ministerrat) verwechselt.

Vom Europarat haben die Gemeinschaften die Symbole Flagge und Hymne übernommen. Bereits bei seiner Gründung im Jahre 1949 war sich der Europarat der Notwendigkeit eines Symbols bewusst, mit dem sich die europäischen Völker identifizieren konnten. Im Dezember 1955 wurde die Flagge (Emblem auf azurblauem Grund mit zwölf kreisförmig angeordneten goldenen Sternen) offiziell eingeführt. Die Institutionen der Europäischen Gemeinschaften übernahmen die Flagge Anfang 1986.

Der Europarat hat seine Zusammenarbeit mit der Europäischen Union institutionalisiert. Dazu gehören u. a. gemeinsame Sitzungen der Parlamentarischen Versammlung des Europarates und des Europäischen Parlaments.

### Pionierarbeit für Europa
### Versammlung des Europarats

(...) Neben dem Ministerkomitee, das einstimmig verbindliche Entscheidungen treffen kann, fungiert die Parlamentarische Versammlung (PV) des Europarates als Impulsgeber und beratendes Organ. Harte Verhandlungen und lebendige Debatten kennzeichnen ihre Arbeit. Ihre Tätigkeitsbereiche erstrecken sich dabei auf alle Aspekte europäischer Fragen mit Ausnahme der Verteidigungspolitik. Die Delegierten widmen sich während der Sitzungstage aktuellen Themen und gesellschaftlichen Problemen, die europaweites Handeln erfordern. Die Versammlung wird oft als das „demokratische Gewissen“ Europas bezeichnet.

Die Parlamentarische Versammlung ist mit Delegationen aus den heute 47 Mitgliedstaaten des Europarates das größte politische Forum seiner Art in Europa. 315 Abgeordnete und die gleiche Anzahl an Stellvertretern gehören der Versammlung an. Jeder Mitgliedstaat entsendet je nach Einwohnerzahl zwei bis 18 Parlamentarier zu den vierteljährlich stattfindenden Plenarsitzungen. Die Versammlung trägt durch ihre Arbeit entscheidend dazu bei, die Zielsetzungen des Europarates zu erfüllen. Ihre Initiativen sind richtungsweisend für das Ministerkomitee und haben zu einer Reihe von internationalen Konventionen etwa auf den Gebieten Menschenrechte, Förderung der Rechtsstaatlichkeit, Schutz der sozialen und wirtschaftlichen Rechte der Menschen und Bewahrung der kulturellen Einheit und Vielfalt in Europa geführt.

Bis heute hat der Europarat an die 200 Konventionen verfasst. Die bekannteste unter ihnen ist die Europäische Menschenrechtskonvention (EMRK), die 1953 verabschiedet wurde.

Die PV trägt jedoch nicht nur auf europäischer Ebene dazu bei, die Ziele des Europarates umzusetzen. Ihre Mitglieder geben auch die Ideen an die nationalen Parlamente weiter und initiieren so politische Prozesse. Als wichtige Aufgabe obliegt der Versammlung zudem die Durchführung des sogenannten „Monitoring-Verfahrens“. Sie überwacht, ob ein Staat nach seinem Beitritt zum Europarat die eingegangenen Verpflichtungen einhält.

*Gebäude des Europarats in Straßburg*

*(aus: Bundestag und Europa. Europäische Union und Europapolitik im Parlament. Hg.: Deutscher Bundestag, Berlin 2007, S. 31)*

1. *Notiere stichwortartig die Aufgaben der Parlamentarischen Versammlung des Europarates.*
2. *Welche Staaten sind Mitglied im Europarat? Recherchiere im Internet (www.coe.int).*
3. *Russland wurde 1996 Mitglied. Die Aufnahme dieses Landes war umstritten. Warum?*
4. *Die europäische Flagge zeigt zwölf kreisförmig angeordnete goldene Sterne, wobei die Zahl Zwölf unveränderlich ist. Was steckt hinter dieser Symbolik?*

# Methode: Wandzeitung

## Thema: Die Entwicklung der EU

Eine „Wandzeitung“ besteht aus Texten, Zeichnungen, Fotos usw. Sie dient dazu, andere über einen bestimmten Sachverhalt zu informieren, z. B. über die Ergebnisse eines Projektes.

*Schüler bei der Erstellung einer Wandzeitung*

**Vorbereitung**
Klärt vorab folgende Fragen:
- Welches Thema soll dargestellt werden?
- Welches Ziel wird mit der Wandzeitung verfolgt?
- An welche Zielgruppe richtet sie sich?
- Welche Materialien sind dafür zu beschaffen?

**Durchführung**
Zunächst ist zu klären:
- Wer beschafft die Informationen?
- Wer macht Fotos?
- Wer erstellt Zeichnungen?

Bei der Gestaltung der Wandzeitung sollten die folgenden Gesichtspunkte berücksichtigt werden:
- auffallende Überschrift
- nicht zu viel schriftliches Informationsmaterial
- übersichtliche Anordnung der Materialien

Die Materialien werden vor dem Aufkleben zunächst auf einer waagerechten Fläche ausgelegt. Durch Hin- und Herschieben lässt sich die beste Anordnung herausfinden. Erst wenn die Gestaltung feststeht, werden die Bilder und Texte aufgeklebt.

**Auswertung**
Wie reagieren die Betrachter auf die Wandzeitung? Man kann sie auch nach ihrer Meinung dazu fragen. Abschließend sollte gemeinsam besprochen werden, was an der Wandzeitung besonders gelungen ist und was das nächste Mal besser gemacht werden kann.

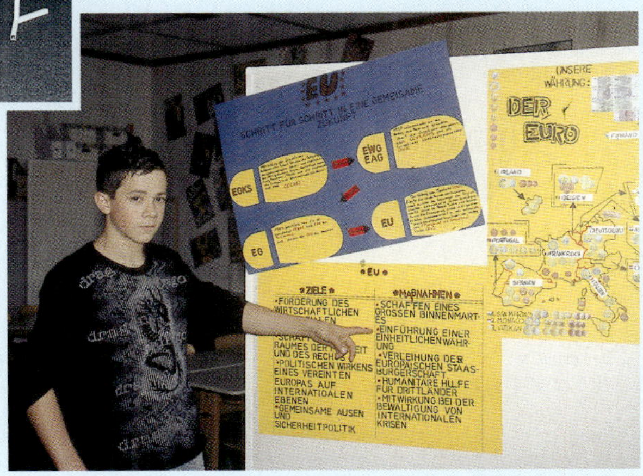


*Schülerin und Schüler bei der Präsentation einer Wandzeitung*

*Gestaltet selbst eine Wandzeitung zum Thema „Die Entwicklung der Europäischen Union“.*

# Das Wichtige in Kürze

**EU-Konvent**

Im Dezember 2001 beschlossen die Staats- und Regierungschefs der EU-Staaten, einen Konvent einzuberufen. Aufgabe des Konvents war es, Vorschläge für eine Reform der Europäischen Union und den Entwurf einer Verfassung zu erarbeiten. Im Oktober 2004 wurde der Verfassungsvertrag von den Staats- und Regierungschefs unterzeichnet. In den EU-Mitgliedsländern musste die Verfassung durch Parlamentsbeschluss oder Volksentscheid gebilligt werden. Im Frühsommer 2006 lehnten die Franzosen und die Niederländer bei Volksabstimmungen die Verfassung ab. Sie war damit gescheitert.

**Vertrag von Lissabon**

Nach dem Scheitern des Verfassungsvertrages fand in allen EU-Staaten eine Zeit des Nachdenkens über die Zukunft Europas statt. Auf dem EU-Gipfel im Juni 2007 wurde die Krise der EU überwunden. Ein Grundlagenvertrag soll die EU-Verfassung ersetzen, und zwar unter Beibehaltung der Substanz des Verfassungsvertrages. Dieser neue Reformvertrag wurde im Oktober 2007 in Lissabon verabschiedet, deshalb heißt er „Vertrag von Lissabon".

**Herausforderungen**

Die Europäische Union steht vor vielen Herausforderungen. So muss z. B. die Aufgabe bewältigt werden, die seit 2004 aufgenommenen zwölf neuen Mitgliedstaaten in die Gemeinschaft zu integrieren. Ein weiteres Problem ist die Landwirtschaft, deren Kosten etwa die Hälfte der gesamten EU-Einnahmen ausmachen. Durch eine Agrarreform soll erreicht werden, dass die Bauern weniger Überschüsse produzieren. Die EU entwickelt ferner eine gemeinsame Sicherheits- und Verteidigungspolitik. Dazu gehört die Fähigkeit Europas, bei Krisen weltweit eigene Soldaten einsetzen zu können.

**Migration**

Eine neue große Herausforderung für die Europäische Union stellt der Zustrom Tausender afrikanischer Flüchtlinge dar, die jährlich nach Europa drängen. Von der wirtschaftlichen Not in ihren Heimatländern getrieben, versuchen sie auf abenteuerlichen Wegen Europa zu erreichen, um hier Arbeit und ein besseres Leben zu finden. Wie dem zunehmenden Flüchtlingsproblem am besten begegnet werden soll, darüber gehen die Meinungen auseinander. Inzwischen wurden auf EU-Ebene erste Strategien entwickelt, um der illegalen Migration Herr zu werden.

**EU-Beitritt der Türkei**

Bereits 1959 hatte die Türkei erstmals die Aufnahme in die Europäische Gemeinschaft beantragt. Erst 40 Jahre später, im Jahr 1999 wurde der islamische Staat als Beitrittskandidat offiziell anerkannt. Ende 2004 beschloss die EU, mit der Türkei Beitrittsverhandlungen aufzunehmen. Diese begannen im Oktober 2005. In den EU-Mitgliedsländern ist ein möglicher Beitritt des islamischen Staates Türkei zur Europäischen Union sehr umstritten.

**Europarat**

Der Europarat wurde 1949 von zehn westeuropäischen Staaten gegründet. Er ist kein Organ der EU. Ihm gehören inzwischen 47 demokratische Staaten Europas an. Ziel des Europarates ist die Förderung der Demokratie sowie der Schutz der Menschenrechte und der Rechtsstaatlichkeit in Europa. Der Europäische Gerichtshof für Menschenrechte ist eine Institution des Europarates. Er wacht über die Einhaltung der Europäischen Menschenrechtskonvention. Europarat und Gerichtshof haben ihren Sitz in Straßburg.

# Weißt du Bescheid?

1. Welche sechs Staaten bildeten den Anfang der Europäischen Union?
2. Wie viele Mitgliedstaaten hat die EU zurzeit?
3. Welche Staaten traten der Europäischen Union 2004 bei?
4. Welche beiden Staaten traten 2007 der EU bei?
5. Welcher EU-Staat hat die meisten Einwohner?
6. Seit wann gibt es den Euro als Bargeld?
7. Nenne die „drei Säulen" der EU.
8. Erkläre die drei Formen der politischen Zusammenarbeit zwischen den EU-Staaten.
9. Nenne die vier Freiheiten im EU-Binnenmarkt.
10. Nenne drei Aufgaben der Europäischen Kommission.
11. Wer gehört dem Europäischen Rat an?
12. Wer gilt als „Gesetzgeber der Europäischen Union"?
13. Wo hat das Europäische Parlament seinen Sitz?
14. Nenne zwei Aufgaben des Europäischen Parlaments.
15. Nenne zwei Zuständigkeiten des Europäischen Gerichtshofs.
16. Nenne zwei Rechte, die in der Grundrechtecharta festgelegt sind.
17. Was versteht man im Zusammenhang mit dem Grundlagenvertrag unter „Ratifizierung?"
18. Was bedeutet die Abkürzung „GASP"?
19. Mit welchem Staat werden seit Oktober 2005 Verhandlungen über einen Beitritt zur Europäischen Union geführt?
20. Erläutere das Prinzip der „doppelten Mehrheit", das ab 2014 bei Abstimmungen im Ministerrat gelten soll.

## So funktioniert die Europäische Union

Das Schema soll sehr vereinfacht zeigen, wie in der EU Beschlüsse zustande kommen.

1. Zeichne das Schema vergrößert ab oder benutze das Arbeitsblatt und setze die folgenden Bezeichnungen an den passenden Stellen in die Kästen ein:
   - Europäisches Parlament
   - Europäischer Rat
   - Rat der Europäischen Union
   - Europäische Kommission
2. Ordne dann die folgenden Stichwörter den Pfeilen zu:
   - Anhörung, Mitentscheidung, Haushaltsbeschlüsse
   - legt Ziele fest
   - Vorschläge
   - Anfragen, Mitentscheidung, Misstrauensvotum möglich
   - Entscheidungen

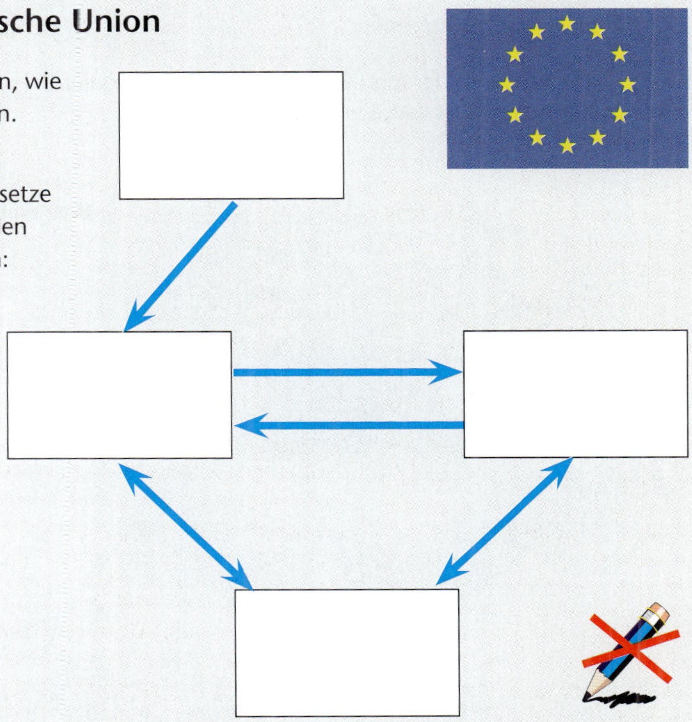

# Weißt du Bescheid?

**Löse das Rätsel.** Benutze dazu das Arbeitsblatt oder notiere von 1 bis 9 auf einem Blatt. Die Buchstaben in den gelb unterlegten Kästchen ergeben das Lösungswort. Es ist der Name einer Organisation, deren Ziel es ist, die Einheit und Zusammenarbeit in Europa zu fördern.

1. Von den im Jahr 2004 der Europäischen Union beigetretenen Staaten ist ____ das bevölkerungsreichste Land.
2. Nach dem Scheitern der EU-Verfassung soll mit dem ____ eine neue Basis für die erweiterte EU gelegt werden.
3. Über einen möglichen Beitritt der ____ zur EU gehen die Meinungen stark auseinander.
4. Bei Rechtsstreitigkeiten zwischen Mitgliedstaaten oder Organen der Europäischen Union entscheidet der ____ ____, der seinen Sitz in Luxemburg hat.
5. Das oberste Entscheidungsgremium in der EU ist der ____ ____. Er besteht aus den Staats- und Regierungschefs sowie dem Präsidenten der Europäischen Kommission.
6. Der ____ beschließt die Verordnungen und Richtlinien der EU, in einigen Politikfeldern gemeinsam mit dem Europäischen Parlament.
7. Die ____ ist rechtsverbindlicher Bestandteil des EU-Reformvertrages. Sie garantiert u. a. das Recht auf Meinungsfreiheit, das Recht auf Bildung und das Recht auf Datenschutz.
8. Als vorerst letzte Mitglieder wurden im Jahr 2007 Rumänien und ____ in die Europäische Union aufgenommen.
9. Eine große Herausforderung für die EU stellen die illegalen ____ dar, die vor allem aus den armen Ländern Afrikas stammen.

**Was will die Karikatur zum Ausdruck bringen?**

*(Walter Hanel/ CCC, www.c5.net)*

# Friedenssicherung als Aufgabe internationaler Politik

Jeder möchte gerne in Frieden leben. Aber dennoch gibt es immer wieder Streit – in der Klasse, in der Familie, zwischen Nachbarn. Auch zwischen Staaten kann es zu Konflikten kommen, die dann oft mit militärischer Gewalt ausgetragen werden. Internationale Konflikte erfordern eine weltweite Zusammenarbeit, wenn Frieden und Sicherheit für möglichst viele Menschen erreicht werden sollen. Auf den folgenden Seiten geht es darum, welche globalen Entwicklungen und Bedrohungen es gibt und wie in der Welt versucht wird, Kriege zu vermeiden und den Frieden zu sichern. Dabei erhaltet ihr Antworten auf diese Fragen:

- Was versteht man unter Globalisierung? Welche globalen Entwicklungen bedrohen den Frieden in der Welt?
- Wie kann durch internationale Zusammenarbeit der Frieden sicherer gemacht werden?
- Warum wurden die Vereinten Nationen gegründet? Welche Möglichkeiten hat diese Organisation, Konflikte zwischen Staaten zu verhindern oder zu beenden?
- Welchen Auftrag hat die Bundeswehr? Wie ist das mit der Wehrpflicht?
- Warum werden deutsche Soldaten im Ausland eingesetzt?
- Welchem Bündnis gehört Deutschland an? Welche Sicherheitsorganisationen gibt es in Europa?

## Globalisierung – was ist das?

1 Globalisierung bezieht sich heute auf alles und nichts. Das Wachstum des Welthandels und die Entstehung von weltumspannenden Konzernen fallen ebenso darunter wie die Tatsache, dass Coca-Cola und McDonalds auf allen Kontinenten zu finden sind. Auch die weltweite Verbreitung von Computern, Popkultur und Formel-1-Rennen gelten als Ausdruck von Globalisierung; unter dieser Perspektive erhalten Bill Gates, Michael Jackson und Michael Schuhmacher trotz aller Unterschiede den Status von Globalisierungshelden.

2 Entgegen landläufigen Vorurteilen ist Globalisierung keineswegs ein rein ökonomisches Phänomen. Sie bezeichnet nicht nur die Ausweitung des internationalen Handels, die Herausbildung von „global players" und das Anwachsen internationaler Kapitalströme. Globalisierung bezieht sich ebenso auf politische, kulturelle und ökologische Zusammenhänge, und nicht wenige schätzen die außerökonomischen Globalisierungsprozesse auch als wichtiger ein als die ökonomischen.

3 Es stellt sich die Frage, was das Gemeinsame der verschiedenen Phänomene ist, und wie sich Globalisierung übergreifend charakterisieren lässt. Eine durchaus brauchbare Antwort liefert der englische Soziologe Anthony Giddens, der Globalisierung mit einer „Intensivierung weltweiter sozialer Beziehungen" gleichsetzt. Intensivierung bedeutet dabei weit mehr als die bloße Zunahme von Kontakten. Von Globalisierung sollte vielmehr nur dann geredet werden, wenn Ereignisse an einem Ort durch Vorgänge an einem viele Kilometer entfernten Ort geprägt werden und umgekehrt.

4 So gesehen verweist Globalisierung vor allem darauf, dass der Austausch von Menschen, Waren und Informationen zwischen verschiedenen Erdteilen kontinuierlich steigt. Dies wiederum hat Folgen. Denn der wachsende Austausch von Menschen, Waren und Informationen führt zu neuartigen Verknüpfungen und Vernetzungen, die sich vor allem dadurch auszeichnen, dass die traditionellen Grenzen von Raum und Zeit außer Kraft gesetzt werden.

5 Die Vernetzung unterschiedlicher Raum- und Zeitzonen lässt sich an zahlreichen Beispielen studieren. Die Entwicklung der Börsenkurse in Tokio oder New York macht sich Sekunden später in Frankfurt bemerkbar. Ebenso gilt, dass Konjunktur- wie Strukturkrisen in fernen Ländern die wirtschaftliche Situation in Europa binnen kurzem verändern können. Gerade für ein exportorientiertes Land wie Deutschland ist es daher keineswegs egal, wenn in „Hongkong ein Sack Reis umfällt" und sich irgendwo auf der Welt Angebots- und Nachfragestrukturen verändern.

*(Textauszüge aus: Wolfgang Bonß: Globalisierung, Chancen und Gefahren; in: IFDT Informationen für die Truppe, Zeitschrift für Innere Führung, Nr. 1/2005, Hg.: Streitkräfteamt, Informations- und Medienzentrale der Bundeswehr, S. 39)*

1 *Die Texte sind Ausschnitte aus einem Artikel über die Globalisierung. Notiere zu jeder Textstelle den Kerngedanken mit deinen Worten.*

2 *In einem Schülerlexikon soll der Begriff „Globalisierung" erklärt werden. Wie lautet dein Textvorschlag?*

## Wirtschaftliche Globalisierung – Fallbeispiel Jeans

**WEG EINER TYPISCHEN JEANS**

**Die Baumwolle kommt aus Kasachstan oder Indien. Diese wird in der Türkei zu Garn gesponnen und in Taiwan zu einem Stoff gewebt. In Frankreich wird dieser Stoff mit chinesischen Farbstoffen gefärbt, um dann in Honduras, unter Verwendung britischer Kurzwaren, zu einer Jeans genäht zu werden. Die Endverarbeitung der Jeans mit Bimsstein findet in Griechenland statt. Verkauft und getragen wird sie in Deutschland. Die gebrauchte Jeans landet im Altkleidercontainer und wandert von dort nach Rotterdam. Mit Schiff und LKW wird sie nach Afrika gebracht. Noch einmal verkauft und getragen wird sie in Ghana. Und so kann der Weg einer Jeans um die Welt heute tatsächlich 19 000 km betragen.**

**WENN EINE JEANS 50 EURO KOSTET, FLIESSEN …**

- 25 Euro in den Einzelhandel (Verwaltung, Miete, Personal und Gewinn)
- 12,50 Euro zur Markenfirma (Entwicklung, Verkauf, Verwaltung, Werbung, Geschäftsgewinn)
- 5,50 Euro zur Transportfirma und an das Finanzamt
- 7 Euro zur Jeans-Fabrik (Materialkosten, Miete, Maschinen, Gewinn und Löhne für die Arbeiter und Arbeiterinnen)

Die Textilproduktion wird zunehmend in Länder mit „günstigen Bedingungen" verlagert. Als günstige Bedingungen gelten aus Unternehmersicht unter anderem flexible und billige Arbeitskräfte sowie leichter Zugang zu Rohstoffen und Transportwegen. Für die Konsumenten bedeutet die Produktionsverlagerung billige Kleidung und Textilien.

Die Kehrseite der Medaille ist, dass „günstige Bedingungen" vielfach mit der Missachtung von Arbeitnehmerrechten in Entwicklungsländern einhergehen. Die Beschäftigten in der Bekleidungsindustrie – häufig sind es Frauen und Kinder – arbeiten in den Fabriken oft unter schlechten Bedingungen und haben keinerlei Möglichkeit, sich zu organisieren und ihre Situation zu verbessern. Sie sehen sich konfrontiert mit:

- sehr langen Arbeitszeiten mit 60 Stunden und mehr pro Woche;
- niedrigen Löhnen, die teilweise nicht die Grundbedürfnisse (Essen, Wohnung) decken;
- katastrophalen Sicherheitsbestimmungen, die immer wieder zu Unfällen in den Fabriken führen;
- mangelnder Hygiene (Masken, die vor Textilstaub schützen, sind oft Mangelware, genauso wie Toiletten und sauberes Trinkwasser);
- häufiger Diskriminierung von Frauen: Sie erhalten weniger Lohn, werden manchmal sexuell belästigt und bei Schwangerschaft oder nach Arbeitsunfällen oft entlassen.

*(aus: RERUM, alle für eine Welt für alle, Bausteine für einen zeitnahen Unterricht, Arbeitsblatt 4: Die Globalisierung der Bekleidung. Hg.: Zeitbild Verlag GmbH, Berlin, November 2003. Verwendete Quelle: Clean Clothes Campaign)*

**1** *Verfolge auf einer Weltkarte den Weg einer typischen Jeans. Was ist der Hauptgrund für diese Wegstrecke?*

**2** *Was ist bei der Kostenkalkulation auffällig?*

**3** *Billige Jeans-Produktion in Entwicklungsländern: Welche Probleme bringt sie mit sich?*

**4** *Was meinst du zu der Aussage in der Sprechblase?*

## Globalisierung und Entwicklungsländer

*BMW-Arbeiter in China*

*Software-Entwicklung in Indien*

# Globalisierung bringt nicht überall Erfolge

### Weltbank-Studie: Zwei Milliarden Menschen haben bisher nichts davon

Washington (dpa) – Rund drei Millarden Menschen in 24 Ländern haben nach einer neuen Studie der Weltbank in den vergangenen zehn Jahren vom wachsenden Welthandel profitiert. Die Länder verzeichneten in den 90er Jahren Wachstumsraten von rund fünf Prozent, die Lebenserwartung und das Ausbildungsniveau der Menschen stiegen. Rund zwei Milliarden Menschen in Ländern in Afrika, dem Nahen Osten und der ehemaligen Sowjetunion hat die Globalisierung dagegen nichts gebracht. In diesen Ländern schrumpfte die Wirtschaft, die Armut stieg. Das geht aus der Studie „Globalisierung, Wachstum und Armut" hervor, die die Weltbank in Washington veröffentlichte.

„Einige Ängste vor der Globalisierung sind wohl begründet, aber der Preis für eine Umkehr der Globalisierung wäre unerträglich hoch und würde die Wohlstandsaussichten für Millionen von Menschen zerstören", sagte der Chefökonom der Weltbank, Nicholas Stern. „Wir müssen dafür sorgen, dass die Armen in der Welt von der Globalisierung profitieren."

Die Studie identifiziert 24 Länder, darunter China, Indien, Ungarn und Mexiko, die sich mit Reformen für die globalen Märkte fit gemacht haben und dadurch erheblich bessere Wachstumsraten schafften als zuvor. In den 60er Jahren habe die Wachstumsrate in diesen Ländern rund ein Prozent betragen, in den 90er Jahren dagegen rund fünf Prozent. In den anderen Entwicklungsländern, zu denen die Weltbank Algerien, Ägypten, Iran, Birma, Pakistan und Venezuela zählt, ging das Pro-Kopf-Einkommen dagegen in den 90er Jahren zurück, und die Zahl der Menschen, die in Armut leben, stieg. Die Weltbank schlägt ein Sieben-Punkte-Programm vor; reiche Länder sollen die Handelsbarrieren für Produkte aus Entwicklungsländern und Agrarsubventionen abbauen. Die Subventionen betragen nach Angaben der Weltbank 350 Mrd. Dollar im Jahr, siebenmal so viel, wie für Entwicklungshilfe ausgegeben werde.

Arme Länder sollen Korruption bekämpfen und effiziente Regulierungsbehörden aufbauen. Sie sollen in Gesundheitsvorsorge und Ausbildung investieren und ein soziales Netz aufbauen, heißt es weiter.

*(aus: Marbacher Zeitung, 6. 12. 2001)*

Manchmal tun ihr die Deutschen leid. „Es ist traurig, dass sie ihren Job verlieren", sagt Kiran. „Aber es ist gut für uns, dass die Jobs herkommen."

Die Frau mit den ernsten Augen ist 25 Jahre alt und hat drei Jahre lang am Goethe-Institut Deutsch gelernt. Jetzt arbeitet sie für eine europäische Investmentbank in Neu-Delhi. Bis vergangenen März hat den Job noch irgendjemand in Frankfurt erledigt – bis der Bank die Mitarbeiter dort zu teuer wurden. Nun verwalten Kiran und 50 andere Inder die Fondskonten deutscher Anleger – rund 6100 Kilometer entfernt in Gurgaon, einem staubigen Vorort der indischen Hauptstadt Neu-Delhi. „Ich glaube nicht, dass die Kunden das wissen", sagt Kiran, die ihren richtigen Namen daher lieber nicht genannt sehen will. Ihr Arbeitstag beginnt, wenn in Deutschland die Banken öffnen. In Indien ist dann schon früher Nachmittag.

Sie selbst spricht nicht mit den Kunden. Die Aufträge kommen online. 12 000 Rupien verdient sie im Monat, dass sind etwa 240 Euro. In Deutschland wäre das ein Hungerlohn, für eine 25-Jährige in Indien ist es fast schon ein Spitzengehalt.

Wenn Konzerne im großen Stil Arbeitsplätze in die Dritte Welt verlegen, merken das die Kunden oft gar nicht. Längst gehe es dabei nicht nur um simple Handlangerdienste wie das Eintippen von Daten, prophezeihen Unternehmensberater, jetzt müssen auch die einstigen Lieblinge der High-Tech-Gesellschaft wie Softwareentwickler oder Analysten um ihre Jobs bangen!

Großer Gewinner der neuen Runde im globalen Job-Monopoly dürfte Indien sein. Nachdem China zur Werkhalle der Welt avanciert ist, schickt sich Indien mit rund einer Milliarde Einwohner an, das globale Service- und Rechenzentrum zu werden.

Seit Anfang der neunziger Jahre ist dort eine Industrie aus dem Boden geschossen, die West-Firmen fast alles abnimmt, was sich dank Telefon, Internet und Computer auch aus der Ferne regeln lässt.

*(Auszug aus: Christine Möllhoff: „Wir sind die Gewinner"; in: DIE ZEIT Nr. 44, 23. 10. 2003, S. 23)*

## Burkina Faso – „Verlierer" der Globalisierung

Burkina Faso ist das drittärmste Land der Erde. Von den Voraussetzungen, die nötig wären, um sich erfolgreich in die Weltwirtschaft zu integrieren, erfüllt es nur wenige. Wie viele afrikanische Länder südlich der Sahara ist das Land vor allem vom Export abhängig. Natürliche Ressourcen und Wasser sind knapp, die Infrastruktur im Bildungs- und im Verkehrswesen ist schlecht. Nur ein Viertel der Menschen kann lesen und schreiben. Eine einzige Eisenbahnverbindung durchquert das Land von Nord nach Süd. Aufgrund seiner Binnenlage hat Burkina Faso keinen eigenen Zugang zum Meer. Über 90 Prozent der Menschen leben von der Landwirtschaft. Ungünstige klimatische Bedingungen und ein hohes Bevölkerungswachstum führen zu Versteppung, Bodenerosion und einem Rückgang der landwirtschaftlich nutzbaren Flächen. Über die Hälfte der zwölf Millionen Einwohner des Landes muss mit weniger als einem US-Dollar pro Tag auskommen.

Das wichtigste Ausfuhrgut Burkinas ist Baumwolle. Doch der Weltmarktpreis für den Rohstoff ist in den vergangenen fünf Jahren um 40 Prozent gefallen, die Exporterlöse sind dramatisch gesunken. Die Baumwollindustrie nicht nur in Burkina Faso, sondern auch in Mali, Benin und im Tschad wurde fast ruiniert. Ursache sind die hohen Subventionen, die OECD-Länder (Organization for Economic Cooperation and Development, OECD) an ihre jeweiligen Baumwollproduzenten zahlen – insgesamt 3,7 Milliarden US-Dollar pro Jahr. Andererseits war die Produktion von Baumwolle in den vier genannten afrikanischen Ländern von der Weltbank, von Deutschland, der Schweiz und den Niederlanden zunächst mit aufgebaut worden. Mit gutem Grund: Baumwolle ist Burkinas wichtigster Verbindungsfaden zu den globalen Handelsströmen. Selbst der Export von Fleisch, das burkinische Viehzüchter früher in die Nachbarländer verkauften, ist zurückgegangen, seit subventioniertes Billigfleisch aus Europa und Argentinien auf die afrikanischen Märkte drängt. Eigene Industrien gibt es praktisch nicht. Die einzige Textilfabrik des Landes wurde 1995 geschlossen.

*(aus: Materialien Nr. 125: Globalisierung gestalten – Entwicklungspolitik konkret, Hg.: Bundesministerium für wirtschaftliche Zusammenarbeit und Entwicklung, Bonn 2004, S. 9)*

1. *Lies den Bericht über die Weltbank-Studie: Welche Gewinner und welche Verlierer der Globalisierung werden genannt?*
2. *Was macht der Bericht über die Inderin Kiran auf Seite 278 unten deutlich? Notiere stichwortartig.*
3. *Burkina Faso ist ein Verlierer der Globalisierung. Warum?*

*Kinder aus Adjame (Elfenbeinküste) spielen ein japanisches Computerspiel. Für ein Spiel muss jeder zuvor 25 Cent bezahlen.*

## Unterentwicklung – ein globales Problem

*Unterricht in einer Dorfschule in Äthiopien*

*In Entwicklungsländern ist der Holzpflug noch weit verbreitet*

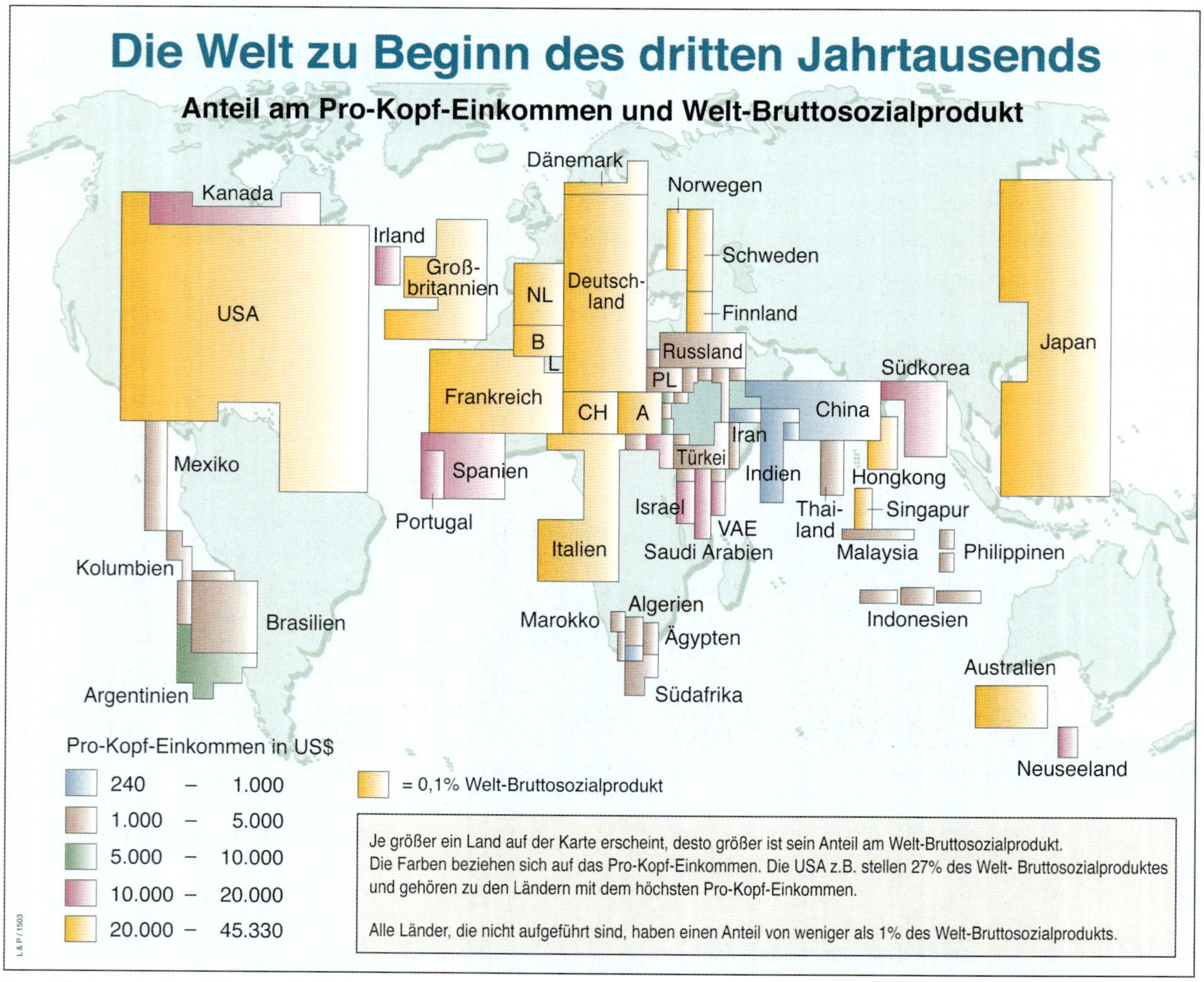


*(aus: Wer braucht Entwicklungspolitik? Hg.: Bundesministerium für wirtschaftliche Zusammenarbeit und Entwicklung, Berlin 2000, S. 3)*

| Merkmale der Unterentwicklung | | |
|---|---|---|
| **wirtschaftliche Merkmale** | **demografische/ kulturelle Merkmale** | **politische Merkmale** |
| ①<br>– niedriges durchschnittliches Pro-Kopf-Einkommen<br>– Kapitalmangel<br>– schwache Investitionstätigkeit<br>②<br>– Technologie-Lücke: geringe technologische Innovation<br>– Konzentration von Erwerbstätigkeit und Produktion auf traditionelle Sektoren (Landwirtschaft, Rohstofferzeugung, teilweise beschränkt auf wenige Produkte) und im informellen Sektor („Schattenwirtschaft")<br>– niedrige Produktivität der Arbeit<br>③<br>– Ausbeutung der natürlichen Ressourcen durch Abbau von Rohstoffen<br>– Zerstörung natürlicher Lebensgrundlagen, etwa Überweidung, Rodungen, Verunreinigungen des Grundwassers | ④<br>– hohes Bevölkerungswachstum<br>– Unterernährung, Hunger<br>⑤<br>– hohe Kindersterblichkeit, niedrige Lebenserwartung<br>– mangelhafte medizinische Versorgung<br>⑥<br>– unzureichende Einrichtungen für Schul- und Berufsausbildung<br>– hoher Analphabetismus<br>⑦<br>– Unterbeschäftigung und hohe Arbeitslosigkeit<br>– fehlende soziale Absicherung gegen Krankheit, Arbeitslosigkeit und im Alter<br>⑧<br>– soziale Spaltung: kleine Oberschicht, schwach ausgebildete Mittelschicht, große Unterschicht | ⑨<br>– instabile politische Ordnungen<br>– Lähmung durch (...) z. B. ethnische Gegensätze<br>– nicht ausreichender Rechts-, vor allem Grundrechtsschutz<br>– mangelnde Leistungsfähigkeit der staatlichen Verwaltungen<br>– Korruption in der Bürokratie<br>⑩<br>– Zentralisierung des Staates und der Bürokratie in den Metropolen<br>– Herrschaft einflussreicher Gruppen, Familien, Sippen<br>– das Militär als „letzte Instanz" in der Politik<br>⑪<br>– politisch-ökonomische Abhängigkeiten von internationalen Waren- und Kapitalströmen<br>– hohe Auslandsverschuldung |

„schwacher Staat"
Produktion und Erwerbstätigkeit
Sozialstruktur
Bevölkerung und Ernährung
Bildung und Ausbildung
Einkommen und Kapital
medizinische Versorgung
Wirtschaft und Ökologie
„abhängiger Staat"
soziale Sicherheit
„starker Staat"

*(aus: Herbert Uhl: Nord und Süd – Eine Welt?; Hg.: Bundeszentrale für politische Bildung 1999, S. 11)*

*Feuer einer Brandrodung in Brasilien*

*Regierungssoldaten in Liberia, Westafrika*

1 *„Entwickelte Länder" – „unterentwickelte Länder": Notiere, was deiner Meinung nach Entwicklung und Unterentwicklung jeweils ausmacht.*

2 *Die Karte auf Seite 280 ist ungewöhnlich: Was will sie deutlich machen? Was fällt dir besonders auf?*

3 *Ein Wissenschaftler hat in der Tabelle oben versucht, die Merkmale der Unterentwicklung nach Gesichtspunkten zu ordnen. Welche der am Rand notierten Zwischenüberschriften gehört wohin?*

4 *Die vier Fotos zeigen bildhaft bestimmte Merkmale der Unterentwicklung aus der Übersicht. Ordne zu.*

## „Neue Kriege"

*Rebellen im Sudan auf einem Pick-up*

*Kindersoldaten in Asien*

Seit dem Ende der 1990er-Jahre werden innerstaatliche Konflikte zunehmend als „neue Kriege" bezeichnet. Damit soll deutlich gemacht werden, dass ein grundsätzlicher Wandel des Krieges stattgefunden hat. Eine neue Form bewaffneter Konflikte habe sich herausgebildet. Die „neuen" Kriege sind durch die Privatisierung der Gewaltmittel gekennzeichnet. „Neue Kriege" werden primär aufgrund wirtschaftlicher Ziele begonnen; das Handeln der Akteure wird nicht durch eine Ideologie angeleitet. Charakteristisch für „neue Kriege" ist die Figur des Kriegsfürsten bzw. Gewaltunternehmers (Warlord), der sich als lokaler Herrscher etabliert, um daraus ökonomischen Vorteil zu ziehen.

Solche Konflikte sind „asymmetrisch": Zwischen den Kriegsparteien herrscht ein großes Ungleichgewicht der Kräfte. Sie werden von irregulären Kräften geführt, Gewalt richtet sich vorrangig gegen Zivilisten, und Kämpfer der verschiedenen Seiten kooperieren nicht selten zum gegenseitigen Nutzen miteinander. Auf diese Weise verwischt die Grenze zwischen Krieg und Frieden (...). Dazu gehört auch, dass „neue Kriege" nicht offiziell erklärt und auch nicht auf dem Schlachtfeld entschieden werden. (...)

Ein wichtiger Unterschied gegenüber früheren Konflikten besteht darin, wie sich Rebellengruppen mittlerweile finanzieren. Konnten sie während des Ost-West-Konflikts noch darauf hoffen, durch einen der beiden Blöcke Unterstützung für ihren Kampf zu erhalten, sind sie heute darauf angewiesen, die Mittel zur Fortsetzung ihres Kampfes selbst zu erwirtschaften. Sie tun das zumeist durch Handel mit Konfliktgütern: Diamanten, Drogen, Öl, Edelhölzer, Mineralien, etc. Der liberianische Warlord Charles Taylor nahm beispielsweise zwischen 1990 und 1994 jährlich rund 450 Millionen US-$ aus dem Verkauf von Diamanten und anderen Rohstoffen ein. Die liberianische Regierung hatte in diesem Zeitraum ein Jahresbudget von nur rund 20 Millionen US-$.

In vielen Kriegen sind auch staatliche Akteure an derartigen Praktiken beteiligt. Unter Umständen können so mehr oder weniger alle Konfliktparteien ein ökonomisches Interesse an der Fortsetzung des Konfliktes entwickeln, sodass sich dieser verstetigt. Ein Beispiel für eine derartige Institutionalisierung des Krieges war lange Zeit Angola: Während die Zentralregierung und der Generalstab der regulären Streitkräfte von der staatlichen Ölförderung profitierten, kontrollierten die UNITA-Rebellen die Diamantenfelder. Das Resultat war, dass beide Seiten sich darauf beschränkten, ihre Stellungen zu verteidigen und keinen Versuch unternahmen, den Krieg zu einem Ende zu bringen.

Die „neuen Kriege" sind nicht zuletzt durch einen Wandel der militärischen Taktik gekennzeichnet: Anstelle offener Feldschlachten verwenden die Kriegsparteien Techniken des Guerilla- oder Partisanenkampfes. Ein Mittel dieser „asymmetrischen Kriegsführung" ist Terrorismus. Dabei handelt es sich meist um Gewalt gegen ausgewählte militärische und infrastrukturelle Ziele oder gegen Zivilisten zum Zweck der Einschüchterung der Bevölkerung und der Beeinflussung der Politik der Gegenpartei. (...)

International herrscht die Befürchtung, dass politisch schwer kontrollierbare Konfliktgebiete zu Rückzugsgebieten und Aktionsräumen transnational agierender Terroristengruppen werden können. Ein anschauliches Beispiel hierfür war Afghanistan (bis 2001), wo Al Qaida unter dem Schutz der Taliban Ausbildungslager unterhielt und starken Einfluss auf die innere Entwicklung des Landes gewinnen konnte. Heute sind transnationale Terroristengruppen vor allem im Irak aktiv. Auch von Somalia und Sudan wird vermutet, dass dort Führern und Kämpfern islamistischer Terrornetzwerke Unterschlupf gewährt wird. Das Ziel, derartige Rückzugsräume („sichere Häfen") auszutrocknen, veranlasst viele Staaten dazu, bereitwilliger in innerstaatliche Konflikte zu intervenieren. Das bewies zuletzt Äthiopien, als es mit seinen Truppen in Somalia einmarschierte, um die Milizen der Scharia-Gerichte zu vertreiben – und damit die Übergangsregierung zu stabilisieren.

*(Daniel Limbach: Das veränderte Gesicht innerstaatlicher Konflikte: „Neue Kriege", Gewaltökonomien und Terrorismus, 15. 2. 2007. http://www.bpb.de/themen/GMQLOX.html 18. 07. 2007)*

# „Neue Kriege" erobern das 21. Jahrhundert

**Alte Kriege sind ein Auslaufmodell: Heute schicken Warlords Kindersoldaten in den Krieg, kaufen billig Waffen und fangen Hilfslieferungen ab. Herfried Münkler spricht im Interview über die Auswirkungen der neuen Kriege. (...)**

*Rafael Bujotzek: Wie kommen die Kriegsführer zu ihren Waffen? Sind das hauptsächlich Restbestände des Kalten Krieges?*

**Herfried Münkler:** Es gibt überall noch ein paar veraltete Panzer oder Jagdflugzeuge, aber wichtiger ist die Unverwüstlichkeit der Erfindung des genialen Konstrukteurs Michael Kalaschnikow: Die Maschinenpistole geht auch aus den Beständen der 50er-Jahre nicht kaputt und ist sehr billig. Wenn man für 50 Dollar eine Kalaschnikow auf den Märkten bekommen kann, heißt das für Warlords, dass sie relativ billig Truppen aufstellen können.

*Aus welchen Altersgruppen oder gesellschaftlichen Gruppen kommen die Söldner?*

Das ist von Land zu Land verschieden. Man weiß aber, dass in einer Reihe von Konflikten, zum Beispiel in Uganda, häufig Kinder rekrutiert werden, die sehr billig sind und die man leicht ersetzen kann, wenn sie zu Tode kommen.

*Wie sieht es mit den internationalen Hilfslieferungen aus? Werden die abgefangen?*

Ja, die internationalen Hilfslieferungen sind ein wirklich großes Problem, weil solche Kriege einerseits Flüchtlingslager, Hunger, Krankheit und Tod mit sich bringen, was die Weltgemeinschaft – zumindest die Menschen, die ein Herz im Leibe haben – zu Spenden und Hilfslieferungen nötigt. Andererseits organisieren die örtlichen Bürgerkriegsparteien entweder die Verteilung im Lager oder sie errichten vorher Kontrollpunkte, an denen sie die Kolonnen „besteuern". So bekommen die Warlords kostenlos Nahrung und Medikamente geliefert. Oder wenn man es zuspitzen will: Unsere Barmherzigkeit und unser schlechtes Gewissen wird eine Ressource der Kriegsausweitung und Verlängerung.

*Wie wirkt bei dieser Sache das mediale Interesse?*

Es ist ein zusätzliches Merkmal der neuen Kriege, dass Bilder und Nachrichten ein Bestandteil der Kriegsführung geworden sind. Man kann nicht ausschließen, dass ein Warlord, der Logistikprobleme hat, nachrichtenhungrige Journalisten und Kamerateams einlädt und ihnen Elend zeigt, um auf diese Weise Versorgungsströme in Gang zu setzen und so seine Handlungsfähigkeit zu vergrößern. Dann entstehen Bilder von Frauen und Kindern mit aufgeblähten Bäuchen, Hungerödemen und derlei mehr, die gewissermaßen ein Stimuli bei der Erzeugung von Hilfsbereitschaft und Spendenströmen geworden sind.

*Wie sind die Aussichten? Werden wir in Zukunft mehr mit diesen Konflikten zu tun haben?*

Also ich denke, dass der klassische zwischenstaatliche Krieg ein historisches Auslaufmodell ist. Die neuen, diffusen Kriege, in denen sich Bürgerkrieg und zwischenstaatlicher Krieg vermischen, in denen private Akteure – im übrigen nicht nur Warlords, sondern auch private militärische Dienstleistungsanbieter – eine zentrale Rolle spielen, die werden wohl in der ersten Hälfte des 21. Jahrhunderts das Erscheinungsbild des Krieges in hohem Maße bestimmen.

*(Auszug aus einem Interview mit Dr. Herfried Münkler, Professor für Theorie der Politik an der Humbold Universität in Berlin und Autor des Buches „Neue Kriege". Die Fragen stellte Rafael Bujotzek. http://www.dw-world.de 18.07.2007 / © Deutsche Welle)*

**1** *Was kennzeichnet „neue Kriege"? Werte die Texte nach diesen Gesichtspunkten aus: Beteiligte, Finanzierung, Waffen, Ursachen, Konfliktgebiete.*

**2** *Worin liegt der entscheidende Unterschied zwischen früheren und den „neuen" Kriegen?*

**3** *Berichterstattung in den Medien – internationale Hilfslieferungen – „neue Kriege": Wo liegen die Probleme?*

# Terrorismus

## Definitions-Dilemma

Was ist Terrorismus? Selbst die Vereinten Nationen konnten sich bisher auf keine gemeinsame Definition des Begriffs einigen. Vor allem einige arabische Staaten wollen „Terroristen“ von „Freiheitskämpfern“ unterscheiden, die sich gegen eine fremde Besatzungsmacht zur Wehr setzen – aus ihrer Sicht gilt dies insbesondere im Nahost-Konflikt beim Kampf der Palästinenser gegen Israel. „Der in diesem Zusammenhang oft zitierte Satz ‚Des einen Terrorist ist des anderen Freiheitskämpfer‘ umreißt dieses Problem und wirft zugleich eine ethische Frage auf, an deren Antwort sich die Geister scheiden: Rechtfertigt der Einsatz für eine als gerecht empfundene Sache, zu entsetzlichen Mitteln zu greifen?“

*(Jan Olsmanns: Definitions-Dilemma: Was ist Terrorismus? www.tagesschau.de, 18. 06. 2004)*

„Allgemein schätzen sich Terroristen anders ein, als die Bevölkerung und Gesellschaft das tun. Terroristen halten sich grundsätzlich für Freiheitskämpfer oder Kämpfer für die Rechte der Unterdrückten. Diese Sichtweise ist generell abzulehnen.“

*(Kai Hirschmann: Internationaler Terrorismus als sicherheitspolitische Herausforderung, in: Woyke/Rinke (Hg.): Frieden und Sicherheit im 21. Jahrhundert. Eine Einführung. Opladen 1994, S. 84)*

## Zwei Erklärungsversuche

„Terrorismus ist „die Anwendung von Gewalt oder die Androhung von Gewalt, beabsichtigt, um Panik in einer Gesellschaft zu säen, die Regierenden zu schwächen oder zu stürzen oder einen politischen Wechsel herbeizuführen.“

*(Walter Laqueur, seit 1971 am Center for Strategic and International Studies in Washington tätig; zit. nach Kai Hirschmann: Internationaler Terrorismus, in: Reader Sicherheitspolitik 2002.www.reader-sipo.de)*

„Terroristen versuchen, selbstdefinierte höhere Ziele mit Gewalt durchzusetzen. Die Taten sind systematisch geplant und sie werden – als privatisierte Form der Gewalt – von außerstaatlichen Gruppen begangen. Diese sind gemessen an der Stärke des Staates schwach, sodass sie keine offene Konfrontation mit ihm suchen können. Terroristische Gewalt ist eine Provokation der Macht: Sie soll den Staat zu einer Überreaktion verleiten. Sie kommt unerwartet und richtet sich gegen Unbeteiligte. Nicht so sehr ein Anschlag selbst, sondern seine vermeintliche Willkür und Brutalität erzeugen ein Klima der Furcht. ‚Es kann jeden von euch jederzeit und überall treffen‘, lautet die Botschaft der Terroristen.“

*(Jan Olsmann: Transformation des Terrors. www.tagesschau.de, 18. 06. 2004)*

*Ein weiterer schwerer Terroranschlag wurde am 7. Juli 2005 in der britischen Hauptstadt London verübt – siehe Foto Seite 285.*

**New York und Washington, 11. September 2001**
+++ fast 3.000 Tote +++ Al-Qaida-Terroristen steuern entführte Passagierflugzeuge auf die beiden Türme des World Trade Centers in New York und das Pentagon in Washington. Eine vierte Maschine stürzt in Pennsylvania ab. +++

**Djerba, 11. April 2002**
+++ 21 Tote +++ Anschlag auf eine Synagoge auf der tunesischen Ferieninsel Djerba. Die Opfer sind vor allem Touristen, darunter 14 Deutsche. +++

**Bali, 12. Oktober 2002**
+++ 202 Tote +++ Bombenanschlag auf einen Nachtclub, der vor allem von Australiern besucht wird. +++

**Casablanca, 16. Mai 2003**
+++ 32 Tote +++ Anschläge auf westliche und jüdische Einrichtungen in der marrokanischen Hafenstadt. +++

**Riad, 12. Mai und 8. November 2003**
+++ 53 Tote +++ Anschläge auf Ausländerwohnbereiche in der Hauptstadt von Saudi-Arabien. +++

**Istanbul, 15. und 20. November 2003**
+++ 57 Tote +++ Ziele der Selbstmordattentäter sind jüdische Synagogen und britische Einrichtungen. +++

**Madrid, 11. März 2004**
+++ ca. 200 Tote +++ Anschläge auf mehrere Nahverkehrszüge +++

**Beslan, 1. bis 3. September 2004**
+++ Fast 400 Menschen sterben +++ Mehr als 1.300 Kinder und Erwachsene werden von vermutlich tschetschenischen Terroristen in einer Schule im Kaukasus als Geiseln gehalten. +++

*Nach dem blutigen Ende der Geiselnahme in Beslan trägt ein Vater seine gerettete Tochter in die Freiheit*

*(aus: Frieden & Sicherheit. Ein Heft für die Schule 2005, S. 7. Hg.: Arbeitsgemeinschaft Jugend und Bildung e. V., Berlin. Universum Verlag, Wiesbaden)*

*Attentat auf das World Trade Center in New York, 11. 09. 2001*

*Potenzieller Selbstmordattentäter*

Terrorismus begegnet uns heute häufig als religiös motivierter, derzeit zumeist islamistischer Terror. In den Augen islamistischer Fundamentalistenchefs sind die USA der „Hort des Satans", die westlichen Staaten die Lakaien einer Großmacht, die ihren schädlichen Einfluss auf die ganze Welt ausdehnen möchte, und die islamischen Staaten das Bollwerk Allahs. Bei vielen jungen, in materiell und sozial schwierigen Verhältnissen lebenden Menschen in der arabischen Welt zündet eine solche Argumentation: Sie fühlen sich durch die politische und wirtschaftliche Macht des Westens gedemütigt. Gleichzeitig empfinden sie die westliche Kultur als moralisch verwerflich. Diese Stimmung nutzen die terroristischen Führer für ihre Zwecke. „Die ganze jüngere Geschichte der Araber ist eine Folge von Demütigungen, an deren Anfang der Schock der Kolonialisierung stand und die heute im israelisch-palästinensischen Konflikt ihren Höhepunkt erreicht hat. Die Araber sehen sich wie die Palästinenser als ewige Opfer. Armut, Unterdrückung, Ungerechtigkeit, Analphabetentum sind der Nährboden für religiösen Extremismus."

*(aus einem Interview mit dem marokkanischen Schriftsteller Tahar Ben Jelloun, in: Der Spiegel, Nr. 13/2004, S. 187)*

Im Gegensatz zu stereotypen Terrorgruppen der Vergangenheit sind heutige Terroristen zumeist Teil verschwommener Organisationen, die nicht hierarchisch organisiert sind. Das gilt vor allem für den islamistischen Terrorismus. Während bei klassischen politisch motivierten Terrorgruppen wie etwa der irischen IRA, der baskischen ETA oder der PLO die von ihnen ausgehende Gefahr räumlich eng begrenzt war und Operationsgebiete somit voraussehbar waren, arbeiten islamistische Terrorgruppen international. Und während eine jede „klassische" Terrorgruppe traditionelle Taktiken hatte (etwa Kidnapping, Flugzeugentführungen oder Erpressungen), nutzen islamistische Terrorgruppen alle Waffen und Taktiken gemeinsam.

*(aus: Udo Ulfkotte: Internationaler islamistischer Terrorismus; in: Informationen zur politischen Bildung Nr. 274/2002, S. 57. Hg.: Bundeszentrale für politische Bildung, Bonn)*

*Bei von islamistischen Selbstmordattentätern verübten Anschlägen auf die Londoner U-Bahn und einen öffentlichen Bus sterben am 7. Juli 2005 über 50 Menschen.*

1 *Warum gibt es bei dem Versuch, Terrorismus zu definieren, ein Dilemma?*
2 *Motive, Ziele, Vorgehensweise: Werte unter diesen Gesichtspunkten die Texte aus.*
3 *Verfolge in den Medien die Berichterstattung über Terrorismus und terroristische Anschläge.*

## Bekämpfung des Terrorismus

### Muss Terror vor allem an den Wurzeln bekämpft werden?

**Der Entwicklungsexperte Franz Nuscheler in einem Interview mit der ZEIT:**

ZEIT: Professor Nuscheler, können Bomben den Terrorismus ausrotten?
NUSCHELER: Nein, weil sie seine sozialen und politischen Ursachen nicht beseitigen. Sie tragen seinen Nährboden nicht ab.

ZEIT: Woraus besteht dieser Nährboden?
NUSCHELER: Aus Armut, aus Hoffnungslosigkeit, aus dem Gefühl der Ohnmacht (...). Der strukturelle Hintergrund des Terrorismus ist eine ungerechte Welt (...). Die Armen selbst rebellieren nicht, das haben sie nie getan. Sie neigen eher zur Selbstanklage und geben sich ihrem Schicksal hin. Die Geschichte zeigt, dass Terroristen meist aus der Mittel- oder Oberschicht kommen und als eine Art Hohepriester fungieren. Oft durchaus im wörtlichen Sinne: Es sind Mullahs, die Ayatollahs oder auch christliche Priester wie bei den Guerillabewegungen in Lateinamerika. Diese Hohepriester fühlen sich durch die Armut, durch die von ihnen als ungerecht empfundene Welt provoziert. Sie sehen sich als die Sprecher der Sprachlosen (...).

*(Wolfgang Uchatius und Fritz Vorholz, in: DIE ZEIT, Nr. 41/2001)*

Im Sommer 2007 brachte Bundesinnenminister Wolfgang Schäuble (CDU) verschiedene Maßnahmen zur Terrorabwehr ins Gespräch. Kritiker warfen ihm vor, seine Pläne seien mit einem freiheitlichen Rechtsstaat nicht zu vereinen. In einem Zeitungsinterview nahm Schäuble Stellung zu diesem Vorwurf.

*Wolfgang Schäuble*

(...) Aber zurück zum Vorwurf, ich würde mich anschicken, den Rechtsstaat abzuschaffen ...

*... um der Sicherheit willen ...*

... was ich entschieden bestreite! Es geht darum, dass wir innerhalb unserer freiheitlichen und rechtsstaatlichen Verfassung das mögliche Maß an Sicherheit gewährleisten, dass wir innerhalb dieser Begrenzungen Vorsorge treffen, um angesichts der neuen Bedrohungen handlungsbereit zu sein. Hundertprozentige Sicherheit gibt es nicht.

*Um handlungsbereit zu sein, braucht es zum Beispiel mehr Überwachung?*

Auch das ist wiederum, mit Verlaub, ein verkürztes Verständnis. Beispiel Online-Durchsuchungen: Die neuen Informationstechnologien haben die Welt verändert. Man kommuniziert nicht mehr nur per Brief und per Telefon, sondern verstärkt via Internet. Das geht so seit Adam und Eva: jeder Fortschritt ist Segen und Fluch. Jeder Fortschritt, auch die neuen Kommunikationstechnologien, eröffnet uns neue Lebensmöglichkeiten, aber birgt auch neue Gefahren.

*Denen man begegnen muss?*

Die Sicherheitsbehörden müssen in der Lage sein, darauf zu reagieren. Kein Mensch denkt an flächendeckende Überwachung. Das geht nur auf der Grundlage richterlicher Entscheidung, wie es auch bei Telefonüberwachung ganz selbstverständlich ist. (...)

*Trotzdem werden Sie wahrscheinlich nicht widersprechen wenn ich sage: Sicherheit und Freiheit geraten im vom Terrorismus bedrohten Rechtsstaat unweigerlich miteinander in Konflikt ...*

... doch, Sie werden enttäuscht sein: Ich gebe Ihnen nicht Recht. Denn weder Freiheit noch Sicherheit sind jemals absolut. Die Freiheit endet immer am Recht des anderen. Eine unbegrenzte Freiheit würde sich selbst zerstören. Deswegen gibt es diesen Widerspruch aus meiner Sicht nicht. Allerdings muss man eine vernünftige Balance finden. (...)

*(Auszug aus: Denkanstöße statt Denkverbote, in: Sonntag Aktuell, 15. 7. 2007, S. 2. Das Gespräch führte Andreas Braun.)*

1 *Bekämpfung des Terrorismus: Was sagt der Entwicklungsexperte in dem ZEIT-Interview dazu?*
2 *Terrorabwehr in der Demokratie: Worin liegt das Problem? Was sagt der Bundesinnenminister dazu?*
3 *„Vorrang hat die Sicherheit der Bürger vor Terroranschlägen. Da muss man notfalls auch Bürgerrechte einschränken!" – „Vorrang haben die Freiheitsrechte der Bürger. Da muss man notfalls auch Terroranschläge hinnehmen! – Nimm zu diesen beiden Aussagen Stellung und begründe deine Meinung.*

# Methode: Analyse eines Konfliktes

Kämpfe im Gaza-Streifen

Handelskonflikt zwischen den USA und der EU

*Einsatz von Bundeswehr-Tornados in Afghanistan umstritten*

**USA und Russland wegen Raketenabwehr zerstritten**

**Nordkorea bleibt im Atomstreit hart**

Gefechte im Sudan weiten sich aus

*Droht ein Bürgerkrieg in der Ukraine?*

Unter einem Konflikt versteht man eine Auseinandersetzung zwischen einzelnen Personen oder Gruppen. Bei den Gruppen kann es sich zum Beispiel um Cliquen, Vereine, Parteien, Volksgruppen oder auch Staaten handeln.
Der Kern jedes Konfliktes ist das Ringen um die Lösung einer Streitfrage. Diese Lösung kann auf friedlichem Weg durch eine Verständigung zwischen den Konfliktparteien oder durch die Vermittlung Außenstehender erreicht werden. Politische Konflikte, z. B. innerhalb eines Staates oder zwischen Staaten, werden oft durch Gewaltanwendung ausgetragen.
Bei der Konfliktanalyse geht es darum, ein möglichst klares Bild über Ursachen, Verlauf und Struktur eines Konfliktes zu erhalten. Dies ist die Grundlage für eine begründete eigene Stellungnahme. Die Vorgehensweise bei der Konfliktanalyse ist prinzipiell gleich, egal ob sich einzelne Personen oder Staaten streiten. Da über politische Konflikte viel in den Medien berichtet wird, ist es für Schulklassen eher möglich, solche Konflikte zu analysieren.

**Vorbereitung**
Zunächst müssen möglichst viele Informationen über den Konflikt gesammelt werden. Bei einem internationalen politischen Konflikt bieten sich diese Informationsquellen an:
- Auswertung der Berichterstattung in den Medien
- Recherchen im Internet und in Bibliotheken
- Auskünfte von Organisationen (z. B. amnesty international) oder Fachleuten (z. B. Jugendoffizier der Bundeswehr, Entwicklungshelfer, Abgeordneter)

**Durchführung**
Das gesammelte Informationsmaterial wird – am besten in Gruppenarbeit – nach diesen Fragestellungen ausgewertet:
1. Welche Ursachen, welche Vorgeschichte hat der Konflikt?
2. Um welche Streitfrage bzw. Streitfragen geht es?
3. Wer sind die Gegner in dem Konflikt?
4. Welche Interessen vertreten die gegnerischen Gruppen jeweils?
5. Welche Machtmittel werden zur Durchsetzung der jeweiligen Interessen eingesetzt?
6. Welche Vorstellungen zur Lösung des Konfliktes haben die gegnerischen Gruppen?

**Auswertung**
Die Gruppen stellen vor, was sie bei der Auswertung ihrer Materialien erarbeitet haben und vergleichen ihre Ergebnisse mit denen der anderen. Dann werden die Gesamtergebnisse der Konfliktanalyse gemeinsam übersichtlich dargestellt, am besten in einer Wandzeitung. Vor diesem Hintergrund erarbeitet dann jede Schülerin, jeder Schüler die eigene Stellungnahme. Dabei können diese Fragen helfen:
- Was ist meine Überzeugung? Warum habe ich diese Überzeugung?
- Werden meine Interessen von diesem Konflikt berührt?
- Welchen Lösungsvorschlag bevorzuge ich? Aus welchem Grund?
- Kann ich möglicherweise selbst aktiv werden, z. B. an Aktionen teilnehmen?

1 *Einigt euch in der Klasse, welchen politischen Konflikt ihr untersuchen wollt.*
2 *Führt die Konfliktanalyse wie beschrieben durch.*

# Das Wichtige in Kürze

## Globalisierung

Mit Globalisierung bezeichnet man im weiten Sinn das weltweite Zusammenwachsen in allen Bereichen der Gesellschaft, Politik, Kultur usw. Im engeren Sinn ist damit die zunehmende Internationalisierung der Wirtschaft gemeint. Sie ist gekennzeichnet durch „Global Players", also multinationale Firmen, die in vielen Ländern der Erde produzieren und ihre Waren verkaufen.

## Weltweite Probleme

Die Armut ist das größte Problem der Entwicklungsländer. Mit ihr hängen andere Probleme zusammen: unzureichende Ernährung, unzureichende medizinische Versorgung, geringe Bildungsmöglichkeiten, Mangel an Arbeitsplätzen, rasch wachsende Bevölkerungszahl. Weil es in den Entwicklungsländern häufig militärische Konflikte und politische Verfolgung gibt, verlassen viele Menschen dort ihre Heimat und suchen als Flüchtlinge Schutz in anderen Ländern.

## Kriege

Die häufigsten Ursachen für Konflikte sind politische, gesellschaftliche und religiöse Unterschiede, Gebietsstreitigkeiten, wirtschaftliche Interessen, soziale Ungerechtigkeiten und Unterdrückung. Solche Konflikte werden auf der Welt immer wieder gewaltsam ausgetragen. Kriegerische Auseinandersetzungen kann es zwischen Staaten, aber auch innerhalb eines Staates, z. B. zwischen der Regierung und bewaffneten Gruppen, geben. Beide Arten von organisierten, mit Waffen ausgetragenen Massenkonflikten bezeichnet man als Krieg. Seit dem Ende des Zweiten Weltkrieges hat weltweit die Zahl der Kriege zugenommen. Drei Viertel davon waren innerstaatliche Kriege.

## „Neue Kriege"

Im Vergleich zu den früheren Kriegen hat sich in den letzten Jahren eine andere Form der innerstaatlichen Konfliktaustragung entwickelt. Bei diesen „neuen Kriegen" spielen private Kriegsherren eine zentrale Rolle. Sie nutzen die Schwäche des Staates aus, um bestimmte Gebiete in ihre Gewalt zu bekommen. Dort terrorisieren sie die Zivilbevölkerung und beuten die Bodenschätze zu ihrem Vorteil aus. Sie setzen Kindersoldaten ein, vermeiden die offene Auseinandersetzung mit der Armee und verüben Anschläge aus dem Hinterhalt. Daher spricht man von einer „asymmetrischen" Kriegsführung.

*Kindersoldat in Sierra Leone (Afrika)*

## Terrorismus

Bei Terroristen handelt es sich um extremistische Gruppen oder Einzelpersonen, die aus politischen bzw. religiösen Gründen Gewalt vor allem gegen unbeteiligte Zivilpersonen anwenden. Sie wollen damit Angst und Schrecken verbreiten und so dem Staat, den sie bekämpfen, Schaden zufügen. Islamistische Terroristen verüben Selbstmordattentate wie z. B. den Anschlag auf das World Trade Center in New York im Jahr 2001, weil sie die westliche Lebensweise hassen und die USA in ihren Augen der „Hort des Satans" ist.

## Der Aufbau der Vereinten Nationen

A Dieses Gremium ist das zentrale Organ der Vereinten Nationen für wirtschaftliche, soziale und Entwicklungsfragen. Es erarbeitet Studien, Berichte und Empfehlungen auf den Gebieten der Wirtschaft, des Sozialwesens, der Kultur, der Erziehung, der Gesundheit und anderen.

B In diesem Gremium sind alle 192 Mitgliedstaaten vertreten. Jeder Mitgliedstaat hat eine Stimme. Jährlich im Herbst tritt dieses Gremium zu einer mehrere Wochen dauernden Tagung zusammen. Es wählt die Mitglieder der anderen Organe, prüft und genehmigt den Haushaltsplan der Vereinten Nationen und setzt die Höhe der Mitgliedsbeiträge fest. Politische Beschlüsse werden in Form von Resolutionen getroffen, die allerdings nach völkerrechtlicher Auffassung nur den Charakter von Empfehlungen haben.

C Dieses Gremium ist die Hauptverwaltung der Vereinten Nationen. Es setzt die Beschlüsse anderer UN-Gremien um, plant und organisiert friedenserhaltende Maßnahmen, verfasst Studien, bereitet Verhandlungen und Konferenzen vor und unterrichtet die Öffentlichkeit über die Tätigkeit der Vereinten Nationen. Es wird von einem Generalsekretär geleitet. Er ist der höchste Verwaltungsbeamte der Vereinten Nationen und in den Augen der Weltöffentlichkeit ihre Symbolfigur.

D Dieses Gremium mit Sitz in Den Haag ist zuständig für die Auslegung internationaler Verträge, für Fragen des Völkerrechts sowie bei Verletzungen internationaler Verpflichtungen. Entscheidungen sind nur für die jeweiligen Streitparteien und in Bezug auf den jeweiligen konkreten Streitgegenstand bindend.

E Dieses Gremium trägt die Hauptverantwortung für die Wahrung des Weltfriedens. In Fällen der Friedensgefährdung oder bei einer vorliegenden Verletzung der Friedenspflicht kann dieses Gremium als einziges Organ der Vereinten Nationen Beschlüsse mit bindender Wirkung für alle Mitgliedstaaten fassen.

*Welche Beschreibung gehört zu welchem Gremium der Vereinten Nationen? Ordne zu.*

## Der Sicherheitsrat

### Der Sicherheitsrat der Vereinten Nationen

**Sein Zweck:**

Der Sicherheitsrat ist der **Friedenswärter** der Vereinten Nationen.

**Seine Mitglieder:**

Der Sicherheitsrat hat **fünf** ständige Mitglieder (USA, Russland, Frankreich, Großbritannien, China) und **zehn** nicht ständige Mitglieder.

**Seine Beschlüsse:**

Zur Beschlussfassung sind mindestens 9 der 15 Stimmen erforderlich; die fünf ständigen Mitglieder haben ein Vetorecht.

**Seine Mittel:**

- Vermittlungen
- Entsendung von UN-Friedenstruppen
- gewaltlose Sanktionen
- militärische Sanktionen

**A** Damit ist das Recht gemeint, einen Beschluss durch Einspruch zu verhindern.

**B** Diese Mitgliedstaaten sind immer vertreten.

**C** Der Sicherheitsrat kann als „Blauhelme" bezeichnete Soldaten in Krisengebiete entsenden, wenn die Konfliktparteien damit einverstanden sind. Die „Blauhelme" dürfen keine Waffen einsetzen, außer zur Selbstverteidigung. Sie dienen meist als „Puffer" zwischen den Gegnern und überwachen z. B. einen Waffenstillstand.

**D** Als letztes Mittel kann der Sicherheitsrat gegen einen Staat, der den Frieden verletzt hat, militärische Gewalt einsetzen. Da die Vereinten Nationen keine eigenen Soldaten haben, erteilt der Sicherheitsrat einem Mitgliedstaat oder mehreren Mitgliedstaaten den Auftrag, den aggressiven Staat zu bekämpfen. Ein solcher Auftrag wird auch als „Mandat" bezeichnet.

**E** Diese Staaten werden von der UN-Generalversammlung jeweils für zwei Jahre in den Sicherheitsrat gewählt.

**F** Durch Maßnahmen, die für einen Staat unangenehm sind, soll dieser gezwungen werden, Beschlüsse des UN-Sicherheitsrates zu befolgen. Solche Maßnahmen können z. B. die Unterbrechung des Handels, der Verkehrsverbindungen oder der Abbruch der diplomatischen Beziehungen sein.

**G** Den Konfliktparteien werden von den Vereinten Nationen Vorschläge zur Beilegung ihres Streites gemacht.

**Beispiel 1**

Seit 1964 überwachen von den UN entsandte Soldaten auf Zypern die Waffenstillstandslinien zwischen den Griechen und Türken.

**Beispiel 2**

Im Bürgerkrieg zwischen Serben, Kroaten und Bosniern hatte der UN-Sicherheitsrat seit 1992 in Bosnien-Herzegowina verschiedene Städte zu Schutzzonen erklärt, was aber von den bosnischen Serben nicht beachtet wurde. Als die Serben im Sommer 1995 bosnische Städte überrannten und Tausende von Gefangenen ermordeten, flog die NATO im Auftrag der Vereinten Nationen massive Luftangriffe gegen serbische Stellungen. Diese Angriffe führten dann dazu, dass die serbische Seite im Herbst 1995 zu Friedensverhandlungen bereit war.

**Beispiel 3**

Dem damaligen UN-Generalsekretär Perez de Cuellar gelang es 1988, durch Verhandlungen den irakisch-iranischen Krieg zu beenden.

**Beispiel 4**

Um Libyen zur Auslieferung von Terroristen zu zwingen, stellten die Mitgliedstaaten der Vereinten Nationen jahrelang den Flugverkehr in dieses Land ein.

**1** *Welche Erklärung gehört zu welchem der in der Grafik gelb unterlegten Begriffe?*

**2** *Zu jedem der vier Mittel des Sicherheitsrates gehört eines der Beispiele. Ordne entsprechend zu.*

# Methode: Internetrecherche

## Thema: UN-Friedenseinsätze

Mitte 2007 waren rund 100 000 Soldaten und zivile Polizisten aus über 115 Ländern in friedenssichernden Einsätzen der Vereinten Nationen in 18 Ländern der Erde aktiv. Wer mehr über diese Einsätze erfahren will, kann sich durch eine Internetrecherche informieren.

**1** Die offizielle Website der Vereinten Nationen (www.un.org) verwendet verschiedene Sprachen, z. B. Englisch, Französisch, Spanisch, jedoch nicht Deutsch. Deutschsprachige Informationen über die Vereinten Nationen gibt es auf der Homepage des Regionalen Informationszentrums der UNO (www.runiceurope.org/german/index.html). Die Startseite enthält viele Stichwörter, die man anklicken kann, um genauere Informationen über bestimmte Sachverhalte zu bekommen. Um etwas über Friedenseinsätze zu erfahren, klickt man oben den Link „Frieden und Sicherheit" an.

**2** Es erscheint dann eine Seite mit allgemeinen Informationen und weiteren Links, die im unteren Teil der Seite aufgeführt sind. Hier klickt man „Friedenssicherungseinsätze" an.

**3** Die nun folgende Seite enthält viele Stichwörter, die nach drei Gruppen gegliedert sind. Blau unterlegt sind dabei die Stellen, die als Links zu weiteren Informationen führen. So gibt es z. B. beim Stichwort „laufende Friedenssicherungseinsätze der Vereinten Nationen (Fakten & Zahlen)" die Möglichkeit, diese Informationen als PDF-Datei aufzurufen.

**4** Ruft man diese Datei auf, erscheint auf dem Bildschirm ein zwei Seiten umfassendes Dokument: Die erste Seite enthält eine Karte zu den laufenden Einsätzen, die zweite Seite listet alle Einsätze mit Angaben über Beginn, Truppenstärke, Finanzierung usw. auf. Jeder Einsatz hat einen Namen, dessen Anfangsbuchstaben ein bestimmtes Kürzel ergeben. So erfährt man z. B., dass es unter dem Kürzel UNMIS einen Friedenseinsatz der Vereinten Nationen in dem afrikanischen Staat Sudan gibt, bei dem über 13 000 Mann eingesetzt sind.

**5** Will man mehr über den Einsatz im Sudan erfahren, kann man in eine Suchmaschine den Begriff „UNMIS" eingeben. So bietet beispielsweise Google über 14 500 Seiten mit Hinweisen auf den UN-Einsatz im Sudan in deutscher Sprache.

1 2 3 4 5

1 *Recherchiert wie beschrieben, welche Friedenseinsätze die Vereinten Nationen zurzeit durchführen.*
2 *Infomiert euch dann in Kleingruppen genauer über diese Einsätze. Präsentiert die Ergebnisse eurer Recherche der Klasse, z. B. durch Kurzreferate oder mittels einer Wandzeitung.*

## Fallbeispiel: Irak 1990/91 und 2003

Das Scheichtum Kuwait am Persischen Golf ist zwar ein kleines Land, verfügt aber über einen großen Ölreichtum. Am 2. August 1990 fallen die irakischen Truppen in der Nacht in den Nachbarstaat ein. In wenigen Stunden ist das Land besetzt, die kuwaitische Regierung muss fliehen.
Der Sicherheitsrat der Vereinten Nationen tritt zusammen und fordert den sofortigen und bedingungslosen Rückzug der irakischen Truppen. In einer weiteren Resolution beschließt der Sicherheitsrat ein Wirtschaftsembargo gegen den Irak, der Kuwait zu seiner 19. Provinz erklärt hat. Zum Schutz von Saudi-Arabien entsenden zwölf arabische Regierungen und die USA Truppen an den Golf. Die irakische Regierung hindert Tausende von Ausländern am Verlassen des Landes und behält sie als Geiseln; Hunderte von ihnen werden als „menschliche Schutzschilde" an militärisch wichtige Orte verschleppt.
Während der Irak seine Truppen in dem besetzten Kuwait weiter verstärkt, treffen bis zum Jahresende immer mehr Truppen aus den USA, aber auch aus Großbritannien und Frankreich und aus arabischen Staaten am Golf ein. Der UN-Sicherheitsrat verschärft die Wirtschaftsblockade gegen den Irak. Am 29. November 1990 setzt der Sicherheitsrat der irakischen Regierung eine Frist bis zum 15. Januar 1991, Kuwait zu räumen. Nach Ablauf dieses Ultimatums kann militärische Gewalt zur Befreiung des Scheichtums eingesetzt werden.
Im Dezember 1990 lässt der Irak die ausländischen Geiseln frei. Vor Ablauf des Ultimatums scheitern alle diplomatischen Versuche, die Iraker zur Räumung Kuwaits zu bewegen. Zwei Tage nach Ablauf des UN-Ultimatums eröffnen die von den USA angeführten Luftstreitkräfte der Alliierten den Kampf und bombardieren über einen Monat lang Ziele in Kuwait, Bagdad und im übrigen Irak.
Am 18. Januar 1991 lässt der irakische Staatschef Saddam Hussein erstmals Raketen auf das am Kampfgeschehen unbeteiligte Israel abfeuern. Damit soll Israel in den Konflikt hineingezogen und so Zwietracht zwischen den USA und den arabischen Alliierten gesät werden. Während die alliierten Luftangriffe an Heftigkeit zunehmen, droht Saddam Hussein mit Giftgas, ruft die Terroristen in aller Welt zu Aktionen gegen den Westen auf und lässt Millionen Tonnen Erdöl in den Persischen Golf pumpen, um die saudi-arabischen Meerwasserentsalzungsanlagen zu beschädigen.
Ende Februar beginnt der Landkrieg. In wenigen Tagen ist die irakische Armee besiegt und Kuwait befreit. Das kleine Land ist völlig zerstört, hunderte von Ölquellen wurden von den irakischen Soldaten vor ihrer Flucht in Brand gesetzt. Erst nach der militärischen Niederlage erklärt sich Saddam Hussein bereit, die UN-Resolution bedingungslos zu erfüllen. Die Alliierten verkünden eine Waffenruhe, der Anfang März 1991 dann der Waffenstillstand folgt. Auf alliierter Seite fielen im Kampf etwa 200 Soldaten; die Verluste auf irakischer Seite werden auf über hunderttausend Soldaten und Zivilisten geschätzt.
Im Waffenstillstandsabkommen von 1991 verpflichtet sich der Irak zur Zerstörung aller nuklearer, biologischer und chemischer Waffen. UN-Inspekteure sollen die Einhaltung dieser Verpflichtung kontrollieren.

*Irak-Krieg 1991: US-Soldaten bereiten sich auf die Abwehr eines eventuellen irakischen Giftgasangriffs vor*

*Irak-Krieg 1991: Von irakischen Soldaten auf ihrem Rückzug in Brand gesetzte Ölquellen im Scheichtum Kuwait*

*Irak-Krieg 2003: US-Soldaten patrouillieren in der Stadt Mosul*

*Demonstration gegen den Irak-Krieg, 2003*

In den nächsten Jahren kommt es immer wieder zu Konflikten, weil der Irak die Arbeit der UN-Inspekteure behindert, z. B. ihnen den Zutritt zu Gebäuden verweigert. Die UN-Inspekteure, die Belege für die irakische Produktion von Langstreckenraketen finden, werden 1997 von der irakischen Regierung aus dem Land ausgewiesen. Erst als die Alliierten, vor allen die USA, mit Angriffen drohen, lassen die Iraker die Waffeninspekteure wieder in das Land, weisen sie bald danach jedoch erneut aus.

Nach den Terroranschlägen vom 11. September 2001 auf das World Trade Center in New York wächst in den USA die Furcht, der irakische Diktator Saddam Hussein könne internationale Terroristen mit biologischen oder chemischen Waffen versorgen. Immer drängender fordert die US-Regierung im Jahr 2002 die Zerstörung aller Massenvernichtungswaffen im Irak und den Sturz von Saddam Hussein. Es beginnt ein amerikanischer Truppenaufmarsch in der Golfregion. Im Sommer 2002 rückt ein erneuter Irakkrieg zunehmend in den Bereich des Möglichen. Während die Vereinigten Staaten vor allem von Großbritannien unterstützt werden, lehnen Frankreich, Russland und Deutschland einen Krieg gegen den Irak ab.

Im Oktober 2002 erlaubt der Irak die Rückkehr der UN-Waffeninspekteure. Im November 2002 verabschiedet der UN-Sicherheitsrat eine von den USA und Großbritannien eingebrachte Resolution, in der der Irak unter Androhung „ernster Konsequenzen" zum Offenlegen seiner Waffenprogramme aufgefordert wird. Anfang 2003 verschärft sich der Konflikt. Die UN-Inspekteure können zwar keine Beweise für Massenvernichtungswaffen finden, werfen aber der irakischen Regierung mangelnde Zusammenarbeit vor. Die Gegner eines neuen Irakkrieges fordern mehr Zeit für die UN-Inspektionen. Die USA, Großbritannien und ihre Verbündeten werfen dem Irak Täuschungsmanöver vor und sind bereit, auch ohne UN-Mandat militärisch gegen Saddam Hussein vorzugehen. Die Welt ist in zwei Lager geteilt: Die USA und ihre Verbündeten sehen im Krieg das letzte Mittel, die Gefahr irakischer Massenvernichtungswaffen zu beseitigen und den Diktator Saddam Hussein zu stürzen. Die andere Seite, vor allem Frankreich, Deutschland und Russland lehnen einen Krieg ab und wollen den UN-Inspekteuren mehr Zeit geben.

Am 20. März 2003 beginnt der Krieg: Amerikanische und britische Truppen marschieren in den Irak ein. Während weltweit Milionen von Menschen gegen den Krieg protestieren, erobern die Alliierten nach heftigen Kämpfen das Land. Nach sechs Wochen ist die Hauptstadt Bagdad erobert, das irakische Regime zusammengebrochen. Der Diktator Saddam Hussein wird erst Monate später in einem Versteck gefunden und verhaftet. Beweise für Massenvernichtungswaffen finden die Sieger nicht. Friede kehrt nicht ein, denn immer wieder werden die Besatzungstruppen aus dem Hinterhalt angegriffen.

**1** *Irakkriege 1990/91 und 2003: Stelle Unterschiede fest. Welche Rolle spielten jeweils die Vereinten Nationen?*

**2** *Warum war der Irakkrieg 2003 in der Öffentlichkeit stark umstritten?*

*Informiere dich in den Medien über die Lage im Irak jetzt.*

## Sicherheitsorganisationen in Europa

Bis zum Fall der Mauer im Jahr 1989 standen sich auf europäischem Boden die beiden Machtblöcke NATO und Warschauer Pakt scheinbar unversöhnlich gegenüber. Seitdem haben auch andere Organisationen an Bedeutung gewonnen oder sind neu entstanden, um die europäischen Staaten stärker miteinander zu verbinden. Die europäische Sicherheitsarchitektur entwickelt sich aus zahlreichen Institutionen und bezieht auch die Staaten Osteuropas mehr und mehr ein.

Aus dem 1952 von sechs Staaten unterzeichneten Vertrag über die Europäische Gemeinschaft für Kohle und Stahl entwickelte sich in mehreren Stufen und Erweiterungen die **Europäische Union (EU)**. Ihr gehören heute 27 Staaten an, die eine gemeinsame Wirtschafts- und Währungsunion geschaffen haben. Künftig wollen diese Staaten ihre Außen- und Sicherheitspolitik noch erheblich stärker als bisher abstimmen. Die Europäische Union hat eine 60 000 Soldaten umfassende Eingreiftruppe aufgestellt, die bei Krisen eingesetzt werden kann.

Die **NATO (Nordatlantikpakt)** wurde 1949 als Militärbündnis des Westens zum Schutz vor der kommunistischen Sowjetunion gegründet. Heute gehören ihr 26 Staaten an.

In der **Organisation für Sicherheit und Zusammenarbeit in Europa (OSZE)** arbeiten 56 Staaten zusammen, darunter alle NATO-Staaten und die Nachfolgestaaten der früheren Sowjetunion. Die OSZE will vor allem das Entstehen von Konflikten verhindern helfen. Bei ausgebrochenen Konflikten darf die OSZE nur eingreifen, wenn die Kriegsparteien damit einverstanden sind.

Als Forum zwischen der NATO und den Staaten des ehemaligen Warschauer Paktes dient seit 1997 der **Euro-Atlantische Partnerschaftsrat (EAPR)**. Ihm gehören heute 46 Staaten aus Ost und West an. Seine Ziele sind der sicherheitspolitische Dialog, Zusammenarbeit und Vertrauensbildung auf gleichberechtigter Ebene.

Der **Europarat** mit Sitz in Straßburg wurde 1949 zunächst von zehn europäischen Staaten gegründet. Heute hat er 47 Mitglieder. Er befasst sich vorrangig mit dem Schutz der Menschenrechte, der Demokratie und der Erhaltung des kulturellen Erbes.

In der **Partnerschaft für den Frieden** arbeiten 20 Staaten aus Europa, Zentralasien und dem Kaukasus mit der NATO zusammen. Durch gemeinsame militärische Übungen wollen diese Länder ihre Fähigkeit verbessern, bei Friedensmissionen zusammenzuwirken.

*Die Verteidigungsminister der NATO-Staaten beraten in Brüssel über die Bekämpfung des internationalen Terrors*

*Ein amerikanischer, ein deutscher, ein polnischer und ein tschechischer Soldat bei einem Manöver der NATO in Polen*

*Finde in den Kurzbeschreibungen die Textstellen, die aussagen, wie die jeweilige Organisation zur Sicherheit in Europa beitragen will.*

## OSZE

*Wahlbeobachterin der OSZE bei einer Wahl im Kosovo*

Die Organisation für Sicherheit und Zusammenarbeit in Europa ist eine multinationale Sicherheitsgemeinschaft zur Friedensförderung. Die OSZE wurde 1975 während des Kalten Krieges unter dem Namen Konferenz über Sicherheit und Zusammenarbeit in Europa (KSZE) gegründet und war die Voraussetzung für die allmähliche Entspannung im Ost-West-Konflikt. In der Charta von Helsinki haben sich die Mitgliedstaaten verpflichtet, die Menschen- und Bürgerrechte anzuerkennen und die Sicherheit in Europa zu stärken. 1994 wurde die KSZE in OSZE umbenannt und sitzt seitdem in Wien. Die 56 Mitglieder starke Gemeinschaft umfasst alle Staaten Europas, die Nachfolgestaaten der Sowjetunion sowie die USA und Kanada. (...) Zu den Aufgaben gehört unter anderem die Entsendung von Wahlbeobachtern. Zu ihren größten Erfolgen gehört der 1990 unterzeichnete Vertrag zum Abbau der konventionellen Streitkräfte in Europa. (dpa)

*(aus: Stuttgarter Zeitung, 8.12.2006, S. 4)*

Die Präsidentenwahlen in Weißrussland waren weder „fair“ noch „frei“; die Wahlen zum ukrainischen Parlament entsprachen vereinbarten Standards. Mit diesen Urteilen ist die Organisation für Sicherheit und Zusammenarbeit in Europa (OSZE) im März 2006 an die Öffentlichkeit getreten und hat sich ihr damit zugleich eindrücklich in Erinnerung gebracht. (...)
Wahlbetrug kann die OSZE zwar nicht verhindern, sie kann ihn aber erschweren und vor aller Welt aufdecken. Als die OSZE im Oktober und November 2004 den ukrainischen Präsidentschaftswahlen das Etikett „fair und frei“ versagte und dem Land schließlich im Dezember zu einem dritten Wahlgang verhalf, trug sie damit ganz offensichtlich dazu bei, die alte Regierung abzulösen und den Weg in eine demokratischere Zukunft zu ebnen. Dass die ukrainischen Parlamentswahlen im März 2006 dem Urteil einer großen Zahl von Wahlbeobachterinnen und -beobachtern standhielten, ist auch ein Erfolg der OSZE.
Die Wahlbeobachtungsmissionen der OSZE sind ein typisches Beispiel für den Einsatz einer Organisation, die Sicherheitspolitik betreibt, ohne über Waffen zu verfügen. Spezialisiert ist sie in erster Linie auf die Verhältnisse in Staaten. Seit einigen Jahren stehen auch transnationale Probleme wie zum Beispiel terroristische Gefahren auf ihrer Tagesordnung. (...)
Entscheidungen können nur getroffen werden, wenn alle Teilnehmerstaaten zustimmen (Konsensprinzip). Auch ist die OSZE – anders als der UN-Sicherheitsrat – nicht legitimiert, die Anwendung von Gewalt, also auch den Einsatz von Waffen, zu genehmigen. Ihr Sicherheitsverständnis beruht auf Zusammenarbeit und schließt die Anwendung von Zwangsmaßnahmen aus (Kooperative Sicherheit). Diese 1975 vereinbarten Verfahrensgrundsätze sind nach wie vor gültig. (...)
Auf einen sehr allgemeinen Nenner gebracht, ist die OSZE eine Dienstleistungsorganisation zur Verhütung von Konflikten, zur Konfliktnachsorge und zur Unterstützung beim Aufbau staatlicher Organe. Gewaltsame Auseinandersetzungen in Staaten und ihre Ausweitung auf andere Länder zu verhindern, gelingt leider nur in wenigen Fällen. Erfolge auf diesem Gebiet nachzuweisen, ist zudem schwierig, da erfolgreiche Konfliktverhütung naturgemäß sehr viel schwerer zu belegen ist, als dies bei gescheiterten Versuchen der Fall ist. Oft lässt sich nicht ausmachen, in welchem Maße die OSZE dazu beigetragen hat, Auseinandersetzungen zu entschärfen, die eine breitere Öffentlichkeit so oft gar nicht erst wahrgenommen hat. Ein Krieg, der vermieden werden konnte, ist eben keine Schlagzeile wert. (...)

*(aus: Bernhard von Plate: Sicherheitspolitik ohne Waffen – OSZE und Europarat, in: Informationen zur politischen Bildung 291, Sicherheitspolitik im 21. Jahrhundert, S. 62f. Hg.: Bundeszentrale für politische Bildung, Bonn)*

1 *Wie trägt die OSZE zur Sicherheit in Europa bei? Nenne Beispiele.*
2 *„Die OSZE betreibt Sicherheitspolitik ohne Waffen!“ – Begründe diese Aussage.*
3 *Die Arbeit der OSZE ist in der Öffentlichkeit wenig bekannt. Warum wohl?*

## Europäische Sicherheitspolitik

Im Rahmen ihrer Gemeinsamen Außen- und Sicherheitspolitik entwickelt die EU auch eine gemeinsame Europäische Sicherheits- und Verteidigungspolitik, abgekürzt ESVP. Die Europäische Union will so in der Lage sein, in Fragen der Konfliktverhütung und Krisenbewältigung eigenständig zu entscheiden und in internationalen Krisen, in denen die NATO als Ganzes nicht aktiv wird, auch militärisch einzugreifen.

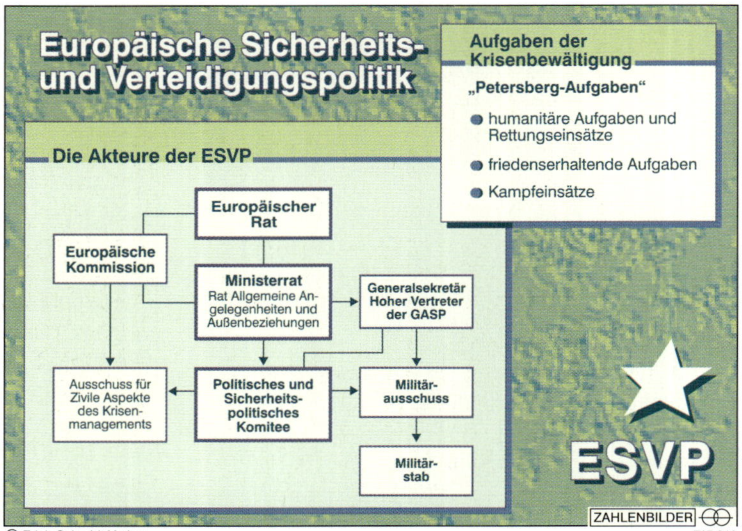


© Erich Schmidt Verlag

Ein Eingreifen bei internationalen Konflikten kann sowohl nichtmilitärische als auch militärische Fähigkeiten erfordern:

- Bei den nichtmilitärischen Aufgaben legt die EU den Schwerpunkt auf den Einsatz von Polizeikräften, die Stärkung des Rechtsstaats (Justiz, Strafvollzug usw.), die Stärkung der Zivilverwaltung und den Zivilschutz in Krisengebieten.
- Zur Bewältigung militärischer Aufgaben ist die EU in der Lage, eine „schnelle Eingreiftruppe" von bis zu 60 000 Mann aufzustellen, die innerhalb von 60 Tagen verlegt und deren Einsatz mindestens ein Jahr aufrechterhalten werden kann. Dabei handelt es sich nicht um eine ständige EU-Truppe. Vielmehr haben sich die EU-Staaten verpflichtet, entsprechende Truppenteile für EU-Operationen bereitzustellen. Im Krisenfall kann dann der EU-Militärstab diese Truppenteile anfordern.

Entscheidungen über militärische Operationen trifft der Ministerrat. Die Umsetzung liegt dann beim „Politischen und Sicherheitspolitischen Komitee". Es schlägt dem Ministerrat die im Krisenfall zu ergreifenden Maßnahmen vor und ist für die strategische Leitung und politische Kontrolle der Militäroperation zuständig. Beraten wird das Komitee vom Militärausschuss, das sind die Generalstabschefs der EU-Staaten, und einem Ausschuss aus Spezialisten für die zivilen Aspekte des Einsatzes.

*Im Januar 2003 begann die Arbeit der Polizeimission der Europäischen Union in Bosnien und Herzegowina, die die zivilen Aspekte des Krisenmanagements von den Friedenstruppen der UNO übernahm. Derartige Maßnahmen werden vom Rat der Europäischen Union beschlossen und koordiniert.*

## Beispiele für EU-Einsätze

- Polizeimission in Bosnien-Herzegowina: Seit 2003 überwachen und beraten 800 EU-Polizisten die Polizeikräfte des Landes.
- Militäroperation in Mazedonien: 350 EU-Soldaten sicherten 2003 den Waffenstillstand nach dem Bürgerkrieg.
- Militäroperation im Kongo: 2003 waren auf Ersuchen der UN 1500 EU-Soldaten zur Stabilisierung der Lage in dem vom Bürgerkrieg heimgesuchten Land im Einsatz.
- Militäroperation in Bosnien-Herzegowina: Im Dezember 2004 lösten 7000 EU-Soldaten (EUFOR) die NATO-Soldaten ab, die bis dahin die Einhaltung des Friedensabkommens überwacht hatten.

*Französische EU-Soldaten treffen zum Einsatz im Kongo ein*

# EU bildet mobile Kampftruppen

## Einheiten könnten zum Beispiel Europäer aus Kriegsgebieten retten

Erprobt: Deutsche Eurocorps-Soldaten

**Brüssel** – Der militärische Arm der Europäischen Union wird kräftiger. Die Verteidigungsminister der Mitgliedstaaten verständigten sich am Montag in Brüssel auf die Bildung von 13 mobilen Kampftruppen.
Diese Gefechtseinheiten gelten als wichtiger Baustein einer gemeinsamen europäischen Sicherheitspolitik. Die so genannten Battle-Groups werden jeweils 1500 Soldaten umfassen und binnen fünf bis zehn Tagen für bis zu viermonatige Einsätze marschbereit sein. Die als „Krisenreaktionskräfte" definierten Einheiten sollen in Kriegsgebieten außerhalb der EU-Grenzen entsandt werden, um dort etwa EU-Bürger zu befreien oder zivilen Helfern den Weg freizukämpfen. (...) Die volle Einsatzfähigkeit soll erst 2007 erreicht sein. Deutschland wird sich an vier Kampfgruppen beteiligen.

(...) In den zumeist multinationalen neuen Kampfeinheiten wird jeweils eine Führungsnation das Kommando übernehmen. So sollen Offiziere der Bundeswehr eine Battle-Group mit Partnern aus Finnland und den Niederlanden befehligen. Ein Einsatzbeschluss muss auf Bitten der UNO erfolgen und von allen EU-Regierungen einstimmig getragen werden. Am Einstimmigkeitsprinzip wird sich auch nach In-Kraft-Treten der neuen EU-Verfassung nichts ändern. Allerdings könnte sich das Aufgabenspektrum für die Kampftruppen dann erweitern. In Deutschland bleibt es überdies beim Parlamentsvorbehalt: Auch bei der Beteiligung der Bundeswehr an multilateralen Verbänden ist das Mandat des Bundestages vor der Entsendung von Soldaten zwingend. Die EU betont, dass der Ausbau der eigenen Krisenintervention nicht in Konkurrenz zur NATO steht.

*(Tobias Blasius, Brüssel, in: Marbacher Zeitung, 23. 11. 2004, S. 2)*

1 *Notiere, welche Absichten die EU mit dem Aufbau einer „schnellen Eingreiftruppe" verfolgt.*
2 *„Die EU hat jetzt eine eigene Armee." Was meinst du zu dieser Aussage?*
3 *Was ist an den bisherigen EU-Einsätzen bemerkenswert? Notiere in Stichworten.*
4 *„Battle-Groups" der EU: Fasse die wesentlichen Informationen der Zeitungsmeldung zusammen.*

## Die NATO

NATO ist die Abkürzung für den englischen Begriff „North Atlantic Treaty Organization“, ins Deutsche übersetzt: Nordatlantisches Verteidigungsbündnis. Meist spricht man verkürzt von „Nordatlantikpakt“. Es ist der Name eines politisch-militärischen Bündnisses, das wenige Jahre nach dem Zweiten Weltkrieg im April 1949 von den USA, Kanada und neun europäischen Staaten gegründet wurde. Als wichtiges Ziel der NATO galt, die kommunistische Sowjetunion und ihre Verbündeten davon abzuhalten, gegen die westlichen Staaten Krieg zu führen. Die kommunistischen Staaten schlossen sich 1955 unter Führung der Sowjetunion zum sogenannten „Warschauer Pakt“ zusammen, 1991 zerfiel dieses Militärbündnis, daraufhin änderten sich die Ziele der NATO. Der Einsatz für Frieden und Freiheit ist heute das wichtigste Ziel. Die NATO-Mitgliedstaaten sind zudem verpflichtet, sich im Falle einer militärischen Bedrohung gegenseitig Beistand zu leisten. Mit den ehemaligen Mitgliedern des Warschauer Paktes wurde 1994 ein Vertrag „Partnerschaft für den Frieden“ geschlossen. Viele europäische Staaten, die früher kommunistisch waren, sind inzwischen NATO-Mitglieder. Seit 1999 gehören Polen, Ungarn und Tschechien, seit 2004 Estland, Lettland, Litauen, die Slowakei, Slowenien, Rumänien und Bulgarien zur NATO, 2009 sind Albanien und Kroatien beigetreten.

*(Haus der Geschichte, Bonn / Jupp Wolter)*

*(Egon Kaiser, Waiblingen)*

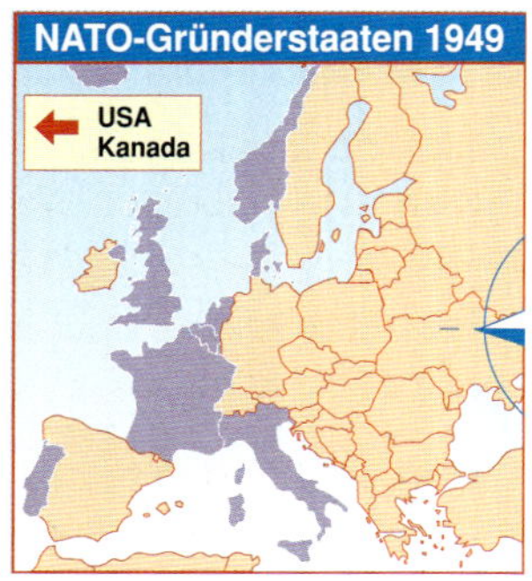


**N**orth
**A**tlantic
**T**reaty
**O**rganization

**Fernsehgespräch zwischen einem Journalisten und einem Sicherheitsexperten**

**Wie sehen Sie die Zukunft der NATO?**
Spannend!

**Wie meinen Sie das?**
Nun, da muss einiges geklärt werden, z. B. das Verhältnis zwischen EU und NATO.

**Warum?**
Die Europäer wollen bei Krisen und Konflikten militärisch handlungsfähig sein, auch dann, wenn beispielsweise die Interessen der Amerikaner oder Kanadier nicht betroffen sind – der Konflikt also keine Angelegenheit der NATO insgesamt ist. Daher haben sie im Rahmen ihrer „Europäischen Sicherheits- und Verteidigungspolitik" europäische Eingreiftruppen geschaffen.

**Und wo liegt das Problem?**
Die Europäer verfügen über keine eigene militärische Planungs- und Kommandostruktur. Da muss die NATO aushelfen.

**Klingt kompliziert ...**
Man hat verabredet: Wenn in einem Konflikt die NATO als Ganzes nichts tun will, können die Europäer eigene militärische Operationen durchführen und dabei die Mittel der NATO nutzen.

**Und wie ist es mit den USA?**
Den Terroranschlag auf die USA vom 11. September 2001 hat die NATO als Angriff auf ein Mitglied angesehen und zum ersten Mal in ihrer Geschichte den Bündnisfall erklärt. Aber den Krieg gegen Al Qaida und die Taliban in Afghanistan haben die USA dann in eigener Regie geführt, mit Verbündeten zwar, aber nicht mit der NATO.

**Warum denn das?**
Ich denke, die USA als Supermacht wollten sich nichts von einem Bündnis vorschreiben lassen. Im Fall des Irak haben es die Amerikaner 2003 ebenso gemacht.

**Moment: In Afghanistan sind doch Bundeswehrsoldaten stationiert.**
Ja, das ist der ISAF-Einsatz unter UN-Mandat. Er wird von der NATO ausgeführt. Diese Soldaten, auch die unserer Bundeswehr, sollen im Land die Sicherheit gewährleisten und beim Wiederaufbau helfen. Der Kampfeinsatz der Amerikaner und ihrer Verbündeten gegen die Taliban und Al Qaida ist eine davon getrennte Operation.

**NATO in Afghanistan? Ich denke, der NATO-Auftrag ist die Verteidigung ihrer Mitglieder im Nordatlantikgebiet ...**
Das ist ja das Spannende: Einerseits bekräftigt die NATO, dass ihr fortdauernder Zweck die Verteidigung ihrer Mitglieder ist. Andererseits hat die NATO 2002 eine neue Strategie beschlossen, die auch weltweite Einsätze bei Krisen aller Art vorsieht. Die Zukunftsfrage ist also, ob die NATO ein Verteidigungsbündnis bleibt oder ein Instrument globaler Intervention wird. Zudem ist abzuwarten, wie sich das Verhältnis zwischen NATO und EU einerseits und zu den USA andererseits entwickeln wird.

**Vielen Dank für das Gespräch, Herr Jungmann.**

1 *Wie hat sich die NATO hinsichtlich ihrer Mitglieder und ihres Bündniszweckes verändert?*
2 *Was sollen die beiden Karikaturen deutlich machen?*
3 *Fasse die Kernpunkte des Gesprächs in kurzen Sätzen oder Fragen zusammen.*

## Fallbeispiel: Kosovo

Anfang der 1990er-Jahre zerfiel das früher kommunistische Jugoslawien in verschiedene Teilstaaten. Zum Kernland Serbien gehört im Süden die Provinz Kosovo, die mehrheitlich von moslemischen Albanern bewohnt wird.

Nach dem Zweiten Weltkrieg hatte das Kosovo-Gebiet innerhalb Serbiens einen autonomen Status, d. h. die Kosovo-Albaner konnten manches selbst bestimmen. 1989 werden diese Autonomierechte von dem serbischen Präsidenten Milosevic aufgehoben. Im Laufe der Zeit verschärfen sich die Gegensätze im Kosovo: Die Serben unterdrücken alle Freiheitsbestrebungen der Kosovaren; bei diesen wiederum bildet sich eine Untergrundarmee, die gegen die serbische Besatzung kämpft. Anfang 1999 verschärft sich die Lage dramatisch. Die Serben schicken immer mehr Soldaten in das Kosovo, die Dörfer und Siedlungen zerstören und die albanische Zivilbevölkerung drangsalieren. Immer mehr Albaner fallen den serbischen Übergriffen zum Opfer; Hunderttausende werden zur Flucht gezwungen. Es verdichtet sich der Eindruck, dass die serbische Regierung das Kosovogebiet „ethnisch säubern", also die albanische Zivilbevölkerung durch Mord und Terror vertreiben will.

Der UN-Sicherheitsrat verlangt in verschiedenen Beschlüssen die Einstellung der Feindseligkeiten und die Rückkehr der Flüchtlinge, was die serbische Seite jedoch nicht beachtet. Nachdem alle Vermittlungsbemühungen erfolglos bleiben und die gewaltsame Vertreibung der Kosovaren weiter zunimmt, greift die NATO in den Konflikt ein und führt ab März 1999 immer heftigere Luftangriffe gegen die Serben. Allerdings hat die NATO für ihr Eingreifen keinen Auftrag des UN-Sicherheitsrates. Die NATO beruft sich jedoch auf die Pflicht, der massiven Verletzung von Menschenrechten aus humanitären Gründen entgegentreten zu müssen.

Tag für Tag bombardieren NATO-Flugzeuge – darunter auch deutsche – serbische Truppen im Kosovo, aber auch Brücken, Kraftwerke, Ölraffinerien usw. in ganz Serbien. Erst nach drei Monaten ist die serbische Regierung bereit nachzugeben. Russland, das lange Zeit zu Serbien gehalten hat, stimmt widerstrebend im Sicherheitsrat einer Resolution zu, die den Rückzug der serbischen Armee und die Stationierung internationaler Truppen im Kosovo vorsieht. China, das als ständiges Mitglied im Sicherheitsrat das Vetorecht hat, enthält sich bei der Abstimmung der Stimme.

Seit dem Juni 1999 ist das Kosovo im Auftrag der Vereinten Nationen von Soldaten aus den NATO-Staaten, Russland und anderen Ländern besetzt. Diese „KFOR" (Kosovo Forces) genannten Truppen sollen für Ruhe und Ordnung sorgen und beim Wiederaufbau des zerstörten Landes helfen.

*Frauen an einem Massengrab, in dem ihre Männer liegen*

*Kosovo: Untersuchung eines Massengrabes*

1 *Nenne Ursachen des Kosovo-Krieges.*
2 *UN und NATO: Wie verhielten sie sich im Kosovo-Konflikt?*

*Informiere dich in den Medien über die weitere Entwicklung im Kosovo.*

# Das Wichtige in Kürze

**Vereinte Nationen**

Unmittelbar nach dem Zweiten Weltkrieg wurden die Vereinten Nationen gegründet. Wichtigstes Ziel dieser Organisation, der inzwischen fast alle Staaten der Erde angehören, ist die Sicherung des Weltfriedens. Für Maßnahmen zur Einhaltung des Weltfriedens ist der Sicherheitsrat zuständig. Die fünf ständigen Mitglieder im Sicherheitsrat (China, Großbritannien, Frankreich, USA, Russland) können durch ihr „Veto"-Recht Aktionen verhindern. Nur wenn diese fünf Staaten sich einig sind, können die Vereinten Nationen wirksame Maßnahmen ergreifen.

**Maßnahmen des Sicherheitsrates**

Der Sicherheitsrat kann bei Konflikten zunächst versuchen, durch Vermittlung eine Beilegung des Streites zu erreichen. Er kann auch UN-Friedenstruppen („Blauhelme") entsenden, wenn die Konfliktparteien damit einverstanden sind. Diese Truppen dürfen jedoch keine militärische Gewalt anwenden, sondern sollen friedenserhaltende Maßnahmen durchführen, z. B. die Überwachung eines Waffenstillstandes. Neu im Völkerrecht ist, dass die Vereinten Nationen gegen Staaten, die den Frieden brechen, auch Zwangsmaßnahmen durchführen dürfen. Zunächst sind das Druckmittel wie eine Blockade oder ein Embargo (Abbruch der Wirtschaftsbeziehungen), im äußersten Fall auch militärische Aktionen. Da die Vereinten Nationen keine eigenen Kampftruppen haben, müssen sie Mitgliedstaaten damit beauftragen.

**Fallbeispiel Irak**

1990 überfiel der Irak das Scheichtum Kuwait und besetzte das Land. Vergeblich versuchten die Vereinten Nationen, den Irak zum Rückzug zu bewegen. So führten 1991 Truppen aus 13 Staaten im Auftrag der UN unter amerikanischer Führung Krieg gegen den Irak und befreiten Kuwait. 2003 kam es zu einem neuen Krieg gegen den Irak, allerdings ohne Auftrag des UN-Sicherheitsrates. Die USA, die behaupteten, der Irak arbeite an Massenvernichtungswaffen, besetzten mit ihren Verbündeten das Land.

**Sicherheitsorganisationen in Europa**

Verschiedene Organisationen verfolgen das Ziel, die Sicherheit in Europa zu erhöhen. So versucht zum Beispiel die „Organisation für Sicherheit und Zusammenarbeit in Europa" (OSZE), das Entstehen von Konflikten zu verhindern. Der Europarat wiederum achtet besonders auf die Einhaltung der Menschenrechte. Die EU entwickelt eine gemeinsame Sicherheits- und Verteidigungspolitik. Dazu gehört die Fähigkeit Europas, bei Krisen weltweit eigene Soldaten einsetzen zu können.

**NATO**

Seit dem Ende der Ost-West-Konfrontation hat die NATO ihr militärisches Konzept verändert. Da Krisenbewältigung und Konfliktverhütung immer wichtiger werden, will die NATO mit weniger Truppen auskommen, die jedoch ständig einsatzbereit sind. 1999 führte die NATO einen Krieg gegen Serbien, um die Vertreibung und Ermordung der Kosovo-Albaner zu beenden. Im Auftrag der Vereinten Nationen sind NATO-Truppen auf dem Balkan stationiert, um neue Bürgerkriege zu verhindern. Den Terroranschlag auf die Türme des World Trade Center in New York (USA) am 11. September 2001 betrachtete die NATO als Angriff auf das Bündnis insgesamt. Erstmals in ihrer Geschichte wurde daher der gemeinsame Verteidigungsfall erklärt.

## Ziele der deutschen Außenpolitik

**Auszug aus dem Koalitionsvertrag zwischen CDU, CSU und SPD 2005**

Deutsche Außen-, Europa- und Entwicklungspolitik dient dem Frieden in der Welt. Unser gemeinsames Ziel ist, die Chancen der Globalisierung für unser Land zu nutzen und einen wirksamen Beitrag zur Verhinderung und Beilegung von Konflikten, im Kampf gegen den internationalen Terrorismus sowie zur Linderung von Armut zu leisten. Grundlage dafür sind eine verlässliche Außen-, Europa- und Entwicklungspolitik, die auf das Vertrauen unserer Verbündeten und Partner setzt. Für Frieden, Freiheit und Sicherheit sowie für eine Politik, die Demokratie und soziale Gerechtigkeit fördert, bleiben Europäische Integration und Atlantische Partnerschaft von überragender Bedeutung.

In der Kontinuität deutscher Außenpolitik lassen wir uns von den Interessen und Werten unseres Landes leiten.

Grundlagen deutscher Außenpolitik sind die Beachtung des Völkerrechts und die Einhaltung der Menschenrechte sowie das Bekenntnis zu einem umfassenden Sicherheitsbegriff.

Wir werden uns um die Stärkung europäischer Politik in multinationalen Gremien bemühen, die transatlantischen Beziehungen fördern und unsere Beziehungen zu unseren Nachbarn, Verbündeten und Partnern mit Ausgewogenheit und Augenmaß gestalten.

Seit den großen weltpolitischen Veränderungen nach 1989 hat Deutschland in zunehmendem Maße international Verantwortung übernommen und sich weltweit Ansehen erworben.

Europäische Einigung und atlantische Partnerschaft sind keine Gegensätze, sondern die beiden wichtigsten Pfeiler unserer Außenpolitik. Beide bilden die Grundlage für unsere Beziehungen, insbesondere für die enge Freundschaft und Zusammenarbeit mit Frankreich, mit Polen und unseren anderen Nachbarn, mit den Vereinigten Staaten von Amerika wie auch für unser Verhältnis zu Russland. Zugleich bekennen wir uns zu der besonderen Verantwortung Deutschlands gegenüber Israel.

Wir setzen uns für die Umsetzung der Europäischen Sicherheitsstrategie ein. Sie verbindet eine vorausschauende Friedenspolitik, Fähigkeiten zur Prävention und das Setzen auf Verhandlungslösungen bei Konflikten mit dem Ausbau der Fähigkeiten zu gemeinsamem militärischem Handeln.

Europäische und atlantische Sicherheit lassen sich nicht trennen. Dabei bleibt für uns die NATO zentrales Instrument unserer Sicherheits- und Verteidigungspolitik.

Mit unserer Entwicklungspolitik leisten wir einen zentralen Beitrag dazu, weltweit Armut zu bekämpfen, Frieden zu sichern, Umwelt zu schützen, die natürlichen Lebensgrundlagen und die Schöpfung zu bewahren, Demokratie, Rechtsstaatlichkeit und Menschenrechte zu verwirklichen sowie die Globalisierung gerecht zu gestalten. Dafür schaffen wir auf internationaler und nationaler Ebene Rahmenbedingungen, die eine global nachhaltige Entwicklung ermöglichen. Dies ist umso notwendiger, als sowohl die Entwicklung der Weltbevölkerung als auch die Flüchtlingsbewegungen, die weltweit durch Armut, kriegerische Konflikte und Auswirkungen der Klimaveränderungen mit verursacht werden, dramatische Herausforderungen auch für die Industrieländer sind. Wir wollen deren Ursachen bekämpfen und den Menschen in den Entwicklungsländern Chancen und Perspektiven in ihrer Heimat eröffnen. Entwicklungspolitik entspringt nicht nur unserer Verantwortung, sondern ist auch Sicherheitspolitik in unserem eigenen Interesse.

Zur Bewältigung der großen globalen Herausforderungen engagieren wir uns gemeinsam mit unseren Partnern und Verbündeten insbesondere in den Vereinten Nationen, den internationalen Finanzinstitutionen, der OSZE, dem Europarat und anderen internationalen Institutionen.

*(http://www.bundesregierung.de/Content/DE/StatischeSeiten/Breg/koalitionsvertrag-9,... 06.07.2007)*

1 Wir sollten auch weiterhin weltweit gegen Folter und die Todesstrafe eintreten.

2 Mitte nächsten Monats wird meine Einheit nach Afghanistan verlegt.

3 Ohne die USA können wir Europäer doch kaum etwas erreichen!

4 Es darf uns nicht gleichgültig sein, wenn die Chinesen die Tibeter unterdrücken.

5 Bei der EU-Reform muss Deutschland Rücksicht auf Polen nehmen.

6 Die Drohungen des iranischen Präsidenten gegen Israel machen mir Sorgen.

7 Ich finde es gut, dass sich Deutschland international für den Klimaschutz einsetzt.

8 Der Stellenabbau bei den Airbus-Werken darf nicht zu Lasten der Deutschen gehen.

9 Mir missfällt, dass Deutschland so viel Geld für die Vereinten Nationen zahlt.

10 Wenn Projekte vor Ort in Westafrika den Menschen helfen, werden sie eher in ihren Heimatländern bleiben.

11 Mein Vater ist Soldat bei der Bundeswehr und gehörte zu den Truppen, die 2006 im Auftrag der EU die Wahlen im Kongo gesichert haben.

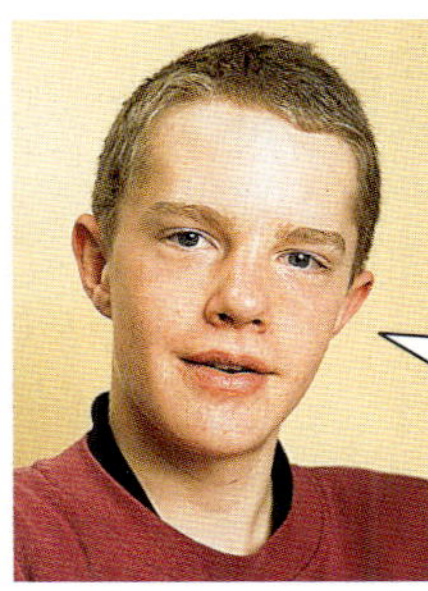

12 Mein Vater ist Polizeibeamter und hilft mit, im Mittelmeer vor Malta Flüchtlinge aus Afrika aufzugreifen.

1 *„Deutsche Außenpolitik fußt auf einem umfassenden Sicherheitsbegriff!“ Was ist damit gemeint?*

2 *Die Aussagen oben haben mit den Zielen der deutschen Außenpolitik zu tun. Notiere zu jeder Aussage entsprechende Stichwörter aus dem Koalitionsvertrag. Benutzte dazu das Arbeitsblatt.*

## Der Auftrag der Bundeswehr

**Auslandseinsätze der Bundeswehr** (Stand: 10/2007)

**Afghanistan/Usbekistan:** 3070 Soldaten, im Auftrag der UNO. Herstellung der inneren Sicherheit.

**Balkan:** 2852 Soldaten. Entmilitarisierung und Friedenssicherung im Kosovo, Bosnien und Herzegowina. Einsatz im Rahmen der NATO-Sicherheitstruppe Kosovo Force (KFOR) bzw. der European Union Force (EUFOR).

**Libanon:** 1004 Soldaten. Überwachung der libanesischen Küste im Rahmen einer UNO-Mission.

**Horn von Afrika:** 254 Soldaten. Überwachung des Schiffsverkehrs. Einsatz im Rahmen der US-Mission Enduring Freedom.

**Sudan:** 38 Soldaten. Überwachung und Sicherung des Waffenstillstandes zwischen den Bürgerkriegsparteien im Auftrag der UNO.

**UN-Beobachtermissionen:** In Georgien, Afghanistan, Äthiopien und Eritrea sind Militärbeobachter eingesetzt.

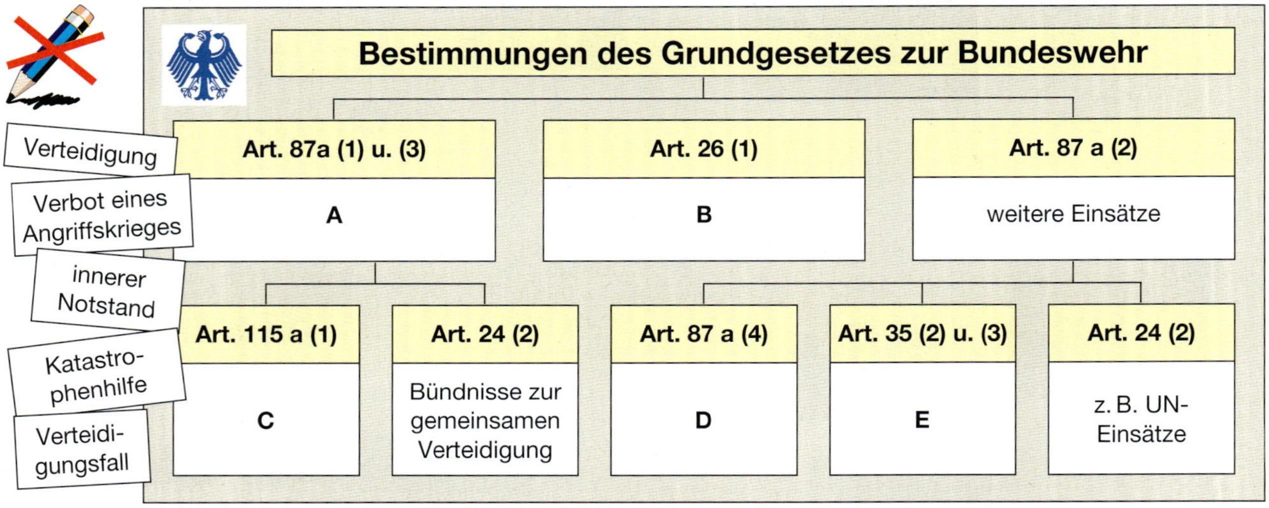


### Auftrag und Aufgaben der Bundeswehr

Die Bundeswehr als Instrument einer umfassend angelegten, vorausschauenden Sicherheits- und Verteidigungspolitik hat den **Auftrag,**

- die außenpolitische Handlungsfähigkeit Deutschlands zu sichern.
- einen Beitrag zur Stabilität im europäischen und globalen Rahmen zu leisten,
- die nationale Sicherheit und Verteidigung zu gewährleisten und zur Verteidigung der Verbündeten beizutragen,
- multinationale Zusammenarbeit und Integration zu fördern.

Daraus leitet sich das **Aufgabenspektrum der Bundeswehr** ab:

- Internationale Konfliktverhütung und Krisenbewältigung, einschließlich des Kampfes gegen den internationalen Terrorismus,
- Unterstützung von Bündnispartnern,
- Schutz Deutschlands und seiner Bürgerinnen und Bürger,
- Rettung und Evakuierung,
- Partnerschaft und Kooperation,
- Hilfeleistungen, (Amtshilfe, Naturkatastrophen, besonders schwere Unglücksfälle)

*(aus: Bundesministerium der Verteidigung (Hg.): Grundzüge der Konzeption der Bundeswehr, Berlin 2004, S. 11)*

1 *Schlage im Grundgesetz die angegebenen Artikel nach und ordne die Stichwörter zu.*

2 *Beschreibe die vier Punkte des Auftrags der Bundeswehr mit deinen Worten genauer. Überlege dir zu jedem Punkt ein erklärendes Beispiel.*

3 *Zeige auf einer Weltkarte, wo die Bundeswehr 2007 im Einsatz war. Informiere dich im Internet (www.einsatz.bundeswehr.de), ob diese Einsätze noch andauern und ob neue hinzugekommen sind.*

## Fallbeispiel: Libanon-Einsatz

### Die „Niedersachsen" kreuzt vor dem Libanon

Der Auftrag ist nicht ohne Risiko, aber auch ein bisschen langweilig: Die Fregatte soll Waffenschmuggler im Mittelmeer aufspüren.

*(Hannoversche Allgemeine Zeitung, 25. 6. 2007, S. 7)*

(...) Am 12. Juli war die Lage an der libanesisch-israelischen Grenze eskaliert. Die libanesische Hisbollah-Miliz hatte eine israelische Grenzpatrouille überfallen, zwei israelische Soldaten waren entführt, acht weitere getötet worden. Es folgten 34 Tage Krieg.
Erst die Resolution 1701 des Sicherheitsrates der Vereinten Nationen vom 11. August brachte die Waffen zum Schweigen. Die Resolution stockte die Libanon-Friedenstruppe UNIFIL (United Nations Interim Force in Lebanon) auf knapp 13 000 Mann auf. Und sie richtete eine Maritime Task Force (MTF) ein. Auftrag der MTF: die seeseitige Überwachung und Abriegelung, um den Waffenschmuggel über See wirksam zu verhindern. Das übergeordnete Ziel ist die Stärkung der Souveränität des Libanon. Am 20. September 2006 beschloss eine breite Mehrheit des Deutschen Bundestages, dass Deutschland sich mit einem signifikanten Beitrag an UNIFIL beteiligt. (...)

*(aus: Daniel Auwermann: UNIFIL. Wachen auf See, in: Y. 07/2007, S. 28)*

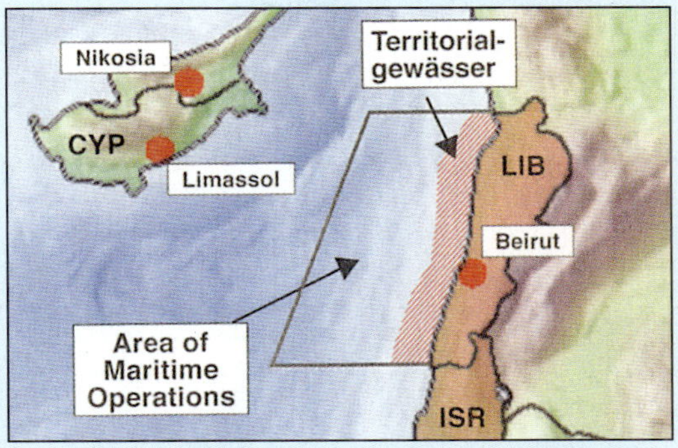


Die UNIFIL Maritime Task Force, in dessen Rahmen das deutsche Einsatzkontingent eingesetzt ist, unterstützt die libanesische Regierung bei der Sicherung ihrer Seegrenze. Zum Aufgabenspektrum gehören die Führung der maritimen Operation, Aufklärung und Überwachung des Seegebiets innerhalb des durch die Vereinten Nationen festgelegten maritimen Einsatzraums, die seewärtige Sicherung der libanesischen Grenze, die Kontrolle des Seeverkehrs – inklusive Kontrolle der Ladung bzw. Personen von Schiffen gemäß der durch die VN festgelegten Einsatzregeln –, Umleitung von Schiffen im Verdachtsfall, maritime Abriegelungsoperationen, Unterstützung der humanitären Hilfe, Lufttransport in das Operationsgebiet, Eigensicherung und Nothilfe, technische Ausrüstungshilfe, militärische Beratung sowie Ausbildungshilfe für die libanesischen Streitkräfte. Deutschland hat die Führung der UNIFIL Maritime Task Force bis August 2007 übernommen. Das deutsche Kontingent umfasst derzeit zwei Fregatten, vier Schnellboote und zwei Versorgungsschiffe.

*(aus: Einsätze der Bundeswehr im Ausland, S. 22 f. Hg.: Bundesministerium der Verteidigung, 2007)*

1. Wie kam es zum Einsatz deutscher Kriegsschiffe vor der Küste des Libanon?
2. Nimm zu jeder der drei Aussagen Stellung. Begründe jeweils deine Meinung.

## Bundeswehr – „Armee der Demokratie“

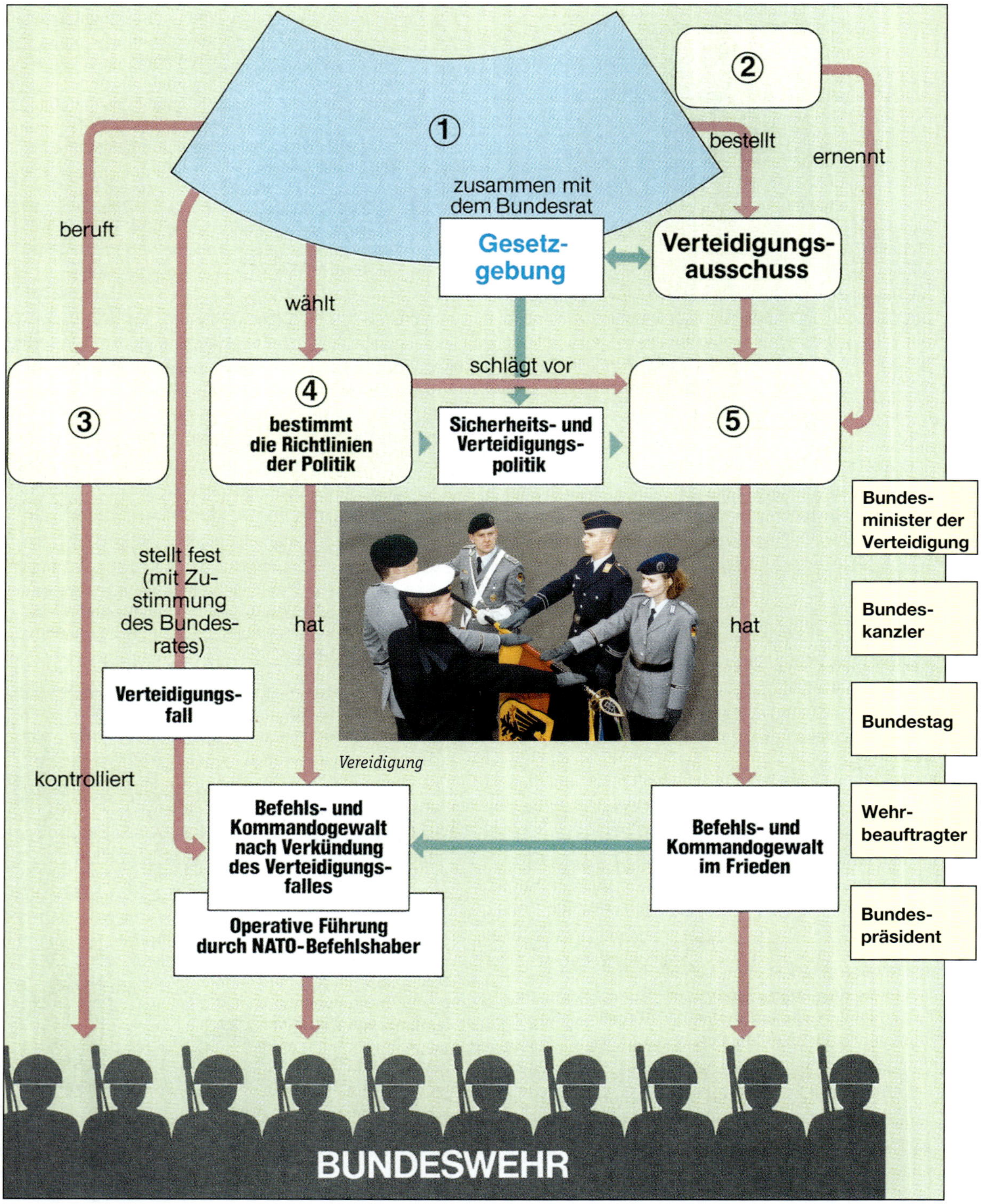

*Vereidigung*

**1** *Die Grafik zeigt die Stellung der Bundeswehr in unserer parlamentarischen Demokratie: Ordne die Begriffe am Rand der Grafik zu. Benutze dazu das Arbeitsblatt oder notiere von ① bis ⑤.*

**2** *Bei wem liegt die Entscheidungsgewalt über die Bundeswehr?*

## Wehrdienst – Zivildienst

Hallo, ich heiße **Jens**. Ich bin 19 Jahre alt und leiste seit vier Monaten meinen Grundwehrdienst. Warum? Nun, bei uns in der Bundesrepublik Deutschland bestimmt das .....(1)....., dass Männer vom vollendeten 18. Lebensjahr an .....(2)..... sind. Ich finde das in Ordnung, denn unser Land muss gegen mögliche Angriffe von außen verteidigt werden.

Bei der .....(3)..... war klar, dass ich gesundheitlich geeignet, also .....(4)..... bin. Und dann kam die .....(5)..... . In dem Schreiben wurde mir mitgeteilt, wann ich wo meinen Wehrdienst antreten muss. Meinen .....(6)..... verliere ich deswegen nicht, denn mein Arbeitsverhältnis ruht während des Wehrdienstes. Das bedeutet, mein Arbeitgeber kann mir nicht kündigen und ich bekomme später meinen Arbeitsplatz wieder.

Wie der Anfang war? Na ja, es ist schon ungewohnt, mit anderen auf engem Raum zusammenzuleben. Das erfordert Rücksichtnahme. Andererseits empfinde ich die Kameradschaft mit anderen als positiv. Der Sport und der Gefechtsdienst in der .....(7)..... waren manchmal körperlich anstrengend. Jetzt werde ich als Richtschütze im Panzer ausgebildet. Ich finde die Waffentechnik sehr interessant. Mein .....(8)..... dauert neun Monate. Vielleicht werde ich später mal als Reservist noch zu .....(9)..... herangezogen.

Ob mein jüngerer Bruder später einmal Wehrdienst leisten muss, ist fraglich. Viele meinen, man solle die Wehrpflicht abschaffen und die Bundeswehr zu einer Freiwilligenarmee machen.

Hallo, ich heiße **Arne**. Ich leiste zurzeit meinen .....(A)..... ab. Warum? Mein .....(B)..... verbietet es mir, Menschen zu töten. Deswegen habe ich den Kriegsdienst .....(C)..... . Diese Möglichkeit gibt mir unser .....(D)..... .

Zurzeit arbeite ich als zweiter Mann in einem .....(E)..... . Da habe ich die Möglichkeit, Menschen zu helfen und Leben zu retten. Nur noch wenige denken, der Zivildienst sei eine bequeme Sache. Wenn wir mit Blaulicht zu einem Unfall fahren müssen und dann das .....(F)..... in unserem Wagen an seinen Verletzungen stirbt – das ansehen zu müssen geht an die Nerven.

Andere .....(G)..... versorgen und füttern Alte in .....(H)..... oder kümmern sich um Schwerstbehinderte. Auch nicht jedermanns Sache und sicher keine Drückebergerei. Ohne uns Zivildienstleistende kämen viele .....(I)..... Einrichtungen in große Personalschwierigkeiten. Das wäre vor allem dann der Fall, wenn die Wehrpflicht abgeschafft wird, denn dann fällt für Kriegsdienstverweigerer auch die Pflicht zum Zivildienst weg.

Arbeitsplatz / Einberufung / Gewissen / Grundausbildung / Grundgesetz / Grundgesetz / Grundwehrdienst / Musterung / Pflegeheimen / Rettungswagen / soziale / Unfallopfer / verweigert / wehrdienstfähig / wehrpflichtig / Wehrübungen / Zivildienst / „Zivis"

1 *Von den 18 Wörtern im Kasten gehören neun zu dem Bericht von Jens und neun zu dem von Arne. Welcher Begriff gehört wohin?*

2 *Informiert euch im Internet (www.bundeswehr.de / www.zivildienst.de) über die Diskussion um die Wehrpflicht.*

# Methode: Pro-Kontra-Diskussion

## Thema: Wehrpflicht – ja oder nein?

### Die Fakten: Wehrpflicht konkret

Seit Januar 2002 beträgt die Dauer des Grundwehrdienstes neun Monate. Dieser Dienst kann zusammenhängend oder mit Unterbrechungen geleistet werden. Dann werden in einem sechsmonatigen Abschnitt zunächst militärisches Grundwissen und soldatische Grundfertigkeiten vermittelt. Es folgen zwei innerhalb von zwei Jahren abzuleistende Abschnitte von je eineinhalb Monaten, die diese Fähigkeiten ergänzen und festigen.

Außerdem besteht die Möglichkeit, im Anschluss an den Grundwehrdienst mindestens einen und höchstens 14 Monate zusätzlichen Wehrdienst zu leisten. Die Teilnahme an Auslandseinsätzen der Bundeswehr ist nur im Rahmen des freiwillig zusätzlich zu leistenden Wehrdienstes und nur mit schriftlicher Einverständniserklärung des einzelnen Grundwehrdienstleistenden möglich.

*(aus: Frieden & Sicherheit. Ein Heft für die Schule 2005, S. 28. Hg.: Arbeitsgemeinschaft Jugend und Bildung e. V., Berlin. Wiesbaden: Universum Verlag 2005)*

**1**

„Die Wehrpflicht ... ist das letzte Bindeglied zwischen Staat und Bürger ... Wenn das wegfällt, entfernen sich Bundeswehr und Gesellschaft voneinander. Nicht weil die Soldaten in einer Freiwilligenarmee ihr staatsbürgerliches Selbstbewusstsein am Garderobenhaken abhängen würden, sondern weil ich die Gefahr sehe, dass ... die Bundeswehr behandelt wird wie die Feuerwehr. Nach dem Motto: Für Brände haben wir die Feuerwehr, für die Kriminaldelikte die Polizei und für Bürgerkriege, wo auch immer auf der Welt, haben wir Profis, die wir dahin schicken."

*(aus einem Interview mit Oberst Bernhard Gertz, Bundesvorsitzender des Bundeswehrverbandes [DBwV], vom 5. 5. 2004, www.bundeswehr.de)*

**2**

„BÜNDNIS 90 / DIE GRÜNEN lehnen das Festhalten an der Wehrpflicht ab. Der mit ihr verbundene Grundrechtseingriff ist nicht mehr legitimierbar. Wir fordern die Abschaffung der Wehrpflicht auf dem Weg zu einer verkleinerten, modernisierten Bundeswehr aus Freiwilligen- und BerufssoldatInnen. Eine konsequent auf die neuen Aufgaben ausgerichtete Bundeswehr braucht nicht große Aufwuchsstärken*, sondern vor allem Professionalität, moderne Ausstattung und schnelle Einsatzbereitschaft. ... Zweifellos erleichtert die Wehrpflicht die Nachwuchsgewinnung der Bundeswehr und trägt zur Integration der Streitkräfte in die Gesellschaft bei. Allerdings wird die Bedeutung der Wehrpflicht für diese zentralen Ziele oft überschätzt, zumal nur noch eine – nicht einmal repräsentative – Minderheit eines Jahrganges über den Wehrdienst mit der Armee in Berührung kommt. Sinnvoll wäre ein attraktiver und flexibler Einstiegsdienst von kürzerer Dauer, vergleichbar dem der jetzigen freiwillig länger Wehrdienstleistenden (FWDL). Nicht die Wehrpflichtigen sind Garanten der Integration der Streitkräfte in die Gesellschaft und eine militärische Zurückhaltung. In Verantwortung für diese Errungenschaften der deutschen Demokratie stehen als erstes die Politiker und ein Offiziers- und Unteroffizierskorps aus Staatsbürgern in Uniform."

**Möglichkeit, aus über die Wehrpflicht gewonnenen Reservisten im Verteidigungsfall eine größere Truppe zusammenzustellen*
*(Bündnis 90/DIE GRÜNEN, Beschluss zur Wehrpflicht vom 2. 6. 2003, www.gruene-partei.de)*

**3** „Wer freiwillig seinen Dienst leistet, egal ob an der Waffe oder am Rollstuhl, ist einfach motivierter. Denn die Aufgaben, zivil oder militärisch, werden immer komplexer und verlangen dem Einzelnen immer mehr ab. Dafür braucht man Profis und keine Amateure."

*(Junge Liberale, Schwerpunktthema Freiwilligenarmee, www.julia.de)*

**4** „Der durch die Wehrpflicht gewährleistete ständige Austausch zwischen Gesellschaft und Bundeswehr garantiert auf hervorragende Weise die demokratische Kontrolle von außen, z.B. durch Familie und Freunde der Grundwehrdienstleistenden ... Die Wehrpflichtarmee sichert zudem auch das Interesse der Öffentlichkeit und der politischen Entscheidungsträger an der Bundeswehr und deren Auftrag.

Die allgemeine Wehrpflicht sichert, dass die gesamte Bandbreite der schulischen und beruflichen Qualifikationen in den Streitkräften genutzt werden kann. Somit garantiert sie die Qualität der Bundeswehr ..., weil die Wehrpflichtigen
- ein großes Potenzial allgemeiner und fachlicher Bildung,
- ein breites Berufsspektrum,
- praktische und theoretische Intelligenz und
- Fachkenntnisse aus zahlreichen Wissensgebieten

einbringen ..."

*(Empfehlung des 11. Beirats für Fragen der Inneren Führung zur Wehrpflicht, Endfassung, Juni 2003, www.bundeswehr.de)*

**5** „Man sollte sich darüber klar sein, dass die Wehrpflicht ein großer Eingriff in die Freiheitsrechte eines jeden jungen Mannes ist. Und dieser Eingriff muss gut und nachvollziehbar begründet werden ... Begründet werden muss auch, warum nur Männer zum Dienst herangezogen werden, warum Frauen nicht davon betroffen sind ..."

*(Ute Frevert, Historikerin aus Bielefeld, am 9. 4. 2002 im Interview mit sueddeutsche.de: „Wehrpflicht ist nicht mehr notwendig", www.sueddeutsche.de)*

**6** „Wehrpflicht und Zivildienst hängen zusammen... Die Abschaffung der Wehrpflicht hätte erhebliche finanzielle Folgen für den sozialen Bereich."

*(Der damalige Verteidigungsminister Dr. Peter Struck im Gespräch mit der „Neue Ruhr Zeitung", 9. 10. 2003, www.bundeswehr.de)*

*(Gerhard Mester / CCC, www.c5.net)*

**1** *Notiere zu jedem Argument und zur Karikatur die Kernaussage.*

**2** *Führt eine Pro-Kontra-Diskussion zum Thema „Wehrpflicht – ja oder nein"? durch. Beachtet dabei die Hinweise auf Seite 200.*

# Methode: Referat

Bei einem Referat geht es darum, andere mündlich über einen bestimmten Sachverhalt zu informieren. Von der Art und Weise des Vortrags hängt es wesentlich ab, ob die Zuhörer das Dargebotene verstehen.

**Vorbereitung**
Zunächst muss der Sachverhalt, über den berichtet werden soll, erarbeitet werden. Günstig ist eine Liste mit Stichwörtern als Gedächtnisstütze für den freien Vortrag. Man kann diese Stichwörter auf ein Blatt notieren, das man beim Referat vor sich liegen hat. Eine andere Möglichkeit ist, eine Folie anzufertigen, die man während des Vortrags am Tageslichtprojektor schrittweise aufdeckt. Die Stichwörter können auch auf Kärtchen geschrieben werden, die während des Referats nacheinander an die Tafel oder eine Pinnwand geheftet werden. Eine große Hilfe ist es, das Referat vorher zu Hause ein- oder zweimal zu üben. Dabei sollte man laut sprechen und sich so hinstellen, wie man es später in der Klasse beabsichtigt.

**Durchführung**
Vor dem Referat legt man alles bereit, was man später braucht, z.B. die Magnete für die Tafel, das Blatt mit den Stichwortnotizen, die Kärtchen in der richtigen Reihenfolge. Wer den Tageslichtprojektor einsetzen will, prüft vorher, ob er an die Stromversorgung angeschlossen, der Projektionsspiegel auf die Projektswand ausgerichtet ist und die Folien geordnet bereitliegen. Mit dem Vortrag sollte man erst beginnen, wenn Ruhe unter den Zuhörern eingekehrt ist und sich alle auf den Vortrag konzentrieren. Man sollte die Mitschüler anschauen, nicht nur die Lehrkraft. Der größte Fehler bei Schülerreferaten ist, zu schnell zu sprechen, was meist dann passiert, wenn der Text vom Blatt abgelesen wird. Bei Stichwortnotizen ist diese Gefahr geringer, weil man sich die Aussagen überlegen muss und deshalb automatisch langsamer spricht.

**Auswertung**
Wer ein Referat gehalten hat, möchte wissen, wie es bei den Zuhörern angekommen ist. Man kann die Mitschüler direkt fragen.
Eine andere Möglichkeit ist, dass die Lehrkraft nach dem Referat mit der Klasse bespricht, was an dem Vortrag besonders gelungen und was weniger gut war und das nächste Mal besser gemacht werden könnte. So bekommen alle Hinweise, wie man ein Referat am besten vorbereitet und vorträgt.

1 *Die Fotos zeigen drei Schüler und eine Schülerin beim Halten eines Referats. Notiere zu jedem Foto eine Anmerkung.*
2 *Halte ein Referat zum Thema „Der Auftrag der Bundeswehr“.*
3 *Sammelt Vorschläge, zu welchen weiteren Themen Referate in der Klasse gehalten werden sollen.*

# Das Wichtige in Kürze

**Außenpolitik Deutschlands**

Oberstes Ziel der deutschen Außenpolitik ist es, dem Frieden in der Welt zu dienen. Dabei wird von einem umfassenden Sicherheitsbegriff ausgegangen. Konflikten soll nicht nur mit militärischen Mitteln begegnet werden. Ebenso wichtig ist es, Konflikte zu vermeiden. Dazu gehört vor allem eine aktive Entwicklungspolitik und der Einsatz für die weltweite Beachtung der Menschenrechte.

**Auftrag der Bundeswehr**

Die Bundeswehr ist eine Verteidigungsarmee. Das Grundgesetz verbietet ausdrücklich die Vorbereitung eines Angriffskrieges. Auftrag der Bundeswehr ist es, die Sicherheit der Bundesrepublik Deutschland zu gewährleisten und sie gegen jeden Angriff von außen zu schützen. Darüber hinaus kann sie sich im Einklang mit der Charta der Vereinten Nationen an Maßnahmen beteiligen, die dem Weltfrieden und der internationalen Sicherheit dienen.

**Wehrdienst**

Grundsätzlich hat jeder deutsche Mann vom vollendeten 18. Lebensjahr an die Pflicht, Wehrdienst zu leisten. Zum Grundwehrdienst wird man in der Regel mit 19 Jahren eingezogen; er dauert derzeit neun Monate. Dazu kommen noch die späteren Wehrübungen als Reservist. Frauen dürfen freiwillig Dienst in der Bundeswehr leisten; seit 2001 auch Waffendienst in Kampfverbänden.

**Zivildienst**

Im Grundgesetz ist das Recht auf Kriegsdienstverweigerung verankert. Niemand darf gegen sein Gewissen zum Kriegsdienst mit der Waffe gezwungen werden. Voraussetzung für eine Anerkennung als Kriegsdienstverweigerer ist eine Gewissensentscheidung. Kriegsdienstverweigerer müssen einen zivilen Ersatzdienst leisten. Dieser Zivildienst wird vorrangig im sozialen Bereich abgeleistet, z. B. in Krankenhäusern, in Altenheimen oder bei der Betreuung Behinderter.

*(Gerhard Mester/Baaske Cartoons, Müllheim)*

# Weißt du Bescheid?

1. Nenne einige Gefahren, die die internationale Sicherheit bedrohen.
2. Was versteht man unter „Globalisierung"?
3. Wir wirkt sich die Globalisierung auf Entwicklungsländer aus?
4. Nenne einige Merkmale der Unterentwicklung.
5. Was versteht man unter „neuen Kriegen"?
6. Welches Hauptziel verfolgen Terroristen?
7. Nenne die wichtigsten Gremien der Vereinten Nationen.
8. Was ist mit dem „Veto-Recht" im Sicherheitsrat gemeint?
9. Welche Mittel können die Vereinten Nationen zur Wahrung des Friedens einsetzen?
10. Was sind „Blauhelme"?
11. Welche fünf ständigen Mitglieder hat der Sicherheitsrat der Vereinten Nationen?
12. Was ist die NATO?
13. Nenne mindestens zwölf Mitgliedsländer der NATO.
14. Welche Sicherheitsorganisationen gibt es in Europa?
15. Was verbirgt sich hinter der Abkürzung „OSZE"?
16. Nenne drei Auslandseinsätze der Bundeswehr.
17. Wer hat im Frieden, wer im Verteidigungsfall die oberste Befehlsgewalt über die Bundeswehr?
18. Was bedeutet die Abkürzung „ESVP"?
19. Nenne Beispiele für den Einsatz von EU-Soldaten.
20. Welches oberste Ziel verfolgt die deutsche Außenpolitik?

**Was will die Karikatur auf Seite 311 zum Ausdruck bringen, was die Karikatur unten?**

*(Luis Murschetz / CCC, www.c5.net)*

# Weißt du Bescheid?

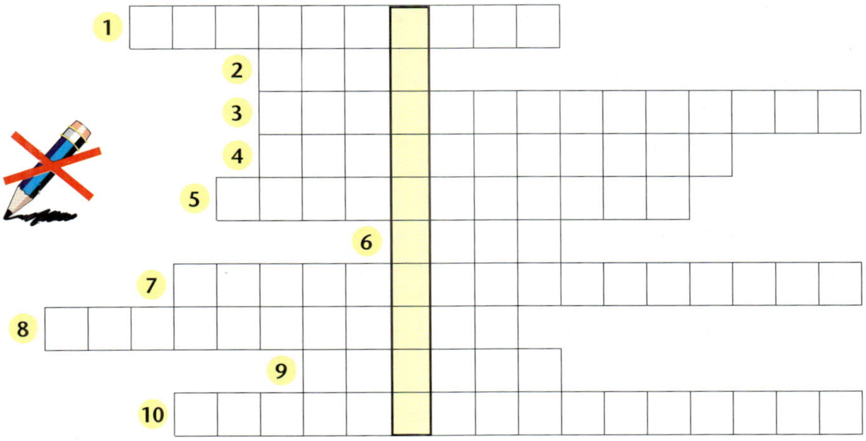

**Löse das Rätsel.**
Benutze dazu das Arbeitsblatt oder notiere die gesuchten Begriffe untereinander auf einem Blatt und markiere die gelb hervorgehobenen Buchstaben. Sie ergeben von oben nach unten gelesen das Lösungswort.

1. Die … ist die Armee der Bundesrepublik Deutschland.
2. … ist die Abkürzung für eine europäische Sicherheitsorganisation, die vor allem das Entstehen von Konflikten verhindern will.
3. Der … ist der Friedenswächter der Vereinten Nationen.
4. Der internationale … ist eine neue Gefahr für den Weltfrieden.
5. Das … verbietet ausdrücklich die Vorbereitung eines Angriffskrieges.
6. Der Krieg gegen den … im Frühjahr 2003 war stark umstritten.
7. Die Armut ist der Hauptgrund für die … vieler Länder in der Dritten Welt.
8. Kriegsdienstverweigerer müssen einen … leisten.
9. Wegen der serbischen Menschenrechtsverletzungen griff die NATO im … militärisch ein.
10. Die NATO wird auch als … bezeichnet.

(Wolfgang Horsch)

Allesfresser Krieg

(Luis Murschetz/CCC, www.c5.net)

**Was bringt die jeweilige Karikatur zum Ausdruck?**

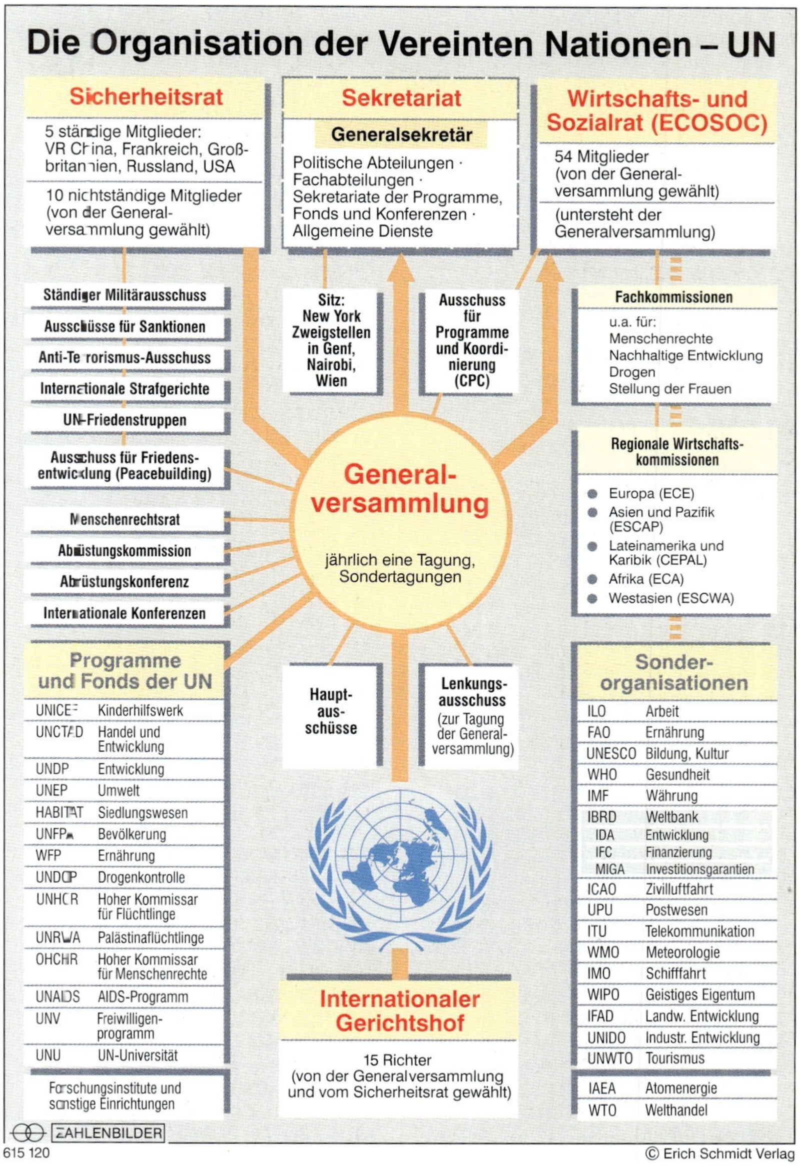

© Erich Schmidt Verlag

Action Press, Hamburg: 247 re. (R. Succo), 253 o.
Adam, A., Landsberg: 40 li.
akg-images, Berlin: 102 o., 129 li.u., 176 (alle), 206 1 (E. Lessing)
Appenzeller, H., Stuttgart: 205 u.Mi., 206.2, 207.7
Arco Images, Lünen: 184 li.o.
Associated Press, Frankfurt/M.: 213 o.
Baaske Cartoons, Müllheim: 90 re., 249 u.li., 250 re., 311
Bahn AG, Berlin: 149
Bätzing, Neuwied: 205 u.li.
Bildarchiv Monheim: 69 u.Mi. (J. Helle)
Bongarts/A. Rentz: 11.2
Bundesministerium der Verteidigung, Berlin: 306 Mi., 309 o.
Bündnis 90/Die Grünen Bundesgeschäftsstelle, Berlin: 210.3
Bürgerinitiative Nachtflughafen Hahn: 65 li.
C & A Mode KG, Düsseldorf: 156
CCC, www.c5.net, Pfaffenhofen: 15 o., 28, 37, 39, 46, 48 li., 77, 79 li.Mi., 97 o., 97 u., 98 li. + re., 99 u., 108 o. + u.li., 109 u.Mi., 120 li., 121 li.u. + re.u., 127 u.li., 135 li.u., 136, 137 dr.v.o., 188 u., 191 li. + re., 194, 204 (alle), 218 li., 239, 242, 250 li., 260 Mi., 262, 269, 274, 309 u., 313 u.
CDU: 71 Mi.
Corbis, Düsseldorf: Umschlagfoto zw.v.li. u. + re.u. (F. Vogt), 278 li. (Claro Cortes/Reuters), 296 u. (D. Krstanovic/ Reuters)
Dägling, A., Hannover: 9 u.re., 137 u.re., 152 (alle), 154 (beide), 155 (alle)
Das Fotoarchiv GmbH, Essen: 278 re.
Deiseroth, D., Niederaula: 13 o.li. + o.re., 16 li.o. + li.Mi. + li.u. + re.o. + re.zw.v.o. + re.dr.v.o. + re.zw.v.u., 22, 23 (alle), 36, 43.1 + 2 + 4 + 5 + 6 + 7 + 8 + 9 + 10, 49 u.li., 51.1 - 9, 51.11 + 12, 52.1, 52.3 - 9, 59, 69 dr.v.o.re., 79 u.li., 82 li., 109 u.li., 110.1 + 5 + 6, 116 re., 123, 129 li.o., 137 o., 138 o.re., 142 E + F + G + I, 163 o.re., 163 (Mi.re.alle), 170 (alle), 187 H, 196, 198 u.re., 207.8, 212 (alle), 216 (o. alle), 216.2 + 3 + 4, 217 (o. alle), 219 re.Mi., 220 (beide), 246 u., 251 u.li., 252 (alle), 277 o. + u., 303.2 + 4 + 5, 305 u.li. + Mi. + u.re.
Detjen, J., Buxtehude: 50
Deutscher Bundestag, Berlin: 233 (A. Melde)
Deutscher Depeschendienst, Berlin: 184 li.u. (O. Stratmann)
DFLR, Oberpfaffenhofen: 276
Die Rheinpfalz, Ludwigshafen: 84 u.li.
dpa Infografik GmbH, Hamburg: 45 re., 130, 146 o., 180, 186, 192 o.re., 193, 198 o.li.
Druwe & Polastri, Weddel: 3 li.u., 20 (li. alle), 29 o., 303.1 + 3 + 6 + 7 + 8 + 9 + 10
Ebert, N., Mönchengladbach: 104
Erich Schmidt Verlag, Berlin: 80 o., 81, 86 u., 185, 192 u., 296 o., 319
EU, Generaldirektion Presse und Kommunikation: 192 u.re.
Europäisches Parlament: 260 o. (Architecture Studio Europe/SERS), 261 (H.-G. Pöttering)
F1online: 270 (Thompson)
Fabian, M., Hannover: 9 u.li., 52.2 + 8 + 10, 84 li. + re., 116 li., 131 (re. beide), 132 re., 142 C + D, 187 A – G, 303.11 + 12
FDP: 71 re.
Fischer, J. A., Hannover: 43.3, 142 K, 219 li.o.
Focus Photo und Presse Agentur GmbH, Hamburg: 285 u. (WorldPicture-News)
Freese, H., Hannover: 145
Frühsorge, M., Wunstorf: 219 li.Mi. + re.u. + li.u.
Gollnick: 27
Haus der Geschichte, Bonn: 108 u.re., 120 re., 298 o.
Hella KGaA Hoeck + Co.: 159 u.li.
Hoechst AG: 147 (W. Kloos)
Horsch, W., Niedernhall: 313 o.
IBM, Stuttgart: 142 J
Imagebrocker.net: 215
Ipon, Berlin: 211 8 (S. Boness)
iStockphoto: Umschlagfoto o., 1
JVA Adelsheim/J. Walter: 125 Mi.
Kaiser, E., Waiblingen: 298 Mi.
Keystone: 243 li.
Klant, M., Freiburg: 63, 227 Mi.
Kloos, W./Hoechst AG: 110.8
Klüppel, Gechingen: 24
Köcher, U., Hannover: 11.5 + 79 u.re. (dpa)
Kohn, G., Braunschweig: 29 u.re.
Kompetenzzentrum Technik-Diversity-Chancengleichheit Girls´Day, Bielefeld: 146 u.
Kurowski, W.: 15 u.
Laif Agentur für Photos & Reportagen GmbH, Köln: 258 (Jock Fistick/Reporters), 275 u.li., 285 o.li.
Landeshauptarchiv Koblenz: 69 u.li.
Landesregierung Rheinland-Pfalz: 73
Letsch, M., Barsinghausen: 11.3
Liebermann, E., Steingaden: 204 o.re.
Marie Marcks, Heidelberg: 33, 121 li.o.
Markus: 9 u.Mi.
Mauritius, Mittenwald: 29 u.li. (B. Lehner), 117 u.
Meier, H., Ditzingen: 88 o.re.
Minkus, Isernhagen: 11.1, 163 o.Mi.
Offroadkids: 184 re.u.
Picture-Alliance, Frankfurt/M.: 35, 79 o., 106 li. + re., 184 re.o. (Okapia), 188 o., 223 u., 227 re., dpa: Umschlagfoto li., 3 li.o. + re., 4 li., 6 li. + re., 9 o., 11.6, 49 o. + u.re., 69 zw.v.re.o. (H. Tittel), 69 .re. (R. Wittek), 69 li.zw.v.u. (R. Hackenberg), 80 u. (J. Carstensen), 82 re. (H. Hollemann), 102 u., 109 u.re., 110.4 + 7 + 9, 114, 117 o., 125 o., 127 u.re. (U. Deck), 162 Mi. (epa), 207.6 + 9, 209 re. (P. Grimm), 210.1 + 2, 211.5, 232 Mi., 232 u., 237 o., 241, 251 o. + u.Mi., 263 u. (W. Baum), 268 (epa efe/Lerida), 275 o. + 275 u.re., 279, 281 li. + 281 re., 282 re., 284, 285 o.re., 286, 292 li. + re. (Agence France), 293 li. + 293 re., 294 li. + 294 re., 297 o. + u., 300 li. + re., KPA: 69 o.Mi. + o.re. (Euroluftbild), ZB: 99 o., 209 li. (B. Settnick), 211.7, 232 o. (K. Schindler)
Presse- und Informationsamt der Bundesregierung – Bundesbildstelle – Berlin: 4 re.o., 5 re., 109 o., 205 o., 211.6, 214 o., 226, 227 (li. alle), 227.2 - 7, 230, 234, 237 (u. alle)
Presse- und Informationszentrum Marine/Medienarchiv, Glücksburg: 305 li.o.
Reich, G., Friedrichsfehn: 110.3, 219 re.o.
Ryzlewicz, P., Freiburg: 247 li.
SAT 1: 96 o. + 96 u.
Schmidt, B., Karlsruhe: 206.3
Schroedel Archiv: 142 H
Scoupy: 30
SPD-Landesverband, Rheinland-Pfalz: 71 li.
Stadt Münster, Presse- und Informationsamt: 5 li., 159 o.
Stadtjugendamt Neuwied: 56 (beide)
Stadtverwaltung Worms: 70
Starke, Arnstadt: 95
Steiger, I.: 66
Stiebritz, A., Karlsruhe: 20 re., 31, 40 re., 88 o.li. + u.li. + u.re.
Stiftung Warentest: 168 (beide), 169.1
Stuttmann, K., Berlin: 249 u.re.
Succo, R./Action Press, Hamburg: 247 Mi.
TH Foto-Werbung/StockFood: 69 o.li.
Thoden, P., Hannover: 129 re.
Ullstein Bild, Berlin: 137 u.li. (Oberhäuser/Caro), 159 u.re. (Steffens), 159 u.Mi. (Oberhäuser), 190 o. (Oberhäuser), 190 li. (Caro/Muhs), 190 re. (Reuters), 190 u. (Specialpress), 205 u.re. (Karwasz), 214 u. (Sven Simon), 243 re. (dpa), 295 (AP)
Unger, J./Bulls Pressedienst: 48 re.
Unicef, Köln: 288
VISUM Foto, Hamburg: 210.4 (S. Boness), 282 li. (Püschner/Zeitenspiegel)
Vöhringer, Kirchzarten: 54
Volkswagen AG, Wolfsburg: 142 A + B
Wefringhaus, K., Braunschweig: Umschlagfoto u.Mi.re.
Wolf, F., Osnabrück: 144
Wolf, H.-U., Steinheim: 4 re.u., 12, 13 u., 16 re.u., 17, 51.10, 55, 110.2, 138 li.o. + re.Mi. + u.li. + 138 u.zw.li. + u.zw.re. + u.re., 157 (alle), 162 li. + re., 163 o.li., 229, 231 u., 251 u.re., 271 o. + Mi. + u., 280 li. + re., 310 (alle)
Zweygarth/Stuttgarter Zeitung: 101